普通高等教育经管类专业“十三五”规划教材

市场营销原理与实务

（第二版）

宋　彧◎主　编

王春梅　闫广实　田雪莲◎副主编

清华大学出版社

北　京

内容简介

本书全面讲述了市场营销学的基本原理、方法和实务。全书以市场营销管理过程为主线，分为五大部分共十五章，包括市场营销的内涵，市场营销战略规划，市场营销环境分析，市场营销调研与预测，市场购买行为分析，目标市场营销战略，竞争性市场营销战略，产品策略，品牌与包装策略，定价策略，分销渠道策略，整合营销传播策略，直销与在线营销策略，市场营销计划、组织与控制，营销道德规范与社会责任等内容。

本书体例科学、内容丰富、深入浅出、案例新颖、实战性强，营销技能训练贯穿学习的全过程，力求使读者将知识转化为能力。它适合用作高等院校应用型经管类专业本科生及非经管类专业硕士研究生的教材，也可用作高职高专、企业中级营销人员培训或自学的教材。

本书对应的电子课件和习题答案可以到 http://www.tupwk.com.cn/downpage 网站下载。

图书在版编目(CIP)数据

市场营销原理与实务/宋彧 主编. —2 版. —北京：清华大学出版社，2017
(普通高等教育经管类专业“十三五”规划教材)
ISBN 978-7-302-48628-2

Ⅰ. ①市…　Ⅱ. ①宋…　Ⅲ. ①市场营销学—高等职业教育—教材　Ⅳ. ①F713.50

中国版本图书馆 CIP 数据核字(2017)第 256136 号

责任编辑：胡辰浩　马玉萍
封面设计：周晓亮
版式设计：妙思品位
责任校对：成凤进
责任印制：沈　露

出版发行：清华大学出版社
网　　址：http://www.tup.com.cn，http://www.wqbook.com
地　　址：北京清华大学学研大厦 A 座　　邮　　编：100084
社 总 机：010-62770175　　邮　　购：010-62786544
投稿与读者服务：010-62776969，c-service@tup.tsinghua.edu.cn
质 量 反 馈：010-62772015，zhiliang@tup.tsinghua.edu.cn
印 装 者：北京国马印刷厂
经　　销：全国新华书店
开　　本：185mm×260mm　　印　　张：22.75　　字　　数：553 千字
版　　次：2013 年 8 月第 1 版　　2017 年 8 月第 2 版　　印　　次：2017 年 8 月第 1 次印刷
印　　数：1～4000
定　　价：56.00 元

产品编号：070895-01

前　言

市场营销学是以经济科学、行为科学和现代管理理论为基础，研究以满足消费者需求为中心的企业营销活动及其规律性的综合性应用科学。它是适应市场经济的需要，理论与实践紧密结合的一门实用性非常强的学科，广泛应用于社会的各个领域。

随着全球经济一体化的深入和市场竞争的加剧，市场营销变得越来越重要。现代企业要想生存和发展，必须树立现代市场营销观念，运用营销理论指导实践，市场营销成为企业首要的核心职能，掌握市场营销原理与实务，成为经济管理类专业的大学生走向工作岗位的必要条件。

本书在编写过程中，根据应用型营销人才培养的目标，本着继承和创新的宗旨，从易于阅读、理解和掌握的角度，对市场营销学的基本原理、方法和实务进行全面、系统、深入的阐述；并注重经典理论与中国企业实践相融合，选编的大量案例多数来自本土或世界 500 强企业在中国的典型案例，在第一版的基础上，增加了互联网背景下的理论创新和企业实践运用等内容。

本书以市场营销管理过程为主线，共分为五大部分，分别为：认识市场营销、分析市场机会、设计与开发营销战略、计划与制定营销方案、实施与管理营销活动。全书共十五章，包括市场营销的内涵，市场营销战略规划，市场营销环境分析，市场营销调研与预测，市场购买行为分析，目标市场营销战略，竞争性市场营销战略，产品策略，品牌与包装策略，定价策略，分销渠道策略，整合营销传播策略，直销与在线营销策略，市场营销计划、组织与控制，营销道德规范与社会责任等内容。

本书体例科学、内容丰富、深入浅出、案例新颖、实战性强，突出应用性，力求使读者将知识转化为能力。每章开篇设立学习目标，各章节中穿插实务案例，章末安排思考题、课堂实训和案例分析，营销技能训练贯穿学习的全过程，注重培养读者应用理论知识发现、分析和解决营销问题的能力。

本书由宋彧担任主编，负责拟定编写大纲、组织协调并进行统稿和总纂；王春梅、闫广实和田雪莲为副主编。参编人员的具体分工如下：宋彧编写了第一、第三、第六、第七和第十三章；王春梅编写了第二、第四和第十四章；闫广实编写了第八、第九、第十、第十一和第十五章；田雪莲编写了第五和第十二章。此外，参加本书编写的人员还有孙琪、张玉琪、宋仁涛、何东昌、鲁月新、范博文、黄修尧、李罚、吴兴、宋泽辉、金敬杰、张雪峰、钱程、李飞龙、程淇等。

在本书的编写过程中参阅了大量国内外市场营销学方面的相关文献，引用了许多经典案例，使本书的内容得以丰富和完善，在此对这些学者表示谢意。由于作者水平有限，本书难免有不足之处，欢迎广大读者批评指正。我们的邮箱是huchenhao@263.com，电话是010-62796045。

本书对应的电子课件和习题答案可以到 http://www.tupwk.com.cn/downpage 网站下载。

宋彧

2017年5月

目 录

第一部分 认识市场营销

第二部分 分析市场机会

第三部分　设计与开发营销战略

第四部分　计划与制定营销方案

第五部分　实施与管理营销活动

第一部分　认识市场营销

第一章

市场营销的内涵

学习目标

1. 了解市场营销理论的渊源和发展历程。
2. 准确把握市场营销的核心概念及理论框架。
3. 深刻理解营销管理的本质和任务。
4. 初步树立现代营销观念。

市场营销原理是一门以经济科学、行为科学和现代管理学理论为基础，从微观角度研究个人与组织(企业)实现顾客价值，驱动市场发展的市场营销活动及其规律性的综合性应用科学。市场营销活动是在营销观念指导下进行的，因此，准确把握市场营销的核心概念，正确认识营销管理的实质与任务，全面理解现代营销观念的内涵，对于加强企业营销管理，赢得竞争优势具有重要意义。

第一节　市场营销概述

在现代市场经济条件下，企业必须按市场需求组织生产，进行产品开发，根据市场环境的变化，调整产品结构，确定自身的营销战略。市场营销与市场有着密切的联系，但两者也有很大的区别，不属于同一概念范畴。因此，在介绍市场营销理论和规律之前，首先要界定市场与市场营销这两个重要的概念。

一、市场

(一) 市场的含义

市场在不同的领域有不同的含义。传统概念认为，市场是指买卖双方聚集在一起进行交换活动的实地场所；经济学里表述为，市场是指买方和卖方的集合；从营销的角度看，市场是具有特定需要和欲望，而且愿意并能够通过交换来满足这种需要和欲望的潜在顾客的集合，市场构成买方的集合，行业构成卖方的集合，买卖双方通过 4 条通路相连(如图 1-1 所示)。卖方把产品、服务及广告等传播物输送到市场，作为回报他们获得货币和信息，如顾客态度和销售数据。内圈表示产品和服务与货币的交换，外圈表示信息与传播之间的交换。

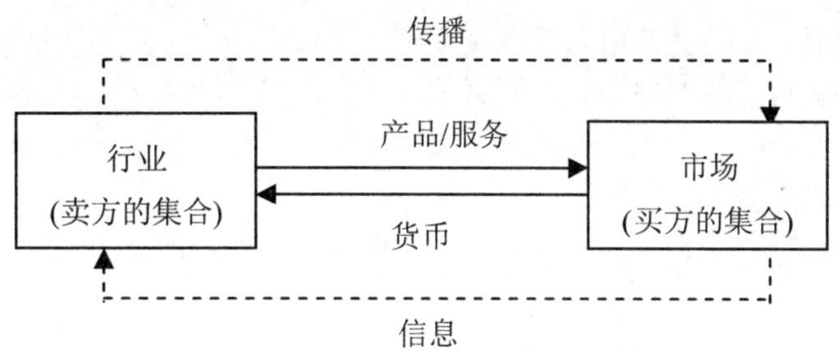

图 1-1　简单的市场营销系统

从宏观角度来看，市场是所有交换关系活动的总和。其交换内容可以是有形的，如商品市场、金融市场、生产要素市场等；也可以是无形的，如服务市场。这些由交换过程连接而形成的复杂市场就构成了一个整体市场，如图 1-2 所示。

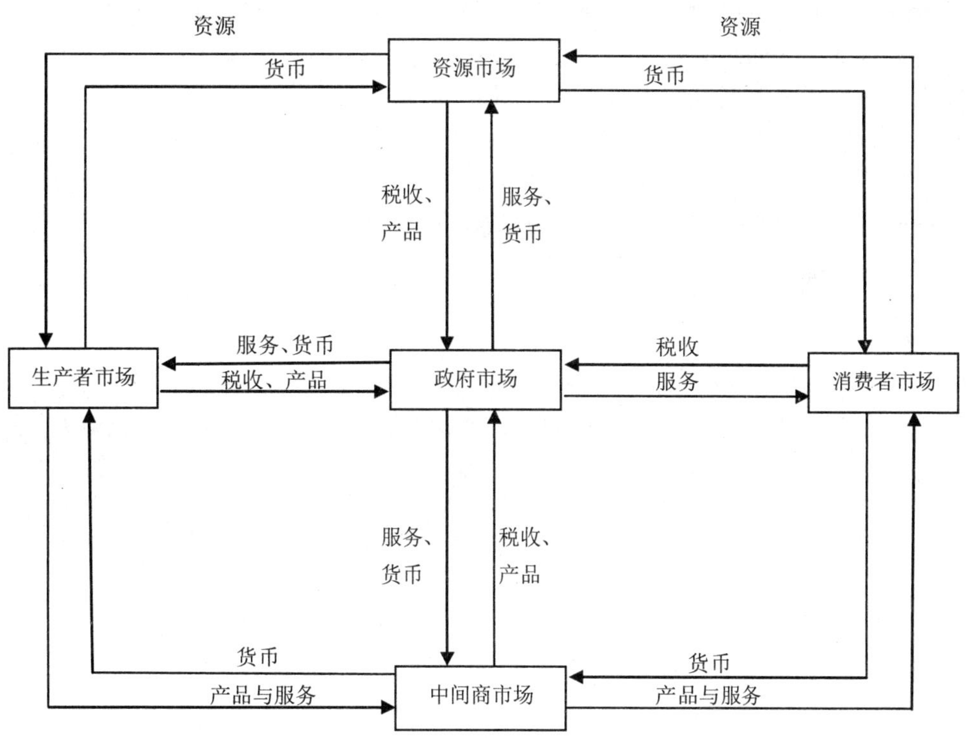

图 1-2　整体市场的流程结构

在整体市场中，生产者主要从资源市场(原材料市场、劳动力市场、资金市场)购买资源，生产出产品和服务卖给中间商，中间商再出售给消费者，消费者则用出卖劳动力所得到的报酬来购买其所需的产品和服务；政府依靠税收收入从资源市场、制造商和中间商市场购买物资，并将这些产品和服务用于公共服务。每个国家的经济都是由交换连接的互动市场构成的。

因此，在市场营销学的研究领域里，市场不是指某一特定的场所，而是指一定范围的人群，也就是有能力并愿意购买有关产品的人群，即现实与潜在顾客。这种市场范围既可指一定的区域，如国际市场、国内市场、农村市场、城市市场；也可指一定的商品范围，如汽车市场、旅游市场、家电市场、图书市场；甚至还可指某一类商品不同年龄、性别的购买者范围，如儿童用品市场、老年营养品市场、青少年运动服市场、妇女时装市场。

(二) 市场的构成要素

从营销角度看，市场必须具有 3 个要素：有某种需要的人，为满足这种需要的购买能力和购买欲望。即

市场＝人口＋购买力＋欲望

构成市场的 3 个要素是相互制约、缺一不可的，只有三者结合起来才能构成现实的市场，才能决定市场的规模和容量。例如，一个国家或地区人口众多，但收入很低，购买力有限，则不能构成很大的市场；又如，购买力虽然很大，但人口很少，也不能成为很大的市场，如瑞士、瑞典等；只有人口既多，购买力又高，才能成为一个有潜力的大市场。但是，如果产品不满足需要，不能引起人们的购买欲望，对销售者来说，仍然不能成为现实的市场。所以，市场是上述 3 个要素的统一。

二、市场营销

市场营销是由英文“Marketing”一词翻译过来的，原义是指“市场上的买卖活动”。17 世纪 50 年代的日本三井家族成员在东京成立世界上第一家百货商店，并为该商店制定了一些经营原则；后来在 19 世纪中叶美国的国际收割机公司第一个把市场营销当作企业的核心职能，并把满足顾客需求作为管理任务，这些是市场营销最早的实践者。直到 20 世纪初市场营销才成为美国学术界的研究领域，1902 年，密歇根大学开设“美国工业分销和管理”课程，内容涉及对各种产品的分类、分等、品牌、批发和零售等方面；1904 年克鲁希在宾夕法尼亚大学讲授一门名为“产品市场营销”的课程，这是“市场营销”这个名词首次作为大学课程的名称；1910 年拉尔夫·斯达·巴特勒在威斯康星大学开设“市场营销方法”的课程，讲授销售相关问题的解决方法，这些大学学者的探索为市场营销思想的发展起到推动作用。

后来，美国出现了大批从事营销实际工作和教学研究的人。根据市场营销思想的发源地以及学者之间的师承关系，美国早期研究市场营销学的学者大致分为 4 个学派：威斯康星学派研究营销学的产业化(特别是农产品的分配问题)；美国中西部学派运用综合分析的方法，构成了营销学的经典理论；纽约学派侧重于渠道(批发、零售机构)的研究；哈佛学派则以案例研究而闻名于世。20 世纪 50 年代以来，市场营销思想的发展进入了管理主义时期，管理市场营销学派提倡对市场营销活动进行管理并运用管理经济学中的概念和方法；行为市场营销学派借助心理学的概念和技术研究问题，又分化为

组织动力学派、消费者主义学派和购买者行为学派；应变市场营销学派认为市场营销机构适应环境比环境适应机构效率更高，运用行为科学和社会科学理论进行环境分析、SWOT 分析和竞争分析等环境突变性研究。总之，市场营销学的发展是充分吸收了经济学、心理学、社会学以及管理学等相关学科的概念、原理和方法，博采众家之长，理论体系日趋成熟并不断完善。

同时，国内外各学派的学者从各自的研究视角对市场营销进行了上百种的定义。例如，市场营销就是“推销和广告”，市场营销是“创造和传递生活的标准”，市场营销即“有利可图地满足需求”。美国学者基恩·凯洛斯将各种市场营销定义总结为 3 类：一是将市场营销作为一种为消费者服务的理论；二是强调市场营销是对社会现象的一种认识；三是认为市场营销是通过销售渠道把生产企业同市场联系起来的过程。这些对其内涵的多种不同的解释和表述，反映了不同时期人们对市场的认识和发展过程。其中具有威权性的定义有下面 3 种。

1990 年，日本市场营销协会(JMA)根据营销环境的变化和营销实践的发展，提出“市场营销是包括教育机构、医疗机构、行政管理机构等在内的各种组织，基于顾客、委托人、业务伙伴、个人、当地居民、雇员及有关各方达成的相互理解，通过对社会、文化、自然环境等领域的细致观察，而对组织内外的调研、产品、价格、促销、分销、顾客关系、环境适应等进行整合、集成和协调的各种活动。”这一定义得到国际营销学界的普遍认同。

2004 年，美国市场营销协会(AMA)从管理角度给市场营销所做的最新定义为：“市场营销是创造、传播、传递和交换对顾客、客户、合作者和整个社会有价值的市场供应物的一种活动、制度和过程。”可以理解为营销管理是选择目标市场并通过创造、传递和传播卓越顾客价值，来获取、维持和增加顾客的艺术和科学。

2015 年，美国著名的“现代营销学之父”菲利普·科特勒在第 15 版的《营销管理》中从社会角度给市场营销所做的定义为：“市场营销是个人和团体通过创造、提供和与他人自由交换有价值的产品和服务，以满足需求和欲望的社会过程。”可以理解为管理营利性的客户关系，通过卓越的价值吸引新的顾客，以及通过传递满意度来保持和发展现有顾客。

根据上述定义，市场营销包括以下 5 个方面的含义。

(1) 市场营销以“满足需求和欲望”为最终目标。

(2) 市场营销的核心概念是“交换”，它是通过提供某种供应物，从某人那里获取相应价值回报的过程。通过提供更好的消费体验，与买方建立良好的客户关系，从而使交换以后双方都比交换以前好。

(3) 交换过程能否顺利进行，取决于营销者创造的有价值的产品和服务满足顾客需求的程度和交换过程管理的水平。

(4) 市场营销不同于销售或促销。现代企业市场营销活动包括市场营销研究、市场需求预测、新产品开发、定价、分销、物流、广告、公共关系、人员推销、销售促进、售后服务等，而销售只不过是营销的冰山一角。

著名管理学家彼得·德鲁克曾说过：“营销的目标就是要使推销成为多余。营销的目的在于深刻地认识和了解顾客，从而使产品或服务完全适合顾客并实现自我销售。”美国苹果公司通过卓越的市场营销，在全世界创造了大批的“果粉”，他们从购买 iPhone 开始接触苹果，通过情感认同再延伸消费苹果的个人电脑 Mac、音乐播放器 iPod、平板电脑iPad，同时再用这种对苹果的认可去感染周围的人群，形成苹果产品的购买热潮。

(5) 市场营销提倡“创造性和创新性”行为。即创造性地发现消费者的潜在需求，创造性地改善自己的产品、价格、渠道、促销方式和服务，创造性地提供给顾客最高价值等。苹果公司正是通过产品创新，实现完美的用户体验，在过去的 30 年，公司的大部分产品都拥有遥遥领先于竞争对手的设计，做到在努力为客户创造价值时进行“与众不同的思考”。

资料链接

新营销的六大特征

在互联网时代，传统营销的“三宝”：砸广告、价格战和渠道金字塔已然失效，营销市场出现了 6 个新的特征。

(1) 品牌返祖 前工业时代，产品是与生产者紧密联系的，如今的商业世界出现“品牌返祖”现象。当人格开始产生价值，产品自身的成本与其售价便开始脱钩。以褚时健售卖的褚橙为例，冠其名的冰糖脐橙比原价翻了几番。

(2) 渠道扁平化 互联网独有的便利性，使消费者倾向于网上购物；销售的渠道日趋扁平，不呈金字塔状，不呈几何状，垂直抵达潜在受众，未来所有的营销都将城乡一体化。

(3) 硬广开始失效 “80 后”“90 后”已不再专注于电视、报纸、杂志等无法交互的媒介，他们忠于 PC 以及移动终端，年轻人对商品的认知主要通过社交媒体的口碑传播。

(4) 快乐营销 科技的不断发展，使商品同质化严重且品牌过剩，消费趋于“凭任性、看心情”，娱乐将成为商品营销的重要因素之一。

(5) 定制至上 随着互动技术的发达，未来市场将会产销合一，消费者将全程参与商品的生产过程，工厂根据个性化需求进行定制。

(6) 粉丝经济 互联网突破时空的束缚，粉丝经济广泛应用于文化娱乐、销售商品、提供服务等领域。商家借助一定的平台，通过某个兴趣点聚集朋友圈、粉丝圈，给粉丝用户提供多样化、个性化的商品和服务，最终转化成消费，实现盈利。

(资料来源：吴晓波频道，http://www.cmothinking.com/wangluoyxcehua/3658.html，经修改)

良好的营销是每一个组织成功的关键，市场营销无处不在。从世界范围的企业管理实践看，一些国际著名公司，如可口可乐、耐克、丰田、宝洁等就较早地认识到市场营销的重要性。进入21世纪，市场营销广泛应用于航空业、酒店业、银行业、旅游业等服务行业。新加坡航空通过点播娱乐系统的使用、商务舱和头等舱登机前订餐服务、进行空中味觉测试调整供餐配料、新员工的 4 个月培训等优质空乘服务，成为世界上最好的航空公司。近20年来，市场营销理念还渗透到世界各国的非营利性组织，如学校、医院、博物馆、交响乐团等。

如今，面对经济全球化和移动互联网时代，互联网思维和社交媒体改变着企业的营销模式，数字营销兴起，人们现有的生活和思维方式，包括教育、生产经营乃至领导决策等活动，正发生着重大变化，21世纪市场营销学成为最热门和最有价值的学科之一。

第二节　市场营销的核心概念

为进一步领会市场营销的内涵，需要对市场营销学中的重要的核心概念有准确的理解。这些概念之间相互关联，既揭示了市场营销的核心特征，也反映了市场营销达成目标的基本过程。

营销者在正确认识人们欲望和需求的基础上，提供相应的产品和服务，通过创造更多的顾客价值来获得顾客的满意，企业不仅与这些满意进而忠诚的顾客实现交换，而且建立可盈利的长期客户关系。同时，企业面临复杂的动态环境，不断调整和创新市场营销组合策略，赢得竞争的优势，以实现企业的可持续发展。

一、需要、欲望和需求

(一) 需要

需要是指没有得到某些基本满足的感受状态，是人类与生俱来的。美国心理学家亚伯拉罕·马斯洛提出，人有生理、安全、社会(友谊、爱情)、尊重(地位)和自我实现(成就)的需要。这些需要都不是社会和营销者所能创造的，它们存在于人自身的生理结构和情感条件中，公司要做的是唤醒消费者认知自身的需要。

(二) 欲望

欲望是为了得到基本需要的具体满足品的愿望，是由个人文化背景及生活环境的陶冶所表现出来的人类需要。如，为了满足“吃”的需要，日本人想吃寿司，韩国人想吃泡菜，中国人则习惯吃馒头或米饭；为了满足“尊重”的需要，可以购买名牌服装，也可以购买奔驰车或购买高档化妆品。

(三) 需求

需求是有货币支付能力的欲望，即有能力购买且愿意购买某个具体产品的欲望。许多人都想要一辆奔驰轿车，但只有少数人买得起。公司不仅要估量有多少人想要它们的产品，更重要的是应该了解有多少人真正愿意并且有能力购买。

市场营销就是一门如何满足需求的科学与艺术，随着技术发展和环境变化，满足需求的方式是不同的，营销 1.0 以产品为中心，满足已表达出来的需求；营销 2.0 以消费者为中心，是创造需求，然后满足需求；营销 3.0 是社交网络化，使更多的消费者参与以实现协同营销，关注消费者的情感需求，通过大数据分析需求，然后满足需求。

二、产品和服务

(一) 产品

产品是企业提供给市场以满足需要或欲望的一切东西或因素，是企业传递顾客价值的载体，包括有形商品、无形的服务和体验，以及其他实体，如人员、地点、事件、组织、信息、创意等。海尔集团的整体厨房向顾客提供的是“一种解决方案”，国内首档财经脱口秀节目《吴晓波频道》售卖的是知识内容，也就是信息。产品其实是传递一些观念或利益的平台。

人员是指创造名人效应的营销，明星通过经纪人与公共关系机构保持密切联系。例如，通过“姚之队”对姚明品牌的营销，姚明为 NBA 联盟打开了中国市场，2012 年起林书豪成为亚裔球员在 NBA 新的标杆和榜样，也成为 NBA 联盟开拓中国市场的新一代营销产品。

地点包括城市、州、地区和整个国家，都在积极地争取吸引游客、工厂、公司总部和新的居民，如城市营销的兴起。中国的乌镇引进国际化的营销理念，开展独具特色的城市文化营销，建成的大剧院每年举办乌镇国际戏剧节，欧美数国及国内各戏剧团体共同参与；集国际一流设计家建成木心美术馆，由顶级艺术家策划文化活动，如举办乌镇国际当代艺术邀请展，使乌镇提升为别具人文气质的国际旅游胜地。

事件如奥运会、企业周年纪念、大型贸易展览、体育比赛及艺术表演，现在已有能为一个事件做出详细计划并负责让它完美推出的专业人士。奥运会的国际平台和快速成长中的中国市场，使 2008 北京奥运会受到各大企业的青睐，共有赞助企业 63 家，IT、运动品、饮料、金融、通信等终端消费品企业通过奥运营销扩大了全球知名度并取得了良好的销售业绩。

组织总是致力于在公众心目中建立起一种强大的良好形象，公司会为企业做形象广告，如荷兰电器公司飞利浦的标志性广告语为“让我们做得更好”；有些企业的名望归功于杰出的领导人，如苹果公司创始人史蒂夫 • 乔布斯，他除了是企业品牌的核心灵魂，更主动献身成为媒体炒作对象，他乐于接受高层访谈，通过不断交流，给媒体灌输苹果品牌和产品理念。

(二) 服务

服务是无形的，如金融服务、航空服务、酒店服务、咨询服务和家庭维修服务等。随着科技进步，经济活动将越来越多地集中于服务业。如 2016 年中国的服务业占 GDP 比重已上升为 51.6%，对国民经济增长的贡献率为 58.2%，高技术服务业、信息咨询服务业、计算机应用服务业、综合技术服务业、分销服务和零售业成为外资的重点领域。服务营销竞争日益激烈，企业常常通过品牌标志、广告创意等增加服务的有形性。

通过协调多种类型的产品和服务，公司能够为客户创造品牌体验，如星巴克咖啡店和沃特·迪士尼世界的梦幻王国。

“流行美”的体验营销

广东人赖建雄创立的中国发饰第一品牌——流行美，已经成为“女性时尚饰品”的领导品牌，他用不起眼的小发卡，做出了体验的大生意。“流行美”的销售额能到七八个亿，不到10年就在全国开设了2 000多家专卖店，他说自己卖的其实根本不是发卡，是做发型的，提供免费服务，让顾客体验。

1998年5月23日，赖建雄在佛山百花商场开张流行美第一家店。凭借教会顾客简单易用的操作方式，以及为顾客量身打造的新颖发型，这样发夹一天就能卖上千元。发现这个秘密后，赖建雄迅速培训员工，通过为客人提供免费盘发服务等一整套服务手段来提高用户黏性，同时他还建立了一支强大的研发队伍，专门研发新款发卡和发型，以保持新产品、新发型的提供速度，不断刺激消费者的购买欲望，还邀请中国发夹设计最有名气的人做首席设计师，每年组织加盟商到店长培训营，不断更新盘发知识，保持服务品质统一。赖建雄的公司已经不是微笑曲线底部单纯生产发卡的制造企业，更多的是以创意设计和企业管理为核心，向微笑曲线两端延伸的时尚企业。

(资料来源：中国经营者，http://v.youku.com/v_show/id_XMzM1ODAxNDU2.html，经修改)

三、顾客满意、顾客忠诚和顾客价值

企业通过满足需求为顾客提供价值，以达到顾客满意，进而形成顾客忠诚，最终实现包括利润在内的企业目标，是现代市场营销的基本精神。

(一) 顾客满意

顾客满意是指顾客对一件产品满足其需要的绩效与期望值进行比较所形成的感觉状态。如果绩效低于期望值，顾客就不会满意；如果绩效和期望值相当，顾客就满意；如果绩效超过期望值，顾客就会感到愉悦或欣喜。

顾客满意是顾客的一种主观感觉状态，是顾客对企业产品和服务满足其需要程度的体验和综合评估。顾客的期望值主要基于顾客过去的购买经验、朋友和伙伴的种种言论以及营销者的承诺，要让顾客满意就要进行期望管理。

同时，顾客满意度直接关系到顾客的忠诚度，只有顾客满意了，才会忠诚于企业，重复购买企业的产品。施乐公司的研究表明，高度满意的顾客会忠诚于公司更久，购买更多公司生产的新产品并提高购买产品的等级，忽视竞争品牌，对本公司产品的价格不敏感，向公司提出有关产品或服务建议，由于交易的惯例化而降低服务成本。

(二) 顾客忠诚

任何一个企业都不能将仅仅让顾客满意作为最终目标，而应该追求顾客忠诚。顾客忠诚是一种长期的行为，分为两个维度：二次购买意图和称赞的态度。衡量忠诚的唯一尺度就是看顾客是否重复地购买企业的产品或服务。

顾客忠诚可以使企业在市场策略中获得竞争优势，忠诚的顾客会利用一切机会向别人推荐企业的产品，形成口碑传播，产生粉丝效应。有资料表明：保持2%～5%的顾客增长对利润来说相当于减少了 10%的成本，因为吸引新顾客的成本是保持原有客户成本的 5 倍。顾客越忠诚，就越能“忍受”价格的上升，并对竞争对手的一系列行动视而不见。

要让顾客真正忠诚，其实质就是要防止顾客的转换行为。研究表明，设立转换障碍和提供增值服务可以防止顾客的转换行为。

(三) 顾客价值

价值是感知到的有形利益、无形利益和成本的总和，主要是质量、服务和价格的组合，被称为顾客价值三元组。美国消费者满意指数(ACSI)模型(如图 1-3 所示)显示：顾客满意并在此基础上形成顾客忠诚的决定性因素之一是顾客感知价值。由此可见，顾客感知价值是建立、维持企业与顾客长期关系、获取长期财务绩效、构筑持久竞争优势的关键要素。

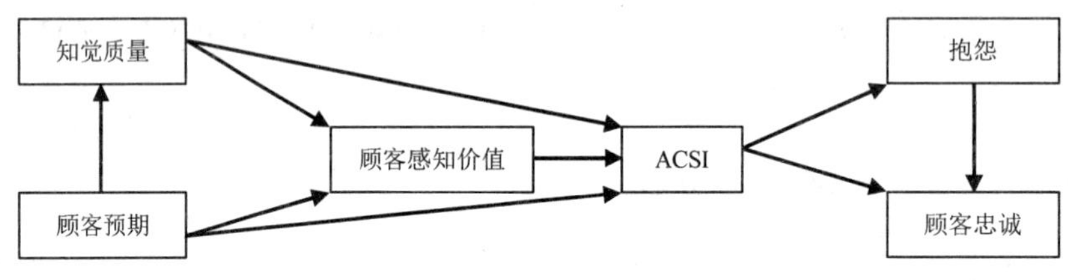

图 1-3　ACSI 模型

顾客感知价值已成为学术界最受关注的概念之一，众多学者从各自的研究角度对其界定。如 Anderson 等学者给出的定义是，顾客在交易中通过为供应商提供物付费后而收到的一系列以货币衡量的经济、技术、服务以及社会利益；Zeithalm 认为顾客从 4 个角度感知价值：低廉的价格，对产品和服务的需求，在支付的价格上得到的质量，付出与所得的比较；根据 Wolfgang 和 Samir 的研究，价值即顾客对供应商提供物在“利得”与“利失”两方面感知的权衡。

目前，广泛认可与使用的是菲利普·科特勒(Philip Kotler)提出的“顾客让渡价值”概念，指顾客总价值与顾客总成本的差额，如图 1-4 所示。

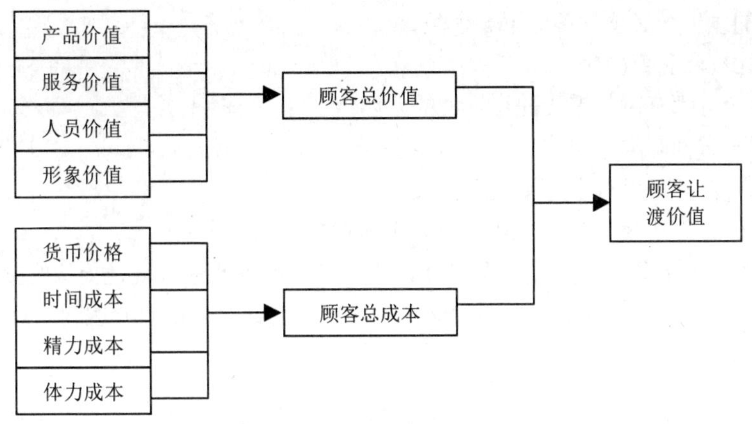

图 1-4 顾客让渡价值

顾客总价值是顾客从某一特定产品或服务中获得的一系列利益的总和，包括产品价值、服务价值、人员价值和形象价值。其中，产品价值包括可靠性、耐用性、性能和再出售价值等；服务价值包括送货、培训、维修、保养等；人员价值主要是指企业员工的素质，比如知识、技能、责任心、沟通能力等；形象价值主要指企业、企业产品和品牌在公众心目中的印象。

顾客总成本是在评估、获得、使用和抛弃市场供应物时引起的一组顾客预计费用，包括顾客所支付的货币、时间、精力与体力的代价。作为理性的、具有行为目的性的顾客在交换中追求利益最大化，选择为自身带来更大让渡价值的产品或服务。

因此，销售者必须在顾客总价值和顾客总成本之间估算，并考虑它们与竞争者的差别，以明确自己如何销售。如果销售者在顾客让渡价值上没有优势，则应该在努力增加顾客总价值的同时，减少顾客总成本。前者要求强化或扩大应提供的产品、服务、人员和形象价值，后者要求减少成本，销售人员可以降低价格，简化订购和送货程序，或者提供担保以降低顾客风险。

如今，越来越多的企业超越自身的让渡价值与其供应商和顾客组成价值让渡系统，新的竞争来自于若干企业所组成的价值让渡系统之间的竞争。价值让渡系统共同管理核心业务，并在市场上赢得更多的份额。

四、交换和关系

当人们决定以交换方式来满足自己的需求和欲望时，就存在市场营销了。

(一) 交换

人们对满足需求或欲望之物的取得，可以有自产自用、强取豪夺、乞讨和交换等，但只有交换才能产生市场营销。交换就是通过提供某种东西作为回报，从某人那里取得想要的东西的活动。

交换的发生，必须具备以下5个条件：

- 至少有交换双方；
- 每一方都有对方需要的有价值的东西；
- 每一方都有沟通和运送货品的能力；
- 每一方都可以自由的接受或拒绝；
- 每一方都认为与对方交易是合适或称心的。

如果存在上述条件，交换就有可能，市场营销的中心任务就是促成交换。交换的最后一个条件是非常重要的，即通过创造性的市场营销，交换双方达到双赢。

(二) 关系

通过交换，生产企业与供应商、分销商、顾客等最终要建立、保持并加强一种合作关系，也就是进行关系营销，目的是保持长期的业务方面的优先地位，以提高和维持优良的业绩。关系营销是通过互利交换及共同履行诺言，使各方实现各自的营销方式，最终成果是创立了营销关系网这种独特的公司资产。

在如今的移动互联网时代，在线社交网络和移动营销的发展，提高了消费者的话语权，使得营销成为双向互动的活动。消费者可以用移动网络实现搜索、传播和购买，用智能手机扫描二维码就可以访问品牌的网站获得关注的信息，参与购买产品的定制过程，并利用社交媒体分享观念和表达忠诚；企业可以通过大数据收集信息和进行更精准的顾客和竞争者分析，GPS 技术精确定位消费者位置，以发送定向的广告、优惠券和信息，能够覆盖附近销售点的消费者，营销人员不仅要进行客户关系管理，还要处理好自身客户所管理的关系。

五、4Ps、4Cs 和 4Rs

市场营销组合是现代市场营销理论的一个重要概念。1953 年，尼尔·波顿(Neil Borden)率先提出“市场营销组合”这一术语。此后，许多学者围绕“市场营销组合”展开了深入的研究，从 4Ps、4Cs 到 4Rs，不同视角的不同理解都迅速反映在营销前沿理论的研究和应用中。

(一) 4Ps 组合

市场营销组合中所包含的可控变量很多，而迄今为止影响最大的关于市场营销组合要素的概括则是由杰罗姆·麦卡锡于 1960 年在《基础营销》一书中所提出的 4Ps 组合。4 个“P”的适当组合与搭配，体现着市场营销观念指导下的整体营销思想。具体如下。

产品(Product)：代表企业提供给目标市场的物品和服务的组合，包括产品种类、质量、设计、特色、品牌名称、包装、尺码或型号、安装、担保、退货等。

价格(Price)：代表顾客购买商品时的价格，包括价目表所列的价格、折扣、折让、支付期限、信用条件等。

渠道(Place)：代表企业为将其产品送达目标市场所进行的各种活动，包括中间商选择、渠道管理、仓储、运输、物流配送等。

促销(Promotion)：代表企业为宣传介绍其产品的优点和说服目标顾客购买其产品所进行的各种活动，包括广告、销售促进、人员推销、公共关系、直销等。

随着科技和全球化的发展，消费个性化、人文化、多样化特征日益突出，传统的代表销售者观点的 4Ps 组合已经越来越不能够适应新的情况，为此，一些学者提出新的市场营销组合。

菲利普·科特勒在《营销管理》(15 版)中基于市场营销的广度、复杂性和丰富性，提出现代新 4P 营销组合，即人员(People)、流程(Processes)、方案(Programs)、绩效(Performance)，适用于公司内部所有的管理要求，并且以新的 4P 思维来思考，管理人员可以更紧密地与公司其他人员保持一致，体现出全方位营销(关系营销、整合营销、内部营销、绩效营销)的理念。

(二) 4Cs 组合

20 世纪 90 年代初期，美国营销专家罗伯特·劳特朋强调每一种营销工具应从顾客需求出发，为顾客提供利益，提出了与 4Ps 相对应的 4Cs。具体如下。

顾客(Customer)：研究顾客的需求和欲望，制造他们想要的产品。

成本(Cost)：考虑顾客愿意付出的价格而不是从成本角度考虑。

便利(Convenience)：强调企业给顾客的便利比营销渠道更重要，为顾客提供全方位的服务。

沟通(Communication)：强调企业应重视与顾客的双向沟通，以积极的方式适应顾客的情感，建立基于共同利益之上的新型的顾客关系。

4Cs 组合是站在消费者的立场上重新反思营销活动的诸要素，是对传统 4Ps 理论的发展和深化，有助于营销者更加主动、积极地适应市场变化，与顾客达成更有效的沟通，但被动适应顾客需求的色彩较浓。根据市场营销实践的发展，需要从更高层次以更有效的方式在企业与顾客之间建立起有别于传统的新型的主动性关系，如互动关系、双赢关系、关联关系等。

(三) 4Rs 组合

20 世纪 90 年代，美国学者唐·舒尔茨在 4Cs 理论的基础上提出了 4Rs 组合。具体如下。

关联(Relevance)：在竞争性市场中，与顾客建立关联，形成一种互助、互求、互需的关系。

反应(Response)：从顾客角度倾听其愿望，并及时答复和迅速做出反应，满足顾客的需求。

关系(Relationships)：与顾客建立长期而稳固的关系，并管理和顾客的互动关系。

回报(Returns)：通过市场营销为企业带来短期或长期收入和利润的能力。

4Rs 理论以竞争为导向，在新的层次上概括了营销的新框架，体现并落实了关系营销的思想，提出了如何建立关系、长期拥有顾客、保证长期利益的具体操作方式，这是一个具有里程碑意义的进步。

从 4Ps、4Cs 到 4Rs，反映了营销观念在融合和碰撞中不断深入、不断整合的趋势。因此，这三者不是简单的取代关系而是发展和完善的关系。由于企业情况千差万别，企业环境和营销还处于发展之中，所以至少在一个时期内，4Ps 还是营销的一个基础要素框架，4Cs 也是很有价值的理论和思路。4Rs 不是取代 4Ps 和 4Cs，而是在 4Ps 和 4Cs 基础上的创新和发展，所以不可把三者割裂开来甚至对立起来。根据企业的实际，把三者结合起来指导营销实践，有助于取得更好的效果。

第三节　市场营销观念

20 世纪 90 年代以来，由于学术研究成果的引进、大量出版原著和译著以及人员的请进派出，西方市场营销前沿理论已能较快传播到中国，如前所述的市场营销的最新定义和 4Ps、4Cs 到 4Rs 的阐述等，丰富了中国市场营销理论的研究和应用，有利于企业实施有效的市场营销管理。

一、市场营销管理的实质与任务

(一) 营销管理的实质

营销管理是指企业为实现其目标，创造、建立并保持与目标市场之间的互利关系而进行的分析、计划、执行与控制过程。

企业通常都会对目标市场设定一个预期的需求水平。然而，期望往往与现实不一致：实际需求水平可能低于或高于预期需求水平。营销者必须善于应付各种不同的需求状况，因此，市场营销管理的实质是需求管理。

(二) 营销管理的任务

根据需求水平、时间和性质的不同，可归纳出 8 种不同的需求状况，企业营销管理的任务会随着目标市场的不同需求状况而有所不同，如表 1-1 所示。

表 1-1　不同需求状况下的营销管理任务

负需求	指绝大多数人不喜欢、甚至花费一定代价也要回避某种产品的需求状况。营销管理的任务是分析市场不喜欢该产品的原因，通过重新设计产品、降低价格和更积极促销的营销方案，改变市场的信念和态度，将负需求转变成为正需求
无需求	指目标市场对产品毫无兴趣或漠不关心的需求状况。营销管理的任务是设法把产品的好处和人的自然需要、兴趣联系起来
潜在需求	指消费者有强烈渴求而现有产品无法满足的需求状况，如人们对无害香烟及节油汽车等的需求。营销管理的任务是进行市场营销研究和新产品的开发，有效地满足这些需求
下降需求	指市场对一个或几个产品的需求呈下降趋势的状况。营销管理者要分析原因，开辟新的目标市场、改变产品特色，或采用更有效的促销手段来重新刺激需求，扭转其下降趋势。由于技术进步而造成的下降需求，企业则须不断更新技术，进行新产品开发，去满足不断升级的需求

(续表)

不规则需求	指不同季节、不同日期，甚至一天的不同钟点，市场对某些产品的需求都在变化的状况，如对旅游宾馆、公园、公共汽车、季节性用品等的需求。市场营销管理的任务是通过灵活定价、大力促销及其他刺激手段改变需求波动，努力使供、需在时间上协调一致
充分需求	指产品的实际需求与预期相一致的需求状况，是一种理想状态。营销管理的任务是关注消费者偏好的变化和竞争状况，经常测量顾客满意程度，提高产品质量，设法保持现有的理想状态
过量需求	指企业面临的需求水平高于其能够或者想要达到水平的需求状况，如旅游黄金周景点人满为患，客房供不应求，春运期间铁路运输能力需求，能源的过多消耗。营销管理的任务是通过提高价格、合理分销产品，减少服务和促销等手段，以降低市场需求水平
有害需求	指对某些有害物品或服务如烟、酒、毒品等的需求。营销管理的任务是抵制需求。一方面要遵守国家法律法规，通过各种技术手段尽可能地减少产品的危害；另一方面应明确告知产品的危害，在此基础上通过各种社会公益活动以及良好的企业形象宣传等营销手段并不断提高产品质量来赢得消费者

二、市场营销观念的演变

营销管理作为一种有意识的活动，是在一定的经营思想指导下进行的，营销观念是营销活动的指导思想，其核心就是正确处理组织、顾客和社会三者之间的利益关系。不同的营销管理导向决定了企业所使用的营销战略与营销战术的不同，从而决定了企业经营的成败兴衰。

从西方国家的经济发展看，市场营销观念的演变迄今大致经历了生产观念、产品观念、推销观念、市场营销观念、社会营销观念、大市场营销观念和互联网思维观念等几个阶段。

(一) 生产观念

19 世纪末到 20 世纪 20 年代，西方企业面临的是求过于供的卖方市场，市场需求旺盛，供应能力不足，生产观念被很多企业采用，确实也有很多企业因此很快地发展起来。生产观念是一种最古老的经营思想。

生产观念认为，消费者喜欢那些随处可以买到的价格低廉的产品，因此，企业应致力于提高生产率和扩大销售覆盖面。

生产观念的基本经营方法是等顾客上门，通过大量生产来取得利润，而不必考虑市场调研、销售促进等活动，当产品的需求超过了供给或产品的成本过高时，这种观念具有实用价值。但是，只将注意力放在自己的生产方面，容易忽视企业真正的目标——满足目标顾客的需求。

福特公司的生产观念

19 世纪末的美国，汽车还主要是某些贵族的消费品，为了满足大众市场对汽车的需求，福特创造出世界上第一条汽车装配流水线，并且只生产一种车型，即 T 型车。该车只有一种颜色，即黑色。福特通过规模化生产使 T 型车生产效率提高，降低成本，使更多人买得起。1908 年冬天，美国人以 825 美元的价格就能买到一部轻巧、有力、两级变速、容易驾驶的 T 型车。亨利·福特曾傲慢地宣称：“不管顾客需要什么颜色的汽车，我只有一种黑色的”。到 1921 年，福特 T 型车在美国汽车市场上的占有率达到 56%，福特公司一跃成为美国最大的汽车制造商，取得巨大的成功。

(资料来源：闫国庆. 国际市场营销学. 清华大学出版社，2013.01，经修改)

(二) 产品观念

20 世纪 20 年代初，市场已开始向买方市场过渡，生活水平提高，消费者不满足于基本功能，喜欢高质量、更有特色的产品。在当时的市场条件下，产品观念比以前的生产观念，显示出更大的优越性。

产品观念认为，消费者喜欢那些质量高、功能多、有特色的产品，因此，企业应致力于生产高档次的产品，并不断地加以改进。

产品观念容易导致“营销近视症”，即只把注意力放在产品上，而不是放在市场需求上，在市场营销管理中缺乏远见，只看到自己的产品质量好，而看不到市场需求的变化。

通用汽车公司的产品观念

T 型车的成功使老福特忽视了市场需求的变化，人们在拥有汽车后对品质和样式有更高的要求。在斯隆领导下，通用汽车公司推出雪佛兰 Superior K 与福特 Model T 竞争，除了具备福特所没有的舒适感外，雪佛兰的产品质量更好，是当时同级别车中第一款采用彩色车身以及电子打火等配置的车型，颠覆了汽车行业车身的“黑色”行规，更加迎合消费者追求时髦和口味多样化的需求，一举占领了市场。到 1926 年，T 型车的销售量大幅下降，福特不得不承认黑色 T 型车时代的结束，1927 年其正式关闭了 T 型车的生产线。

(资料来源：闫国庆. 国际市场营销学. 清华大学出版社，2013.01，经修改)

(三) 推销观念

资本主义经济危机后的20世纪30年代到40年代，卖方市场向买方市场转变，产品供过于求，市场竞争日益激烈。企业意识到不能只集中力量发展生产，即使有物美价廉的产品，也必须保证这些产品能被人购买，企业才能生存和发展。

推销观念认为，消费者通常有一种购买惰性或抗衡心理，企业必须开展主动推销和积极促销。推销观念只重视产品的推销技巧和广告宣传，而不关心消费者的要求、售后服务和购买后是否满意等。企业的目标是将生产出来的产品销售出去，而不是生产市场所需的产品。

这种营销方式有很大的风险性，它只注重创造买卖交易，而不是建立长期营利性的客户关系，不满意的顾客将不会再次购买。

以上3种观念都是以“企业”为核心的。20世纪50年代中期，在企业经营观念上出现了一次以“市场营销观念”为代表的市场营销学革命。

(四) 市场营销观念

市场营销观念形成于20世纪50年代。第二次世界大战后，随着第三次科技革命的兴起，技术的创新使新产品竞相上市，同时，军转民也使社会产品供应量迅速增加，许多产品供过于求，市场竞争进一步激化。此时，西方各国政府相继推行高福利、高工资、高消费政策，社会经济环境出现快速变化。消费者有较多的可支配收入和闲暇时间，对生活质量的要求提高，消费需要变得更加多样化，购买选择更为苛刻。这种形势要求企业改变以往单纯以企业为中心的思维方式，转变为认真研究消费需求，正确选择为之服务的目标市场，并以满足目标顾客的需要和欲望为中心，不断调整自己的营销策略。

市场营销观念认为，实现组织诸目标的关键在于正确确定目标市场的需要和欲望，并且比竞争对手更有效、更有利地传送目标市场所期望满足的东西。

在实践过程中，人们往往把推销观念与市场营销观念混为一谈。通过表1-2，我们可以了解二者之间的区别。

表1-2　推销观念与市场营销观念的比较

	起　点	重　点	手　段	终　点
推销观念	企业	产品	推销和促销	通过销售获得利润
营销观念	目标市场	顾客需要	整合营销	通过满足顾客获利

推销观念采用从内向外的顺序。它从厂商出发，以企业现有产品为中心，并通过大量推销和促销来获取营利性销售。

市场营销观念基于4个主要支柱，即目标市场、顾客需要、整合营销和盈利能力，采用从外向内的顺序。它从选定的市场出发，以顾客需要为中心，通过整体营销活动，实现顾客满意，从而提高盈利率。树立并全面贯彻市场营销观念，建立真正面向市场的企业，是企业在现代市场条件下成功经营的关键。

本田汽车公司的经营观

日本本田汽车公司要在美国推出一种雅阁牌新车。在设计新车前，他们派出工程技术人员专程到洛杉矶地区考察高速公路的情况，实地丈量路长、路宽，采集高速公路的柏油，拍摄进出口道路的设计。回到日本后，他们专门修了一条9英里长的高速公路，就连路标和告示牌都与美国公路上的一模一样。在设计行李箱时，设计人员意见有分歧，他们就到停车场看了一个下午，看人们如何放取行李。这样一来，意见马上统一起来。结果本田公司的雅阁牌汽车一到美国就备受欢迎，被称为是全世界都能接受的好车。

（资料来源：百度百科，https://baike.baidu.com/item/市场营销观念/9819852?fr=aladdin，经修改）

(五) 社会营销观念

20世纪70年代，环境污染、资源短缺、人口激增、通货膨胀等现象的出现，社会和企业开始反思传统的营销活动，意识到企业的营销应担负起一定的社会责任。

快餐连锁店以合理的价格提供给人们可口便捷的食物，可是汉堡包、炸鸡和炸薯条等含有高脂肪和高盐，严重地危害消费者的健康，因此，快餐业要考虑其产品对人体的不利方面。同时，社会资源是有限的，如果企业的营销活动一味鼓励消费者大量消费，势必会造成社会资源的枯竭。此外，大量消费也会引发环境方面的问题：化妆品和洗涤用品对江河造成严重污染，生产方便食品的企业所使用的塑料包装严重地污染了环境等。

在这种情况下，要求企业经营者在进行营销决策时，不但要考虑消费者的需要和企业目标，更要考虑消费者和社会的长期利益，要在自身利益、顾客利益和社会利益之间达成平衡和协调。

社会营销观念认为，组织的任务是确定诸目标市场的需要、欲望和利益，并以保护或者提高消费者和社会福利的方式，比竞争者更有效、更有利地向目标市场提供所期待的满足。

在现代营销环境下，社会营销观念成为企业营销观念的主流。但需要指出的是，社会营销观念只是顾客导向的营销观念在某一方向的拓展，在本质上并没有大的突破。

丰田汽车践行企业社会责任

在由新华网主办的2015中国企业社会责任峰会上，丰田汽车（中国）投资有限公司（以下简称丰田）通过成熟的混合动力技术，有效地将汽车碳排放量降低，对环境保护起到至关重要的作用，因此荣获“绿色环保奖”。

20 世纪末，能源危机和温室效应成为国际社会普遍关注的问题，但汽车行业仍处于追求豪华、用高油耗换取大排量的时代。为此，丰田积极引领混合动力等环保技术和车型的研发与推广。2005 年，丰田在中国生产混合动力汽车，致力于“加速普及以混合动力为基础的环保技术”。在采购环节，丰田制定《中国绿色采购指南》，要求供应商履行环保责任，实施不损害环境对策，并对交货物品中的环境负荷物质进行管理；在生产环节，丰田将节能减排作为核心任务，积极开展各项工作应对全球变暖，实现资源的合理利用。

在环境保护方面，自 2001 年启动防治沙漠化植树造林项目已有十几年，累计直接投入资金约 3 750 万元，植树约 500 万棵，绿化总面积超过 5 万亩，树木的成活率高达 90%以上，取得显著的绿化效果，受到社会高度关注和积极评价。

(资料来源：新华网，http://news.xinhuanet.com/auto/2015-12/22/c_128556275.htm，经修改)

(六) 大市场营销观念

20 世纪 80 年代，世界经济的发展进入了一个滞缓发展、缺乏生气的时期，世界各国和各个地区采取封锁政策，贸易保护主义抬头。面对企业在进入那些贸易保护主义严重的特定地区进行营销活动时，所面临的各种政治壁垒和公众舆论方面的障碍，美国营销学家菲利普·科特勒提出大市场营销观念。

大市场营销观念是指企业为了成功地进入特定市场，并在那里从事业务经营，在策略上协调地施用经济、心理、政治和公共关系等手段，以博得有关方面的支持与合作的活动过程。

企业在市场营销中，首先是运用政治权力(Political Power)和公共关系(Public Relations)，设法取得具有影响力的政府官员、立法部门、企业高层决策者等方面的合作与支持，启发和引导特定市场的需求，在该市场的消费者中树立良好的企业信誉和产品形象，以进入市场。然后，运用传统的 4Ps 组合去满足该市场的需求，进一步巩固市场地位。

(七) 互联网思维观念

互联网思维观念就是在移动互联网、大数据、云计算等科技不断发展的背景下，对用户、对产品、对企业价值链及对整个商业生态的重新审视。核心思想是企业的思维方式要逐渐以互联网的方式去想问题，就是一切以用户为中心，注重用户体验。

北京小米公司首创用互联网开发手机操作系统、发烧友参与开发改进的模式，小米模式的核心就是互联网思维七字诀：专注、极致、口碑、快。只有用心专注、产品简洁，把一款产品做到天文数字的量级时，才算真正做好；互联网领域许多产品始于免费，只有做到极致，是行业顶尖的时候才有胜出可能；注重用户体验，保持用户新鲜感，超出用户预期，通过口碑形成粉丝传播；业务成长要快，对用户服务的反馈也要快，小米每个星期更新一次。

互联网时代的思考方式，不局限在互联网产品、互联网企业；这里指的互联网，不单指桌面互联网或者移动互联网，是泛互联网，因为未来的网络形态一定是跨越各种终端设备的，如台式机、笔记本、平板、手机、手表、眼镜等。

特斯拉——用互联网思维打造智能汽车

2003 年，伊隆·马斯克在硅谷创办了一家电动车及能源公司——特斯拉(Tesla)，2012 年，特斯拉发布了智能汽车产品——Model S，一款四门纯电动豪华轿跑车，2013 年第一季度，Model S 销售量就高达 4 900 辆，为美国豪车市场之冠，力压奔驰 S 系、宝马 7 系、凌志 LS 和奥迪 A8 等市场劲旅，第三季度问鼎欧洲市场销售宝座，引发新的汽车革命。

Tesla 的 Model S 没有发动机，却拥有超过法拉利的速度(百公里加速 4.2 秒，0 至 400 米加速 13.2 秒)；不需要加油，一次充电能行驶长达 502 公里；既不是自动波，也不是手动波，而是一块 17 寸超级 Pad 操控一切。表面上看 Tesla 就是一块电池+四个轮子+一个电脑，实际上 Tesla 是以极致的用户体验为中心，如苹果手机一样将硬件和软件做到无缝对接，创造超越用户预期的极致驾驶体验。通过颠覆式创新，把人类从功能车带入智能车时代，使厂商掌握你开车的行为和数据，实现厂商与用户的无缝对接。

通过将互联网思维与传统汽车制造相结合，特斯拉打造了人类历史上第一款智能汽车，带来全新的用户体验。市场营销只有 3 个渠道：通过种子用户口碑宣传、创始人马斯克和媒体互动、善用意见领袖的影响力，形成传播效应。通过 O2O 模式，有线下体验店，进行用户互动和品牌传播；有线上预订，第一款 Model S 的预定从 2009 年第二季度开始，从预定到使用需要 3 年，每年 2 万辆的预付款为新款车的研发提供资金支持。因此，特斯拉在用不一样的互联网思维做汽车，酷跑定位、极简设计以及直销模式，使特斯拉引领汽车产业新潮流。

(资料来源：解码财商，http://v.youku.com/v_show/id_XNjcwODgxMTY4.html?spm=a2h0k.8191407.0.0&from=s1.8-1-1.2，经修改)

除了以上 7 种观念之外，在现代社会还存在其他对市场营销观念的理解和划分，如全球营销观念、关系营销观念、绿色营销观念、文化营销观念、全方位营销观念等，至于企业究竟选择什么样的营销管理观念，最终还要受到所处行业的市场结构、企业发展的不同阶段和产品特征等因素的影响。

思　考　题

1. 市场营销的核心概念是什么？
2. 什么是市场营销？如何理解“营销的目的就是要使推销成为多余”？

3. 什么是顾客满意？什么是顾客成本？什么是顾客让渡价值？

4. 请叙述 4Ps、4Cs 和 4Rs 组合的区别和联系。

5. 如何理解移动互联网时代的市场营销内涵？

6. 简述市场营销观念的演进路径及其背景。

课堂实训

一分钟自我营销演练

1. 问候。

2. 我是谁：包括姓名、来自哪里、个人兴趣爱好、专长、家庭情况、对学习市场营销的课程的认识和学习期望等。

具体步骤：

第一步：上台问候。跑步上台，站稳后先对所有人问好，然后再进行自我介绍。注意展现热情，面带微笑。

第二步：正式内容演练，即自我营销介绍。注意音量、站姿、介绍顺序、肢体动作、时间把控等。

第三步：致谢回座。对所有人说谢谢后才能按老师示意回到座位。

案例分析

互联网时代的海尔营销模式创新

一、海尔集团的发展业绩

海尔集团是全球领先的整套家电解决方案提供商和虚实融合通路商。公司 1984 年创立于青岛。创立以来，海尔坚持以用户需求为中心的创新体系驱动企业持续健康发展，从一家资不抵债、濒临倒闭的集体小厂发展成为全球最大的家用电器制造商之一。海尔在全球有 5 大研发中心、21 个工业园、66 个贸易公司、143 330 个销售网点，用户遍布全球 100 多个国家和地区。2016 年第 22 届中国品牌价值研究结果显示，海尔以 1 516.28 亿的品牌价值，连续 15 年蝉联中国最有价值品牌排行榜榜首。

海尔文化的核心是创新，以观念创新为先导、以战略创新为方向、以组织创新为保障、以技术创新为手段、以市场创新为目标，并提出“人人是人才，赛马不相马”“授权与监督相结合”的发展观念，同时，员工主动参与是海尔文化的最大特色，每一位海尔员工将在实现海尔世界名牌大目标的过程中，充分实现个人的价值与追求。

欧睿的数据显示，2016 年海尔全球营业额实现 2 016 亿元，同比增长 6.8%，利润实现 203 亿元，同比增长 12.8%，互联网交易额 2 727 亿元，同比增长 73%。其中海尔大型家用电器品牌份额占全球的10.3%，实现八连冠；海尔冰箱、洗衣机、冷柜、酒柜的全球品牌份额也蝉联全球第一。海尔SCRM数据平台显示，2016年全球有超过6 800万人次选择海尔，新增用户中超过20%的人曾购买过3台以上的海尔家电，品牌忠诚度高。

二、海尔集团的品牌战略

从1984年创立，海尔集团经过了名牌战略发展阶段、多元化战略发展阶段、国际化战略发展阶段、全球化品牌战略发展阶段4个发展阶段，2012年12月，海尔集团宣布进入第5个发展阶段：网络化战略阶段。

(一) 名牌战略发展阶段(1984—1991)：要么不干，要干就干第一

20世纪80年代，正值改革开放初期，很多企业引进国外先进的电冰箱技术和设备，包括海尔。那时，家电供不应求，很多企业努力上规模，只注重产量而不注重质量。海尔没有盲目提高产量，而是严抓质量，实施全面质量管理，提出了“要么不干，要干就干第一”。当家电市场供大于求时，海尔凭借差异化的质量赢得竞争优势。

这一阶段，海尔专心致志做冰箱，在管理、技术、人才、资金、企业文化方面有了可以移植的模式。1985年，张瑞敏让员工用大锤亲自砸毁76台有缺陷的冰箱，引进德国的生产线，也引进了ISO标准，推出了第一代四星级冰箱——“琴岛—利勃海尔”。

1988年，“琴岛—利勃海尔”电冰箱第一次送到北京展销，在现场消费者要求把“琴岛—利勃海尔”电冰箱、日本冰箱和其他几个牌子的国产冰箱都通上电当场打擂台赛。结果“琴岛—利勃海尔”各项指标遥遥领先，把其他产品都比了下去。

海尔找到了最好的宣传工具，因为比赛和评奖在当时是最权威的证明，此后年年评奖，年年参加国际招标，到1990年获得中国家电唯一驰名商标。海尔通过比赛树立名牌，同时通过加强质量管理和售后服务，配合广告塑造了电冰箱行业第一的形象，在运用各种推销手段的过程中，非常重视独特性，甚至可以称得上标新立异。

(二) 多元化战略发展阶段(1991—1998)：海尔文化激活“休克鱼”

20世纪90年代，国家政策鼓励企业兼并重组，一些企业兼并重组后无法持续下去，或认为应做专业化而不应进行多元化。海尔的创新是以海尔文化激活“休克鱼”思路先后兼并了国内18家企业，使企业在多元化经营与规模扩张方面，进入了一个更广阔的发展空间。这一阶段，海尔开始实行OEC管理法，即每人每天对每件事进行全方位的控制和清理，目的是“日事日毕，日清日高”。当时，家电市场竞争激烈，质量成为用户的基本需求。海尔在国内率先推出星级服务体系，当家电企业打价格战时，海尔凭借差异化的服务赢得竞争优势。

发现和了解消费者的需求，消费者需要什么就生产什么销售什么。1996年海尔推出“即时洗”洗衣机，命名为“小小神童”。该洗衣机的问世得益于海尔科研人员的市

场调研，为了将概念变为成熟的产品，海尔又专门向用户发出“咨询问卷”，在此基础上获得成功。

海尔发现，在四川农村很多农民冬天用洗衣机洗红薯，夏天用洗衣机洗地瓜。1998年代号为XPD40—DS的洗红薯的洗衣机问世，投放的1万台很快销售完。从“小小神童”洗衣机到“大地瓜”洗衣机，是海尔营销观念的又一次革命。

推出“海尔国际星级服务”，星级服务有严格的规范和标准，在实施“星级服务”中，又推出“一、二、三、四”模式，后来又制定了售后服务“五个一”，宣传海尔“卖信誉而不是卖产品”，解决消费者的后顾之忧并塑造“海尔”良好形象，保持了较高的顾客满意度。

(三) 国际化战略发展阶段(1998—2005)：走出国门，出口创牌

20世纪90年代末，中国加入WTO，很多企业响应中央号召走出去，但出去之后非常困难，又退了回来。海尔认为走出去不只为创汇，更重要的是创中国自己的品牌。因此海尔提出“走出去、走进去、走上去”的“三步走”战略，以“先难后易”的思路，首先进入发达国家创名牌，再以高屋建瓴之势进入发展中国家，逐渐在海外建立起设计、制造、营销的“三位一体”本土化模式。

这一阶段，海尔推行“市场链”管理，以计算机信息系统为基础，以订单信息流为中心，带动物流和资金流的运行，实现业务流程再造。这一管理创新加速了企业内部的信息流通，激励员工使其价值取向与用户需求相一致。

海尔适应国际化战略，在国际市场上打开产品通道，在原有的市场营销组合中，运用政治和公共关系两种重要手段，从而更好地保证市场营销活动的有效性。海尔已参与23项国际标准的制定，海尔主导和参与了232项国家标准的编制、修订。2003年荣获全美产品设计“金锤”奖。海尔在美国的社会贡献得到当地认可和称赞。为表彰海尔对南卡投资和对当地发展所做的贡献，开姆顿市所在的Kershaw县政府将2001年的“社区贡献奖”颁发给了海尔。2002年，南卡州政府更授予海尔美国工厂“创造就业奖”，而且为了支持南卡工厂更好更快的发展，南卡州政府还给予海尔美国工厂优惠的工资税返还待遇，该项目被政府认为是贸易带动投资的典范，市政府无偿将市里的一条大路命名为“海尔大道”，这是美国国内第一条以中国企业命名的道路。

(四) 全球化品牌战略发展阶段(2005—2012)：创造互联网时代的全球化品牌

互联网时代带来营销的碎片化，传统企业的“生产—库存—销售”模式不能满足用户个性化的需求，企业必须从“以企业为中心卖产品”转变为“以用户为中心卖服务”，即用户驱动的“即需即供”模式。互联网也带来全球经济的一体化，国际化和全球化之间是逻辑递进关系。“国际化”是以企业自身的资源去创造国际品牌，而“全球化”是将全球的资源为我所用，创造本土化主流品牌，是质的不同。因此，海尔整合全球的研发、制造、营销资源，创全球化品牌。这一阶段，海尔探索的互联网时代的商业模式就是“人单合一双赢”模式。

海尔开始由传统企业管控型组织向开放式创客平台的转型，同时也在积极探索创新公益模式，将员工、客户、政府机关等各个相关组织和个人连接起来，构建可持续发展的公益生态圈。例如，海尔“爱心直通车”项目在全球范围内充分整合海尔粉丝、优秀员工、媒体记者、大学生志愿者等多方资源，开展“爱心图书室”“爱心厨房”“爱心音乐室”等丰富多彩的活动，让各界爱心人士和儿童们互动，为全球儿童成长提供全面支持和贴心关怀。

(五) 网络化战略发展阶段(2012—2019)：网络化的市场，网络化的企业

互联网时代的到来颠覆了传统经济的发展模式，而新模式的基础和运行则体现在网络化上，市场和企业更多地呈现出网络化特征。在海尔看来，网络化企业发展战略的实施路径主要体现在 3 个方面：企业无边界、管理无领导、供应链无尺度，即大规模定制，按需设计，按需制造，按需配送。

海尔在全球范围能一年就被超过 6 800 万人次选择，正是其社群理念和互联网思维的变现。海尔不仅构建起众创汇、HOPE 等开放平台与用户零距离交互，还通过互联工厂打造出高效率高精准的柔性互联生态体系，用户参与到产品的交互、设计、制造等全流程中，带来无缝化、透明化和可视化的最佳体验，从而由单纯的消费者变成“产消合一”的产消者。海尔空调全流程大规模定制就是依托海尔 400 亿+智能大数据获取用户需求，海尔空调与用户建立了大数据智能交互，挖掘用户的兴趣点和潜在需求，在产品研发、个性定制、市场营销、售后服务等环节实现了全流程按需落地。

在用户需求的催化下，2016 年海尔发明原创多款颠覆性产品，引领全球家电产品创新趋势。比如，针对空调风声大的问题，海尔研发出有风无声技术，让空调在不使用风扇的情况下出风，解决了空调诞生百年以来的噪音问题；海尔推出的无压缩机酒柜解决了酒柜行业一直存在的压缩机制冷存在着噪音大、压缩机振动以及周期性开停机造成的温度波动难题，为全球红酒爱好者提供更好的存酒体验；针对美国用户喜欢窗机空调，但是窗机空调却有费电、噪音大、操作不方便的痛点，海尔与谷歌合作推出首款 weave 智能空调，在节能静音的基础上实现智能控制，受到美国当地用户的欢迎。

从 2005 年 9 月 20 日海尔提出“人单合一”模式起，这一模式经过 12 年的演进，已经显示出了其模式优越性和时代领先性。在这一模式的指导下，海尔进行了从互联网到物联网的转型，实现了“企业平台化、员工创客化、用户个性化”。

(资料来源：互动百科，http://www.baike.com/wiki/海尔集团，经修改)

讨论与思考：

1. 结合事例分析海尔营销观念的演进过程。
2. 海尔在品牌发展战略的各个阶段是如何进行管理和营销模式创新的？
3. 移动互联网时代，海尔如何实现“企业平台化、员工创客化、用户个性化”？

第二章

市场营销战略规划

学习目标

1. 理解企业战略的含义和特点。
2. 设计企业的业务投资组合。
3. 规划企业的发展战略。
4. 了解市场营销管理的过程。

营销战略是企业职能战略之一，是企业战略的重要构成部分，是企业实现经营目标的具体手段和战略方案。同时，它又是企业营销管理思想的综合体现和企业营销决策的基准。

作为一种管理过程，企业市场营销战略的规划要在企业的目标、资源和动态的营销机会之间建立适当的匹配关系，从而实现企业的持续成长和长期盈利目标。良好的市场营销战略能够使企业在特定市场中建立相对竞争优势，所以制定正确的营销战略，是研究和制定正确营销决策的出发点，对于企业在激烈的市场竞争中谋求生存和持续发展具有极为重要的意义。

第一节　企业战略概述

一、企业战略的含义和特征

(一) 企业战略的含义

战略(Strategy)一词，源自希腊文，原意是“将军的艺术”，意思是领兵打仗的将军制订战胜敌方的军事谋划和指导，现代人意指“领导的艺术”。

中国古代的军事家孙膑，写的《孙子兵法》十三篇，篇篇都是兵权谋，即战略。加拿大麦吉尔大学明茨博格教授指出：战略由计划(Plan)、政策(Policy)、模式(Pattern)、定位(Position)和观念(Perspective)组成，即 5Ps。

早期的企业管理中并没有战略的概念，随着企业外部环境范围逐步扩大，变化频繁，各因素之间的关系越来越复杂，战略思想在管理中越来越重要。在现代社会和经济生活中，战略描述一个组织打算如何实现其目标和使命。菲利普·科特勒的观点是“当一个组织清楚其目的和目标时，它就知道今后要往何处去，问题是如何通过最好的路线到达那里，公司需要有一个达到其目标的全盘的、总的计划，这就是战略。”

本书定义企业战略为：企业为实现特定目标，从而谋求自身发展而设计的、带有全局性和长远性的行动纲领或方案。具体来说，企业战略是指企业根据市场环境变化所提供的市场机会和面临的威胁，最有效地利用自身的资源优势，去满足目标市场的需求，从而实现企业既定的发展目标。

(二) 企业战略的特征

企业战略所涉及的是企业发展中带有全局性和根本性的问题，实质上就是对环境变迁的反应，是企业权衡力量，把握环境机遇，避免环境变化带来的威胁，趋利避害寻求企业成长的过程。无论是从何种角度理解企业战略，企业战略都具有以下特征。

(1) 全局性。企业战略是适应企业整体发展的需要，规定企业整体的行动，所追求的是企业整体效果，它的最终目的是要谋求企业整体结构和效益的优化。

(2) 长远性。企业战略是企业对未来较长时间内(一般为 5 年以上)生存和发展的考虑，战略不仅要以企业当前的外部环境和内部条件为出发点，还要对企业的活动起指导作用。

(3) 纲领性。企业战略从整体规定企业的使命、发展方向和发展重心以及所要采取的基本方针、重大措施和基本步骤。这些都是概括性和纲领性的，必须分解落实之后才能付诸实施。

(4) 抗争性。企业战略是关于企业在竞争中如何与竞争对手抗衡的行动方案，同时也是针对来自各方的冲击、压力、威胁和困难的行动方案。企业只有正视竞争，参与竞争，准确地制定具有竞争优势的战略，才能保证自己的生存和发展。

二、企业战略的层次

企业战略一般分为以下 3 个层次，即总体战略、经营战略和职能战略。

(一) 总体战略

总体战略又称公司战略，是企业最高层次的战略，是企业最高管理层负责制定用于指导和控制企业一切行为的最高纲领。它是以企业使命为指导，选择企业将要进入的业务领域，达到合理利用企业资源，使企业的各项业务相互支持、协调配合的总体安排。主要回答企业应该在哪些领域从事经营活动以及怎样去发展这些业务。目的在于协调企业下属的各个业务单位的关系，合理配置企业资源，实现企业总体最优的目标。例如，一个手机生产企业的总体战略是针对新市场，开发新型手机，在未来 5 年内使企业收入增加 15%。

(二) 经营战略

经营战略又称经营单位战略、业务单位战略。现代大型企业中包括若干个拥有相对独立的产品和市场的部门，这些部门称为事业部或战略经营单位。经营战略便是各个战略经营单位的战略，它是在总体战略下的分战略，用以指导和管理具体经营单位的计划和行动。例如，手机生产企业由作为中层管理者的营销总监来负责市场的战术规划。他的一个目标是在第二年推广 3 款新型手机，赢得运动型手机市场 20%的份额。

当然，交叉职能规划在新型手机方面是必要的——它需要与财务部门和生产部门合作。

(三) 职能战略

职能战略也称职能层战略，是企业主要职能部门的短期性战略，包括营销战略、人力资源战略、财务战略、生产战略、研究与开发战略等。职能战略可以使各职能部门的管理人员更加清楚地认识到本部门在实施企业总体战略中的责任和要求。每一种职能战略，都要服从于所在的战略经营单位的经营战略，以及企业的总体战略。

从企业战略层次划分上可以看出：营销战略是企业战略的组成部分，是一种职能战略，为实施企业总体战略及实现战略目标的要求，通过营销手段的组合，而对企业进入、占领和扩大市场所做的长远性的谋划和方略。如对于手机生产企业来说，在操作规划层面，营销经理将制订针对潜在顾客推广新型手机的规划，而销售经理将为公司制订关于销售力量的规划。

营销战略是职能战略中的关键，随着市场竞争的加剧，营销战略的地位越来越突出，最终成为企业战略的中心环节和核心部分。

联想集团的企业战略

作为全球电脑市场的领导企业，联想集团开发、制造并销售可靠的、安全易用的技术产品并提供优质专业的服务，帮助全球客户和合作伙伴取得成功。联想公司主要生产台式电脑、服务器、笔记本电脑、智能电视、打印机、掌上电脑、主板、手机、一体机电脑等商品。

面向21世纪，联想将自身的使命概括为四为，即，为客户：联想将提供信息技术、工具和服务，使人们的生活和工作更加便捷、高效、丰富多彩；为员工：创造发展空间，提升员工价值，提高工作生活质量；为股东：回报股东长远利益；为社会：服务社会文明进步。未来的联想将是“高科技的联想、服务好的联想、国际化的联想”。

从1996年开始，联想电脑销量位居国内市场第一；2005年，收购IBM PC事业部；2013年，联想电脑销售量升居世界第一，成为全球最大的PC生产厂商；2014年，联想集团完成对摩托罗拉移动的收购。2014年，联想集团成立4个新的相对独立的业务集团：PC业务集团、移动业务集团、企业级业务集团、云服务业务集团，制定了互联网转型战略。未来联想转型成功意味着用户可定制不同产品。联想将把互联网客户和应用作为开发主要诉求，将更加专注互联网用户需求，以应用带动产品开发，不只是手机，还将嫁接各种互联网终端设备，包括眼镜、路由器，以及空气净化器等智能家居产品；在社会化营销方面通过微信、微博和国外社交工具加强和用户的互动；在电商和配送领域引入O2O服务。

(资料来源：百度百科，https://baike.baidu.com/item/联想集团/1369017?fr=aladdin&fromid=2545017&fromtitle=联想，经修改)

第二节　总体战略规划

为保持企业的目标与不断变化的营销环境之间的相互适应，企业的高层管理者要进行总体战略规划，主要包括：制定企业使命和目标、设计企业的业务投资组合、规划企业的增长战略等一系列过程。

一、制定企业使命和目标

企业使命是企业在社会进步和社会、经济发展中所应担当的角色和责任，反映企业的目的、特征和性质，确定企业是干什么的、企业应该是怎么样的。

企业在创立时，一般都规定一定的使命，但这不是固定不变的，随着环境的变动，企业的使命也要相应变化。最高管理层明确规定适当的使命，并向全体工作人员讲清楚，可以提高士气，调动全体工作人员的积极性。而且，企业的使命是“一只无形的手”，它指引全体工作人员都朝着一个方向前进，使全体工作人员同心协力地工作。企业在规定或调整使命和编写正式使命书时，应对下列问题做出回答：本企业经营的业务是什么？顾客是哪些人？顾客最需要的是什么？本企业将要经营的业务是什么？将来应向哪个方向发展？成功的企业总是不断地提出这些问题，并审慎而全面地做出回答。如麦当劳的使命：在全球范围内向一个广泛的快餐食品顾客群，在气氛友好、卫生、清洁的饭店里以很好的价值提供有限系列的、美味的快餐食品。

因此，使命说明书必须规定企业的经营范围，包括产品范围、顾客范围、市场的地理范围等。此外，还有其他一些影响因素，如企业的历史、管理当局和资产拥有者的意图、企业所处的环境特征、企业的优势和特长等。

企业使命说明书要有实效，内容必须具体化，特点应当明晰化。好的企业使命说明书在表达和陈述上应当富有激励性，能够鼓舞人心。例如，华为公司的使命说明书：我们的追求是在电子信息领域实现顾客的梦想，并依靠点点滴滴、锲而不舍的艰苦追求，使我们成为世界级领先企业。为了使华为成为世界一流的设备供应商，我们将永不进入信息服务业，通过无依赖的市场压力传递，使内部机制永远处于激活状态。

关于业务范围的表述，许多企业是从产品或技术角度考虑的，如“本公司的业务是制造计算尺”，或者“本公司是化工企业”等，但是产品或技术都有生命周期，会更新和淘汰，以产品为导向的表述会使企业在产品衰退期陷入困境，如果能以更广阔的视角将业务定义为满足顾客的需要，就会跟踪市场需求的动向，并及时开发能更好地满足这方面需求的新产品或拓展新的业务领域，从而使企业保持竞争优势。因此，企业在制定使命时一定要以市场为导向对企业业务进行定义，如表 2-1 所示。

企业目标是企业未来一定时期内所要达到的一系列具体目标的总称。企业使命需要转化为各个管理层的具体支持性目标。各级经理应明确自己的目标，并对目标的实现负责。企业常用的目标有：产品销售额和销售增长率、产品销售地区、市场占有率、利润和投资收益率、产品质量与成本水平、劳动生产率、产品创新、企业形象等。其中，一定的利润和投资收益率是企业最重要的目标。

表 2-1 市场导向的业务定义

公 司	产品导向的定义	市场导向的定义
亚马逊	销售图书、视频、玩具、电子产品、家居用品等	使得网络购买体验更快、更简单、更享受，从这里可以找到和挖掘到任何顾客想在线购买的东西
迪士尼	经营主题公园	创造魔幻之旅——这里的一切与顾客的期望一致
eBay	进行在线拍卖	提供任何人交易任何商品的全球市场——在这个独特的网络社区里，人们可以自由地购买、娱乐和认识更多的人
丽兹—卡尔顿酒店	出租房间	创造出丽兹—卡尔顿体验，使生活更加活跃和健康，甚至满足顾客未曾表达的愿望和需求
沃尔玛	经营折扣商店	天天低价格出售商品，使普通人有机会买到与富人一样的东西
资生堂	制造化妆品	销售生活方式和自我表达：成功、地位、希望和梦想

二、设计企业的业务投资组合

在确定公司使命与目标的基础上，企业的高层管理者要对所经营的业务进行分析和决策。大公司一般管理着不同的业务范围，它的每项业务都要有自己的战略。通用电气公司把企业经营的业务称为战略业务单位。一个战略业务单位具有以下 3 个特征：它是一项独立业务或相关业务的集合体；它有自己的竞争者；它有一位经理，负责战略计划、利润业绩，并且控制了影响利润的大多数因素。

一些多元产品公司通过设立战略业务单位来改善其经营。拥有多个经营业务单位的企业必须对现有各业务单位的状况进行评估，确定哪些应该发展，哪些应该持续，哪些应该缩减。目的是最大限度地有效利用现有资源，实现企业整体利益最大化。

分析和评估现有业务组合有两种方法应用最为普遍：波士顿矩阵法和通用电器矩阵法。

(一) 波士顿矩阵法

波士顿咨询公司(Boston Consulting Group，BCG)是一家美国管理咨询公司，首创和推广了市场“增长率—相对市场占有率”矩阵法，如图 2-1 所示。

图 2-1 中，纵向表示市场增长率，以 10%为临界线分为高低两部分；横向表示相对市场占有率，是业务单位的市场占有率与最大竞争对手市场占有率之比，以 1.5 为分界线分为高低两个部分。如果相对市场占有率为 0.1，则表示该业务单位的市场份额为最大竞争对手市场份额的 10%；如果相对市场占有率为 10，则表示其市场份额为最大竞争对手市场份额的 10 倍。市场增长率反映产品的成长机会和发展前途，相对市场占有率则表明企业的竞争实力的大小。

矩阵图中的 8 个圆圈代表企业的 8 个战略业务单位。这些圆圈的位置表示各战略业务单位的市场增长率和相对市场占有率的高低，圆圈的面积表示各个战略业务单位销售额的大小。区域图中的 4 个象限分别代表 4 类不同的业务单位。

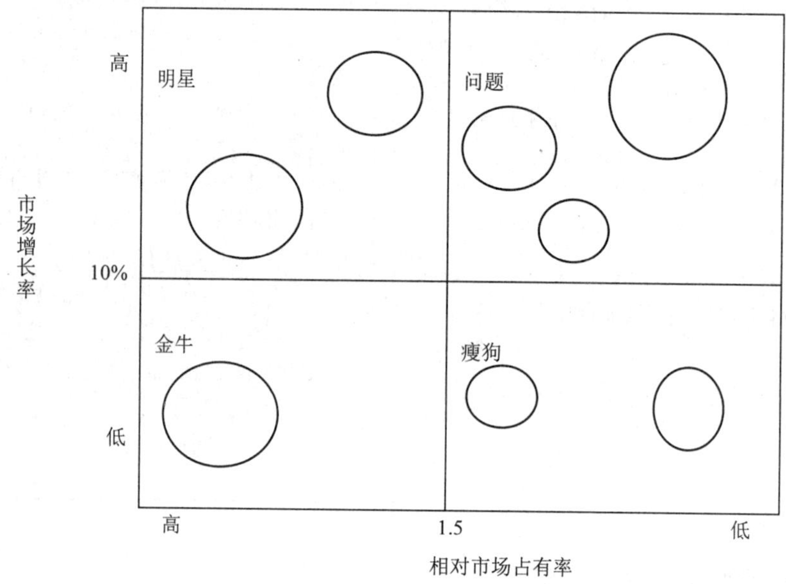

图 2-1 “增长率—相对市场占有率”矩阵

1. 业务单位的组成

(1) 问题类。问题类是市场增长率高而相对市场份额低的公司业务。问题类业务要求投入大量现金，因为公司必须添置厂房、设备和人员，以跟上迅速增长的市场需要，此外，它还要赶超领导者。公司要对其进行大量投资或者及时摆脱出来。

(2) 明星类。一个公司如果在问题类业务上经营成功，就变成明星。明星是高速增长市场中的领导者。公司必须投入大量金钱来维持市场增长率和击退竞争者的各种进攻。同时，它们也常常会成为公司未来的金牛类。

(3) 金牛类。当市场增长率降到 10%以下，而如果它继续保持较大的市场份额，前面的明星类业务就成了金牛类业务，这类业务为公司带来了大量的现金收入。由于市场增长率低，公司不必大量投资，同时，该业务是市场领导者，还享有规模经济和较高的利润率优势。公司用金牛类业务收入来支付账款和支持明星类、问题类和瘦狗类业务。

(4) 瘦狗类。瘦狗类业务是指市场增长率低缓、市场份额也低的公司业务。一般来说，它们的利润很低。对瘦狗类业务的继续经营，通常要占用企业管理层较多的时间，这可能是得不偿失的，需要进一步收缩或者淘汰。

把业务在一个“市场增长—相对市场占有率”矩阵图上定位后，公司可确定它的业务组合是否健康。一个失衡的业务组合就是有太多的瘦狗类或问题类业务或太少的明星类和金牛类业务。

2. 业务单位的战略选择

公司下一步的工作是为每个战略业务单位确定目标与战略，并做出预算计划。公司可以采取下面 4 种不同的战略。

(1) 发展战略。其目的是扩大战略业务单位的市场份额，甚至不惜放弃近期收入来达到这一目标。发展战略特别适用于问题类业务，如果它们要成为明星类业务，其市场份额必须有较大的增长。

(2) 维持战略。其目的是保持战略业务单位的市场份额。这一目标适用于强大的金牛类业务，要它们继续产生大量的现金流量。

(3) 收获战略。其目的在于增加战略业务单位的短期现金收入，而不考虑长期影响。包括取消研究与开发费用，在设备到期时不更换，也不更换销售人员，减少广告费用等，目的是降低成本，使公司的现金流量正增长。

(4) 放弃战略。其目的在于出售或清算业务，以便把资源转移到更有利的领域。例如，在 5 年内，通用公司放弃了 4 个衰退的业务。它适用于瘦狗类和问题类业务。这类业务常常会拖公司盈利的后腿。

随着企业和市场的发展，4 类战略业务单位在矩阵图中的位置是变化的。作为成功的战略业务单位，一般是从问题类开始，到明星类，然后到金牛类，最终成为瘦狗类，从而退出企业。所以，企业要时时关注各业务单位在矩阵图中的位置，对各项业务进行评估，以合理安排实现企业的目标。例如，根据市场环境变化，迪士尼分解了原本集中的战略业务单位，分为电影娱乐业(17%)、媒体网络(45%)、消费产品(8%)、公园和度假乐园(28%)四大战略单元，把制定战略的权力由战略规划群组下放给部门经理。其使命是“给人们带来欢乐”和“让梦想成真”，尽其所能地满足消费者全方位的期望。

(二) 通用电器矩阵法

通用电器矩阵法又称为“多因素投资组合矩阵法”，它是由美国通用电器公司在波士顿矩阵法的基础上扩大评价内容而形成的，如图 2-2 所示。

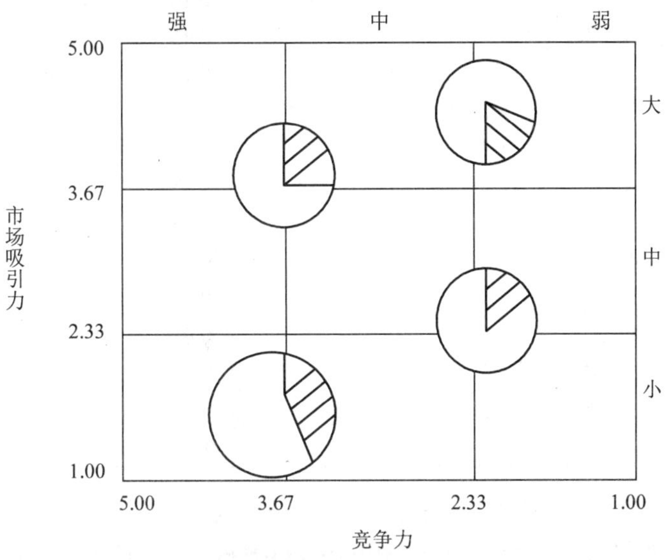

图 2-2　通用电器矩阵法

图 2-2 中，纵向代表市场吸引力，有大、中、小之分；横向代表竞争力，有强、中、弱之别；圆圈代表企业的战略业务单位；圆圈的位置代表战略业务单位的市场吸引力和竞争力的状况。市场吸引力和竞争力数值通过对每个因素分等级打分(最低分 1 分，最高分 5 分)，并给出权数计算加权值，加权累计得出；圆圈内的阴影部分则表示单位的市场占有率。

通用电器矩阵法将市场分为 9 个区域、3 个地带。

(1) 左上角地带称为“绿灯区”。这个地带的 3 个小格为“大强”“中强”和“大中”。这个地带的市场吸引力和竞争力较强，企业对这个战略业务单位要“开绿灯”，采取增加投资和发展战略。从表 2-2 可以看出，战略业务单位 A 处于矩阵图的左上角，其行业吸引力的加权平均分数为 3.45，其竞争地位的加权平均分数为 3.90。

表 2-2　战略业务单位 A 的竞争地位与行业吸引力

		分　数	权　数	加 权 值
行业吸引力	市场大小	4	0.20	0.80
	年市场增长率	5	0.20	1.00
	历史的利润率	4	0.15	0.60
	竞争强度	2	0.15	0.30
	技术要求	3	0.15	0.45
	由通货膨胀引起的脆弱性	3	0.05	0.15
	能源要求	2	0.05	0.10
	环境影响	1	0.05	0.05
	社会、政治、法律的因素		必须是可接受的	
	—	—	1.00	3.45
战略业务单位的竞争地位	市场占有率	4	0.10	0.40
	市场占有率增长	4	0.15	0.60
	产品质量	4	0.10	0.40
	品牌信誉	5	0.10	0.50
	商业网	4	0.05	0.20
	促销能力	5	0.05	0.25
	生产能力	3	0.05	0.15
	生产效率	2	0.05	0.10
	单位成本	3	0.15	0.45
	原料供应	5	0.05	0.25
	研究与开发成绩	4	0.10	0.40
	管理人员素质	4	0.05	0.20
	—	—	1.00	3.90

(2) 从左下角到右上角的对角线地带称为“黄灯区”。这个地带的 3 个小格为“小强”“中中”和“大弱”。这个地带的市场吸引力和竞争力都属于“中中”。因此，企业要对战略业务单位进行观望，“开黄灯”。

(3) 右下角地带称为“红灯区”。这个地带的3个小格为“小弱”“小中”和“中弱”。这个地带的市场吸引力和竞争力都比较弱。因此，企业对这个地带的业务战略单位要“开红灯”，采取收割或放弃战略。

通用电器矩阵法认为，企业在分析其战略业务单位时，不仅要考虑市场增长率和相对市场占有率，还要考虑更多的因素。这些因素归纳为市场吸引力和竞争力。市场吸引力取决于市场大小、市场增长率、历史的利润率、竞争强度、技术要求、由通货膨胀引起的脆弱性、能源要求、环境影响及社会、政治、法律的因素等。竞争力则取决于该业务单位的市场占有率、产品质量、品牌信誉、商业网、促销能力、生产能力、生产效率、单位成本、原料供应、研发绩效及管理人员素质等因素。企业只有进入那些既有市场吸引力、自己又拥有相对优势的市场，才能取得成功。

三、规划企业增长战略

在现有投资业务重新组合后，公司必须开发新的业务领域来弥补撤出部分的差额，并求得公司业务的新扩展。

企业寻找新业务的过程就是选择宜于企业增长或发展的市场机会的过程，这是企业战略中的关键，因为如果寻找不到实现目标的市场机会，企业就无从发展，而错误的机会选择则可能导致灾难性的后果。

企业有3种可供选择的增长战略，每一种又包含3种形式，如表2-3所示。

表2-3　企业增长战略

密集式成长	一体化成长	多元化成长
市场渗透	后向一体化	同心多元化
市场开发	前向一体化	横向多元化
产品开发	水平一体化	混合多元化

(一) 密集式成长

密集式市场机会是指在一个特定市场的全部潜力尚未达到极限时存在的市场机会。1957年，安索夫提出产品—市场扩展矩阵，企业的经营战略是4项要素的组合，如图2-3所示。

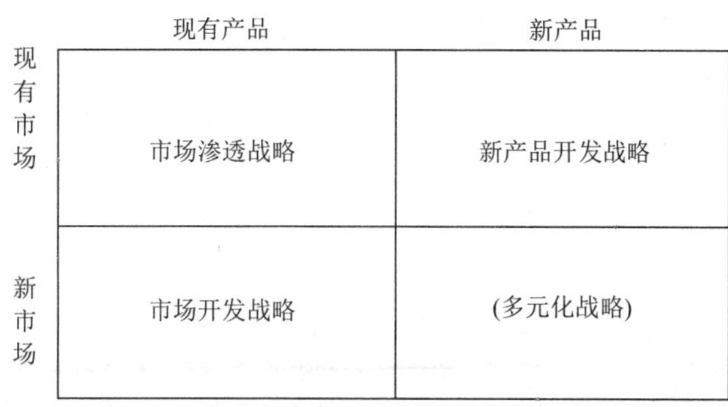

图2-3　安索夫产品—市场扩展矩阵图

(1) 市场渗透。指使原有产品在原有市场上尽力保持原有顾客并力争新顾客的策略。市场渗透战略是一种立足于现有产品，充分开发其市场潜力的企业发展战略，又称为企业最基本的发展战略。由于市场渗透战略是由现有产品和现有市场组合形成的，所以企业战略管理人员应当有系统地考虑市场、产品及营销组合的策略，以达到促进市场渗透的目的。一般来说，进行市场渗透主要有以下 3 种可选方式。

① 吸引现有产品的潜在顾客，以增加产品使用者的数量。例如，旅行社采取种种措施消除人们疑虑，说服他们利用节假日去国外观光旅游；说服可口可乐的消费者饮用百事可乐；飞机货运服务公司吸引更多的用户采用空运方式而减少陆运或水运。

② 刺激现有顾客的潜在需求，以增加产品使用者的平均使用量。例如，肉联厂宣传火腿肠不仅可以夹在面包里吃，而且还可以放在菜里或汤里吃，味道同样鲜美；牙膏厂家向目标顾客宣传早起、饭后、睡前都刷牙的良好口腔卫生习惯，其目的在于增加消费者的使用次数。

③ 按照顾客的需求改进产品特性。例如，在开罐头的工具上添加动力装置以增强其便利性与安全性；化妆品包装瓶子的颜色和形状应不断变换以招揽顾客。

市场渗透战略是企业经营的最基本的发展战略。在企业可选的 4 种发展战略中，不但风险最小、所需资源投入最少，更主要的是最直接地实现了企业的最终价值。

(2) 市场开发。主要指企业通过将现有产品销往新的地区市场或开辟新的分销渠道，扩大产品销售量。例如，我国的摩托车进入越南市场，广东威力洗衣机进入西北地区市场，儿童的护肤品通过宣传可以用于成人等。

(3) 产品开发。企业考虑对现有产品做某些改进，如增加花色品种、规格档次，改进包装和服务等，以满足不同顾客的需要，进而扩大在现有市场上的销售量。如海尔集团增加新的换代产品——单缸、双缸、全自动、带升温装置、带烘干装置、波轮到滚筒洗衣机。

星巴克的密集式成长战略

星巴克在一年 52 个星期中，每星期平均增开 34 个店面；公司还可以改进广告、价格、服务、菜单选择和店面设计，使得顾客光顾的次数增多，或每次购买的数量增加。例如，美国星巴克的许多店面是落地窗；星巴克最近推出一款签账卡，顾客可以预付咖啡或点心，或者把星巴克礼物送给亲戚朋友；为了让顾客停留得更久，星巴克在各分店提供无线网络。

星巴克的公司经理评估新的人口细分市场，一些新的群体，如年纪大的消费者或者不同民族的群体可能会被鼓励尝试光顾，或购买更多。还评估新的地理细分市场，在全新的全球市场上快速扩张，全球 39 个国家拥有 13 000 多家门店，在中国 100 个城市开设超过 2 000 家门店，到 2019 年达到 3 400 家。

星巴克引进了一种降低卡路里的产品推向中国和韩国市场；还提供星巴克的咖啡酒。

星巴克还在店里安装媒体吧，方便顾客在品尝咖啡时下载歌曲以及播放他们自己的CD。投资HearMusic零售渠道，与狮门电影公司合作制作电影在咖啡屋中推广。比如在店中派送相关卡片，把电影标识印在咖啡杯上，把商店黑板上的字艺术化成蜜蜂形式。

(资料来源：菲利普•科特勒. 市场营销原理. 北京：机械工业出版社，2013)

(二) 一体化成长

企业可以通过业务单位把企业的经营范围向前、向后或横向延伸、扩展，以获得规模效益，企业可以采取一体化发展战略，如图2-4所示。

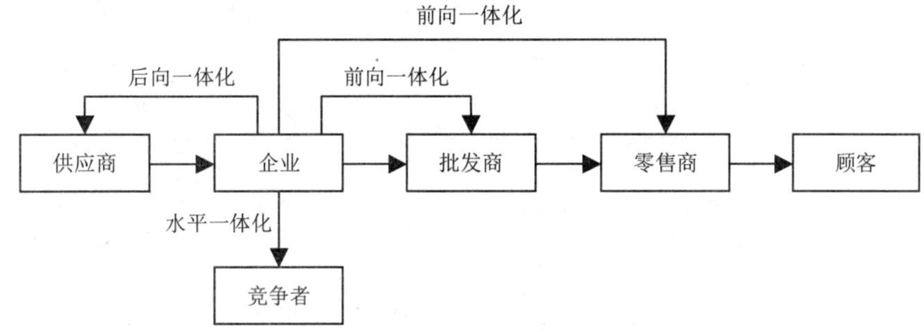

图2-4 一体化成长

(1) 后向一体化。即收购，兼并上游的供应商，拥有或控制自己的供应系统。如制造企业通过控制或合并原材料、零部件供应企业实现产供一体化；一家钢铁公司向采矿业延伸经营范围；一家快餐连锁集团扩展经营领域从事种植和养殖业务等。如果供应系统利润丰厚或发展前景良好，后向一体化可以为企业带来可观的利润，同时，企业还可以避免原材料短缺、供应商控制价格等的不利状况。

(2) 前向一体化。即收购，兼并下游的分销商，拥有或控制自己的分销系统，或将产品线向前延伸，从事原有用户经营的业务。如石油开采企业办炼油厂，制药厂开办药店等。

(3) 水平一体化。即通过控制或兼并经营同类产品的企业扩大经营规模。如一家大的零售商合并若干小零售商等。

蒙牛集团的一体化发展

对于奶业产业来说，一体化的实质是生鲜乳生产、乳品加工、市场营销等市场主体有机结合成一个整体，风险共担，利益共享，实现各方利益均衡化，从而使生产、收集、储存、运输、加工、销售等环节紧密联结，环环紧扣，保证整个产业链条的协调运转，实现整个产业健康持续发展。蒙牛集团的基本思路是“以产业链为依托”“以技术为核心”，实行核心品质优化，从奶源生产、加工到运输和销售，实行“不依附于人力之外”的技术升级，其中最关键的是奶源上游规模化、集约化牧场建设。

（资料来源：百度文库，https://wenku.baidu.com/view/e03bf8297fd5360cba1adbf6.html，经修改）

(三) 多元化成长

当企业所在行业已无发展潜力或企业有足够的资源进入新的领域，同时，其他领域又有极好的发展机会时，企业可以选择多元化战略，如图 2-5 所示。

图 2-5　多元化成长

(1) 同心多元化。利用原有技术、特长开发新产品，就如同一圆心向外扩大业务范围，谋求业务增长。我国不少家电企业都选择了这种发展战略。如一家企业以生产电视机的技术为基础，开发生产电脑显示器。这种方法有利于发挥企业原有的技术、设备优势，风险相对较小，比较容易成功。

(2) 水平多元化。针对现有市场和现有顾客利用新技术开发新产品，扩大业务经营范围，谋求业务增长。如生产照相机的企业开发胶卷，生产化肥的企业生产播种机等。这些企业在技术、生产方面进入了全新的领域，风险较大；但由于是针对原有顾客，又有原有顾客的声望和原有的分销渠道，因此可以减少市场开发投入和风险。

(3) 混合多元化。企业进入与现有技术、产品和市场无关联的经营领域，以寻求新的业务增长。企业选择混合多元化战略可以及时抓住市场机会，合理调配资金，但实施这种战略的风险也最大。对大多数企业来说，特别是中小企业，一般不适宜采用，或者只能在低层次、小范围内采用。

恒大集团的多元化战略

恒大集团是以民生地产为基础，金融、健康为两翼，文化旅游为龙头的世界 500 强企业集团，已形成“房地产+服务业”产业格局。

2016 年总资产 1.35 万亿、销售规模超 4 000 亿，中国房地产企业 10 强。之后，恒大着力实施立足广州，布局全国，全方位拓展产业发展空间的经营战略，为企业未来的快速发展奠定了坚实基础。

公司从 2009 年起开始尝试多元化发展，通过组建庞大的调研团队，在多个领域、多个产业进行了大量的调研、投入、探索和实践。2012 年，恒大步入稳定增长期，房产销售情况良好，手中握有较大的现金流，董事局主席许家印提出要拓展商业、酒店产业，探讨体育、文化产业的多元化战略目标。2014 年，公司从企业长远发展、打造百年老店的高度，正式提出“多元+规模+品牌”的发展战略，在进一步夯实房地产主业的基础上，逐步拓展金融、文化旅游及健康等产业。2016 年年底，公司完成了以民生地产为基础，金融、健康为两翼，文化旅游为龙头的多元化产业布局，完成了由“房地产业”向“房地产+服务业”的转型，并跻身世界 500 强。2017 年，恒大地产开始由“规模型”向“规模+效益型”转变。

（资料来源：恒大官网，http://www.evergrande.com/about.aspx，经修改）

第三节 营销管理过程

管理是在特定环境下，为实现组织目标而对组织资源进行计划、组织、领导与控制的系统过程。从这个角度看，营销管理同样是一个相对独立的计划、组织、领导、控制的过程，只是管理范畴与管理目标不同。在企业营销活动中，企业要正确分析市场机会，选择目标市场战略，设计相适应的营销策略，制订切实可行的营销计划，建立合理、高效的营销组织，对营销计划的执行实施有效的控制。

因此，企业的市场营销管理过程包含下列 4 个紧密相连的步骤：分析市场机会、选择目标市场战略、确定市场营销策略和管理市场营销活动，如图 2-6 所示。

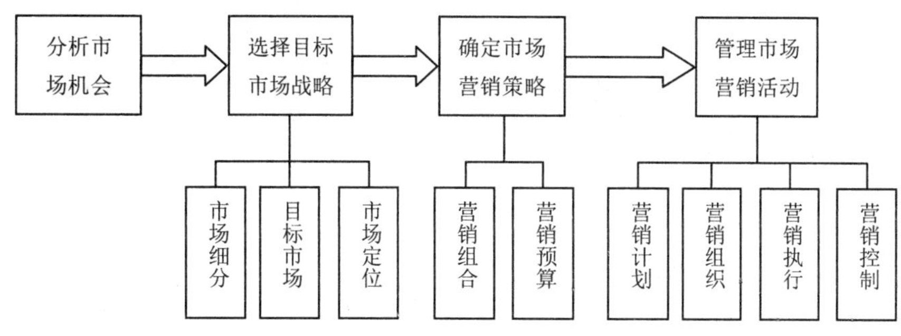

图 2-6 市场营销管理过程

一、分析市场机会

市场营销是通过满足顾客需求进而达到企业目标的经营活动。研究和分析外部环境是营销工作的出发点。市场营销环境的变化给企业市场营销活动或者带来机会或者带来威胁，因此，企业必须密切监视营销环境的发展变化，敏锐地发现市场机会并且及时规避潜在的环境威胁。

二、选择目标市场战略

营销战略也称为 STP 战略。作为职能战略，营销战略主要指的是选择目标市场战略，包括市场细分、目标市场选择和市场定位。消费者对同一类产品的需求总是存在差异的。比如，同样是对服装的需求，有的顾客追求的是时髦、漂亮；有的顾客注重面料的质量，服装的做工；有的顾客则看重实用、价格低廉。一般来说，即使是大企业也很难满足所有顾客的不同需要。为了提高产品对顾客需求的适应能力，企业要把总体市场划分为几个主要的细分市场，对这些细分市场分别做出评价，结合企业自身的特点和优势，选择一个或者几个细分子市场作为本企业的目标市场，为特定的目标市场提供专门的产品和服务。企业还要对产品进行市场定位。通过市场定位帮助目标顾客将本企业的产品和其他竞争对手区别开来，树立与众不同的形象，营造竞争优势。

三、确定市场营销策略

在选定目标市场后，就要确定市场营销组合策略，综合运用企业可控的营销手段达到营销战略规划的目标。

产品策略是营销组合中最基本的工具，是对生产什么产品进行决策，包括新产品开发决策、产品组合决策、产品生命周期阶段决策等。

价格策略包括新产品定价决策、一般价格决策、价格调整决策等。

分销策略是对企业如何把产品传送到顾客手中的决策，包括渠道模式决策、经销商选择决策、渠道管理决策、物流决策等。

整合传播策略包括广告、人员销售、公共关系、销售促进、直接营销和网上营销等策略。因此，获胜的公司必将是那些可以经济方便地满足顾客需要，同时又能与顾客保持有效沟通的公司。

在短期内，不是所有营销组合变量都能进行调整。一般来说，企业在短期内可以修订价格，扩大推销力量和广告开支。而开发新产品和改革渠道则需要较长的时间。因此，在短期内，企业通常只能对营销组合诸变量中的少数几个进行变更。

OPPO 手机的营销组合策略

根据 IDC 统计，2016 年中国各大智能厂商出货量最大的前五名是 OPPO、华为、vivo、苹果、小米；OPPO 市场占有率 16.8%，排名第一。从营销组合策略分析 OPPO 成功的原因。

在产品方面，高颜值，设计成类似于 iPhone 的大众脸，符合大多数人的审美和面子消费观念，OPPO R9 采用一体化金属机身设计，超薄的边框，整体非常轻薄；“音乐手机+自拍手机”的精准定位，抓住音乐和拍照两个最高频的功能，利用原有 MP3 的技术积累，定位于“OPPO 音乐手机”，深入人心；大内存，满足更多“厂妹”下载看片的需求。

在渠道方面，采用农村包围城市，在互联网时代没有和小米硬碰硬，而是转入自己的强项线下渠道去大力发展。利用步步高时代构建的一整套线下渠道体系，快速直达终端；提高渠道商推广费用，每一部 OPPO 手机推广都有提成，激发线下销售的积极性。

在价格方面，高价彰显高端，定位中高端手机，一方面比苹果便宜，可以吸引部分经济稍微有点压力的用户；另一方面稍高的价格，让这些购买机器的顾客，感觉比较有面子。同时，高价才能支撑高成本的庞大线下渠道体系，让线下推广有动力。

在促销方面，采用 POP 广告、灯箱广告与三大运营商合作等方式宣传。请鹿晗、李易峰等明星代言广告，使"充电 5 分钟，通话 2 小时"的广告大量传播；冠名综艺节目，如湖南卫视《天天向上》《快乐大本营》和浙江卫视《奔跑吧兄弟》，这些节目收视率高，女生爱看，大大提高了品牌的美誉度和销量。

(资料来源：简书，http://www.jianshu.com/p/568769d4afe5，经修改)

四、管理市场营销活动

市场营销管理过程的最后步骤是对营销活动的具体管理，它包括营销计划的组织、实施和控制。市场营销计划的制订只是营销工作的开始，而非终结。更重要的工作是计划的实施与控制。实施过程包括建立营销组织、调动人力资源和制定激励制度。对计划执行中可能出现的意外情况，营销部门必须行使控制职能加以调整和修正，确保营销目标的实现。

本书就是以市场营销管理过程为逻辑主线，在以下的各章中对市场营销学的基本原理进行展开论述，帮助读者在市场营销观念的指导下，正确地分析企业面临的环境，做出正确的营销战略决策，有效实施市场营销策略，科学地进行市场营销管理活动。

思　考　题

1. 什么是营销战略？营销战略在企业战略中处于什么样的地位？
2. 企业的营销目标与发展目标和竞争目标有怎样的关系？
3. 总体战略规划的过程包括哪几个部分？
4. 某公司产品包含 5 个战略业务单位，如下表所示。用波士顿咨询公司的战略业务单位投资分析确定每个业务单位的相对市场份额，分析这家公司运行是否正常，并提出战略建议。

战略业务单位	销售额(百万美元)	竞争者数目	3 个最大公司的销售额(百万美元)	市场增长率
A	140	8	70，60，50	8%
B	2.0	22	1.6，1.6，1.0	18%
C	1.6	14	1.8，1.2，1.0	5%
D	3.6	5	3.2，0.8，0.7	4%
E	2.0	10	4.0，1.8，1.5	2%

5. 通用电器矩阵法的矩阵图中分为哪 3 个地带？都有哪些特点？

课 堂 实 训

自选一个行业并选择一家企业，调查并分析其营销战略，并根据波士顿矩阵法对其业务单位进行分析。

具体步骤：

第一步：根据自愿的原则，每班分成 4～5 人一组的小组，并确定组长。

第二步：各组各自讨论，确定主题。

第三步：根据主题，进行分工。

第四步：根据各位小组成员的完成情况，由组长统筹完成本小组的应用分析报告。

案 例 分 析

娃哈哈集团的战略选择

在中国现有的饮料市场上，娃哈哈已经成为一个知名的品牌。它于 1987 年由个人靠 14 万元起家，经过多年的拼搏，从一个默默无闻的弄堂小厂，跻身于全国最大规模 500 强和最大利税总额 500 强，走出了一条高速高效的发展之路。

一、娃哈哈集团简介

娃哈哈集团是一家集产品研发、生产、销售为一体的大型食品饮料企业集团，产量位居世界前列。30 年来，在中国 29 个省、市、自治区建有 66 个基地，总资产 320 多亿元，累计上缴税金 478 亿元。公司产品涉及含乳饮料、瓶装水、碳酸饮料、茶饮料、果汁饮料、罐头食品、医药保健品、休闲食品、婴儿奶粉 9 大类 150 多个品种，其中瓶装水、含乳饮料、八宝粥、罐头多年来产销量一直位居全国第一。

二、娃哈哈集团的战略进程

(一) 从新产品开发到食品饮料市场渗透

(1) 单一产品战略。1989 年成立杭州娃哈哈营养食品厂，开发生产以中医食疗“药食同源”理论为指导思想、解决小孩子不愿吃饭问题的娃哈哈儿童营养口服液，产品一炮打响，走红全国。

(2) 产品线内外的品牌延伸。其大体分为以下几个阶段。

① 从营养液到果奶。1992年，娃哈哈针对儿童市场投放自己的第二个产品——果奶。虽然当时市场已经存在同类产品，当时娃哈哈凭借其营养液的销售渠道和企业生产规模优势，很快占领大量市场份额。

② 突入纯净水市场。此次战略延伸跨度较大。1995年，娃哈哈这个儿童市场的品牌首次进入成人饮料市场，其投入大量广告，邀请王力宏为其形象代言人，塑造品牌

新的青春活力的形象。娃哈哈此次战略变革虽然当时较受非议，但从现在的市场情况看，此次战略延伸非常成功。

③ 挑战“两乐”。1998 年，娃哈哈进入被“两乐”把持的碳酸饮料市场，强势推出了“娃哈哈非常可乐”。到此，娃哈哈的品牌延伸战略成功应用了 3 次。

(二) 多元化战略

(1) 爱迪生奶粉

爱迪生奶粉是由娃哈哈集团委托荷兰皇家乳品公司专项定牌研究开发并在荷兰生产的高品质婴幼儿配方奶粉。每一罐爱迪生奶粉，从奶源—生产—灌装—包装全过程，全部在荷兰完成，100%原装进口。爱迪生奶粉采用科学均衡的营养配方，避免了宝宝营养过量或不足的问题，既不增加宝宝的身体负担，又保证了宝宝生长发育必需的营养。独特的倍舒、倍健、倍优“三倍组合”配方，提供均衡全面的营养，更好地呵护宝宝幼嫩的肠胃，易吸收，促进宝宝脑部发育。

(2) 娃哈哈童装

娃哈哈童装致力于打造中国童装第一品牌，秉承为 0～14 岁的儿童生产“健康、舒适、漂亮童装”的理念，从童装的设计、面料的选择到童装的生产，各环节均严格执行欧美及国家有关环保要求，确保童装和饮料一样成为广大少年儿童喜爱和信赖的伙伴，进而真正实现 “快乐童年，我最棒”的品牌口号。娃哈哈童装以中国童装业的大众化知名品牌为发展方向，坚持“中高档品味，中低档价位”原则，凭借独特的销售经营模式，专卖店、专柜覆盖大陆的所有省份，销售收入连创新高。

(3) 商业超市

娃哈哈商业股份有限公司是杭州娃哈哈集团旗下的控股子公司，由娃哈哈集团及其经销商共同出资成立，主要投资运营商业项目，拟在中国二、三线城市开设大型购物中心、连锁大卖场、品牌折扣店、儿童天地和便利店。

2012 年 11 月，首个娃哈哈国际精品商场在杭州钱江新城尊宝大厦开业，这家投资 17 亿元的欧洲精品商场，以独家代理的方式引进包括服装、箱包、手表在内的欧洲二线品牌副牌和三线品牌。

2013 年 7 月，娃哈哈表示已初步确定在天津、贵阳、宜昌、南阳、新乡五地自建城市综合体。按照其计划，娃哈哈将在一二三四线城市齐头并进与多方合作，全线进军商业零售业，未来几年，将在全国开设 100 家商场或综合体。

(4) 白酒市场

2013 年 11 月，娃哈哈集团与贵州省仁怀市政府签订了白酒战略投资协议，投资额为 150 亿元，并同时发布一款以贵州茅台镇为原产地的酱香型白酒——“领酱国酒”。为此，娃哈哈和贵州省茅台镇金酱酒业有限公司成立了合资公司，娃哈哈持股 80%，金酱酒业持股 20%。

娃哈哈在白酒行业调整期进入，受经济减速等因素的影响，一定程度上能规避繁荣时期需要耗费的巨大成本，但是不佳的行业环境也增加了娃哈哈经营的风险。总体上来看，娃哈哈经营白酒业务，产品定位符合市场趋势，品牌塑造和宣传也有很大力度，不过后期来自其他名酒品牌激烈的竞争也是娃哈哈不可避免的。

(5) 智能制造

娃哈哈智能制造试点示范项目是食品饮料产业首个产供销过程全数字化管控的智能工厂，填补了国内空白。娃哈哈与以色列的相关配套企业合作进军智能制造业，结合饮料生产线物料输送电机情况，在永磁同步电机、伺服驱动器等机器人核心部件领域实现自主研发。

(三) 国际战略

2010 年，成立杭州娃哈哈进出口有限公司，致力于将娃哈哈的产品推向国际市场，同时在海外市场中打造并树立娃哈哈的全球化新品牌形象。

目前，娃哈哈 9 大类产品已销往世界 30 多个国家和地区，年销售额近 2 000 万美元，主要进口国包括美国、加拿大、俄罗斯、日本、韩国、新加坡、意大利、英国、阿联酋、南非等国家，产品主要包括瓶装茶饮料、饮用纯净水、奶饮料和八宝粥等方便产品。

(四) 年轻化战略

2015 年以来，娃哈哈全面推进“年轻化战略”，强势推出了国内首款可以签名的晶钻瓶新包装饮用水、C 驱动柠檬汁饮品、激活“运动瓶”维生素水等一系列深受年轻时尚人群喜爱的新产品。还有一款自主创新的重量级产品——爱迪生奶酪酸奶。这是目前国内第一款专门针对儿童成长研发的常温酸奶，被誉为“奶中皇族”。娃哈哈作为奶酪酸奶这一品类的开创者，又一次站在了行业创新的前沿。

在营销创新方面，娃哈哈主动转型，深度“触网”，积极而迅速地拥抱互联网，全方位发力新媒体互动营销，通过热点嫁接、跨界合作，与运动、音乐、旅游等行业的领导者合作，更加深入与消费者展开互动，哪里有年轻人，哪里就有娃哈哈。

综上所述，娃哈哈虽然具有雄厚的资金和营销实力，但是也面对着康师傅、可口可乐等强有力的竞争对手，以及饮料市场品种繁多、功能各异、生命周期短、同质化严重、消费者忠诚度不高的现状。为了娃哈哈的可持续发展，还要加强自己的核心优势，及时根据市场调整营销战略，提升市场的反应速度，始终保持半步先机，这样娃哈哈才能立于不败之地。

(资料来源：娃哈哈官网，http://www.wahaha.com.cn/，经修改)

讨论与思考：

1. 娃哈哈集团是如何实施多元化战略的？
2. 娃哈哈集团的多元化战略给人们什么样的启示？

第二部分　分析市场机会

第三章　市场营销环境分析

第四章　市场营销调研与预测

第五章　市场购买行为分析

第三章

市场营销环境分析

学习目标

1. 认识企业宏观环境的构成要素。
2. 理解企业微观环境的构成要素。
3. 掌握 SWOT 等环境分析法的综合运用。

任何一个企业都在不断变化的社会经济环境中生存和发展，其营销活动必然受到外部环境的影响和制约，环境的变化既可能给企业带来机会，也可能造成威胁。企业营销人员必须全面、准确地认识市场营销环境及其变化趋势，以把握机会、防范威胁，及时调整营销策略，确保企业在激烈的市场竞争中立于不败之地。

市场营销环境是企业营销部门外部的不可控制的因素和力量，分为宏观环境和微观环境。企业不能控制宏观环境，只能适应宏观环境的变化；但企业能够在一定程度上控制微观环境，企业影响微观环境的能力越强，营销成功的机会就越大。

第一节　企业宏观营销环境

企业宏观环境是指影响企业的各种社会力量，包括人口、经济、自然、技术、政治与法律、社会文化等因素，如图 3-1 所示。这些宏观环境不仅对企业的营销活动产生影响，而且还影响企业的各种微观环境因素，一个成功的企业总是不断监测各种宏观环境因素的变化，善于抓住机会，避免威胁，并能及时调整企业战略以适应新的环境。

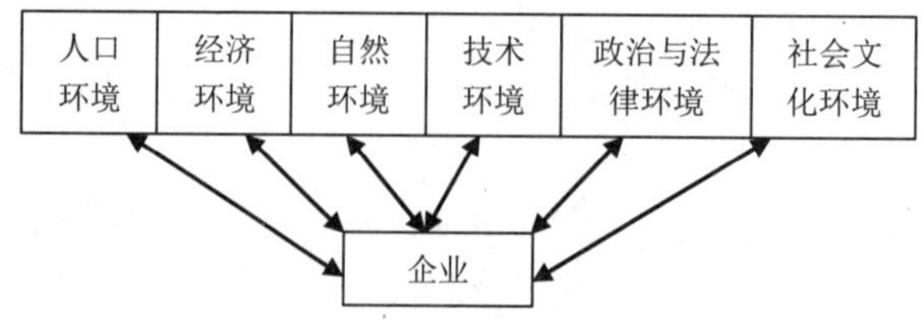

图 3-1　企业宏观环境因素

一、人口环境

人口是构成市场的重要因素，因为市场是由那些想购买商品同时又具有购买力的人构成的。企业必须密切关注人口特性及其发展动向，及时调整营销策略以适应人口环境的变化。从影响消费需求的角度，对人口环境做如下分析。

(一) 人口规模

人口的多少直接决定市场的潜在容量，人口越多，市场规模就越大。但是，过多的人口和过快的人口增长速度也会由于对资源和环境造成过大压力，而给企业营销带来威胁。

世界人口正在爆炸式增长。2016年全球人口增至74亿，2050年将突破92亿，90%的新增人口在发展中国家。一方面，人口增长对食品、水、燃料的需求将增加；另一方面，使一些国家的需求层次升级受到影响。例如，2016年中国大陆总人口13.8亿，超多人口产生严重后果：我国的人均自然资源占有量进一步下降，其中淡水、耕地、森林、能源等方面的问题尤为突出，有限的资源难以达到或维护多数人所渴望的生活水平；人口增长较快的边远地区和广大农村恰恰是经济不发达和难以养活过多人口的地方。但是，众多人口又是一个广阔的消费品市场和劳动力的供给源。许多发达国家制造业向中国的转移，就是因为中国相对廉价的、丰富的劳动力资源可以增加产品的竞争能力。

(二) 人口结构

人口结构指某一国家或地区在一定年度内的人口构成状况，主要包括人口的年龄结构、性别结构、家庭结构、社会结构以及民族结构。

1. 年龄结构

消费者的年龄差别使其对商品及服务产生不同的需求，形成不同的市场。随着社会经济的发展，生活条件与医疗条件的改善，人口死亡率普遍降低，人口寿命延长，人口老龄化趋势明显。

根据《2016年国民经济和社会发展统计公报》数据显示，截至2016年年底，全国60岁及以上老年人口2.3亿人，占总人口的16.7%，其中65岁及以上人口1.5亿人，占总人口的10.8%。到2020年，我国60岁及以上老年人口将达2.55亿左右，占总人口的17.8%左右，我国老年消费市场规模将达到3.3万亿元，中国实施计划生育政策加剧了人口老龄化，带来一系列社会问题，也意味着银色市场在日渐形成并逐渐扩大，工商企业应充分认识到这一点，关注银色市场的开发。

人口老龄化为以下行业带来市场机会。

(1) 老年人对书刊、娱乐、休闲的消费需求不断增长，将促进老年文化娱乐市场形成和发展。

(2) 老年人由于身体健康的原因，必然对医疗用品、药品、保健用品及营养用品有巨大的需求，形成老年医疗保健品市场。

(3) 由于家庭结构的变化，人口抚养系数有加大的趋势，原来由子女直接照顾老年人的工作可能被社会化的老年赡养机构代替，逐步形成老年护理市场。

中国养老产业起步较晚，虽有利好政策支持，但尚未出现普惠大众、可持续的养老模式。从国内外市场发展来看，具有相当规模，服务更完善的老年社区必将兴起。

资料链接

中国银色市场的兴起

2016 年，中国老年人口总量已超过 2 亿，过去十年这部分群体收入增加明显，消费结构已经出现从生存型向文化休闲型转变，形成巨大的银色市场。

在这一背景下，银发族的生活方式越来越积极主动和多元化。从 BCG 全球老龄人口研究中可以看出，现在老年人的心态更加年轻、“不服老”。46～55 岁的中国新一代老年人普遍更愿意走出家门、追求更丰富多彩的晚年生活，在旅游、培养兴趣爱好、从事返聘／志愿工作和体育锻炼等方面尤为明显。

中国老年消费市场是未来的一片蓝海，呈现出规模大、需求愈加多样化、老年消费产业供给不足、老年人消费意愿明显等特点。仅以老年旅游业为例，根据中国旅游局的统计，中国老年旅游市场在 2012—2015 年间涨幅极大，平均年增长 21.5%，超过 16.8%的市场总体增长水平，在 2015 年已经达到 8 260 亿人民币的规模。在银色经济时代，经济速度与经济质量应该并重。从消费角度来看，一些耐用消费品的增长已逐步呈现饱和趋势，消费机构向以中老年为主导的服务转移。如何向高层次、高质量、个性化、多元化的方向引导老年人消费服务发展，是未来企业需要解决的挑战。

(资料来源：中国电子商务研究中心. 波士顿咨询：《2017 中国消费趋势报告》. 2017.07)

2. 性别结构

人口的性别不同，不仅在需求上存在较大差别，而且在购买习惯和购买行为上也存在很大的差别。比如，男性购买特征类型通常表现为理智型，女性则大多表现为冲动型。反映到市场上就会出现男性用品市场和女性用品市场。

3. 家庭结构

家庭是购买、消费的基本单位。家庭的数量直接影响到某些商品的数量。随着生活水平的上升、个性化日趋明显，家庭规模的小型化将是一种趋势。这种家庭结构的变化将对市场营销活动产生影响。例如，在当今的中国，有着稳定的经济收入、接受过良好教育的客群中，有越来越多的都市白领和金领选择成为“单身贵族”，“单身女性经济”和“一人经济学”催生了一系列商机，单人份商品销售增加。根据阿里零售平台数据，单人份商品的市场供应增加 5.6 倍，消费增加 2.2 倍。2016 年迷你榨汁机的成交总额约 1.9 亿元，迷你洗衣机的成交总额约 10 亿元。30～40 岁人群中，近 40%的人会选择独自观看电影。

因此，企业有针对性地为单身客群定制产品和服务，将成为未来一大营销趋势，比如：单人 KTV；餐厅单人座位；小型冰箱和提供丰富进口产品的小型高端零售店；以及地产商推出精致的小户型和个性化设计居所等。

4. 社会结构

社会结构包括阶层结构、城乡结构、区域结构、就业结构、社会组织结构等方面情况的变化和发展趋势。中国社会科学院 2010 年 1 月发布的《当代中国社会结构》报告显示，我国经济结构已经达到工业化的中期水平，但由于对社会建设的投入不足，社会结构调整滞后，还处于工业化的初期。这是当前中国最大的结构性矛盾，也是产生诸多社会矛盾问题的重要原因。报告明确提出：目前，中国社会结构落后于经济结构大约 15 年，按目前的格局发展，社会结构的演变要到 2025 年前后才能进入工业化中期阶段。这种结构源于城乡结构不合理，同时又是造成当前农民贫穷的结构性原因。因此，企业在国内市场中，应充分考虑农村这个大市场，尤其是一些中小企业，更应注意开发物美价廉的商品以满足农民的需要。同时，由于上层中产及富裕阶层消费者日渐增多以及网络购物增长的推动，中国高端品类市场将有更多的机会。

5. 民族结构

民族不同，其文化传统、生活习性也不相同。我国是一个多民族的国家，企业营销要注意民族市场的营销，重视开发适合民族特性、受其欢迎的商品。

(三) 人口的地理分布与地区间流动

人口的地理分布是指人口在不同地区的密集程度。人口的这种地理分布表现在市场上，就是各地人口的密度不同则市场大小不同；消费习惯不同则市场需求特性也不同。比如，在饮食习惯上就有“南甜北咸、西酸东辣”之说，这体现了饮食消费需求的不同。

随着社会经济的发展，近年来我国人口地区间流动增强，主要表现：农村人口流入城镇和工矿企业集中地区；内地人口向沿海经济开放地区流动；旅游、异地学习、因工出差等人口逐年增多。国家统计局数据显示，2016 年年底，我国居民城镇人口达到 7.9 亿，城镇化率达到 57.35%，接近世界中等收入国家水平，流动迁移人口已达到 2.45 亿，今后 20 年还将有 3 亿农村人口转为城镇人口。

人口的地区间流动，在一定程度上改变了我国人口的地区分布状况以及不同地区的人口结构，影响着企业的营销环境。例如，人口流入较多的地区，基本生活需求明显增加，需求结构出现了某种程度的改变，同时，由于劳动力增多，就业问题突出，从而加剧了某些行业的市场竞争。人口流动导致的这些变化，既会给一些企业带来新的市场机会，也会给一些企业造成环境威胁。

二、经济环境

经济环境是指企业进行市场营销时所面临的外部社会经济条件。一个国家社会经济运行状况及其发展变化趋势将直接或间接地对企业市场营销活动产生影响。

(一) 消费者收入

消费者收入指的是消费者从各种来源所得到的货币收入，通常包括人们的工资、奖金、退休金、红利、利息、租金和馈赠等。消费者收入水平直接影响市场容量和消费者的支出模式，从而决定社会购买力水平。但是，在实际生活中，消费者并不是也不可能将其全部收入都用于购买产品或劳务，购买力只是收入的一部分。因此，在研究消费者收入时要注意以下几点。

(1) 国民生产总值和人均国民收入。一国的社会购买力的大小用国民生产总值 GDP 来衡量，人均国民收入决定了消费的结构和水平。国际货币基金组织(IMF)数据显示，2016 年，中国的 GDP 达到 11.4 万亿美元，名列世界第二；但人均 GDP 只有 8 113 美元，世界排名第 74 位，在国际上尚处于较低水平，影响国家整体消费层次的提高。一般来说，国民生产总值增长越快，对工业品的需求和购买力越大；反之就越小。

(2) 个人可支配收入。指的是从消费者个人收入中扣除消费者直接负担的各种税款以及上缴给政府组织的非税性负担之后的余额。这部分收入，或被用于消费支出或被用于储蓄，是影响消费者购买力和消费者支出模式的决定性因素。国家统计局数据显示，2016 年，我国城镇居民年人均可支配收入和农村居民人均纯收入分别达到 33 616 元和 12 363 元，比上年增长 5.6%和 6.2%，居民的购买力进一步提高，但是衡量收入差距的基尼系数却很大，中国社会的贫富差距拉大。

中国官方首次公布 2003 至 2012 年基尼系数

2013 年 1 月 18 日，国家统计局局长介绍 2012 年国民经济运行情况，并首次公布 2003 至 2012 年中国基尼系数，如图 3-2 所示。近十年来我国的基尼系数始终在 0.48 左右徘徊，超过国际通常标准 0.4 的警戒线，中国社会的贫富差距拉大。

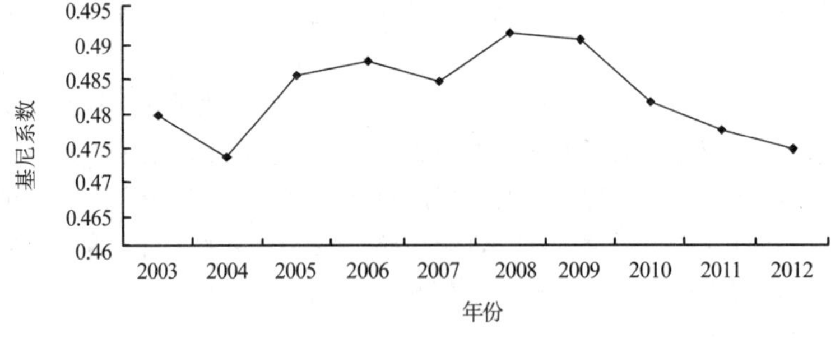

图 3-2　中国全国居民收入的基尼系数

一方面，这些数据、这个曲线说明了我国加快收入分配改革、缩小收入差距的紧迫性。另一方面，说明 2008 年金融危机以后，随着我国各级政府采取了惠民生的若干强有力的措施，中国的基尼系数从 2008 年最高的 0.491 逐步地有所回落。如何立足中国的基本国情，正确处理市场与效率、发展与分配的关系，仍然任重道远。

(资料来源：中国新闻网，http://news.163.com/13/0118/11/8LGH1BBF00014JB6.html，经整理)

(3) 个人可任意支配收入。指的是个人可支配收入中扣除衣食住行等基本生活开支后的剩余部分。这部分收入是消费者可以任意决定其投向的，是影响奢侈品、汽车、旅游等商品销售的主要因素。这部分收入的数额越大，人们的消费水平就越高，企业的营销机会也就越多。随着中国经济的发展，居民个人可任意支配收入增加，富裕阶层使中国的奢侈品市场充满了机会。

(4) 家庭收入。家庭收入的高低会影响很多产品的市场需求。一般来说，家庭收入高，对消费品需求量大，购买力也大；反之，需求量小，购买力也小。

需要注意的是，我们在分析消费者收入的时候，还要区分“货币收入”和“实际收入”。在消费者的货币收入不变时，物价上涨则实际收入下降，物价下跌则实际收入上升。在消费者的货币收入增加时，如果通货膨胀率超过了货币收入增长率，实际收入也是下降的。实际收入的变动，直接影响着实际购买力及消费者的支出行为。

(二) 消费者支出模式与消费结构

(1) 消费者支出模式。指的是消费者个人或家庭的总消费支出中各类消费支出的比例关系。随着消费者收入的变化，消费者支出模式会发生相应的变化，继而使一个国家或地区的消费结构也发生变化。随着经济的发展，我国城乡居民的恩格尔系数在不断下降，消费需求结构发生了变化。

恩格尔系数

西方一些经济学家常用恩格尔系数(食物支出占消费支出的比例)作为衡量家庭、社会、阶层乃至国家富裕程度的一个重要指标。食物开支占总消费量的比重越大，恩格尔系数越高，生活水平越低；反之，食物开支占总消费量的比重越小，恩格尔系数越低，生活水平越高。联合国提出的标准如表 3-1 所示。

表 3-1　恩格尔系数标准

绝对贫困	温　饱	小　康	富　裕	最富裕
60%以上	50%～59%	40%～49%	20%～39%	20%以下

2016 年，全国居民人均消费支出 17 111 元，比上年增长 6.8%。按常住地分，城镇居民人均消费支出 23 079 元，增长 5.7%；农村居民人均消费支出 10 130 元，增长 7.8%。我国城乡居民家庭恩格尔系数为 30.1%，比上年下降 0.5 个百分点，其中城镇为 29.3%，

农村为 32.2%。随着人们对健康、舒适、便捷、丰富等情感元素更加关注，消费需求也必然随之改变。饮食讲究营养、绿色和就餐的环境；穿着崇尚品牌，讲究款式、品质、时尚和个性；生活用品青睐科技含量高、时代感强的高档家电产品，手机、笔记本电脑普及率提高；住宅面积和品味不断提升；汽车进入家庭并逐步普及。

(资料来源：国家统计局，http://www.stats.gov.cn/tjsj/zxfb/201702/t20170228_1467424.html，经整理)

还有研究表明，影响消费者支出方式的因素，除了消费者收入水平外，主要还有以下几个方面。

① 家庭所处的生命周期阶段。比如，家庭中有无孩子或孩子处在不同的年龄段上，都会带来家庭支出结构上的差异。

② 家庭所在地及消费品生产供应状况。比如，居住在农村与城市或居住在城市的不同地段内，在住宅、交通及食品上的支出情况也会有较大差异。

③ 城市化水平、商品化水平、劳务社会化水平、食物价格指数与消费品价格指数变动是否一致等，也都是影响消费者支出模式和消费结构的重要因素。

(2) 消费结构。指各种消费支出占总支出的比例关系。优化的消费结构是优化的产业结构和产品结构的客观依据，也是企业开展营销活动的基本立足点。从我国的情况看，消费结构还不尽合理。长期以来，由于政府在住房、医疗、交通等方面实行福利政策，从而引起了消费结构的畸形发展，并且决定了我国居民的支出模式以食物、衣物等生活必需品为主。

随着我国经济的发展以及国家在住房、医疗等制度方面改革的深入，人们的消费模式和消费结构都会发生明显的变化。同时，消费者可支配收入的增多，以改善个人及生活品质为目的的服务类消费将进一步增加，如健身、兴趣培养、境外游、家政服务等。

从最新的统计数字来看，2016 年全国居民人均消费支出中食品烟酒占 30.1%，居住占 21.9%，交通通信占 13.7%，教育文化娱乐占 11.2%，医疗保健占 7.6%，衣着占 7%，生活用品及服务占 6.1%，其他占 2.4%。调查显示，子女教育费用、养老支出、住房消费支出在总支出中所占比重不断上升，企业要重视这些变化，尤其应掌握已进入的目标市场中支出模式、消费结构的情况，提供适销对路的产品和劳务，以满足消费者不断变化的需求。

(三) 消费者储蓄与信贷

(1) 储蓄。储蓄是指人们将一部分可任意支配收入存储待用，包括银行存款、债券、股票、保险、不动产等。较高的储蓄率会推迟现实的消费支出。当收入一定时，储蓄越多，现实消费量就越小，但潜在消费量越大；反之，储蓄越少，现实消费量就越大，但潜在消费量越小。这就要求企业营销人员在调查、了解消费者储蓄动机与目的的基础上，制定不同的营销策略，为消费者提供有效的产品和劳务。

影响储蓄的原因多种多样，主要有消费者的收入水平、储蓄利率，消费者对物价的预期(物价信心指数)及消费心理和观念等。中国人民银行的金融统计数据报告显示，2016 年，我国城乡居民储蓄存款余额达到 60.7 万亿元人民币，我国居民的消费潜力是很大的，更新换代的需求、服务消费的需求、新兴和高端消费的需求特别旺盛，从总需求角度来看，现阶段我国正处于消费升级的重要时期。

(2) 信贷。信贷主要是指消费者信贷，是金融或其他商业机构向有一定支付能力的消费者通融资金的行为。消费者信贷使消费者可以先凭信用取得商品使用权，然后再按约定期限分期归还贷款。一般来说，消费者信贷主要有短期赊销(日常用品)、分期付款(住宅、汽车及其他高档耐用品)和消费贷款(信用卡)等。

消费信贷受借贷利率、预期收入、信贷方便性、对物价上涨的估计以及生活消费观念、社会文化和风俗习惯等因素的影响。

除了上述因素直接影响企业的市场营销活动外，还有一些经济环境因素也对企业的营销活动产生或多或少的影响，这些因素主要有经济发展水平、经济体制、地区与行业发展状况、城市化程度等。

三、自然环境

自然环境是指企业生产经营所依赖的自然物质环境。营销活动需要一定的自然资源，也会受到自然资源的制约，同时也对自然环境的变化负有责任。自然环境的优劣不仅影响到生产经营活动，而且影响到一个国家的经济结构和发展水平，使经济环境等其他环境受到连带影响。因此，企业要避免由自然环境带来的威胁，最大限度地利用环境变化可能带来的市场营销机会，就应不断地分析和认识自然环境变化的趋势。自然环境变化的趋势主要有以下 3 个方面。

(一) 自然资源短缺

随着世界人口的不断增加，人类对自然资源的消耗成倍增长，资源稀缺。持续增长的需求和有限的供给导致能源成本不断上升，使各国经济可持续发展受到严峻的挑战。中国幅员辽阔，总体资源比较丰富，但人均占有量很低，尤其不可再生资源越开采储量越少，同时，资源浪费现象较为严重，资源成本逐年提升，这对企业的发展来说无疑是一种威胁。反过来又迫使人们研究如何合理开发资源、有效利用资源以及寻找代用品等问题，这又给许多企业带来了发展机会。

(二) 环境污染严重

自然环境的污染已成为举世瞩目的大问题。占世界人口总数 15%的工业发达国家，其工业废物的排放量占世界废物排放总量的 70%。现在世界每年排放二氧化硫 1.96 亿吨，氮氧化物 6 800 万吨，它们在空中变为酸雨降落到地面，被称为“空中死神”。全世界一年生产垃圾 450 亿吨，其中危险废物(有毒垃圾)约 3 亿多吨。在工业化和城市化的发展进程中，我国的环境污染也日趋严重，在许多地区已经严重影响到人们的身体健康、生态平衡和社会经济的长远发展，环境保护已成为我国最重要的社会经济问题之一。随着治理环境污染呼声的高涨和政府干预的加强，企业必须采取措施控制污染、治理污染，这对许多企业当然是一种压力和约束，但为减少污染的新产品提供了机会，如除尘公司、垃圾发电公司等。

(三) 政府干预加强

资源短缺和环境污染的加剧引起政府的高度关注，政府干预和管理不断增强。

面对地球生态资源日益匮乏以及雾霾、沙尘暴、海洋赤潮、噪音污染、全球气温升高、水土流失等自然环境不断恶化的状况，人类提高了对环境保护重要性的认识，各国政府也把环境保护视为可持续发展的重要战略。政府对自然资源的管理加强了干预，制定了一系列保护环境的法律法规，并加大了对环境保护的投资力度，限制二氧化碳的排放量，鼓励和扶持绿色产业的发展，使绿色营销和低碳经济迅速兴起。

阿里研究院发布的《2016 年度中国绿色消费者报告》显示，中国人崇尚健康生活、注重环保和可持续理念的行为方式让“环保型消费者”成为一大新客群。这部分群体占阿里用户的比例从 2011 年的 3.4%，跃升至 2015 年的 16.2%，在数量上提高到 6 600 万人，4 年内增长了 14 倍，也让环保产品的价格溢价上升了 33%。环保消费者会选择有机蔬菜等健康绿色食品和自然成分护肤品；他们对产品品质要求不断提高，偏爱棉麻等天然材质衣物，并注重旧衣物的循环利用；绿色出行、环保家装等概念也走入了寻常百姓家，成为一种生活习惯。例如，阿里零售数据显示，2016 年自然护肤品牌的成交增速是护肤品类整体增速的 2.5 倍；进口生鲜食品成交额增速是生鲜品类整体增速的 2.1 倍；购买新能源汽车及其用品人数超出 2015 年 3 倍；售出纯棉麻服饰 408 万件。

因此，一些公司积极研发生态安全的产品，如李维斯用有机棉生产生态牛仔裤；也有公司开发可回收和可生物降解的包装袋、可循环的物料和成分、更好的环境控制和更多的能源效率措施，如麦当劳的环保袋、特斯拉的纯电动汽车，以对环境的可持续承诺赢得消费者的信任。

四、技术环境

技术环境指的是影响企业生产经营活动的外部科学技术因素。科学技术的发展不仅直接影响企业内部的生产和经营，还通过与其他环境力量的相互作用，给企业营销活动带来间接影响。技术发展呈越来越快的趋势，使新旧产品替代速度加快而市场生命周期缩短，从而缩小了产品的盈利空间，要求企业不断地进行技术革新。新技术有时是一种“破坏性创新”，一项新技术的应用，一种创新催生出许多新兴行业，甚至带来行业的整个不同布局，会给原有行业的企业造成环境威胁和挑战，甚至成为“毁灭性的力量”，如在数码技术对化学成像技术的冲击下，柯达公司走向了破产的边缘。因此，企业应及时追踪所在领域和相关领域技术的动态变化，做好对新技术的吸收和利用，促进企业稳定发展。

同时，现代化的信息技术的发展不仅改善企业经营管理的手段，提高企业经营管理水平和效益，还使零售商业态结构及消费者购物习惯发生了改变，网络营销和移动电子商务兴起，从根本上改变了市场营销的方式，也对经营者提出了新的要求。

中国互联网络信息中心的统计报告显示，2016 年 12 月，中国网民总数达到 7.31 亿，互联网普及率 53.2%，手机网民 6.95 亿，19 岁以下、40 岁以上人群占比分别为 45.8% 和 40.5%，互联网向低龄、高龄人群渗透明显。网络购物用户规模达到 4.67 亿，占网民总数的 63.8%，以女性和年龄在 20 至 39 岁之间的用户群为主体，网络购物日渐成熟。

2016 年 11 月 11 日，这一天“天猫商城”和“淘宝”的总销售额就达到 1 207 亿元，无线成交占比 82%。“双十一”并非电商大战，而是中国经济转型的一个信号，带来新的商业模式，彻底改变人们的消费习惯和生活方式，缔造新的商业文明。

资料链接

柯达：濒死的数码相机之父

20 世纪，美国的柯达公司是全球家喻户晓的黄色巨人，一度占据全球胶卷市场 2/3 的市场份额，拥有超过 14.5 万名员工。然而，随着数码相机的发展，柯达公司的生存境况日趋恶劣。2012 年 1 月 19 日，有着 132 年历史的著名影像产品巨头提交破产保护申请，使其市值在 15 年间从 300 亿美元蒸发至 1.75 亿美元。

1880 年，乔治·伊士曼利用自己发明的专利技术——批量生产摄影干版成立了伊士曼干版公司；1886 年，伊士曼又研制出卷式感光胶卷，即“伊士曼胶卷”，随后又发明了一款小型、轻便、人人都会用的“柯达”照相机。1975 年，柯达的工程师斯蒂夫·萨森制造出第一台数码相机，但是没有被公司管理层重视。一方面，当时冲印照片依然是人们保存影像的首选方式；另一方面，当时柯达已经垄断了美国 90%的胶卷市场，以及 85%的相机市场份额，柯达公司担心数码影像会冲击自己的胶片市场，进而影响公司的巨额利润。

在传统影像没落和数码影像崛起的转换期，柯达未能及时把握转型的机会。2000 至 2003 年，柯达胶片利润下滑了 70%。直到此时，柯达才意识到数码技术已经是大势所趋。随即，柯达宣布停止投资胶片业务，开始转型之路。2007 年，柯达炸掉了自己的胶片大楼；2009 年，柯达将拥有长达 74 年历史的全球首款商用胶卷 Kodachrome 退市。2011 年 11 月，柯达的 CCD 传感器部门也被出售。曾经的数码技术先驱，最终却被数码时代无情地抛弃了。

相比在数字化道路上患得患失、举棋不定的柯达，老对手日本富士公司在数码相机这条路上走得更坚决。自从 1999 年研发出 Super CCD 技术后，富士就一直在大力发展自己的数码业务，并成为全球少数几家完整掌握数码相机技术的厂商之一。2002 年，柯达产品数字化比例只有 25%，而富士已经达到 60%。

21 世纪初，随着数字技术的发展，柯达这家百年老店终于走到近乎关门大吉的地步。而最具讽刺意味的是，这个曾经的数码技术先驱，最后却倒在了数码应用兴起的时代。

(资料来源：中国青年报. 柯达：成功为失败之母，2012.2.9，12 版)

五、政治与法律环境

政治与法律是影响企业营销的重要的宏观环境因素。不论处于何种社会制度，企业的营销活动必然受到政治与法律环境的规范，企业总是在一定的政治与法律环境下运行。

(一) 政治环境

政治环境指企业市场营销活动的外部政治形势和状况以及国家方针政策的变化对市场营销活动带来的或可能带来的影响。国际政治环境表现为进口限制、外汇控制、劳工限制、绿色壁垒、国际上的重大事件与突发性事件，对国际政治风险的评估是营销决策的重要环节之一。

一个国家的政局稳定与否会给企业营销活动带来重大的影响。例如，一个国家的政权频繁更替，尤其是通过暴力改变政局，这种政治的不稳定会给企业投资和营销带来极大的风险。因此，社会是否安定对企业的市场营销影响极大，特别是在对外营销活动中，一定要考虑东道国政局变动和社会稳定情况可能造成的影响。像中东地区的一些国家，虽然有较大的市场潜力，但由于政治不稳定，国内经常发生、派系冲突，还有恐怖组织的恐怖活动，国家之间也常有战事，这样的市场有较大的风险，需要认真评估。

(二) 法律环境

法律环境指地方政府颁布的各项法规、法令和条例等，世界各国都颁布相关法律、法规来规范和制约企业的活动。企业一方面可以凭借这些法律、法规维护自己的正当权益，另一方面也必须依据有关的法律、法规进行生产经营活动，并要了解相关法规在未来有无调整、修改的可能。如 2007 年 7 月，电热水器新国标出台，这对使用国家标准的中国家电企业有利，而以国际标准为准的 A.O.史密斯、阿里斯顿、西门子等国际家电巨头则面临根据新国标调整产品，以便进入中国市场的新问题。同时，企业还要关注公众利益团体，他们给企业施加压力，使消费者利益和社会利益得到保护。因此，一些公司设立法律和公共关系部门来负责研究和处理与这些公众利益团体的关系问题。

综上所述，企业为了取得营销的成功，必须重视政治环境、政策法律环境的约束和影响，根据政治与法律环境中有关因素的变化及时调整自己的营销目标和营销措施。

资料链接

“互联网+”国家战略

“互联网+”指“互联网+各个传统行业”，是互联网思维的进一步实践成果，利用信息通信技术以及互联网平台，让互联网与传统行业进行深度融合，创造新的发展生态。

2015 年 3 月 5 日，总理在政府工作报告中提出，“制订‘互联网+’行动计划，推动移动互联网、云计算、大数据、物联网等与现代制造业结合，促进电子商务、工业互联网和互联网金融健康发展，引导互联网企业拓展国际市场。”随后国务院印发《关于积极推进“互联网+”行动的指导意见》，这是推动互联网由消费领域向生产领域拓展，加速提升产业发展水平，增强各行业创新能力，构筑经济社会发展新优势的政策举措。国家为此设立 400 亿元新兴产业创业投资引导基金，支持产业创新，由此，“互联网+”正式上升为国家战略。

在国家政策的扶持下，智能制造、即时通信、互联网金融、移动医疗、在线教育、农产品电商、网约共享车、移动电子政务、智慧城市、服务的“O2O”、消费的“私人定制”迅速发展，催生新的经济形态，并为“大众创业、万众创新”提供政策环境，也使传统企业获得前所未有的发展机遇和严峻挑战。

(资料来源：百度百科，https://baike.baidu.com/item/互联网+/12277003?fr=aladdin，经修改)

六、社会文化环境

社会文化是指一个社会的民族特征、价值观念、生活方式、风俗习惯、伦理道德、教育水平、语言文字、社会结构等的总和。它主要由两部分组成：一是全体社会成员所共有的基本核心文化；二是随时间变化和外界因素影响而容易改变的社会次文化或亚文化。人类在某种社会中生活，必然会形成某种特定的文化。不同国家、不同地区的人民，不同的社会与文化，代表着不同的生活模式，对同一产品可能持有不同的态度，直接或间接地影响产品的设计、包装、信息的传递方法、产品被接受的程度、分销和推广措施等。社会文化因素通过影响消费者的思想和行为来影响企业的市场营销活动。因此，企业在从事市场营销活动时，应重视对社会文化的调查研究，并做出适宜的营销决策。社会文化所包含的内容很多，下面仅就与企业营销关系较为密切的社会文化因素进行讨论。

(一) 教育水平

教育水平是指消费者受教育的程度。一个国家、一个地区的教育水平与经济发展水平往往是一致的。不同的文化修养表现出不同的审美观，购买商品的选择原则和方式也不同。一般来说，教育水平高的地区，消费者对商品的鉴别力强，容易接受广告宣传和接受新产品，购买的理性程度高。因此，教育水平高低影响着消费者心理、消费结构，影响着企业营销组合策略的选取，以及销售推广方式的选择。例如，在文盲率高的地区，用文字形式做广告，难以收到好效果，而用电视、广播和当场示范表演等形式，才容易为人们所接受。又如，在教育水平低的地区，适合采用操作使用、维修保养都较简单的产品，而在教育水平高的地区，则需要先进、精密、功能多、品质好的产品。因此，在产品设计和制定产品策略时，应考虑当地的教育水平，使产品的复杂程度、技术性能与之相适应。另外，企业的分销机构和分销人员受教育的程度等，也对企业的市场营销产生一定的影响。

(二) 宗教信仰

纵观历史上各民族消费习惯的产生和发展，可以发现宗教是影响人们消费行为的重要因素之一。在营销活动中要注意到不同的宗教信仰，以避免由于矛盾和冲突给企业营销活动带来损失。如一家航空公司几乎丧失了为中东地区服务的资格，因其广告画面是一位空姐微笑着向头等舱旅客提供香槟，该广告违反了伊斯兰文化的基本原则。

(三) 价值观念

价值观念是指人们对社会生活中各种事物的态度和看法。价值观与文化密切相关，不同文化之间有很大的差异。不同价值观的消费者，也有迥异的消费需求和购买行为，企业营销者有必要采取不同的营销策略。

(四) 消费习俗

消费习俗是指人们在长期经济与社会生活中所形成的一种消费方式和习惯。不同的消费习俗，具有不同的商品需要，研究消费习俗，不但有利于企业消费品的生产和销售，而且有利于正确、主动地引导健康的消费。了解目标市场消费者的禁忌、习俗、避讳、信仰、伦理等是企业进行市场营销的重要前提。

第二节　企业微观营销环境

企业的微观环境指与企业紧密联系，直接影响企业营销能力的各种参与者，包括企业本身、供应商、营销中介机构、竞争对手、顾客和社会公众，如图3-3所示。其中，“供应商—公司—营销中介机构—顾客”是企业主要的分销渠道。微观环境直接影响和制约着企业的市场营销活动，因此，研究企业的微观环境的变化是至关重要的。

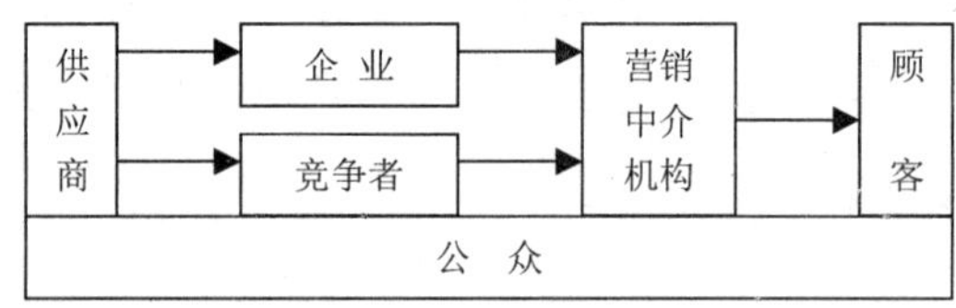

图3-3　企业微观环境因素

一、企业本身

企业作为一个系统，营销活动是企业整体能力与实力的体现，是企业内部各部门，如高层管理部门、制造部门、采购部门、研究开发部门、财务部门、会计部门等科学分工与协作的结果，因此，营销部门在制订和实施营销目标和计划时，要想方设法获得高层管理部门和其他职能部门的理解和支持，协调一致的工作，以确保营销战略计划的实施。21世纪，市场营销的重心转向组织内部，内部营销日益受到企业的重视，目的是整合企业内部的各方力量，提供卓越的顾客价值和顾客满意。

二、供应商

供应商是向企业及其竞争对手供应各种所需资源的企业和个人，包括提供原材料、设备、能源、劳务和资金等。供应商对企业营销活动产生了巨大的影响，如：资源供应保证程度，这将直接影响企业产品的销售量和交货期；资源供应的价格变动趋势，这将直接影响企业产品的成本；供应资源的质量水平，这将直接影响企业产品的质量。

因此，营销人员必须对供应商的情况有比较全面的了解和透彻的分析。

(一) 作为竞争对手的供应商

供应商作为独立的企业，总希望能从买方企业多得一些，所以常常把买方作为谈判对手。可采用的策略有如下两种。

(1) 增强企业讨价还价的能力，以获得更大的收益。必要时采取后向一体化战略，兼并或收购供应者企业。

(2) 寻找和开发其他备选的供应来源，以尽量减少对任何一个供应商的过分依赖和降低其售价，使之成为企业单位产品成本下降的重要部分。

(二) 作为合作伙伴的供应商

企业把供应商作为竞争对手来考虑，往往引起一些消极的后果，为了获得原材料或者其他材料的稳定供应，维持质量的一致性，保持与供应商的长期而灵活的关系，企业最好把供应商作为自己的伙伴，并在此基础上考虑自己的营销活动。

(1) 与供应商签署长期合同，建立长久稳定的合作关系。由于采购谈判日益复杂，与单一供应商建立合作伙伴关系有明显的发展趋势。

(2) 说服供应商积极地接近顾客，帮助供应商了解顾客可能是有益的，它有助于供应商更有效地为企业提供服务。例如，沃尔玛的采购系统为宝洁公司提供有关客户要求和购买偏好的无价实时信息，使宝洁 8%的销售额来自沃尔玛，沃尔玛有 3.5%的销售额来自宝洁，实现双赢。

(3) 分担供应商的风险。例如，企业可以与供应商进行密切协作以改进原料制造工艺和质量，这样有可能降低供应商的成本。在特殊情况下，企业甚至应向供应商投资以促进其对新技术的采用和生产能力的扩大。

三、营销中介机构

营销中介是指协助企业促销、分销其产品给最终购买者的企业或个人，包括中间商、物流服务公司、营销服务机构(调研公司、广告公司、咨询公司等)和金融机构(银行、信托公司、保险公司等)。这些都是市场营销不可缺少的环节，大多数企业的营销活动，都必须通过它们的协助才能顺利进行。比如，生产集中和消费分散的问题，必须通过中间商的分销来解决；资金周转不灵，则须求助银行和信托公司等。随着商品经济的发展，社会分工愈细，这些中介机构的作用就愈大。因而要求企业在营销过程中，必须处理好同这些中介机构的合作关系。随着市场竞争的激烈，越来越多的公司会依赖营销中间商的合作，结成战略联盟，共同实现企业的营销目标。

四、顾客

企业的一切营销活动都是为了满足顾客的需求，顾客构成了企业的目标市场，这是企业的服务对象。顾客的范围十分广泛，顾客市场可依据不同标准和特点划分成许多类别，按购买动机可分为：消费者市场、生产者市场、中间商市场、非营利组织市场、政府市场和国际市场。

每一类顾客市场有其不同的特点，企业营销人员应根据不同类型顾客的需要，以不同的方式提供不同的产品或劳务，并分析和掌握顾客的变化趋势，确定不同的营销策略。

五、竞争者

竞争者是指向企业所服务的目标市场提供相同或类似产品，并对企业构成威胁的单位或个人。竞争者的营销战略以及营销活动的变化，会直接影响到企业的营销。其中，最为明显的是竞争对手的价格、广告宣传、促销手段的变化；新产品的开发；售前售后服务的加强等都将直接对企业造成威胁。因而，企业必须密切注视竞争者的任何细微变化，并做出相应的反应。营销观念认为，要取得成功，企业必须比竞争者提供更高的顾客价值和满意。每个企业都应该考虑其本身的规模和相对其竞争者的行业定位，通过定位其产品来获取相对竞争者的战略优势。

六、公众

公众是指对企业实现其目标的能力感兴趣或发生影响的任何团体或个人。企业面对广大公众的态度，会促进或妨碍企业营销活动的正常开展。所有的企业都必须采取积极措施，树立良好的企业形象，力求保持和主要公众之间的良好关系。企业所面临的公众主要包括以下 7 类。

(1) 金融公众，指那些关心和影响企业取得资金能力的集团，包括银行、投资公司、证券公司、保险公司等。企业需要同金融机构保持良好的关系，以求得金融界对企业营销活动的最大支持。

(2) 媒介公众，指那些联系企业和外界的大众媒介，包括报纸、杂志、广播、电视、互联网等。这些媒体能直接影响社会舆论对企业的认识和评价，因此，企业必须与媒介大众建立友善关系。

(3) 政府公众，指负责管理企业业务经营活动的政府机构，包括行业主管部门、工商行政管理局、税务局、各级物价局等。企业在制订营销计划时必须充分考虑政府的政策方针与措施的发展变化情况，从中寻找对企业营销的限制和机遇。

(4) 社团公众，指与企业营销活动有关的非政府机构，包括消费者协会、环境保护组织以及其他群众团体。企业营销活动涉及社会各方面利益，所以，来自社团公众的意见、建议对企业营销决策有着十分重要的影响。

(5) 社区公众，主要指企业周围的居民和社区组织。企业在营销活动中，要避免与周围公众利益发生冲突，应指派专人负责处理这方面的问题，并对公益事业作做出贡献。

(6) 一般公众，指上述各种公众之外的社会公众。一般公众虽然不是有组织地对企业采取行动，然而他们对企业的印象却影响着消费者对企业及其产品的看法。因此，企业必须在一般公众心目中树立良好的企业形象。

(7) 内部公众，指企业内部全体员工，包括董事长、经理、管理人员、职工。一般大型企业通常发行内部通信，以对员工起到沟通和激励作用。内部公众的态度也会影响到外部公众，因此，处理好内部公众关系是搞好外部公众关系的前提。

公众对企业的生存和发展产生巨大的影响，可能会增强企业实现其目标的能力，也可能会减弱企业实现其目标的能力。所以，企业必须采取积极、适当的措施，主动处理好同公众的关系，树立企业的良好形象，促进市场营销活动的顺利开展。

第三节 营销环境分析及对策

市场营销环境的分析就是对外部环境诸因素进行调查研究，以明确其现状和变化发展的趋势，从中区分出对企业发展有利的机会和不利的威胁，并且根据企业自身的条件制定相应的对策，这里只介绍企业常用的两种市场营销分析方法。

一、SWOT 分析法

SWOT 分析法是一种综合考虑企业内部条件和外部环境的各种因素而进行选择最佳营销战略的方法。其中，S 是指企业内部的优势(Strength)，W 是指企业内部的劣势(Weakness)，O 是指企业外部环境的机会(Opportunities)，T 是指企业外部环境的威胁(Threats)。通过对企业内部的优势和劣势、外部环境的机会与威胁进行综合分析，并结合企业的经营目标对备选战略方案做出系统评价，最终制定出正确的经营战略，如图 3-4 所示。

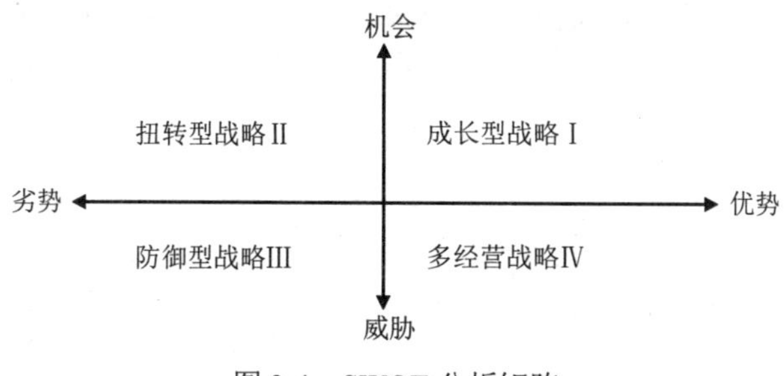

图 3-4 SWOT 分析矩阵

(1) 成长型战略Ⅰ。对企业来说，这种组合是最理想的状况，企业能够利用它的内在优势并把握良机，如开发市场，增加产量等。

(2) 扭转型战略Ⅱ。处于这种局面的企业，虽然面临良好的外部机会，却受到内部劣势的限制。采用扭转型战略，可以设法清除内部不利的条件，或者在企业内发展弱势领域，或者从外部获得该领域所需要的能力，如技术或具有所需技能的人力资源。

(3) 防御型战略Ⅲ。企业内部存在劣势，外部面临巨大威胁，要设法降低弱点和避免外来的威胁，如通过联合等形式取长补短。

(4) 多经营战略Ⅳ。企业利用自身的内部优势以避免或减轻环境中的威胁，其目的是将组织优势发挥到最大程度，将威胁降到最低。例如，企业可能利用技术的、财务的、管理的和营销的优势来克服新产品的劣势。

资料链接

戴尔的 SWOT 分析

SWOT 分析是发展企业战略的工具，这些年来帮助戴尔(Dell)的成功。

戴尔的优势是，在那个时代，相比 IBM 和康柏(Compaq)而言，可以更加有效和直接地向消费者提供硬件计算机。

戴尔的劣势是其品牌并不强大，它缺少根深蒂固的渠道建设和坚实的经销商关系。

戴尔的机会是消费市场正变得更加成熟，顾客越来越准确地知道他们想要什么。

戴尔的威胁是，面对强大的竞争对手和高要求的渠道合作伙伴，无法产生更大的消费群体。

因此，与消费者渴望的购买便利性和灵活性相适应，互联网提供了一个强大的直接营销和直接销售的选择。戴尔的业务战略融合了直接销售、网络销售、大规模定制和准时生产等经营方式，充分利用了市场提供的机会。

(资料来源：菲利普•科特勒. 营销管理. 上海：格致出版社，2016)

二、机会—威胁分析矩阵法

机会和威胁分析，是企业战略规划的基础，但是在实际的客观环境中，单纯的威胁环境与单纯的机会环境都是极少的，通常总是机会与威胁同在，风险与利益共存。所以，企业实际面临的是综合环境。根据环境中威胁水平和机会水平的高低不同，形成如图 3-5 所示的矩阵。

机会水平 \ 威胁水平	高	低
大	冒险业务	理想业务
小	困难业务	成熟业务

图 3-5　分析矩阵

在环境分析与评价的基础上，企业对威胁与机会水平不等的各种营销业务，要分别采取不同的对策。

(1) 理想业务。应该看到机会的转瞬即逝，必须抓住机遇，迅速行动，否则会丧失战机，后悔不及。

(2) 冒险业务。面对高利润与高风险，既不宜盲目冒进，也不应迟疑不决、坐失良机，应全面分析自身的优势与劣势，扬长避短，创造条件，争取突破性的进展。

(3) 成熟业务。机会与威胁处于较低水平，可作为企业的常规业务，用以维持企业的正常运转，并为开展理想业务和冒险业务准备必要的条件。

(4) 困难业务。要么是努力改变环境，走出困境或减轻威胁；要么是立即转移，摆脱无法扭转的困境。例如，在一些发达国家，人工成本很高，一些劳动密集型企业便转移到发展中国家进行生产；又如，一些烟草生产企业进入一些新的行业，开展多种经营。

思 考 题

1. 宏观环境因素有哪些？
2. 人口老龄化将为哪些行业带来发展的机会？
3. 为什么说新技术是一种“创造性的毁灭力量”？
4. 微观环境因素有哪些？
5. 如何运用 SWOT 分析进行企业的战略选择？

课 堂 实 训

按教学班级学生人数来确定数个小组，每一小组人数以 4～5 人为宜。小组合理分工，组队的时候注意小组成员在知识、性格、技能方面的互补性，选举一位小组长以协调小组的各项工作；针对所给题目通过一手和二手形式采集资料和数据，并以小组为单位组织研讨，在充分讨论的基础上，形成相应的课题报告；最后展示各自的发现和成果，进行讨论。

实训要求：

根据种类不同，饮料市场可以细分为以下 8 个子市场：瓶装水、茶饮料、碳酸饮料、功能型饮料、果汁饮料、复合饮料、乳酸饮料、保健饮料。

请选择一种饮料，对其所处的宏观环境和微观环境进行分析(包括宏观环境和微观环境的主要内容)，并且识别其中的机会和威胁，对子市场做出评价，形成 2 000～3 000 字的报告。

案 例 分 析

彩电行业新业态

互联网技术的发展，给彩电行业带来颠覆性创新，海信、创维、TCL、长虹等国内彩电企业都推出智能电视品牌，以三星、LG 等为代表的国外巨头纷纷进入国内市场，并掌握着核心技术，而小米、乐视等互联网企业也推出自有品牌的智能电视。彩电行业的新一轮洗牌已然开始，各方力量形成彩电行业新生态。

2016 年国内电视总销量约超过 5 000 万台，其中线上份额约占到 40%。智能电视渗透率将达到 85%，智能电视总销量将突破 4 250 万台。品牌占比方面，国内传统品牌占比约 70%，互联网品牌占比约 15%，日韩品牌占比约 8%，其他外资品牌占比约 7%。

一、传统中国彩电企业的“互联网+”转型

从市场份额来看，2016 年中国彩电市场格局：海信 15.78%，创维 12.49%，TCL11%，三星 8.86%，长虹 8.54%，康佳 6.79%，夏普 6.4%，乐视 6.07%，索尼 5.19%，海尔 4.39%，传统中国优势彩电企业依然领航市场。

同时，国内传统彩电企业不再仅仅依靠销售硬件这种盈利模式，而是转向以智能

电视为入口进行家庭互联网场景构建，通过内容和服务获得新的盈利模式，这将是一个万亿级的市场。为此，彩电巨头纷纷推出互联网电视品牌，如海信的VIDAA、创维的酷开、TCL的雷鸟、长虹的CHiQ、康佳的KKTV，通过与BAT合作，实现线上线下融合，为消费者带来个性化的消费场景和完美的消费体验。

2015年4月23日，海信发布了自主研发的VIDAA3极速智能操作系统；联手30家游戏运营公司开发出4 338款精品游戏，让“聚好玩”成为中国第一精品电视游戏平台；随后，海信与韩国The K集团合作，首家开通跨境电商购物服务。此外，还有远程视频推送、微信电视、语音搜索、视频智能感知、手机电视同步等功能。

创维集团推出互联网子品牌——酷开电视，定位为“年轻人的科技潮品”。内置的阿里聚划算、支付宝可以直接利用电视进行安全支付操作；推出自主研发的技术生态平台——天赐系统；成立酷开公司，打造服务运营平台。2015年5月，联手腾讯及牌照方中国互联网电视共签战略合作协议，三方宣布将联手打造 Geek Life 生态圈。

2007年，TCL和腾讯推出中国首台智能交互电视。2014年以来，TCL便致力于“智能+互联网”“产品+服务”的“双+”转型战略，雷鸟电视的诞生是“双+”转型战略的集中体现。2017年7月，腾讯和雷鸟深度合作，雷鸟未来将以三屏通、硬件通、服务通为方向，逐步丰富硬件+会员服务形式。

二、日韩彩电企业在高端市场的技术优势

目前国内智能电视市场呈金字塔形状，塔尖是三星、LG、索尼、夏普这些跨国公司巨头，他们掌握智能电视核心的面板技术，与上游供应商合作关系紧密。中层是长虹、TCL、海信、创维、康佳等国有彩电品牌，推出智能电视和平板电视，但是没有掌握核心技术，塔底是二三线企业和市场进入者，技术力量和产能都比较弱小，处于竞争的劣势地位。

韩国LG、三星等彩电巨头拥有更为强大的品牌、优秀的技术研发能力、独立的核心技术和遍布全球的生产制造体系，通过控制上游供给企业来降低产品成本，透过成熟的技术吸引消费者，通过开发新产品渗透到二三线城市，正在逐步蚕食国有品牌长久经营的传统市场。

随着中国人民生活水平的快速提高，高品质的生活及消费电子产品更受青睐，智能电视、UHD电视等高端市场增长迅速。三星将重点放在了高端产品的差异化上，提供给消费者独特的体验。尤其是在UHD TV上，三星用更丰富的UHD产品和技术，满足了消费者的需求。在高端电视市场，三星电视的表现让人震惊，DisplaySearch 数据显示，三星以近两成的市场占有率，牢牢占据中国55英寸以上大屏电视市场头把交椅。

三星电视拥有技术和全产业链优势，是全球最大的电视整机企业，也是最大的面板厂商，更是最早推动下一代面板 OLED 技术大规模应用的厂商。在智能电视的关键技术，OS、半导体和芯片设计方面拥有世界最健全的产业链，使其不仅能保持技术的绝对领先，还可根据市场变化随时调整；高效的“执行力”和强大的制造能力，也为科技转化为产品提供保障。

另外，随着中韩彩电企业的崛起，日系彩电品牌在中国市场失去优势，近几年来，日系彩电厂商亏损严重，松下、东芝等厂商已经计划退出电视行业，曾经被称为“液晶

电视之父”的夏普也正在收缩电视业务，而索尼和夏普在电视的显示方面都有自己的专利技术，例如，索尼的特丽魅彩显示技术和夏普的四色技术，也都将自家电视的画质提升到较高水平。而索尼在电视芯片设计上更高一筹，索尼电视业务在亏损十年后实现首次盈利，这也是索尼坚守技术的结果。

三、互联网企业彩电营销模式的创新

2013 下半年，互联网企业便以汹涌之势进入彩电行业，掀起一轮颠覆与融合的热潮。智能电视市场的火爆使得彩电行业不再局限于终端产品，内容提供商、渠道以及牌照商等各方势力纷纷融入，形成彩电行业新生力量。

面对竞争日益激烈的“客厅大屏”市场，互联网企业根据自身优势选择了不同的“跨界路线”。第一类企业是通过已经建立起来的成熟的互联网营销模式和渠道，并借助自身掌握的技术政策资源，推出企业旗舰品牌产品；第二类企业不从事彩电硬件生产，而是借助自身内容或平台优势，融入“新彩电产业”；第三类是在原有互联网产业的基础上，将业务扩展到智能电视领域的硬件制造企业。

乐视和小米是第一类企业的典型代表。“不靠硬件挣钱”“平台+内容+终端+应用”的生态系统，乐视为彩电行业带来了不同寻常的经营模式。2013 年，乐视超级电视销量为 30 万台，超级电视 S50、S40 为市场主流产品，X60 是高端产品，Max70 是超高端产品。2013 年 9 月，小米科技正式推出 47 英寸小米电视，首批 3 000 台产品在 1 分 58 秒内售罄，既显示了“米粉”的热情，也展现出小米的营销能力。

爱奇艺、阿里巴巴以及同洲电子等是第二类企业的典型代表。2012 年初爱奇艺成立互联网事业部，启动互联网电视业务；2013 年 9 月，爱奇艺与 TCL 联合推出“TV+”，开始逐步实现“爱奇艺 inside”战略；同年 10 月，爱奇艺与创维合作推出超清盒子，将目标指向存量市场；2013 年 7 月，阿里巴巴发布智能 TV 操作系统，并希望联合彩电行业各方共同构建智能 TV 生态联盟；同年 9 月，阿里巴巴与创维共同推出内置“阿里 os 系统”的智能电视。阿里巴巴的智能电视操作系统不仅可以为用户提供视频内容及增值服务，还集成了电子商务及网络支付功能。

最后一类企业的典型代表是联想。作为互联网巨头，联想有公司实力和制造研发方面的优势。2012 年初，联想发布第一款智能电视 IdeaTV。同年 5 月，联想推出 4 款智能电视。2013 年 6 月，联想与京东商城达成战略合作，并与夏普联合推出多款新品。未来联想将为用户带来“软件、硬件和云端服务”三位一体的最佳体验，同时加大产品布局和渠道建设，更全面地覆盖中国市场，力争在 3 年内通过京东商城平台，实现联想智能电视 100 万台的销售目标。

(资料来源：人民网，http://homea.people.com.cn/n/2014/0213/c41390-24344093.html)

讨论与思考：

1. 互联网时代，传统彩电巨头如何拥抱互联网，建立跨界整合新模式？
2. 小米、乐视等互联网企业跨界而来的优势，是否会颠覆彩电行业的竞争格局？
3. 对日系彩电企业为何失去中国市场，中韩彩电企业何以超越，分别进行 SWOT 分析。

第四章

市场营销调研与预测

学习目标

1. 理解市场营销信息系统的构成、市场营销调研的概念与基本功能。
2. 掌握市场营销调研的程序、调查工具与方法。
3. 熟悉市场营销调研的几种技术。
4. 掌握市场需求预测的相关概念和定性预测法，掌握市场需求预测的步骤及方法。

市场营销调研是为企业决策提供依据、增强企业竞争力的重要手段。在激烈的商战中，企业要比竞争者更好地满足市场需求，实现营销目标，就必须进行市场调研掌握市场信息，通过营销信息来系统地进行数据分析和市场需求预测，为企业科学决策提供依据。

第一节　市场营销信息系统

为了创造顾客价值和提升顾客满意度，企业需要各种信息，尤其是关于竞争对手、中间商和市场中其他力量的充分信息。在获取市场信息时，市场营销人员面临如何从大量的信息中获取有关营销的有用信息的问题，企业只有建立和完善市场营销信息系统，才能提高决策的科学性。

一、市场营销信息

现代企业十分重视市场营销信息，把它看作与企业资金、原料、设备和人力同等重要的第五资源，是企业营销管理的重要组成部分。

(一) 市场营销信息概述

信息(Information)一词来源于拉丁文 informatio，包括情报、消息、通知、报告、知识、资料、陈述、解释等。信息由数据、文本、声音和图像等形态组成，具有时效性、分散性、大量性、可压缩性、可存贮性和系统性等特征。信息大体可以分为自然信息和社会信息两类，其中社会信息包括经济信息(如市场信息等)、军事信息等。

市场营销信息属于经济信息范畴，是指有关市场经济实际状况及特征的客观描述和真实反应，是从事市场营销管理所必需的消息、情报、数据、知识和报告等的总称。市场营销信息反映市场动态，表现市场供求、消费心理、竞争及市场营销活动，并不断扩散。它是企业了解市场、掌握市场供求发展趋势、了解用户、为用户提供产品和服务的重要资源。

市场营销信息，按搜集资料的方式可分为原始信息和二手信息；按信息的来源可分为企业内部市场信息和企业外部市场信息。

(二) 市场营销信息来源

1. 人的来源

外部信息的获取中，人是最重要的信息来源。除公司的主管人员外，分销商、消费者、供应商和政府官员也是重要的信息来源。

从人的来源获取的信息中，有 3/4 是在面对面的谈话中获得的，其重要性在于个人亲身接触的互动作用，可更好地调用声调、眼神、举止和许多不能用书写表达的其他沟通形式，一次私人的会晤抵得上 400 份书面报告。

2. 文件来源

外部文件也是有价值的来源，包括政府报告、行业协会报告、上市公司年报、学术著作和一切公开和不公开的出版物。企业要建立起正式的信息系统对文件信息进行控制，在繁杂的信息中获取有用的资源。

3. 感觉来源

直接感觉为来自人和文件来源的信息提供必不可少的背景。第一种是通过感官的刺激，将信息记录在感应者的脑海中，如，公司主管在历时 3 个小时的飞行中认识到了澳大利亚和新西兰之间的距离；第二种是无法现成地从其他来源中获得的信息，在实际的接触中凭经验感觉到的。

苹果公司的营销信息来源

良好的营销信息是获取客户和市场洞察的重要来源。苹果公司的 iPod 产品并不是第一款数字音乐播放器，但却是第一家可以把它做到极致的公司。来自消费者的调查显示他们希望把所有的歌曲都载入播放器，且播放器要素雅。这个信息得出两个重要的设计目标：将播放器设计得如一副牌一样大，使播放器可以存 1 000 多首歌。在产品设计上增加了视觉冲击效果和实用性，是其取得巨大成功的秘诀。在深入了解客户需求的基础上，iPod 通过扩大产品线获得 75%的市场份额；还大批量生产如 iPhone 及 iPad 等风靡一时的产品；同时，iCloud 产品服务可以使顾客将音乐类文件在各类移动终端间自动同步。

(资料来源：菲利普·科特勒. 市场营销原理. 北京：机械工业出版社，2013)

二、市场营销信息系统的内涵

市场营销信息系统(Marketing Information System，MIS)是由人、设备和程序组成的。它为营销决策者收集、挑选、分析、评估，以及分配及时、准确和有价值信息的系统，为企业营销管理人员制订、改进、执行和控制营销计划提供依据。

市场营销信息系统由内部报告系统、营销情报系统、营销调研系统和营销分析系统组成，如图 4-1 所示。市场营销信息系统介于市场环境和营销管理人员之间，各种营销数据由环境流向企业营销信息系统，经过市场营销信息系统的加工、处理，最终转换成有用的营销信息，并通过市场营销信息流程传递给营销管理人员。营销管理人员据此制定营销方案，营销方案中产生的各种数据信息又经过市场营销沟通流程回到市场环境中。

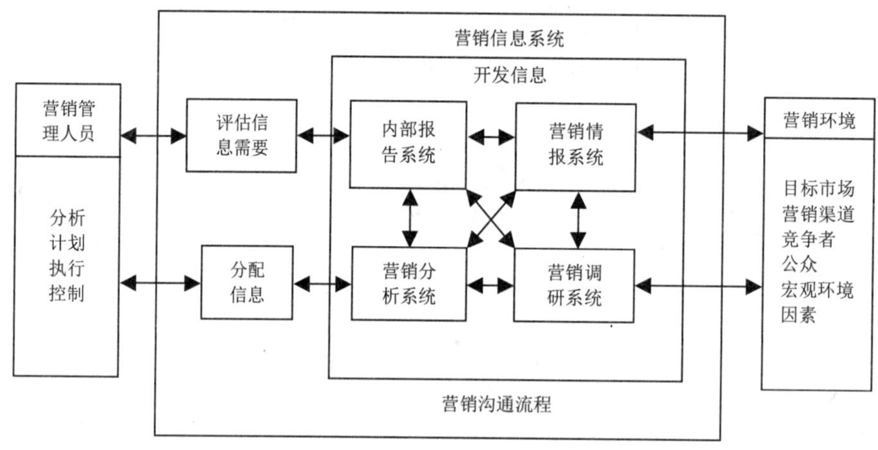

图 4-1　市场营销信息系统

(一) 内部报告系统

内部报告系统亦称内部会计系统，是企业营销管理者使用最频繁的信息系统。其主要功能是向营销管理人员及时提供有关订货数量、销售额、产品成本、存货水平、现金余额、应收账款等各种反映企业经营状况的信息。通过对这些信息的分析，营销管理人员能够发现市场机会，找出管理中的问题，同时可以比较实际状况与预期目标之间的差异，进而采取切实可行的改进措施。

内部报告系统是决策者利用的最基本的系统。企业内部的财务会计、生产、销售等部门定期提供信息，以便于日常营销活动的计划、管理和控制。

(二) 营销情报系统

营销情报系统是指市场营销管理人员用以获得日常的有关企业外部营销环境发展趋势的恰当信息的一整套程序和来源。它的任务是改进战略决策制定、评估和跟踪竞争对手的行动、提供关于机会和风险的早期信号。

情报获得可以通过以下几个途径。

(1) 从公司内部员工、中间商和顾客处获得。

(2) 购买和分析竞争对手的产品，监督其销售，核查新专利，检验不同类型的物理证据。

(3) 很多公司委派或雇佣专门的人员或外部机构收集竞争对手的资料，跟踪竞争对手的业务动态，参加本行业的展览会、研讨会，光顾竞争对手的店铺，采取各种手段拉拢竞争者的员工，设法与竞争者的客户建立联系，甚至搜寻竞争对手的垃圾。企业的有些做法引发了激烈的伦理争议，但在实践中却大有愈演愈烈之势。情报博弈是双向的，面对竞争对手无孔不入地搜集市场情报，许多公司正在采取措施保护自己的信息，如联合利华正在进行广泛的竞争情报培训。

(4) 通过竞争对手年度报告、商业出版物、商业展览、新闻图片、广告和网页获得其战略、市场、新产品、设施和其他事件等方面的信息。例如，美国微软公司的比尔·盖茨在浏览谷歌的网站时，无意中发现一个招聘页面，对谷歌所有职位的描述令他感到惊讶，因为谷歌正在招聘的工程师所要求的背景与网络搜索业务毫无关系，反而与微软的核心软件业务有关。这个事件对微软提出了预警，谷歌也许正在准备突破其现有的搜索引擎业务。盖茨在给部分微软主管的邮件中指出：我们必须密切关注谷歌动态，他们很可能开展一些与我们相竞争的业务，后来证实谷歌开发了安卓操作系统。

(5) 在线收集营销情报。在线顾客评论社区、论坛、聊天室和博客上所披露的信息可以将顾客的体验或评价传播给搜寻信息的营销人员，同时，也可利用多个渠道在线获取竞争对手产品信息：独立的顾客产品与服务评价论坛、分销商和销售代理的意见反馈网站、顾客评论和专家意见组合网站、顾客投诉网站、公共微博和其他社交网络。

营销情报系统与内部报告系统的主要区别在于：后者为营销管理人员提供内部运营数据，是一种事后的统计资料；而前者为营销管理人员提供正在发生和变化中的数据。这些是不能通过统计资料得到的。企业需要随时了解客户需求的变化，竞争对手的动向，市场的走向，环境中有利于企业发展的政策和机会，不利于企业发展的因素等。这是营销管理人员制订和调整市场营销计划的基础。

(三) 营销调研系统

市场营销调研系统的任务就是系统地、客观地识别、收集、分析和传递有关市场营销活动各方面的信息，提出与企业所面临的特定的营销问题有关的研究报告，以帮助营销管理者制定有效的营销决策。营销调研系统不同于营销情报系统，它的针对性很强，主要侧重于为解决企业营销活动中某些特定问题而从事的信息收集、整理和分析工作。

(四) 营销分析系统

营销分析系统也称专家系统，它通过对复杂现象的统计分析、建立数学模型，帮助营销管理人员分析复杂的市场营销问题，做出最佳的市场营销决策。营销分析系统由两个部分组成，一个是统计库，另一个是模型库。其中，统计库的功能是采用各种统计分析技术从大量数据中提取有用信息。统计分析方法包括回归分析(销售预测)、关联分析(新产品开发)、因子分析(市场细分、市场定位、广告研究)、聚类分析(市场细分、消费者行为研究)、时间序列分析(销售预测)等。模型库包含了由管理学家建立的解决各种营销决策问题的数学模型，如新产品销售预测模型、广告预算模型、最佳销售区域模型和零售网点配置等。

在大数据时代，还可以利用基于云计算的数学分析模型。市场调研的关键是洞察消费者需求，基于云计算的数学分析模型可以将碎片化信息还原为完整的消费过程信息链条，更好地帮助营销人员研究消费行为及消费心理。这些碎片化的信息包括消费者在不同时间、地点、网络应用上发布的消费价值观念信息、购买信息、商品评论信息等。基于云计算的智能化分析，一方面可以帮助市场研究人员对消费行为及消费心理进行综合分析，另一方面云计算的成本低、效率高的特点非常适合企业数据量庞大的特性。另外，超大的数据仓库可以支撑企业进行大数据研究与应用。数据仓库可以更有效地挖掘数据资源，并可以按照日、周、月、季、年等周期提供分析报表，有助于营销人员更有效地制定营销战略。

大数据挖掘

统计数据显示，互联网时代，1 年当中人们储存的数据足够填满 6 万个美国国会图书馆；YouTube 每分钟接收 24 个小时的视频；世界上 40 亿手机使用者提供了一个稳定的数据来源；制造商将传感器和芯片嵌入电器和产品中，以收集更多的信息。因此，大数据对于企业既是机会也是挑战。大数据具有大体量、高速率、多样性、易变性的特点，使其不能在传统的数据库和企业情报工具中得到有效的管理，必须用新的挖掘技术才能使信息得到正确的处理、分析和解释。

许多企业都在应用大数据。英国超市巨头乐购每月收集 15 亿条的数据，以此来制定价格和进行促销；亚马逊通过它的推荐引擎(“你也可能喜欢”)获得了 30%的销售额；摩根大通通过大数据加强与新的持卡人的沟通从而获得更高的忠诚度；通用电气在硅谷建立了大数据团队以提升所销售的飞机发动机、发电机、火车头和 CT 扫描仪的功效。

为了打败竞争对手，获得机会，Target 公司研究了在商店参加新生婴儿注册的女性的历史购买记录，发现许多孩子母亲都在妊娠头三个月购买了大量的维生素补充剂，从第 4 个月起购买无味乳液。然后 Target 公司使用这些购买记录来识别可能怀孕的育龄妇女，按照妊娠的不同阶段和以后的婴儿需求给她们邮寄产品，提供优惠券，从而使该公司与妊娠相关的品类产品的销售额不断提升。

(资料来源：菲利普·科特勒. 营销管理. 上海：格致出版社，2016)

在现代管理中，上述统计方法和决策模型都被编成程序，配置在计算机上，这就大大提高了营销管理者做出决策的能力。

而在这 4 个系统当中，营销调研是企业实际操作中最经常运用也最复杂的一个系统，因此，如何做好营销调研对促进企业的发展是至关重要的。

第二节 市场营销调研方法

一、市场营销调研的含义

市场营销调研就是运用科学的方法，有目的、有计划地收集、整理和分析研究有关市场营销方面的信息，提出解决问题的建议，供营销管理人员了解营销环境，发现机会与问题，作为市场预测和营销决策的依据。

市场调查主要是通过各种调查方式与方法，系统地收集有关商品产、供、销的数据与资料，并进行必要的整理和分析，如实反映市场供求与竞争的实况；而市场调研则在市场调查的基础上，运用科学的方法，对所获得的数据与资料进行系统和深入的分析和研究，从而得出合乎规律的结论，它是在市场调查的基础上进行的深加工。

随着 4G 网络和智能手机普及，市场调研也开始渗透到移动终端领域。大量的手机 APP 应用为实时采集消费信息提供了可能性，移动终端的信息分析在购买时点、产品渗透率、奖励促销效果评估等方面将发挥不可估量的作用。

二、市场营销调研的类型及内容

(一) 市场营销调研的类型

按市场营销调研的功能，可以将其分为以下 4 种类型。

1. 探测性调研

企业在情况不明时，为找出问题的症结，明确进一步调研的内容和重点，须进行非正式的初步调研，收集一些有关的资料进行分析。目的在于收集有关调研问题的初步资料，以进一步确定问题和建立假设。

2. 描述性调研

在已明确所要研究问题的内容与重点后，拟订调研计划，进行实地调查，收集第一手资料，摸清问题的过去和现状，进行分析和研究，寻求解决问题的办法。目的在于描述实际的情况。如某企业市场占有率下降，通过调研发现主要是由于来自国外的竞争者的质量和服务方面的冲击，可将调研结果进行描述，如实反映情况和问题，以利寻求对策。

3. 因果性调研

收集有关市场变量的数据资料，运用统计分析和逻辑推理等方法，判明因果关系变动的规律。目的在于论证有关因果关系的假设，如在“春节”期间将某一款产品降价 5%，会不会有大量消费者购买，消费者的数量能增加多少等。一般来说，企业营销目标销售额、市场占有率、利润等是因变量，而企业可以控制的产品、分销、定价、促销等可控制因素以及企业外部不可控制因素则是自变量。

4. 预测性调研

指在描述性调研和因果性调研的基础上，运用科学的预测方法，对市场未来的趋势进行测算和判断，以便得出与客观事实相吻合的结论。其目的在于对某些市场变量未来的前景和趋势进行科学的估计和推断，如对行业市场销售前景的预测，对公司未来市场占有率的预测等。

(二) 市场营销调研的内容

1. 产品调研

产品调研包括对新产品设计、开发和试销，对目标顾客在产品款式、性能、质量、包装等方面的偏好趋势进行预测，对供求形势及影响价格的其他因素变化趋势进行调研。

2. 顾客调研

顾客调研包括对消费心理、消费行为的特征进行调查分析，研究影响消费行为的因素发生在哪个环节(消费环节、分配环节还是生产领域)，了解潜在顾客的需求情况、消费者的品牌偏好及对本企业产品的满意度等。

挖掘网络社交平台信息成为研究顾客消费态度和心理的新手段，Facebook、QQ、微博、微信等社交平台已日渐成为新生代消费群体不可或缺的社交工具，消费者往往有着极高的从众性，因此，针对社交平台的信息挖掘成为研究消费潮流趋势的新手段。例如，通过微博评论可以统计分析消费者对某种功能型产品的兴趣及偏好，这对研究消费态度及心理有非常大的帮助。更重要的是这类信息属于消费者主动披露，与访谈形式的被动挖掘相比信息的真实性更高。

3. 销售调研

销售调研包括对购买行为的调查，即研究社会、经济、文化、心理等因素对购买决策的影响；还包括对企业销售活动进行全面审查，如对销售量、销售范围、分销渠道等方面的调研；另外，产品的市场潜量与销售潜量、市场占有率的变化情况，也都是销售调研的内容。销售调研还应该就本企业相对于主要竞争对手的优劣势进行评价。

4. 促销调研

促销调研主要是对企业在产品或服务的促销活动中所采用的各种促销方法的有效性进行测试和评价。如，广告目标、媒体影响力、广告设计及效果；公共关系的主要措施及效果；企业形象的设计和塑造等都须有目的地进行调研。

三、市场营销调研的程序

市场营销调研是一项复杂而又细致的工作，要有目的、有计划、有步骤地进行。一般的程序分为以下 4 个步骤(如图 4-2 所示)。

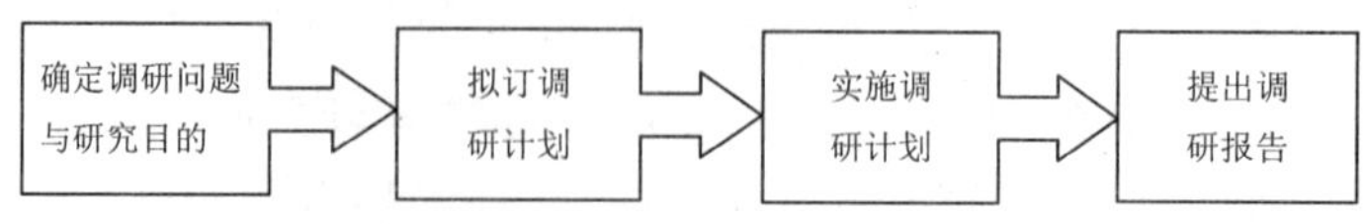

图 4-2　市场营销调研基本流程

(一) 确定调研问题与研究目的

市场营销调研的目标是指调研的主题，也就是指为什么要做调研，通过市场营销调研要了解哪些问题，调查的结果有什么用途。确定调研的主题，这是市场营销调研的第一步。如果调研主题不明确或者目标不准确，将使一切调研工作徒劳无益，造成浪费与损失。

(二) 拟订调研计划

调研计划是市场营销调研的行动纲领。调研计划的内容包括资料来源、调研方法、调研工具、抽样计划和接触方法等，如表 4-1 所示。

表 4-1　拟订调研计划

资料来源	第二手资料、第一手资料
调研方法	观察法、访问法、调查法、实验法
调研工具	调查表、仪器
抽样计划	抽样单位、抽样范围、抽样程序
接触方法	电话、邮寄、面谈

由于收集第一手资料花费较大，调研通常从收集第二手资料开始，必要时再采用各种调研方法收集第一手资料。调查表和仪器是收集第一手资料采用的主要工具，其中仪器主要用来监测消费者的行为。例如，尼尔森公司使用记录仪观测电视收视情况；零售商通过条形码阅读器记录顾客的交易；广告商使用眼部摄像机来研究观众在观看广告时的眼部活动。抽样计划决定 3 个方面的问题：抽样单位确定调查的对象；抽样范围确定样本的多少；抽样程序则是指如何确定受访者的过程。接触方法是回答如何与调查对象接触的问题。

眼睛和面部的研究

神经科学者使用复杂的设备与方法，正在研究消费者大脑活动如何受到营销活动的影响。快速消费品企业，如宝洁、联合利华和金佰利用计算机三维模拟产品包装设计，配以商店产品展示场景，利用眼动技术来跟踪消费者首次关注的地方、对某一件产品关注的时间等。经过这样的实验后，联合利华改进了 Axe 沐浴露的容器形状、logo 外观和店内的产品展示。韩国首尔的国际金融中心购买商场的 26 个咨询台各放置一个液晶触摸屏，每个屏幕上方放置两个摄像头和一个移动检测器。面部识别软件在估计用户的年龄和性别后，屏幕就可以显示与该用户人口统计特征相应的互动广告。在美国，数码路边广告牌使用面部识别镜头和软件来识别顾客，并通过智能手机更新来奖励零售店或饭店的忠诚顾客。商业应用软件 SceneTap 使用摄像机与面部检测软件可以显示酒吧有多少顾客、这些顾客的平均年龄和性别特征等信息，从而帮助泡吧者因该酒吧过分拥挤或泡吧人群不同而选择下一个目的地。

(资料来源：菲利普·科特勒. 营销管理. 上海：格致出版社，2016)

(三) 实施调研计划

调研计划的实施包括收集、整理和分析信息等工作。通过市场营销调研得到的资料，一般都比较零乱、分散，还不能系统而集中地说明问题。因此，要采用科学的方法，将搜集到的各种资料进行整理、分类、编辑、列表，并加以分析和研究。

(四) 提出调研报告

在综合分析的基础上，得出结论并写成详细报告，供决策者参考。调研报告应注意调研主题，突出重点，一般应包括调研目的、范围和采用方法的简单说明、调研的结论性意见、供参考的对策建议等，并尽可能地将分析阶段形成的数据图表附在其中，便于决策者在最短的时间内对整个报告有一个概括的了解。

四、营销调研的方法

(一) 文案调研法

利用企业内部和外部现有的各种信息、情报资料，对调研内容进行研究的一种营销调研法。内部资料是企业内部营销信息系统所收集和记录的资料，如公司的客户订单、销售量、库存情况、成本及价格信息、分销商及销售人员的信息反馈等；外部资料是从企业外部的组织或机构，如统计机构、行业组织、市场调研机构、科研情报机构、图书馆、报社、杂志社等获得的资料。如，尼尔森公司提供超市销售数据、市场份额和零售价格、家庭购买数据以及电视观众数据；罗维・邓白氏全球数据库提供超过 5 000 万家公司的信息；CNN 报道美国和全球的新闻。

文案调研使企业通过收集二手资料即可获得一些问题的解决，如企业想了解本产品的市场占有率，通过查阅相关行业协会或统计部门在报刊上公开发表的资料就可得到。同时，企业在进行实地调研前，也常常进行必要的文案调研。

(二) 网络调研法

随着互联网技术的不断发展，基于互联网进行市场营销调研具有传统调研方法无可比拟的便捷性和经济性。企业可在其门户网站建立市场调研板块，再将新产品邮寄给消费者，消费者试用后只要在网站上点击即可轻松完成问卷填写，其便利性大大降低了市场调研的人力和物力投入，也使得消费者更乐于参与市场调研。同时，网络调研的互动性使得企业在新产品尚处于概念阶段即可利用 3D 拟真技术进行产品测试，通过与消费者互动，让消费者直接参与产品研发，从而更好地满足市场需求。

大数据时代的市场营销调研还可采用智能化的信息采集、储存和分析手段，可以利用专业、有效的搜索引擎。旅游搜索、博客搜索、购物搜索、在线黄页搜索等专业搜索引擎已经得到了广泛应用，企业可以根据自己的特点构建专业化的搜索引擎，对相关的企业信息、产品信息、消费者评价信息、商业服务信息等数据进行智能化检索、分类及收集，形成高度专业化、综合性的商业搜索引擎。

(三) 实地调研法

实地调研法是通过现场调研获得第一手资料的调研方法，其中经常被研究人员采用的方法主要有访问法、观察法、实验法和焦点小组访谈法。

1. 访问法

调研人员事先设计好调研问卷，通过各种方式促使被访者回答问卷所提出的问题，并据此收集所需信息的一种方法。根据访问方式不同，访问法分为以下 4 种类型。

(1) 面谈访问。面对面的调查是获得信息最可靠的方法，有个人访问和小组访问两种形式。

个人访问是到顾客家中、办公室或街头进行面谈。访问人必须得到受访人的合作，以便进行几分钟到几小时的面谈，如在商场的化妆品柜台前拦截女性顾客询问她们对各种化妆品的偏好以及购买习惯、行为。

小组访问是邀请 6～10 人，用几小时讨论某一产品、服务、组织或营销手段。主持访问的人必须具备良好的条件，如能客观地问话，了解讨论的主题和行业情况，并有消费者行为的知识。如今，小组访问已成为大规模调查前的重要一步，是一种深入了解消费者心理的基本营销调研方法。

(2) 电话访问。通过电话从被调查者那里获得信息的方法，事先设计出电话问卷调查表，并挑选和培训调查执行人员，一般以兼职的大学生为主，有些公司由于电话访问项目较多而设有专职的电话访问员。电话访问可应用于用户调查、回访、访问分销商、服务投诉和质量投诉的应答、价格行情意见征询等。

(3) 邮寄访问。将设计好的正规问卷邮寄给被调查者，请他们答好后再寄回的收集信息的方法。常见的形式有商业邮寄广告上的调查、专门邮寄调查表、产品说明书所附调查表、报纸杂志夹带或印刷的调查表。其优点是成本低，调研范围广泛，受访者也有充分的时间来考虑如何回答问题。此外，由于不必面对调查员，受访者更可能提供自己的真实想法，特别是对一些敏感性或隐私问题的回答。但是，该方法问卷回收率一般较低，而且回收时间较长，使得一些信息缺乏时效性。

(4) 网上访问。调查问卷放在企业网站上，企业通过电子邮件、网页链接或网页弹出窗口来邀请人们回答问题并赢得奖励，也可采用聊天室、在线小组讨论、在线调查点击、BBS 讨论版自动统计等调查形式。这种接触方式不仅具备了电话及邮寄访问的所有优点，而且还通过提供独特的音响视觉效果，使受访者对回答问题产生更大的兴趣。使用在线小组只需要几个小时就能获得解决问题的方案，常规需要 3～4 个月；网络调查的花费也只相当于邮件调查、电话调查或人员访问的 10%～20%。目前来看，网上访问最大的缺陷是调研对象受到了较大的限制，此外，网上访问具有绝对的匿名性，使信息的真实性受到了很大的影响。

2. 观察法

由调查人员直接或通过仪器在现场观察调查对象的行为动态并加以记录而获取信息的一种方法，如对客流量调查，消费者购买行为调查，产品使用和消费过程行为的调查等。其最大的优点是可以获得更加客观的信息，因为调研人员的行为不会被消费者所察觉，提供信息时不会受到干扰。但观察法只能观察到表面的行为特征，而无法获得导致行为的内在原因的相关信息。

3. 实验法

实验法是指在控制的条件下对所研究的现象的一个或多个因素进行操纵，以测定这些因素之间的关系，它是因素关系调研中经常使用的一种行之有效的方法。如在特定地区及时间内进行一项推销方法的小规模实验，并用市场营销原理分析其是否值得大规模推行，即销售实验。

现场实验法的优点是方法科学，能够获得较真实的资料。但是，大规模的现场实验往往难于控制市场变量，影响实验结果的内部有效性。实验室实验正好相反，内部效度易于保持但难以维持外部效度。此外，实验法实验周期较长，研究费用昂贵，严重影响了实验方法的广泛应用。

宝洁公司的实验法

当宝洁公司进入中国市场时，中国家庭习惯于给婴儿穿开裆裤，这已成为一直以来的习惯。而宝洁的难题就是如何改变中国人的这一习惯，培养家长给孩子穿纸尿裤的新习惯。为此，宝洁与北京儿童医院的睡眠研究中心合作，将来自 8 个城市的 1 000 多个婴儿分为两组，这个实验涉及 6 800 个家庭。两组婴儿分别穿纸尿裤和开裆裤，实验显示穿纸尿裤的婴儿能更快入睡。根据最终的研究报告，穿着“金牌纸尿裤”对婴儿的睡眠有很大的帮助。当实验说明婴儿在穿着纸尿裤时会更快入睡且睡眠时间更长之后，中国的年轻父母逐渐开始认可纸尿裤。

(资料来源：菲利普·科特勒. 市场营销原理. 北京：机械工业出版社，2013)

4. 焦点小组访谈法

指由一个经过训练的主持人以一种无结构的自然的形式与一个小组(6～10 人)的参与者交谈，主持人负责组织讨论，并用录音或录像记录下全过程，在不断地对录音或录像资料进行观察和分析后，得出结论。焦点小组访谈法的主要目的是，通过倾听他们谈论调研人员所感兴趣的话题获取对一些有关问题的深入了解。如理解消费者对某类产品的认识、偏好及行为，获取对新的产品概念的印象，产生关于老产品的新想法，研究广告创意等。营销人员可以在单面镜后面隐蔽地观察焦点小组访谈，以从消费者那里获得一些定性的想法与创意。为了使参与者的讨论更加深入，小组的规模通常都很小。

焦点小组访谈可以处理一些通过调查无法解决的问题，成功运用该方法的关键是倾听和仔细观察，消除假设和偏差。招募到合格参与者非常重要，他们要习惯于比较真实地表达自己的想法；实施焦点小组访谈必须让参与者尽可能地感到气氛轻松，力求让他们说真话。环境的布置有助于形成轻松的气氛，如当以孩子们为访谈对象时，将房间布置成一个游戏间会比较合适。为了使焦点小组访谈的参与者之间能够互动，有些营销人员会事先准备一些资料，如日志、图片和录像。焦点小组访谈是取得消费者想法的一项成本最低、速度最快、最为直接的方法。

第三节　市场营销调研技术

一、问卷调查技术

问卷是市场调研中一种以表格形式了解市场情况并可使搜集资料更容易、更方便的工具。根据实际情况设计一份完美的问卷是关系到询问调查能否成功的重要条件之一，在很大程度上决定着调查问卷的回收率、有效率和回答的质量。

(一) 问卷的基本结构

问卷的基本结构由4部分组成：标题、说明词、调查内容和被访者基本资料。

(1) 标题要明确此次调查的目的和应该解决的问题，不能含糊不清或过于笼统。

(2) 说明词主要介绍调查目的、意义及一些必要的承诺、致谢、其他说明事项等，引起重视和兴趣，争取支持与合作。

(3) 调查内容主要就是提问和回答方式，每类题目前有填答方法和答题说明，预先编码(问卷编码、问题编码、答案编码等)。

(4) 被访者基本资料根据调查的目的不同，会有所侧重，如果被调查者为个人，则其特征分类资料包括性别、年龄、文化程度、职务或技术职称、个人或家庭收入、民族等项；如果被调查者是企事业等单位，则包括行业类别、资金、营业额、营业面积、经营商品种类、职工人数等项。

(二) 问卷的设计形式

(1) 开放式问题：就是自由问答题，不给具体答案。如：

您对我们公司的广告活动有何建议？

(2) 封闭式问题：在提出的问题之后，给出可供选择的答案。如：

您是通过什么途径得知我们公司的产品？

A. 广告　　B. 邻居　　C. 同事　　D. 亲友　　E. 其他____

开放式问题可以真实地了解被调查者的态度和情况，但不易控制被调查者，五花八门的答案也很难归类统计；封闭式问题虽然呆板，了解的信息有限，但便于归纳统计。一般情况下，调查问卷是将两种类型结合起来，以封闭式问题为主，适当辅助以开放式问题。

(三) 问卷设计的注意事项

(1) 围绕主题，重点突出；

(2) 问题的排列须合理有序，并注意各个问题之间的逻辑性；

(3) 问题的设置应简明扼要、准确无误、浅显易懂，问题的数量不宜过多、过散，回答问题所用的时间最好不超过半个小时；

(4) 问题设计科学，便于数据录入和进行数据处理。

问卷星

问卷星是一个专业的在线问卷调查、测评、投票平台，专注于为用户提供功能强大、人性化的在线设计问卷、采集数据、自定义报表、调查结果分析系列服务。与传统调查方式和其他调查网站或调查系统相比，问卷星具有快捷、易用、低成本的明显优势。

问卷星可以轻松创建可以在线填写的网络问卷，然后通过 QQ、微博、邮件等方式将问卷链接发给好友填写，问卷星会自动对结果进行统计分析，调查者可以随时查看或下载问卷结果。基于问卷星的方便性，其已经被大量企业和个人广泛使用。如企业可以利用问卷星进行客户满意度调查、市场调查员工满意度调查、企业内训、需求登记、人才测评等；个人也可以利用问卷星进行讨论投票、公益调查、博客调查和趣味测试等。

（资料来源：百度百科，https://baike.baidu.com/item/问卷星 6272243?fr=aladdin/，经修改）

二、抽样技术

抽样是指按随机原则抽取一部分单位作为样本，对样本进行观测和调查，并以所观测和调查的样本指标推断或推算总体指标的一种非全面调查方法。样本是在抽样群体中选择的用于代表整个群体的部分对象。在理想状态下，样本应该具有代表性，使调研人员能够得出关于总体样本的精确推断。抽样技术在市场营销调研中使用得最为广泛。

抽样通常包括以下几方面的内容：确定样本单位，确定样本规模和确定抽样程序，如图 4-3 所示。如果选取得当，不足总体的 1%作为样本就可以得到比较好的可信度。

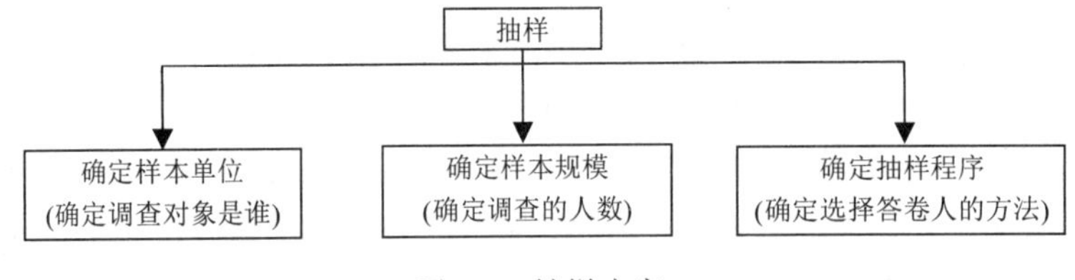

图 4-3　抽样内容

在问卷调查中，有下面几种常见的选择答卷人的方法。

(一) 概率抽样

概率抽样的每个成员被选中的机会是已知的，样本误差用置信区间预测，易于衡量，准确性和科学性高，主要有简单随机抽样、分层随机抽样和分群随机抽样等。

(1) 简单随机抽样。总体的每个成员都有已知的或均等的被抽中的机会，如在总体编号后，任选其中的几个号码。

(2) 分层随机抽样。将总体分成不重叠的组(如年龄组)，在每个组内随机抽样。

(3) 分群随机抽样。将总体分成不重叠的组(如街区组)，随机抽取若干组进行调查。

(二) 非概率抽样

非概率抽样适用于抽样成本太高或时间过长的情形，有随意抽样、估计抽样和定额抽样等，因操作灵活和方便，调研人员经常采用，即使这种方法的抽样误差无法测量。不同的抽取样本的方法成本和时间限制都不同，精确率和统计性质也有差异。究竟哪种方法最好，取决于研究项目的需要。

(1) 随意抽样。调查员选择总体中最易接触的成员来获取信息。

(2) 估计抽样。调查员按自己的估计选择总体中可能提供准确信息的成员，如要了解中高收入的人的消费习惯，可以选择在高档小区中进行抽样。

(3) 定额抽样。按若干分类标准确定每类规模，然后按比例在每类中选择特定数量的成员进行调查(如男 10 人，女 10 人)。

三、态度测量技术——量表

态度作为一种潜在变量，无法直接被观察到，但可通过人的语言、行为以及对外界的反应等间接地进行测量。量表是常用的且较为客观的测量态度的工具，它能够测量出态度的方向和强弱程度，通过一套有关联的叙述句或项目，由个人对这些句子或项目做出反应，根据这些反应推断个人以至团体的态度。

下面介绍几种常用的量表。

(一) 评价量表

评价量表是指按照某一事物评价的分值高低排序。

例如，调查彩电品牌知名度的公众看法(如表 4-2 所示)。

表 4-2 彩电品牌评价量表

品 牌	品牌知名度				
	很低 1	低 2	一般 3	高 4	很高 5
康佳	□	□	□	□	□
长虹	□	□	□	□	□
厦华	□	□	□	□	□

说明：每个品牌只填一个分值，选中的在等级方框内打钩。

(二) 等级量表

等级量表是指按照每一事物分数分等级、排序。

例如，冰箱企业中你最喜爱的品牌调查。

企业品牌	海尔	容声	新飞	西门子	三星
评价等级	_____	_____	_____	_____	_____

说明：等级分数 1～10，最优秀为 10，最差为 1。请在每个品牌下填入你的分值。

(三) 配对比较量表

配对比较量表是指通过一组事物中，两两进行比较，从而确定对这一组事物的排序。例如，以下每对手机品牌中，你更喜欢哪一种(如表 4-3 所示)。

表 4-3　手机品牌的配对比较量表

	苹　果	三　星	HTC	诺　基　亚
苹　果				
三　星				
HTC				
诺　基　亚				
受喜爱的次数				

(四) 李克特量表

李克特量表是指五级评价量表，消费者对某一事物的描述有从完全同意到完全不同意的 5 种程度的选择。

例如，调查消费者对冰箱节能的态度(如表 4-4 所示)。

表 4-4　冰箱节能态度的李克特量表

态度评述	完全同意	同　意	无所谓	不同意	完全不同意
多余的支出	5	4	3	2	1
不应放首位	5	4	3	2	1
无关紧要	5	4	3	2	1
应当有所考虑	5	4	3	2	1
需要积极支持	5	4	3	2	1

(五) 语意差异量表

语意差异量表是指七级评价量表。用几对意义相反的词，来了解被调查者的感受。例如，测量某商场在消费者心中的总体印象。

	1	2	3	4	5	6	7	
可靠的	-	-	-	-	-	-	-	不可靠
时尚的	-	-	-	-	-	-	-	过时的
方便的	-	-	-	-	-	-	-	不方便
友善的	-	-	-	-	-	-	-	不友好
昂贵的	-	-	-	-	-	-	-	便宜的
选择多	-	-	-	-	-	-	-	选择少

被调查者根据自己的理解，在适当的位置上进行标注。

第四节　市场需求预测

科学的营销决策，不仅要以市场营销调研为出发点，而且要以市场需求预测为依据。

由于销售预测的基础是需求预测，而销售预测又是企业经营中的一个重要决策依据。财务部门根据销售预测来筹集所需的资金；采购部门根据销售预测来订购原料或购买设备；生产部门根据销售预测来安排生产进度；人事部门则根据这一数据来确定需要雇用的员工人数；营销部门也需要用到这一数据，例如在营销计划的制订中，营销目标的确定往往与销售预测密切相关。因此，市场预测的重要内容就是市场需求预测。

一、市场需求预测概述

(一) 市场需求预测的含义和类型

1. 市场需求预测的含义

市场需求预测就是运用科学的方法，对影响市场需求变化的诸因素进行市场调研，分析和预见其发展趋势，掌握市场需求的变化规律，为营销决策提供可靠的依据。

市场需求预测在企业的市场营销活动中具有重要的作用。通过市场需求预测，可以预见未来市场发展趋势，为企业做好营销战略和经营决策提供依据；可以了解消费者对产品的需求趋势，估计市场的需求量，有利于企业集中生产要素，获得巨大的销售收入，并从规模经济中获得理想的利润；可以提高企业经营的预见性和市场适应性，抢先一步，掌握市场营销的主动权，满足消费者的需要，争取获得更大的市场占有率。

2. 市场需求预测的类型

市场需求预测根据需求预测性质的不同，分为定性预测和定量预测。

(1) 定性预测。定性预测是在缺乏定量数据时，凭借预测者直觉和经验，根据预测对象的性质、特点，过去和现在的延续状况以及最新信息等，对预测对象未来的发展趋势做出预测，并估计其可能达到的程度，在长期预测方面经常采用。其特点是：预测过程简单，一般不需要复杂、系统的统计数据资料，有利于经营者的“灵感”和“敏锐性”等主观能动性的发挥，同时也容易犯主观武断的错误。

(2) 定量预测。定量预测是依据数据，建立数学模型，并用数学模型计算出预测目标未来值的一种预测方法，是对预测目标做出数量估计，通常用于短期和中期预测。如对未来一年整个市场的需求规模和某个细分市场在近期的需求量的预测。

定量预测的特点是：重视数据的作用和定量分析；利用数学模型或统计分析方法作为研究手段；预测的结果客观、精确，且有预测误差和预测精度的保证；对计算的数据要求较高。同时，定量预测不能灵活地处理和解释复杂多变的各类环境影响要素，预测的结果相对比较呆板。

(二) 市场需求预测步骤

市场需求预测涉及面较广，为了提高预测工作的效率和质量，必须按照一定的工作程序进行。市场需求预测过程大致包括以下几个步骤。

(1) 明确目的。根据预测目的，拟订预测项目和制订工作计划，编制费用预算，调配工作人员，这是预测工作的第一步。

(2) 搜集和分析资料。预测用资料是市场预测工作的基础。预测所需的资料必须完备、准确、实用。其来源有以下几个方面：本系统的计划、统计和活动资料；国家、政府部门的计划和统计资料；国外技术经济情报和国际市场活动情报；商业部门和市场的统计数据资料；科研单位、学术团体的研究成果及刊物的资料；实地进行市场调查研究所得到的资料等。企业应该根据预测目标，对市场调查所收集的各种资料进行归纳分类，分析整理，以备使用。

(3) 选择预测方法，建立预测模型。在调查资料的基础上，根据每次预测的具体要求，建立预测模型，选择预测方法，并对预测方法和模型进行分析与评价，最终得出预测值。通常，企业采用定性和定量同时进行预测，或以多种预测方法互相印证预测结果的可靠性，这样可使预测的准确度提高。

(4) 分析修订预测结果。分析判断是依靠预测人员的丰富经验和综合分析能力，根据搜集的资料，对未来的不确定情况进行事先的预计和推测。由于人们的认识能力有限，预测结果不可能与市场未来的需求完全一致。因此，要对那些未来事件不同于过去事件的因素及其影响的范围和程度进行详细的研究和分析、评价，找出需求预测中的误差以及误差产生的原因，进一步分析尚未考虑的因素，修正预测模型，充实预测值，直到实现预测值的最佳化，这样企业才能真正把握市场需求的变化规律，真正让产品与市场同步成长。

二、市场定性预测方法

定性预测市场需求的方法运用非常广泛，国内外根据不同的情况创造了许多定性预测方法。目前，我国多数企业采用的预测方法，大都属于定性预测方法。

(一) 购买者意向调查法

即通过直接询问购买者的购买意向和意见，据以判断销售量。如果购买者的购买意向是明确清晰的，这种意向会转化为购买行为，并且愿意向调查者透露，这种预测法特别有效。但是，潜在购买者数量很多，难以逐个调查，故此法多用于工业用品和耐用消费品。同时，购买者意向会随着时间转移，故适宜做短期预测。调查购买者意向的具体方法比较多，如直接访问、电话调查、邮寄调查、组织消费者座谈会等。

【例 4-1】某汽车企业想了解一下未来的汽车销售量。用购买意向概率调查表(见表 4-5)向潜在顾客进行调查。

表 4-5　购买意向概率调查表

在今后 6 个月内贵单位是否打算买一部小车					
0.00	0.20	0.40	0.60	0.80	1.00
肯定不买	不大可能	有点可能	可能性大	很有可能	肯定购买

通过进行抽样调查，可以发现具有不同购买意向的潜在顾客的分布比例。在对 500 名潜在顾客进行调查后，获得的调查结果如表 4-6 所示。

表 4-6　购买意向概率的样本分布表

意向性质	肯定不买	不大可能	有点可能	可能性大	很有可能	肯定购买
购买概率	0.00	0.20	0.40	0.60	0.80	1.00
样本分布	130	100	100	90	50	30

那么全部样本的平均购买率是：

平均购买率＝(0.00×130＋0.20×100＋0.40×100＋0.60×90＋0.80×50＋1.00×30)/500＝0.37

这就是说，如果整体市场上有 10 000 个这样的潜在顾客的话，在今后 6 个月内将有 3 700 位会来购买汽车。

(二) 综合销售人员意见法

指以企业的销售人员作为预测主体所进行的经验估计。具体做法是：公司总部将公司各地的市场销售人员召集起来，请他们根据自己对市场情况的了解，对自己“辖区”的市场销售量做出估计，然后对销售人员的市场估计量进行汇总，经过综合分析，对下一年度或季度的销售量进行预测。

(三) 专家意见法

又称为德尔菲法，是由美国兰德公司在 20 世纪 40 年代末期提出来的。这种方法主要是利用有关方面专家的专业知识和对市场变化的敏感洞察力，在对过去发生的事件和历史资料进行综合分析的基础上得出的预测结论。其基本过程是：先由各个专家针对所预测事物的未来发展趋势独立提出自己的估计和假设，经企业分析人员审查、修改，提出意见，再发回到各位专家手中，这时专家根据综合的预测结果，参考他人意见修改自己的预测，即开始下一轮估计。如此往复，直到专家对未来的预测基本一致为止。

【例 4-2】根据德尔菲法，公司确定的专家有 7 人，他们分别来自公司各有关职能部门。确定采用 5 轮意见征询，每轮的间隔时间为一周。每轮发给专家的意见征询调研表都提出同一组问题：“您在对我们为您提供的背景资料仔细分析后，认为明年公司需要增聘多少采购员？在您得出上述判断时是借助于哪些信息？借助的各种信息在您做出的判断中各自起什么作用？”

每轮意见征询中都将上一轮专家们的意见综合结果，及不同意见的形成原因分析反馈给每位专家。公司的预测机构发现，专家们在每轮意见征询中索取的背景资料的种类在减少，如表 4-7 所示。

表 4-7　各轮意见征询时专家提出的背景资料情况统计表

各轮专家意见征询中专家索取的资料类型	专家意见征询轮次					合　计
公司明年预计总销售量	7					7
历年公司采购员人数	7					7
历年采购员的决策自动化程度的提高状况	4	1				5
历年采购员工作效率的状况考核指标	4	3				7
历年公司零售机构数量统计表	4	2	1			7

(续表)

各轮专家意见征询中专家索取的资料类型	专家意见征询轮次					合　计
明年计划新增零售机构数量	2	3	1			6
历年公司零售机构平均规模指标	2		1			3
历年公司总销售量	2	1	1			4
历年公司零售机构平均营业额	1	1				2
总　　计	33	11	4	0	0	48

公司的预测机构对每一轮专家意见征询所得到的专家对预测目标的估计都加以登记，编制相应的统计表，如表 4-8 所示。

表 4-8　每轮专家对需要增聘的采购员数目的估计统计表

专家意见征询轮次	专家代号及估计值							中位数	本轮调研做出变化的专家数	每轮专家估计值极差
2	55	35	33	35	55	33	32	35	—	23
3	45	35	41	35	41	34	32	35	4	13
4	45	38	41	35	41	34	34	38	2	11
5	45	38	41	35	45	34	34	38	1	11
每位专家意见变化次数	1	1	1	0	2	1	1	—	7	—

公司预测机构同时还需要关注专家们在每轮提出的对以前意见的改变的原因，编制的统计表如表 4-9 所示。

表 4-9　每轮专家意见改变的原因统计表

专家代号	各轮估计值		专家意见
	第二轮	第三轮	
A	55	45	获取采购决策自动化程度将进一步提高，以及前轮自己四分位数差距过大
C	33	41	获取公司零售机构的规模将进一步扩大的资料
E	55	41	获取采购决策自动化程度将进一步提高
F	33	34	获取公司零售机构将会增加的资料
专家代号	各轮估计值		专家意见
	第三轮	第四轮	
B	35	38	获取公司将有增设零售机构的计划
G	32	34	获取公司总销售规模将有所扩大的资料
专家代号	各轮估计值		专家意见
	第四轮	第五轮	
E	41	45	公司零售额的预计增长率超过此前的估计

公司预测机构最后采用四分位数方法，综合最后一轮的专家估计值(此时各位专家的估计值极差已经连续 3 轮保持为 11 人，故此可以视之为最后答案)做出最终预测为：明年须增聘采购员 38 人，误差区间范围是 34～45 人。预测者还可以采用其他预测方法对同一预测目标进行预测，若各种预测方法所得结果相差不大，便可认为这一预测结果为可靠。

(四) 市场试验法

如果购买者对其购买并没有认真细致的计划，或其意向变化不定，或专家的意见十分可靠，就需要利用市场试验法。特别是在新产品投放市场或老产品开辟新市场、启用新分销渠道时，可选择较小范围的市场推出产品，观察消费者的反应，预测销售量。由于时间长、费用高，因而多用于投资大、风险高和有新奇特色产品的预测。

三、市场定量预测方法

(一) 时间序列分析法

时间序列分析法是将某种经济统计指标的数值，按时间先后顺序排列形成序列，再将此序列数值的变化加以延伸，进行推算，预测未来发展趋势。其主要特点是以时间的推移来研究和预测市场需求趋势，排除外界因素影响。采用此法首先要找出影响变化趋势的因素，再运用其因果关系进行预测。

产品销售的时间序列的变化趋势主要包括 4 种因素。

(1) 趋势。它是人口、资本积累、技术发展的结果。利用过去有关的销售资料描绘出销售曲线，就可以看出某种长期趋势。

(2) 周期。表现为企业销售额呈现出某种波状运动的特征，销售量的周期性循环波动受到经济形势周期波动的影响，在进行中期预测时，周期性的循环波动是一个值得特别注意的因素。

(3) 季节。它反映了一年之内的销售量波动模式。季节波动可能由气候、节假日、商业习惯等因素引起，它是短期预测中最不容忽略的因素之一。

(4) 不确定因素。如各种天灾人祸、流行时尚等。这些偶发事件是很难预测的，在寻求销售量时间序列变化的规律时，应当从历史资料中排除它们的影响。

把销售序列 Y 分解成为趋势 T、周期 C、季节 S 和不确定因素 E 等因素，通过对这些因素的综合考虑进行销售预测。这些因素可构成加法模型、乘法模型或混合模型，具体如下：

$$Y=T+C+S+E \text{ 或 } Y=T\times C\times S\times E \text{ 或 } Y=T\times(C+S+E)$$

(二) 直线趋势法

直线趋势法是运用最小二乘法，以直线斜率表示增长趋势的外推预测方法。其预测模型为：

$$Y=a+bX$$

式中：a 为直线在 Y 轴上的截距；b 为直线斜率，反映年均增长率；Y 为销售预测趋势值；X 为时间。

根据最小二乘法原理，先计算 $Y=a+bX$ 的总和，即

$$\sum Y = na + b\sum X$$

式中：n 为年份数。再计算 XY 的总和，即

$$\sum XY = a\sum X + b\sum X^2$$

为简化计算，将 $\sum X$ 取 0。若 n 为奇数，则取 X 的间隔为 1，将 $X=0$ 置于资料期的中央一期；若 n 为偶数，则取 X 的间隔为 2，将 $X=-1$ 与 $X=1$ 置于资料中央的上下两期。

当 $\sum X=0$ 时，上述二式分别变为

$$\sum Y = na；\ \sum XY = b\sum X^2$$

由此推算出 a、b 值为

$$a = \sum Y/n；\ b = \sum XY/\sum X^2$$

可得

$$Y = (\sum Y/n) + (\sum XY/\sum X^2) \times X$$

【例 4-3】假设某企业 2012 至 2016 年销售额分别为 480、530、540、570、580 万元，运用直线趋势法预测 2017 年的销售额(见表 4-10)。

表 4-10　直线趋势法的变量取值表

年　份	X	Y	X^2	XY
2012	-2	480	4	-960
2013	-1	530	1	-530
2014	0	540	0	0
2015	1	570	1	570
2016	2	580	4	1 160
求　和	0	2 700	10	240

$Y=2\ 700/5+(240/10)X=540+24X$

由于预测的是 2017 年的销售额，则 $X=3$，$Y=540+24\times3=612$(万元)。

(三) 统计需求分析法

统计需求分析是运用一整套统计学方法，发现影响企业销售的最重要的实际因素及其影响力大小的方法。企业经常分析的因素主要是价格、收入、人口和促销等。

销售量 Q 可被视为一系列独立的需求变量 X_1，X_2，…，X_n 的函数，即

$$Q=f(X_1,\ X_2,\ \cdots,\ X_n)$$

这些变量同销售量(因变量)之间的关系，不能用严格的数学公式表示，只能用统计分析来揭示和说明。运用多元回归技术在寻找最佳预测因素和方程的过程中，可以找到多个方程，这些方程均能在统计学意义上符合已知数据。

(四) 马尔科夫模型

马尔科夫模型是利用某一变量的现在状态和动向，去预测该变量未来的状态及其动向的一种分析手段。由于其具有的马尔科夫性，对历史数据需要不多，即它不需要从复杂的预测因子中寻找各因素之间的相互规律，只需要考虑事件本身的历史状况的演变特点，通过计算状态转移概率预测内部状态的变化。

马尔科夫分析法的基本模型为

$$X(k+1)=X(k)\cdot P$$

其中，$X(k)$表示趋势分析与预测对象在 $t=k$ 时刻的状态向量；P 表示一步转移概率矩阵；$X(k+1)$表示趋势分析与预测对象在 $t=k+1$ 时刻的状态向量。

利用马尔科夫模型可以对产品销售、预期利润、市场占有率趋势进行建模分析，即利用概率建立一种随机型的时序模型，并用于进行市场趋势分析。

市场需求预测是一项十分复杂的工作，企业面临的市场环境也在不断变化，市场需求也不稳定，这时准确地预测市场和企业的需求就成为企业成功的关键。许多技术问题需要由专业技术人员解决，但是营销管理人员应能根据不同的情况选用不同的预测方法，为科学决策提供有力的依据。

思 考 题

1. 什么是企业市场营销信息系统？其结构如何？
2. 市场营销调研的类型有哪些？调研程序是什么？
3. 比较各种实地调研的优缺点。
4. 根据市场调研的方法，设计一个有效的调查问卷。
5. 怎样根据不同情况选择不同的预测方法？

课堂实训

1. 自由主题调研

确定调研主题、编制调研计划、实施调研、撰写调研报告。

由学生自己确定调研主题、调研对象。要考虑操作的可行性和便利性，尽量避开低发生率的产品或服务，不要调查被调查者不太了解的事物。如可选择以学生、老师、社区居民等为调查对象，以学校周围的商店、书店、学生食堂、学校图书馆为客户的项目。

项目的基本内容：所选择的调研项目至少应涉及二手资料调查、问卷设计、抽样过程(样本不少于 50 个)、数据的基本统计与分析和调查报告撰写。

根据调研过程，分阶段完成。每个阶段的学生提交结果，老师和学生一起讨论完善总结，可以包括：调查主题和对象确认、调查问卷的设计、样本量的确定和抽样、结果分析、报告撰写。

2. 命题调研

选择某款手机品牌产品，针对大学生购买使用的情况开展调研。通过该次调研不仅能够帮助手机生产厂家更加了解大学生群体手机消费的心理和行为，而且能够了解自身品牌在大学生中的态度和购买行为等，并且为进一步策略的制定提出建议。

要求：

编制调研计划、实施抽样调查、撰写调研报告，同时采用问卷调查的方式(其他要求同自由主题调研)。

案例分析

成功的宝洁，失败的“润妍”

1997 年，宝洁开始确定新品战略，并从此开始长达 3 年的“润妍”市场调研与概念测试。宝洁在新产品开发上采取其一贯的做法，从消费者到竞争对手、从品牌到包装等无不经过科学与严格的市场测试。

一. 首先是做产品概念测试

在研制产品之前，按照宝洁公司“成功—再推广”的惯例，首先要找准目标消费者的真正需求。为此，宝洁公司先后请 300 名消费者反复进行 3 次产品概念测试。1999 年年底，包括时任润妍品牌经理在内的十几个人分头到北京、大连、杭州、上海、广州等地选择符合条件的目标消费者，和他们一起生活 48 小时，进行“蛔虫”式调查。在调查中，宝洁公司又进一步了解到，东方人向来以皮肤白皙为美，东方女性渴望有“一头乌黑的秀发，一双水汪汪的大眼睛”，所以最具表现力的黑发美是她们的选择。

经过反复3次的概念测试，宝洁公司基本把握住了多数消费者心目中的秀发概念——滋润而又具有生命力的黑发最美。

二. 从消费者的需求出发进行技术创新

根据消费者的普遍需求，宝洁的日本技术中心随即研制出了冲洗型和免洗型两款"润妍"润发产品。产品研制出来后并没有马上投放市场，而是继续请消费者进行使用测试，并根据消费者的要求，再进行产品改进。最终推向市场的"润妍"是加入了独创的水润中草药精华、特别适合东方人发质和发色的倍黑中草药润发露。

三. 设立模拟货架，检验包装的美观程度

宝洁公司专门设立了模拟货架，将自己的产品与不同品牌特别是竞争品牌的洗发水和润发露放在一起，反复邀请消费者观看，然后调查消费者究竟记住什么，忘记什么，并据此做进一步的调整与改进。

四. 让消费者选择他们最喜欢的广告

宝洁公司先请专业的广告公司拍摄一组长达6分钟的系列广告，再组织消费者来观看，请消费者选择他们认为最好的3组画面，最后概括了绝大多数消费者的意见，将神秘女性、头发芭蕾等画面进行再组合，成为"润妍"的宣传广告。广告片的音乐组合也颇具匠心，现代的旋律配以中国传统的乐器(如古筝、琵琶等)，进一步呼应了"润妍"产品现代东方美的定位。

此外，宝洁委托第三方专业调查公司做市场占有率调查，通过问卷调查、消费者座谈会、消费者一对一访问或者经常到商店里看消费者的购买习惯，全方位搜集顾客及经销商的反馈。

2000年，"润妍"正式诞生，针对18～35岁女性，定位为"东方女性的黑发美"。"润妍"的上市给整个洗发水行业以极大的震撼，其包装、广告形象、公共宣传等无不代表着当时乃至今天中国洗发水市场的最高水平。

但是，这个代表了当今产品调研最高水平的"润妍"洗发水却以失败告终。2001年5月，宝洁收购伊卡璐，表明宝洁在植物领域已经对"润妍"失去了信心，也由此宣告了"润妍"的消亡。2002年4月，"润妍"全面停产，一个经历3年酝酿、上市刚刚两年的产品就这样退出了市场。到目前为止，宝洁在中国的18个品牌，均是其已有的国际化品牌。宝洁自1987年登陆中国以来，针对中国消费者研发却又因为种种原因退出市场的品牌里，"润妍"是第一个，也是唯一的一个。

(资料来源：盛敏. 市场营销学案例. 北京：清华大学出版社，2005)

讨论与思考：

1. 宝洁是如何进行产品调研的？对我国企业有何启示？
2. 请分析经过科学的调研后推出的"润妍"失败的原因。

第五章

市场购买行为分析

学习目标

1. 掌握影响消费者行为的因素。
2. 明确购买决策行为的类型和营销策略。
3. 掌握消费者购买决策的过程。
4. 了解组织市场购买行为模式。

市场是企业营销活动的出发点和归宿点。研究市场，从根本上讲就是研究购买者。而研究购买者，核心又是研究其购买行为。只有准确掌握购买者的购买行为，企业才能找到最适宜的顾客群，并有针对性地制定营销组合策略，提高市场营销效率。

按照购买者购买行为的特征，市场可以分为消费者市场和组织市场两大类。本章将研究这两类市场。

第一节　消费者市场及其购买行为

消费者市场也称为消费品市场，是指消费者为了个人或家庭生活需要而购买产品和服务的市场。它是组织市场乃至整个经济活动所服务的最终市场，是企业顺利实现其营销计划，并最终实现商品价值和使用价值的市场。

据世界银行报告显示，全球消费者市场包含超过 70 亿的人口，以及大约 74.5 万亿美元的 GDP。仅仅亚洲、中国、印度、印度尼西亚、日本和韩国就有 29 亿的人口，他们代表了世界上 40%的人口。中国的 13 亿人口规模已然成为全球最具吸引力的消费者市场。

一、消费者市场的特点

由于消费需求的多样性和市场供求状况的多变性，同其他类型的市场相比，消费者市场具有以下特点。

(1) 广泛性和分散性。人类的生存和发展离不开生活消费，不仅消费的资料种类繁多，吃穿住用无所不包，而且消费者也是人数众多、特征不一，这势必导致消费者市场具有广泛性的特征。同时，由于单次消费量、支付能力及储存条件等的限制，消费者的购买还呈现出零星、频繁的特征，从而形成消费者市场的分散性。

(2) 复杂性和差异性。消费者在年龄、性别、职业、收入、教育程度、个性等因素上千差万别，由此形成不同的消费需求和消费行为，在购买商品的数量、质量、花色、品种、品牌等方面存在巨大的差异，从而导致消费者市场的复杂性。即使是相同年龄和性别的消费者，也会因为不同的地理、文化和经济背景，在生活习惯、购买特点和商品需求等方面有着明显的差异性。

(3) 发展性和多变性。人类的需求是由低向高渐进发展的，消费者市场也呈现由粗到精、由低级到高级的发展性。以吃为例，由吃饱到吃好，再到吃营养、吃品位、吃文化，饮食市场就是沿着这一趋势向前发展的。与此同时，消费者的需求又是多变的，这一方面是消费者求新求变的心理使然，另一方面则是企业的诱导所至。发展性和多变性都体现了消费需求的变化。

二、消费者购买行为模式

消费者因其个性、经历、需求等不同而呈现出不同的购买行为，分析起来较为困难。对此，营销学家归纳出 7 个主要问题用来描述市场。也就是说，如果企业能够正确回答关于目标市场的这 7 个问题，就可以描述出消费者购买行为的内容，并据此制定相应的营销组合。这 7 个问题分别是：

(1) 消费者市场由谁构成？(Who) 购买者(Occupants)。

(2) 消费者在市场购买什么？(What)购买对象(Objects)。

(3) 消费者为什么购买？(Why)购买目的(Objectives)。

(4) 哪些人参与了购买过程？(Who)购买组织(Organizations)。

(5) 消费者怎样购买？(How) 购买方式(Operations)。

(6) 消费者什么时间购买？(When)购买时间(Occasions)。

(7) 消费者在哪里购买？(Where)购买地点(Outlets)。

以上就是“市场 7Os”问题，也是人们分析市场的基本思路。研究消费者市场的核心是研究消费者行为，也就是消费者购买商品的活动和与这种活动有关的决策过程。所以，营销人员在制定针对消费者的市场营销组合前，必须先研究消费者的购买行为。例如，某食品厂推出一种新开发的食品，不仅要注重食品的色、香、味、营养等因素，而且还应考虑这些食品卖给谁，消费者是否需要这种食品，他们会在何时、何地购买这些食品等问题，这样企业才能有针对性地制定相应的营销策略。

在消费者购买行为分析的理论中，“刺激—反应”模型是一种比较经典的分析模型，如图 5-1 所示。市场营销因素和外部环境因素的刺激作用于消费者的意识，购买者根据自己的特性处理这些信息，经过一定的购买决策过程，最后产生购买者反应，即购买决策，包括产品选择、品牌选择、经销商选择、时间和数量选择等。其中，刺激作用于消费者意识的部分被称为购买者黑箱，它由两部分组成：一是购买者特性，主要指影响消费者购买行为的内部和外部因素；另一个是购买者决策过程。营销者必须找出消费者黑箱里面的内容，研究它们是如何在黑箱中被转换成消费者行为的。

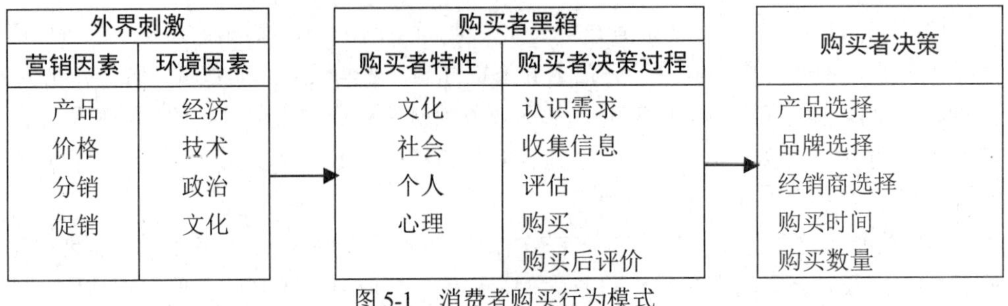

图 5-1　消费者购买行为模式

第二节　影响消费者购买行为的因素

消费者购买行为是与购买商品有关的各种活动，如收集信息、评估方案、购买等。它是消费者心理、个人特性、社会文化等因素共同作用的结果，如表 5-1 所示。因此，研究消费者市场不仅要了解消费者市场的特点和消费者购买行为模式，还必须分析那些影响消费者购买行为的各种因素，以便给出“市场 7Os”的答案。

表 5-1　影响消费者行为的因素

文 化 因 素	社 会 因 素	个 人 因 素	心 理 因 素
文化 亚文化 社会阶层	相关群体 家庭 身份和地位	年龄与生命周期 职业 经济状况 生活方式 个性与自我观念	动机 认知 学习 信念和态度

一、文化因素

文化因素对于消费者的购买行为有着广泛和深远的影响。

(一) 文化

文化是在一定的物质、社会、历史传统基础上形成的价值观念、道德、信仰、思维和行为方式的综合体。文化是在现实中形成的，又反过来对现实产生影响。

文化是决定人类欲望和行为的基本因素，几乎存在于人类思想和行为的每一个方面。每一个消费者都时刻受到文化潜移默化的影响，当然文化对消费者的购买行为也具有强烈而广泛的影响。文化的差异会引起消费者购买行为的差异，表现为饮食起居、婚丧嫁娶、社会交往、建筑风格、节日、礼仪等物质和文化生活等各个方面的不同点。同时，文化也是会变迁的，在一个民族或群体的文化演进过程中，不可避免地要学习其他民族或群体的文化内容。菲利浦 • 科特勒曾指出，文化因素是影响购买决策的最基本的因素。文化对消费者的渗透力、对消费者购买心理潜移默化的影响力，在营销过程中显示出惊人的力量。

营销者通过文化变迁可以发现市场可能需要的新产品。比如，人们越来越重视美丽、健康和爱好，这样一种文化变迁为健康美体服务业、健身器械和服装、更天然的食物以及其他一些饮食行业创造了巨大的市场。

随着中国社会开放程度逐渐提高，文化日渐多元化，人们的心态也越来越包容，消费者行为也悄然发生着改变。紧跟潮流与风尚不愿落伍的心态，异国旅行和极限运动等体验式消费的快速兴起，愿意为兴趣投入不菲金钱的做法，以及借助手机软件等信息媒介进一步提升爱好技能等行为，让“体验生活至上主义者”和“渴望成为大师者”的新细分客群诞生了。例如，一位一线城市30岁白领每年在油画课程、滑雪旅行、剧院演出和购买烘焙原料等工作之余兴趣爱好上的支出，很容易便可达到将近35 000元的水平。这一客群的消费者对体验和技能的期待没有止境，在不断学习、创造和坚持的同时，完成购买和消费活动。

(二) 亚文化

一种文化会因各种因素影响，使价值观、风俗习惯及审美观等表现出不同特征，形成亚文化。每一种亚文化都会坚持其所在的更大社会群体中大多数主要的文化信念、价值观和行为模式。同时，每一种文化都包含着能为其成员提供更为具体的认同感和社会化的较小的亚文化。亚文化主要表现如下。

1. 民族亚文化

各个民族在宗教信仰、节日、崇尚爱好、图腾禁忌和生活习惯方面都有其独特之处，并对消费行为产生深刻影响。

2. 宗教亚文化

不同宗教有不同的文化倾向和戒律，影响人们认识事物的方式、对客观生活的态度、行为准则和价值观，从而影响消费行为。每种宗教都有其主要流行地区和鲜明的特点。如佛教、道教、伊斯兰教、天主教、基督教等的信徒都有各自的信仰、生活方式和消费习惯。

3. 种族亚文化

一个国家可能有不同的种族，他们会有自己特殊的需求、爱好和购买习惯。例如，在美国，黑种人的市场对营销者来说是不容忽视的。与白种人相比，黑种人具有不同的人口统计特征，他们购买的产品和品牌、购买行为、支付价格、选择的媒体等都有显著的差异。就购买的产品来说，美国黑种人在服装、个人服务和家具上的支出比例比白种人要多得多，白种人在医疗服务、食品和交通上的花费相对来说要多一些。

4. 地理亚文化

不同的地区有不同的风俗习惯和爱好，使消费行为带有明显的地方色彩。例如，中国闻名的川菜、鲁菜、京菜等八大菜系，风格各异，就是因地域不同而形成的。长期形成的地域习惯一般比较稳定。由于气候寒冷，我国北方人有冬天吃火锅的习惯，而南方人由于气候炎热，养成了吃泡菜、熏肉、腊肠的习惯。

因此，亚文化构成重要的细分市场，了解不同文化群的消费者的购买行为，便于企业确定目标市场，制定相应的营销策略。

(三) 社会阶层

社会阶层是具有相对的同质性和持久性的群体。按等级排列，每一阶层的成员具有类似的价值观、兴趣爱好和行为方式。吉尔伯特(Jilbert)和卡尔(Kahl)将决定社会阶层的因素分为3类：经济变量、社会互动变量和政治变量。经济变量包括职业、收入和财富，社会互动变量包括个人声望、社会联系和社会化，政治变量则包括权力、阶层意识和流动性。同一社会阶层的人，要比来自两个社会阶层的人行为更加相似。例如，在服装、家具、休闲活动和汽车领域，同一阶层的消费者表现出明显的产品和品牌偏好趋同。因此，社会阶层不仅是影响消费者行为的重要因素，而且被用作细分消费者市场的重要依据。

中国上层中产和富裕阶层的崛起

目前，中国正在步入一个新的消费经济时代，未来消费增长将由急剧增长的上层中产阶层(家庭可支配月收入为人民币 12 500～24 000 元)及富裕阶层(家庭可支配月收入在人民币 24 000 元以上)所拉动。到 2020 年，上层中产及富裕家庭达到 1 亿户，其消费将以 17%的速度增长，占城镇私人消费的 55%，并贡献 81%的消费增量，中产及富裕家庭消费的快速增长是中国全面小康社会建成的必然结果。

从现在到 2020 年，一线城市(北京、上海、广州等大都市)的上层中产及富裕家庭总数将每年增长 9%，最终达到 3 000 万。但小城市的上层中产及富裕家庭总数增长更快。

要赢得更多的上层中产及富裕阶层消费者，仅关注大城市的聚焦战略已不合时宜。为了抓住这股快速发展的消费新力量，企业必须更多关注中小城市。为了能够覆盖到 80%的上层中产及富裕阶层消费者，企业需要在约 430 个中国城市设立实体店，提供高端品类产品。

(资料来源：中国电子商务研究中心. 波士顿咨询：《2017 中国消费趋势报告》. 2017.07)

二、社会因素

在社会生活中，人与人形成各种各样的关系，这些关系对人的消费行为产生了很大的影响。

(一) 相关群体

对个人的态度、意见和行为有直接或间接影响的社会群体称作“相关群体”。一般可以分为下面 3 种类型。

(1) 成员资格型相关群体。人们从事各种职业，具有不同的信仰和兴趣爱好，因此分属于不同的社会团体，如职业协会、学生会、商业俱乐部等。各种团体具有不同的性质，因此他们对其成员行为的影响程度也是不同的。军人必须穿军装，严肃纪律，这带有强制性色彩。文艺工作者穿着打扮比较时尚，是一种职业特征的体现。一些球迷协会，佩戴共同的标志，甚至购买某一共同品牌的商品，这种行为显然出于自愿。

(2) 接触型相关群体。指对消费者产生重要影响的群体，如家庭、朋友、亲戚、同事、同学等。例如，父母从事文艺工作或教育工作，子女从小耳闻目睹也爱好文艺，对商品选择具有一定的鉴赏能力，或穿着注意仪表，或酷爱读书。

(3) 向往型相关群体。指与消费者没有任何关系，但对消费者有很大吸引力的群体。当向往不能成为现实时，人们往往通过模仿来满足这种向往心理要求，如追星族等。向往型相关群体对消费者的影响是间接的，但这种影响与消费者的内在渴望相一致，因此效果往往是很明显的。

相关群体对消费者行为产生影响，突出表现为它为个体提供了行为标准，这又通过以下 3 种方式体现出来。

(1) 信息性影响。指个人会将相关群体的价值观和行为信息作为参考。当消费者已经产生对某种商品的购买动机时，参照群体对其在品牌选择、购买场所、购买时间方面会产生影响。一般而言，参照群体提供的信息权威性越高，消费者对此信息的依赖程度就越强。

(2) 规范性影响。指个人接受群体的价值观和行为方式后可以获得奖赏或避免惩罚。由于消费者不想让自己的行为与群体相悖而使自己疏远于这个群体，为了保持与群体的一致性，从而采取购买行为。研究表明，参照群体对汽车、摩托车、服装、香烟、啤酒、食品和药品等产品的购买行为影响较大，而对家具、冰箱、杂志的影响较小，对洗衣粉、收音机几乎没有影响。

(3) 价值表现影响。指无须任何奖惩，个人就会接受和仿效群体的价值观和行为方式。参照群体为消费者展示出新的生活方式和行为模式，从而引起消费者效仿，或对某些产品的态度发生改变。效仿使消费者的消费行为与相关群体趋于一致，此时群体的价值观和行为已经内化为个体价值观和行为方式。

一些企业可以通过口碑营销和在线社会网络对相关群体的影响进行营销。口碑营销就是用征募或制造出意见领袖作为“品牌大使”的方法来宣传公司的产品。意见领袖是在一个群体内，由于具有特殊的技能、知识、个性或者其他特征而能够对其他个体施加社会影响的那些人，在社交网络上也被称为“网络红人(网红)”，而“意见领袖”或“网红”的拥护者被称为“粉丝”。

在线社交网络是人们在线进行社会互动、交流信息和观点的地方，包括博客、微博等社交网站以及整合网络世界，如 Facebook、Twitter、新浪微博、腾讯 QQ 和微信等，营销者必须利用这些社交网络以及其他“网络力量”的机会来推销他们的产品，建立更进一步的消费者关系。例如，自 2007 年 1 月以来，美国的苹果公司通过与苹果相关的非官方博客，发布苹果手机相关的信息，吸引疯狂粉丝(果粉)去挖掘、传播。在粉丝的推动下，各大互联网站和媒体也主动对苹果手机的资料进行传播，使得关注苹果手机的消费者越来越多，购机热潮持续不断，推动苹果手机成为流行时尚。

因此，企业须重视相关群体对消费者行为的影响力。在制定营销策略时，选择同目标市场关系最密切、传递信息最快的相关群体，做好产品推销工作。

资料链接

屈臣氏的网红营销

屈臣氏利用“网红直播”，推出全国性夏日护肤促销活动。2016 年 7 月 22 日，网红发动周边资源，对活动信息进行扩散，提高关注度。从微博、微信朋友圈开始发散，为活动造势。直播活动集中在当日晚黄金时段，坐落在北京、上海、成都、杭州 4 个城市的 29 位网红，分别在屈臣氏的各大线下门店同时直播，内容集中在屈臣氏近期的 3 个主要活动，通过网红的美妆推荐、产品体验，以及与店员的互动，在直播中让观众了解门店的优惠以及一些活动宣传，也会送出优惠码引导并促进用户群消费。

此次屈臣氏四城联动的直播营销初期预计直播观看人数为 40 万，而实际观看人数则达到近 65 万人次，微信微博传播也远远超出预期，微博覆盖人数达到 1 670 万粉丝，微信触达超过 338 万粉丝。屈臣氏通过网红营销，利用网红这一对消费者产生直接影响的相关群体，来更好地宣传其营销活动，通过线上线下相结合的方式，对消费者产生直接影响，成功实现引流，提升品牌形象，促进销量提升。

(资料来源：李麒. 屈臣氏网红营销，开启夏日大作战. 数字营销，2017.04，经修改)

(二) 家庭

家庭是消费者购买商品的基本决策单位和使用单位，也是最重要的相关群体之一。家庭对个人消费行为的影响会持续一生，或者受其出生家庭的影响，或者受其后来家庭的影响。

家庭有不同的类型，因而有不同的决策模式。社会学家曾经把家庭分为 4 种类型：各自为主型；丈夫支配型；妻子支配型和共同支配型。现在，随着妇女社会地位的提高，妻子在购买决策中的作用日益提升，以往“男主外女主内”的传统家庭类型日益向“妻子支配型”或“共同支配型”转化。

家庭主要成员的职业、文化也会影响购买决策模式。一份国外的研究报告显示，在受教育程度比较低的家庭里，妻子一般掌控日用消费品的购买决策权，丈夫则对耐用消费品的决策起主导作用。而在受教育程度较高的家庭里，妻子决定贵重商品的购买，一般日用品家庭成员自主、随意决策。

(三) 身份和地位

身份是周围的人对自己的要求，是自己在各种场合承担的角色和应起的作用。每一种身份又附有一种地位，反映社会对自己的评价和尊重程度。人们往往会结合身份和地位做出购买选择。许多产品或品牌已成为一种身份和地位的标志，消费者以何种产品或品牌来显示身份和地位，因社会阶层和地域有所不同。

在中国的新兴中产阶层，体验式消费成为一种潮流，乐于追求标新立异、充满异域风情的远途异国游和带来身体与精神上多重满足的极限运动。其促进了非洲、南北极和中东等更加新奇特和个性化的异域旅游的高端旅游市场发展，以及攀岩、赛车和冲浪这 3 项极限运动的兴起。

三、个人因素

除了外部影响因素外，购买决策也深受消费者个人特征的影响。包括人口统计特征、生活方式、个性和自我形象等。

(一) 人口统计特征

消费者的人口统计特征表现在年龄和性别、家庭生命周期阶段、职业、受教育程度和经济状况等方面。

1. 年龄和性别

消费者的购买欲望和行为，因年龄、性别的不同而发生变化。比如，3 个月、6 个月和 1 岁的婴儿，对玩具的要求会不一样；同一消费者，在年轻阶段与老年阶段对食物、服装等的选择也会不同；从性别看，大多数男性的购买决策过程比较迅速，而女性则相对缓慢些。

在中国，出生于 20 世纪 80、90、00 年代的“新世代”消费者以年均 14%的速度增长，正成为中国消费市场主导力量。曾经在大多数成年人眼中“不务正业”的网络小说、游戏、动画和漫画作为年轻人的娱乐手段，现在已经让越来越多这一客群的年轻消费者成就了其人生价值，带来了一系列新的商业机遇和周边产品。

2. 家庭生命周期

家庭生命周期的不同阶段，同一消费者及家庭的购买力、兴趣和对产品的偏好都会有差别。

(1) 单身未婚阶段：经济负担轻，购买重心以个人为主。

(2) 新婚阶段：以组织家庭为重心，如可能添置家具、冰箱、洗衣机、电视机等。

(3) 满巢Ⅰ：即有 6 岁以下子女的年轻夫妇，孩子成为购买中心，如婴儿食品、玩具等。

(4) 满巢Ⅱ：即有 6 岁以上子女的年轻夫妇，对食品、清洁、教育和娱乐产品有巨大需求。

(5) 满巢Ⅲ：即子女长大但尚未独立的中年夫妇，在孩子用品和教育方面的开支较多，并开始更换耐用消费品。

(6) 空巢：即子女长大且离开家庭的中年夫妇，这时一般是家庭状况最好的时期。经济宽裕，可能外出旅游，以及购买奢侈品。

(7) 单身老人：多数已退休，失去配偶，主要购买特殊食品、保健用品和医疗服务。

资料链接

长虹发布孝芯电视 抢食600亿元老年市场商机

随着中国人口的老龄化，老人手机、助听器、老年代步车等老年市场产品持续走俏。长虹基于市场调研发现，老年人日常娱乐时间大部分仍花费在电视产品上，老年家电需求规模将超过 600 亿元。针对老年人不会用智能电视的复杂操作、家人缺少面对面沟通等问题，长虹联合康壹共同研发了“孝芯”电视系列，提供系统化解决方案。

2017 年 3 月 21 号，四川长虹在北京举行了“看见孝芯 看见爱”孝芯电视新品发布会。“孝芯电视”系列由四川长虹和北京康壹共同研发、生产，它是针对老年市场的专用电视。可在电视上看孩子们传来的图片，可以用手机和电视进行视频通话，从此空间不再是问题，让你可以时刻“陪伴”在父母左右，取得了较好的市场反响。

资料来源：(家电消费网，http://www.jdxfw.com/html/2017/report_0321/58054.html，经修改)

3. 职业和受教育程度

职业和受教育程度也会影响消费模式。如，蓝领工人和白领职员对酒的偏好就有一定差异；受教育程度较高的消费者对书籍、报刊等文化用品的购买量往往大于受教育程度较低的消费者。

4. 经济状况

经济状况是决定购买行为的首要因素，决定着能否发生购买行为以及发生何种规模的购买行为，决定着购买商品的种类和档次。如果一个人的收入低，购买能力弱，那么他主要购买基本生活必需品，以及价格较低的产品。如果一个人的收入高，购买能力强，那么他有条件购买奢侈品，以及价格较高的产品。比如，我国中等收入的家庭选择购买汽车，低收入家庭只能购买基本生活必需品以维持温饱。企业在产品设计及定位上应该考虑不同群体的经济条件、购买能力及偏好。

(二) 生活方式

生活方式是一个人生活中表现出来的活动、兴趣和看法的整个模式，影响其对品牌的看法、喜好。人们的生活方式不同，会产生不同的购买行为。例如，节俭式消费者群体通常偏好经济实用的产品；奢华式的消费者群体，通常偏好高档产品；守旧式的消费者群体通常偏好购买成熟的产品；革新式的消费者群体通常偏好购买新产品。营销者可以通过生活方式理解消费者不断变化的价值观及其对消费行为的影响，在设计产品和广告时应明确针对某一生活方式群体。比如，名贵手表制造商应研究高成就者群体的特点以及如何开展有效的营销活动。

数字化时代带来人们生产方式的改变，消费者呈现出与以往截然不同的行为特征。根据波士顿咨询的数据统计，目前中国有 9.27 亿的活跃移动互联网用户，7.07 亿的活跃微信用户，2.72 亿的活跃支付宝用户，2.31 亿的活跃酷狗音乐用户，以及 5 900 万的活跃滴滴打车用户。这些数字反映出全天候在线，从社交、搜索到消费支付数字化全覆盖的趋势，该趋势也引发了热衷二次元和虚拟社交新客群的出现。在热衷虚拟社交的客群中，很多消费者将“啤酒社交”这一场景搬回家里，用手机应用在网上订购烧烤、啤酒，在网络上边观看现场直播，边用弹幕或者手机，与天南海北的球友互动，带来了新的消费模式和需求。

(三) 个性

个性是个人特有的心理特征，导致人对所处环境做出相对一致和持续的反应。通过自信、支配、自主、顺从、交际、保守和适应等性格特征表现出来。消费者的个性直接或间接地影响其购买行为。例如，保守的人往往不容易接受新产品，自信的人购买决策过程较短等。企业依据个性因素，可以更好地赋予品牌个性，以期与消费者适应。例如，奔驰的购买者是那些年龄偏大、事业有所成就、社会地位较高、收入丰厚的成功人士；宝马属于那些富有朝气、年轻有为、不受传统约束的新一代人士；凯迪拉克属于具有胆识、远见、开拓领先的高收入消费群。

(四) 自我形象

自我形象是人们对自己的看法。人们往往希望保持或增强自我形象，并把购买行为作为表现自我形象的重要方式。因此，消费者对那些符合或能改善其自我形象的产品更感兴趣。

四、心理因素

消费者的购买行为模式在很大程度上是建立在其对外界刺激的心理反应基础之上的。但是由于人的心理状况千差万别，所以使得消费者的购买行为变得十分复杂。影响消费者购买行为的心理因素主要包括：需要、动机、认知、学习、态度与信念等。

(一) 需要和动机

需要是个体没有得到某些基本满足的感受状态。动机是促使行为朝向某一目标事物前进的内驱力或激发力的状态。动机是行为的直接原因，促使个人采取某种行动，规定行为的方向。

被广泛认知的需要—动机理论有 3 个：弗洛伊德的动机理论、马斯洛的需要层次理论和赫茨伯格的动机理论。

1. 弗洛伊德的动机理论

弗洛伊德认为，形成人们行为的真正心理因素大多是无意识的。在人的行动中，也会“无意识”地表现出他曾经受到压制的需要和欲望。因此，弗洛伊德认为，一个人的行动是由于受到了多种因素刺激后产生出的一种“无意识”的结果。

用弗洛伊德的理论来解释消费者的购买行为，就是消费者在购买某种产品的时候，可能是受到了多种因素的刺激，唤起了“无意识”或“潜意识”的结果。比如，苹果手机体现的张扬个性符合自我的特性，满足消费者赶时髦、讲档次、要面子、炫耀的心理，觉得必须赶上“苹果文化”，购买为了显示自己的品位和社会地位。根据弗洛伊德的理论，营销人员需要采用多种因素来刺激消费者的购买欲望，特别是需要采取各种带有情感色彩的因素来刺激消费者的购买。

2. 马斯洛的需要层次理论

马斯洛认为，人的需要是分层次的，首先寻求没有得到满足的需要，由此产生人的行为动机。人的需要可分为 5 个层次，按其重要程度，由低级向高级逐级发展，依次为生理、安全、社会、尊重和自我实现的需要，如图 5-2 所示。

马斯洛的需要层次理论最初应用于美国的企业管理中，分析如何满足企业员工的多层次需要以调动其工作的积极性，之后被用于市场营销中分析多层次的消费需要并提供相应的产品来予以满足。如，为了人身安全和财产安全而对防盗设备、保安用品、人寿保险和财产保险产生需要；为了维护健康而对医药和保健用品产生需要等。如，为了参加社交活动和取得社会承认而对得体的服装和用品产生需要；为了获得友谊而对礼品产生需要等。如，为了在社交中表现自己的能力而对教育和知识产生需要；为了表明自己的身份和地位而对某些高级消费品产生需要等。满足自我实现需要的产品主要是思想产品，如教育与知识等。

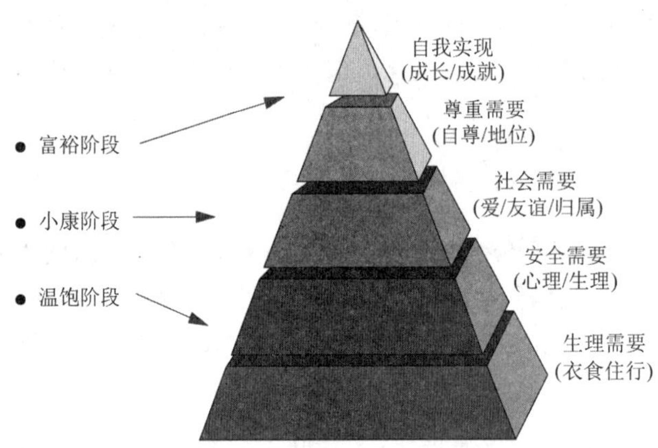

图 5-2　马斯洛需要层次理论

3. 赫茨伯格的动机理论

该理论要点是把动机与工作满足联系起来，提出工作满足与不满足两类因素：前者称为动机需要，后者称为保健需要。动机需要包括成绩、承认、工作本身、个人发展和提升，这些可推动职工努力工作，从工作中获得满足。保健需要包括与工作性质无关的一些因素，如工作条件、福利待遇、管理条例、公司的经营和政策等。二者的区别在于：如果保健需要得不到满足，就会导致工作不满足，但是仅仅满足保健需要却不能产生工作满足，只有动机需要得到满足时才能产生工作满足。

赫茨伯格双因素理论也可用于分析消费者行为。企业用于吸引消费者购买商品的市场营销诸因素可分为保健因素和动机因素两类，分析消费者购买动机必须注意分析特定时期的保健因素和动机因素。一般而言，质量、性能和价格等属于保健因素，情感和设计等大多属于动机因素。保健因素是消费者购买的必要条件，动机因素是魅力条件。在有选择余地的情况下，如果消费者对保健因素不满意，就肯定不会购买；但是仅仅对保健因素满意，也不一定购买，只有对动机因素也满意才会购买。

女性玩家为何偏爱《王者荣耀》

腾讯手游《王者荣耀》已经成为风靡全中国的现象级产品。2017 年 5 月，仅凭 iOS 平台的收入成功超过《怪物弹珠》拿下全球手游综合收入榜冠军；注册用户规模超两亿，渗透率高达 22.3%；这款游戏一半以上是 24 岁以下的玩家，大大提高游戏的用户黏度。其中，女性用户占比 54.1%，达到 1.08 亿超男性。现就女性玩家偏爱《王者荣耀》的心理因素进行分析。

首先，作为一款移动游戏，《王者荣耀》对局时间短和操作简单让越来越多的玩家能够轻松上手，这个特点对于女性用户来说很具有吸引力。

其次，《王者荣耀》专门针对女性用户设计 16 个女性角色，不仅颜值高，战斗力还很强，再加上操作简单，这些特点能极大地满足女性玩家的心理，进而吸引更多女性用户。

第三，《王者荣耀》的社交属性击中了女性玩家更爱攀比、爱炫耀的心理特点。用户通过微信或者 QQ 等移动社交账号登录就可以参与游戏，同时基于朋友圈的游戏段位排名这个设计极大地激发了女性用户的分享和炫耀欲望。通常，女性用户的这些心理特征比男性用户还要强烈，一旦这样的心理特点被激活，女性玩家就会比男性玩家更加沉迷于游戏。

(资料来源：搜狐，http://www.sohu.com/a/161762096_351509，经修改)

(二) 认知

认知过程是人们认知客观事物特性与联系的过程，由感觉、知觉、记忆、思维和想象等过程组成。消费者的认知过程就是对商品和刺激物以及店容店貌等情景的反映过程。这个过程要经历感性认识和理性认识两个阶段。

在感性认识阶段，消费者先通过感官对刺激物的形状、大小、颜色、声响、气味以及情境的形象等有了个别特性方面的熟悉。随着感觉的深入，各种感觉到的信息在消费者的头脑中被联系起来并进行初步的分析综合，从而产生对刺激物和情境的整体反映，这便是知觉。

在现实生活中，消费者对同种刺激物和情境会产生不同的知觉，导致他们认知过程的差异。知觉具有以下 3 个特点。

(1) 选择性注意。人们感觉到的刺激，只有少数引起注意、形成知觉，多数会被有选择性的忽略。仅以商业广告为例，一个美国人平均每天会接触 1 500 多个广告，其中大部分会被过滤掉。

(2) 选择性理解。人们对注意到的事物，往往喜欢按自己的经历、偏好、当时的情绪、情境等因素做出解释。这种解释可能与企业的想法、意图一致，也可能相差很大。

(3) 选择性记忆。人们容易忘掉大多数信息，却总是能记住与自己态度、信念一致的东西。

以上这 3 种知觉因素的存在，意味着市场营销人员必须尽力把信息传递给消费者。同时也要求市场营销人员在向消费者传递这些信息时，要尽可能地生动并多次重复，以加深消费者的印象。

(三) 学习

学习是指由经验所引起的个人行为的改变。消费者由于内在需要而产生购买某种商品的动机，但这种动机可能在此次购买行为结束后继续产生或从此消亡，这就是后天经验即学习的结果。学习过程是驱策力、刺激物、诱因、反应和强化诸因素相互影响和相互作用的结果，如图 5-3 所示。

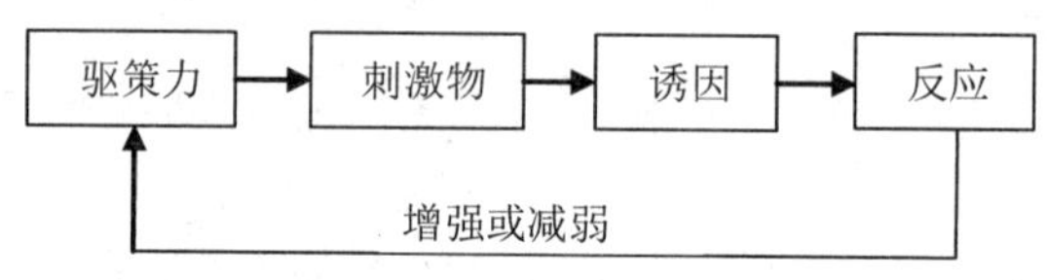

图 5-3　学习的模式

驱策力指驱使人们产生行动的内在刺激力，即内在需要。例如，对于一个欲购买手机的消费者来说，其起始于想要与他人保持联系的驱策力，当驱策力被指向刺激物——手机时，驱策力就会成为一种动机，他对购买手机的反应受其周围各种诱因的制约，如他父母的支持、朋友的影响，如果他买了一部三星手机，使用后感到很满意，那么他对手机的反应也随之加强。

对营销人员来说，学习理论的指导意义在于他们可以把本企业的产品与顾客强烈的驱动力联系起来，利用刺激物诱因提供正面强化手段，从而激发人们的需求。

(四) 态度

消费者对某产品产生购买动机后，是否采取购买行动还取决于消费者对该产品的态度。为了让消费者对商品持有利的消费意图，就需要促使消费者对产品或者消费拥有正面、积极的态度，这是一个非常重要的前提。如果某一位消费者不喜欢某一个商店的商品，那么他可能会在其他的商店购买。

但是，对于一种商品有利的态度并不一定直接促成有利的购买意图。消费者喜欢一个品牌，同时更喜欢另一个品牌。因此，态度有时是由偏好来衡量的。偏好是指对某一物体或相关联属性特别喜欢的正面态度。如你更喜欢百事可乐而不是可口可乐等。

(五) 信念

消费者信念是指消费者持有的关于事物属性及其利益的认知。不同消费者对同一事物可能拥有不同的信念，而这种信念又会影响消费者的态度。一些消费者可能认为，名牌产品的质量比一般产品的要高出很多，能够提供很大的附加利益；另一些消费者则认为，随着产品的成熟，不同组织生产的产品在品质上并不存在太大的差异。名牌产品提供的附加利益，也并不一定像人们想象的那么大。很显然，上述不同的信念会导致对名牌产品的不同态度。

综上所述，消费者行为受诸多因素影响，其购买选择是文化、社会、个人和心理因素综合作用的结果。其中，消费者的个人特征、社会、文化等因素，由于其外在性使企业难以控制或难以施加影响。企业只能了解并分析它们，从而识别出最佳的目标市场，并为制定营销组合提供依据。而消费者的购买动机、认知、学习、信念和生活方式等内在因素，容易受企业营销的影响。企业可以通过营销策略的设计，如产品开发、包装设计、价格制定、营业网点设计、广告宣传、商品陈列等，诱使消费者产生企业所期望的购买行为。

第三节　消费者购买决策过程

影响消费者购买的因素众多，每种因素的影响力又因人而异，所以消费者行为研究特别关注对消费者反应的心理过程研究，包括购买决策过程的参与者、购买行为的类型和购买决策过程 3 个部分。

一、消费者购买决策过程的参与者

消费者在购买活动中可能扮演下列 5 种角色中的一种或几种。

(1) 发起者。即第一个提出购买建议的人。

(2) 影响者。即对购买决策产生影响的人，如家庭成员、同事朋友等。

(3) 决策者。即做出购买决策的人。

(4) 购买者。即具体执行购买决策的人。

(5) 使用者。即实际使用所购商品的人。

以上 5 种消费者角色可能同时由一人担任，也可能由不同的人分别担任。对营销人员来说，首先要关注购买决策者，因为他对购买活动的成败最为关键。比如，男性一般是烟酒的购买决定者，女性一般是化妆品的购买决定者，高档耐用消费品的购买决定往往由多人协商决定。有些消费品的购买决策不那么容易被识别，这时要分析家庭不同成员的影响力。正确地识别购买决策者，可以帮助企业有针对性地制定适合目标市场的营销策略。

不管是决策者还是使用者，消费者在充当每一种角色时，都追求不同的价值。例如：一个办公室的工作人员在使用个人电脑时，考虑更多的是机器的性能；而为公司购买电脑做决策的人考虑更多的则是价格；而实际购买的人可能会考虑到哪购买比较方便、服务好。成功的营销者，会根据不同的角色分工而调整他们的营销努力。

二、消费者购买行为类型

消费者在不同购买决策类型下，其所采取的行为可能有很大差异。按照购买参与程度和品牌差异程度，购买行为分为 4 种类型，如表 5-2 所示。

表 5-2　消费者购买行为类型

介入程度 / 品牌差异	低度介入	高度介入
品牌差异小	习惯性购买行为	减少失调感的购买行为
品牌差异大	多样化的购买行为	复杂的购买行为

(1) 复杂的购买行为。复杂的购买行为是指消费者购买品牌差异很大、单位价格昂贵且重复购买率低的商品时所产生的购买行为。该购买者会经历一个学习过程：首先产生对产品的信念，接着形成态度，然后做出慎重的购买选择。高度介入产品的营销人员必须了解高度介入消费者的信息收集和评价行为。他们需要帮助购买者了解有关产品的属性和各个属性的重要性。此外，营销人员还需要区别其品牌的特征，可以通过大篇幅的印刷品来介绍品牌利益。同时，还必须动员商店销售人员和购买者的朋友来影响其最终的品牌选择。

(2) 减少失调感的购买行为。减少失调感的购买行为也称和谐型购买行为。当消费者购买需要高度介入但是品牌差异并不大的商品时，则会产生减少失调感的购买行为。由于品牌差异不大，消费者在购买前一般不进行仔细评估，购买过程迅速而简单，但是在购买以后会因为自己所买产品具有某些缺陷或其他同类产品有更多的优点而产生失调感，怀疑原先购买决策的正确性。为了应对这种不协调，营销人员在售后应该提供完善的售后服务，通过各种途径帮助购买者对其品牌选择保持良好的感觉，使顾客相信自己的购买决定是正确的。

(3) 习惯性购买行为。习惯性购买行为是指品牌差异较小，同时消费者介入程度不高的购买行为。对于已是企业产品的习惯购买者，企业应尽可能将他们转化成品牌的忠诚者。对于尚不是企业产品的习惯购买者，企业可以利用价格与促销来吸引消费者试用，也可开展大量重复性广告加深消费者印象，从而增加顾客选择的可能性。

(4) 多样化的购买行为。如果消费者了解各品牌之间存在显著差异，而产品价值较小，购买风险较小时，就会产生寻求多样化购买行为。如不同品牌的洗发水之间，功能差异较大，消费者就会经常更换品牌使用。寻求多样化的购买行为具有很大的随意性，消费者不停地在各品牌之间转换，其目的是想尝试新口味，而不一定是对消费品牌存在不满意。市场领先者应力图通过占有货架、避免脱销和提醒广告来鼓励消费者形成习惯性购买行为；其他类型的企业则可以以较低的价格、折扣、赠券、免费试用和强调试用新产品的广告来鼓励消费者购买不同种类的产品，增加企业产品被选择的机会。

三、消费者购买决策过程

消费者的购买决策过程从购买发生之前一直延伸到购买结束之后主要经历以下 5 个阶段。

(一) 问题认知

当消费者意识到自己的实际状态与理想状态之间出现差异时，就产生了需要。这种需要既可以是由内部刺激产生的，如饥饿、干渴；也可以是由外部刺激产生的，如看到某产品的广告从而引发购买意愿。当这种需要强烈到一定程度时，就成为一种驱策力，驱使人们采取进一步行动予以满足。

在这一阶段，营销人员可以通过广告或人员推销的方式，展示竞争产品或消费者现有产品的缺点与不足，强化购买欲望，形成对消费者购买决策的积极影响。

(二) 信息收集

消费者收集信息的积极性，会因需要的强度有所不同。对需要感到十分迫切的消费者，会主动寻找信息。需要强度较低的消费者，会适度寻找信息。例如，一个想在不久的将来购买个人计算机的消费者，会对有关内容的广告，商店里的计算机商品，熟悉或不相识的人关于个人计算机的议论等比平时更加留心和注意。若需要的强度继续增加，到一定程度，他就会像需要一开始就很强烈的消费者那样，进入积极主动寻求信息的状态。

信息来源主要有以下 4 个方面。

(1) 个人来源：家庭、亲友、邻居、同事等。

(2) 商业来源：广告、营业员、经销商、包装品、展销会等。

(3) 公共来源：大众传播媒介、政府和消费者组织等。

(4) 经验来源：使用、检查、处理商品的经验。

以上这些信息来源的相对影响随着商品的类别和购买者的特征而变化。一般说来，就某一商品而言，消费者最多的信息来源是商业来源，即营销人员所控制的来源；最有效的信息展现来自个人来源。每一信息来源对于购买决策的影响会起到某些不同的作用。商业信息一般起到通知的作用，个人信息来源起着评价的作用。

(三) 评价与选择

选择是消费者对其购买对象不断缩小范围，有关概念不断清晰的过程。以品牌决策为例，若一个消费者准备购买个人计算机，通过收集信息，他会对市场上现有的各种个人计算机的若干品牌形成初步认识，这些品牌便进入了他的“知晓范围”，然而，他会依据一定的标准，做进一步的选择，只考虑更少的一部分品牌，这部分品牌便进入了他的“考虑范围”。对“考虑范围”内的各个品牌，经过比较，会留下更少的几个以备选择，这几个品牌便进入了消费者的“备选范围”，经过反复比较，权衡得失，他最后决定购买某一品牌。

【例 5-1】某人将计算机的品牌选择锁定于 A、B、C、D 4 个品牌，而且他主要对 4 种属性有兴趣，即储存能力、图像显示能力、软件适用性和价格。表 5-3 显示了他根据这 4 种属性对每种品牌信念进行的打分。

表 5-3　消费者对计算机的品牌信念

品　牌	储存能力	图像显示能力	软件适用性	价　格
A	10	8	6	4
B	8	9	8	3
C	6	8	10	5
D	4	3	7	8

注：对各属性的打分范围在 0～10 分，其中最高分为 10 分，最低分为 0 分。

若储存能力确定的重要性是40%，图像显示能力是30%，软件适用性是20%，价格是10%，可以得出4个品牌计算机的认知价值如下：

计算机品牌A＝0.4×10＋0.3×8＋0.2×6＋0.1×4＝8.0

计算机品牌B＝0.4×8＋0.3×9＋0.2×8＋0.1×3＝7.8

计算机品牌C＝0.4×6＋0.3×8＋0.2×10＋0.1×5＝7.3

计算机品牌D＝0.4×4＋0.3×3＋0.2×7＋0.1×8＝4.7

经过分析可以推测出，该消费者认为理想的计算机是A品牌。

(四) 决定购买

消费者对购买方案进行评价以后，便会做出购买所偏好产品的决策。但是，在购买意图与购买决策之间，会受到其他人的态度和未预期到的因素影响，即便购买也不一定是他最初选定的品牌，如图5-4所示。

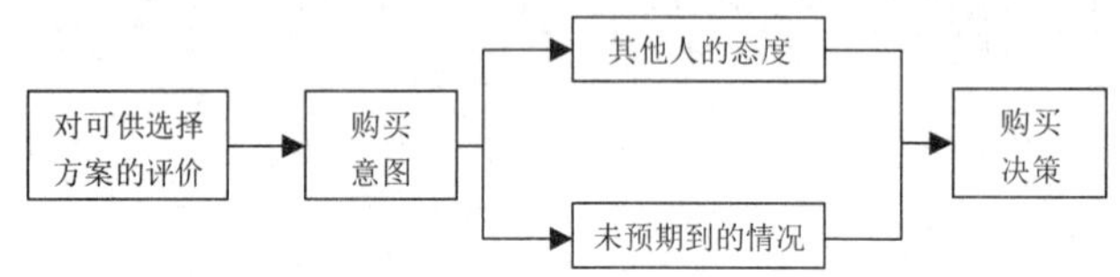

图5-4　对可供选择方案评价和购买决策之间的步骤

(1) 其他人的态度。假如在购买计算机前，消费者的妻子坚持买价格最低廉的D，如果反对态度愈强烈，或持反对态度者与购买者的关系愈密切，修改购买意图的可能性就愈大。

(2) 未预期到的情况。购买意图是在预期家庭收入、预期价格和预期获益的基础上形成的，如果发生了意外的情况——失业、意外急需、涨价或亲友带来该商品令人失望的信息，则很可能改变购买意图。

消费者修改、推迟或取消某个购买决定，往往是受已察觉的风险的影响。察觉风险的大小，随购买金额的大小、商品性能的确定程度和购买者的自信心强弱而定。因此，营销者应设法尽量减少消费者所承担的风险，促使消费者做出最后的购买决定。

(五) 购后行为

现代营销理论越来越关注消费者购后过程。消费者购后过程一般经历购后使用和处置、购后评价及购后行为3个环节。

消费者在购买产品并使用以后会对察觉到的产品实体性能与对产品的期望进行比较，消费者满意度会导致截然不同的购后行为。如果消费者对产品满意，他会信赖产品，以后有可能发生重复购买，或继续购买该品牌的其他产品，或向其亲朋好友称赞并推荐该品牌，从而使该品牌形成良好的口碑；如果消费者对产品不满意，下一次他就不会再购买，甚至连该品牌的其他产品也不再购买，此外，他还可能抱怨、投诉甚至向厂商索赔，或劝阻其他人也不要购买该产品，这种消极的口碑对企业产生非常不利的影响。

营销人员可根据不同购买阶段的特点，通过了解购买过程的各种参与者以及对他们购买行为的影响，就能为其目标市场设计有效的营销策略。

2017 年影响中国消费者购买决策的八大营销趋势

China Skinny的市场研究发布了2017年影响中国消费者购买决策的八大营销趋势。

(1) 根据渠道定制包装。了解消费者使用不同渠道的主要动机、购买习惯，然后根据相关情况来量身定做包装，使品牌保持竞争力、贴近消费者。

(2) 将电商平台作为营销工具。电商已经成为中国消费者至关重要的一个接触点，电子商务平台上的营销机会变得更加丰富却也更复杂，如视频直播等创新营销。

(3) 欣欣向荣的小众线上平台。许多平台为垂直电商，例如母婴、服装、美容、高端食品和饮料，这些平台通常可以达到500万、1 000万甚至2 000万的活跃用户，相比大型平台的用户来说，对价格的敏感度更低，更有针对性，并且产品也更容易上线。

(4) 按照场合与顾客细分产品类别。明智的品牌正在为顾客量身定制产品、配方、包装，甚至是创立子品牌以迎合特定的场合或小众客户群。

(5) 低线城市。越来越多不太知名小城市的消费者开始寻找更精致、更高价值的产品和品牌。生活在低线城市的消费者不仅变得越来越富有，而且对国外生活方式、产品和趋势的意识更强了。因地制宜非常重要，所以最好为特定的城市或群体定制营销组合。

(6) 更有效地运用大数据。现在许多地方可以用到大数据，如决定将哪个低线城市定为目标市场、调整产品开发和促销、理解与您的目标市场相关的情感字符等。

(7) O2O 虚拟现实与增强现实。现在 VR(虚拟现实)和 AR(增强现实)正为 O2O 添加了一个全新的维度组合。中国的主流消费者能够越来越多地接受并接触到 VR 技术。VR 与 AR 的常用功能将远远超出目前仅作为针对消费者的营销和销售渠道，而拓展到中国的销售、客户服务及其他相关人员的培训和参与。

(8) 真正的微商。中国处于全球领先的微商是一项创新。微商店铺的数量比电商多出 5 倍多。明智的品牌将会开始利用社交粉丝的巨大潜力，使其转变为品牌的销售人员，并采用奖励机制促使他们将您的商品销售到由朋友、家人和同事构成的人际网络中。

(资料来源：https://www.chinaskinny.com/cn/blog-zh/8-chinese-consumer-trends-2017-2/)

第四节　组织购买行为分析

组织市场是指以生产企业、中间商和政府机构等正规组织为购买者所构成的市场。组织市场的购买者是企业的重要营销对象，企业应当充分了解其特点和购买行为。

一、组织市场的特点

组织市场与消费者市场相比较，具有自己鲜明的特点。

(一) 购买者地理区域位置相对集中

这是由资源分布和竞争两个主要原因所造成的。很多国家石油、橡胶、钢铁、农业等行业显示出相当强的地理区域集中性。在我国，重工业主要集中在东北地区，小商品和纺织业主要集中在江浙一带，而汽车生产相对集中于长春、上海和重庆等地。

(二) 购买者比较少，但是购买量却非常大

消费者市场的购买者是个人或家庭，而组织市场的购买者绝大多数是企事业单位。因此，组织市场上的购买者比消费者市场上的购买者要少得多。但由于资本和生产的集中，一家或少数几家大企业买主的购买量往往占某些行业产业市场的大部分或全部销售量。

(三) 供求双方关系密切

由于组织市场的购买者少，大买主对供应商的影响不言而喻，买卖双方更注重长期稳定的互惠互利的合作关系，包括长期交易关系、合作伙伴关系、战略联盟的建立。为熟悉买方的采购要求，供应商参加由组织顾客举办的相关研讨会的情况越来越多。有些合作良好的双方采用及时供货服务、无库存购买协议，甚至实时采购—供应系统等。

(四) 专业化采购

组织的采购是由受过专门训练的采购员或有经验的采购代理人来完成，他们都有着丰富的采购知识和经验，对所要购买产品的性能、质量、规格和技术要求非常熟悉，对各个供应商也有所了解。

(五) 集体决策

典型的组织采购任务往往由采购中心来执行。采购部门一般由 15～20 人组成，也可能超过 50 人。营销部门、生产部门、研究与开发部门、高层管理部门及采购中心的成员都不同程度地参与了购买决策。采购中心的成员既共享决策成功的成果，也共同承担决策失败的风险。

除此之外，组织购买与个人消费购买相比还具有理性决策，采取直接采购、互购、租赁等方面的差别。

沃尔玛在中国的采购

世界顶级零售企业沃尔玛 2017 年发布了最新财报，沃尔玛全球 2017 财年营收达到 4 969 亿美元，比上一财年增长 3.1%。2017 财年第 4 季度沃尔玛在中国的总销售额增长 5.4%。推动销售增长的动力主要来自大卖场和山姆会员商店，鲜食和干货商品表现最为强劲。沃尔玛每年都会在中国市场进行大量的采购，因此，没有供应商能够拒绝沃尔玛合同的诱惑。

沃尔玛购物广场侧重为消费者提供“一站式购物”。沃尔玛对于商品有 4 个检验标准：供应商的产品拿来以后会不会提高沃尔玛的质量；会不会使沃尔玛的价格得以改善；会不会增加沃尔玛的价值；会不会丰富沃尔玛的种类。而且沃尔玛对供应商的选

择高于对商品质量的选择，对他们来说，选择了合适的供应商，才有可能采购到合格的商品，所以他们对供应商的考察非常全面：企业给不给职工买养老保险？消防设施是否齐全？食堂环境如何？等等。

(资料来源：联商网，http://www.linkshop.com.cn/Web/Article_News.aspx?ArticleId=50367，经修改)

二、组织购买类型

组织购买者在采购产品和服务时，具有不同的经验及需要不同的信息。也就是说，如果组织购买类型不同的两个组织在采购同一种产品时所采用的采购策略并不相同，因此，组织市场中营销策略的运用首先应该区分各类组织的类型。组织购买类型主要有以下 3 种。

(一) 新购型

当组织需要对以前从没有使用过的产品和服务进行采购时，其所面对的问题并不能依靠以往的经验来解决。组织对那些没有采购经验的产品的需求来自内、外两方面因素的刺激作用。例如，当企业决定增加一条生产线时会引起对新设备、新零部件及原材料的需求，或者为了满足用户的需要而添置新机器。由于组织面临着新的采购需要，采购者在选择供应商和产品上缺乏相应的经验、现成的采购标准及产品知识，在做出采购决策前须收集大量的信息。

(二) 更改重购型

当组织购买者认为通过重新评估可供选择的产品和供应商能够给自己带来巨大的利益时，如成本的降低、质量的提升，组织采购者就倾向于采用更改重购型。尽管组织购买者已经具有一定的采购经验和具体的采购标准，但还不清楚哪一个供应商能够更好地满足自己的需求。在这种情况下，采购者需要收集更多的信息。更改重购型由内在和外在因素引起，如果原有的供应商不能满足组织的需求时更容易引起更改重购。

(三) 直接重购型

在组织采购中最常见的购买类型是直接重购型。供应商能够保持及时准确的送货服务、产品的质量及富有竞争力的产品价格，而且组织对产品的需求是持续的时候，组织倾向于采用直接重购型，即不对潜在的供应商进行重新评估，而直接与原有的供应商保持业务上的密切往来。在这种购买类型中，组织具有非常丰富的采购经验，具有完善的采购及选择供应商的标准，基本不需要或很少需要有关信息。

组织购买行为的上述 3 种类型，在决策时间、影响因素、决策过程、所需信息等方面都有不同的特点，如表 5-4 所示。

表 5-4　组织购买行为比较

采购行为＼比较项目	所需时间	影响因素	决策过程	所需信息
直接重购型	短	少	简单	较少
更改重购型	中等	中等	稍微复杂	多
新购型	长	多	复杂	详细

三、组织购买过程的参与者

组织采购一般由采购中心做出采购决策，为此营销者必须准确了解采购中心。首先，确定此次购买的类型，并弄清现在处于购买过程的哪个阶段；其次，认真了解谁是采购决策的主要参与者，他们影响哪些决策，他们各自的影响程度如何，据此制定具有针对性的、有效的推销对策。

采购中心的人员在采购决策中所担任的角色是不同的，一般可分为 5 种类型。

(1) 使用者。指直接使用产品或服务的组织成员，他们常提出采购建议，并在采购规格、型号等决策中起重要作用。

(2) 影响者。指直接或间接影响采购决策的人。他们参加采购计划的拟订，协助确定采购商品的技术要求、规格等因素。企业中的技术人员大多数是重要的采购影响者。

(3) 决策者。指有权决定采购项目和供应商的人。一般情况下，采购者就是决策者，但在大宗交易或复杂的采购中，企业的关键决策者可能是总经理、采购经理、生产主管等，因为他们才是有权签订高额订单的人。

(4) 采购者。指被授权从事具体采购任务的人。采购者一般需要熟悉采购业务程序、洽谈及合同条款等内容，他们的主要作用是选择供应商和谈判。在重要的采购任务中，会有企业的高层管理人员参与。

(5) 信息控制者。指阻止供应方推销人员与组织采购中心成员接触，或控制外界信息与采购部门信息交换的人。如采购代理人、接待人员、电话接线员、秘书等。

采购中心的采购组织通常并非是一个固定、正式确定的单位，不同的采购活动会有不同的人员参与其中；采购中心的规模也会随着企业规模和采购任务的不同而呈现出差异性；购买中心也会随着购买过程的发展而变化；整个购买活动是一个过程而不仅仅是单个行为。比如，小企业的采购中心可能只有几人，而大企业可能由一位高级主管领导一批人组成。如果购买大型设备，除了专业采购员以外，还需要技术人员甚至是最高主管的参与；如果购买一般的工业用品，采购员一人就可以担任。

如何判断谁是购买中心具有影响力的人物

(1) 辨别采购中的主要风险承担者：那些在采购中承担个人风险的人员比其他人员更能发挥影响作用。例如，为筹建新工厂而进行的生产设备的采购将会导致制造部门相关人员的积极参与。

(2) 注意信息的流动方向：采购中心中有影响力的人物往往是有关采购决策信息的中心人物。组织中的其他人员将会及时地将信息传递给那些有影响力的采购中心成员。

(3) 确认专家：专家性权力是采购中心的一个重要影响因素。那些在采购中心中具有渊博的学识，并且经常向销售人员提出犀利问题的人员往往是具有影响力的。

(4) 充分理解采购人员的角色：在常规采购中，采购人员具有决定性的作用。

(5) 追寻与高层的联系：有权威的采购中心成员经常与最高管理层保持着密切的联系。这种联系加强了采购中心成员的地位和影响力。

(资料来源：侯丽敏．中国市场营销经理助理资格证书考试教材．北京：电子工业出版社，2005)

四、影响组织购买决策的主要因素

营销者在制定营销策略时不仅要考虑到组织购买的类型及参与者，而且还要充分考虑到影响组织购买决策的主要因素。大多数生产资料的采购行为属于理性采购，但也受采购者个人感情和个人交际关系等的影响。因此，影响组织购买决策的主要因素可归纳为 4 大类，如图 5-5 所示。

组织市场中的政府市场虽然与生产者市场和中间商市场一样，也受到环境因素、组织因素、人际因素和个人因素的影响，但在以下几个方面有所不同。

首先，政府采购受到社会公众的监督，包括国家权力机关和政治协商会议、行政管理和预算办公室、传播媒体、公民和社会团体。其次，受到国际国内政治形势和经济形势的影响，而且还会受到自然因素的影响，如各类自然灾害会使政府用于救灾的资金和物资大量增加。

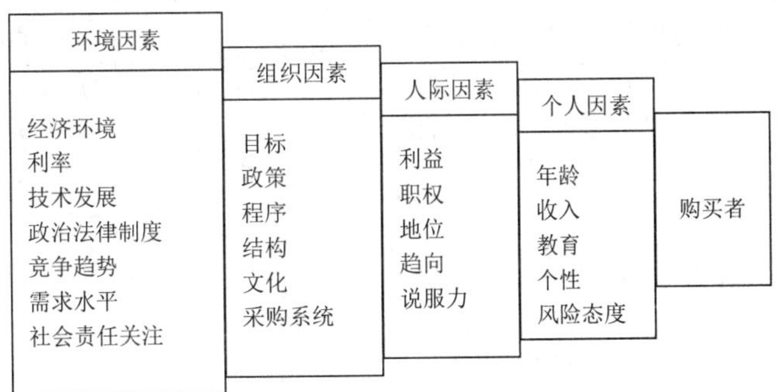

图 5-5　影响组织购买行为的主要因素

五、组织购买决策过程

营销人员不但必须了解采购者的决策过程，并且还应采取相应的营销措施，以适应采购者在各个阶段的需要，使用户变为现实的采购者。采购决策过程一般分为 8 个阶段，主要适用于新购型，其余两种类型可依次参考，如表 5-5 所示。

表 5-5 组织购买过程的主要阶段

采购行为类型 / 采购决策阶段	新购型	更改重购型	直接重购型
① 需要的确认	需要	可能需要	不必
② 确定所需产品特性数量	需要	可能需要	不必
③ 拟定采购详细规格	需要	需要	需要
④ 调查、鉴别供货者	需要	可能需要	不必
⑤ 提出建议和分析意见	需要	可能需要	不必
⑥ 评价建议和选择供货者	需要	可能需要	不必
⑦ 安排订货程序	需要	可能需要	不必
⑧ 工作绩效反馈与评估	需要	需要	需要

从表 5-5 可知，新购型决策过程最复杂，要经过 8 个阶段；直接重购型经过的决策阶段最少；在更改重购型情况下，采购的决策阶段介于新购型和直接重购型之间。因此，组织市场的营销是一个富有挑战性的领域。营销者应分析研究用户的需求及其采购决策过程各阶段的特点，拟订有效的营销计划，获得营销成功。

六、营销策略在各类组织购买类型中的运用

一个供应商对于组织采购者的营销策略必须在 8 个阶段模式中的前 5 个阶段，也就是说，供应商确定之前运用才有效果，而且不同组织购买类型有不同特点，营销策略的运用也应该针对特定组织购买类型。表 5-6 对营销策略在各类组织购买类型中的应用做出了总结。

表 5-6 营销策略在各类组织购买类型中的应用

阶段	新购型	更改重购型	直接重购型
① 需要的确认	预测问题，运用广告和销售人员说服购买组织来相信自己有满足其需求的能力	供应商：保持质量/服务的标准 非供应商：观察发展动态	供应商：和用户保持密切联系 非供应商：劝说组织重新考虑
② 确定所需产品特性数量	提供技术帮助和信息	供应商和非供应商：强调各自生产能力、可信度等能力	同第一阶段
③ 拟定采购详细规格	向决策者提供详细的产品和服务信息	同第二阶段	同第一阶段
④ 调查、鉴别供货者	展示执行任务、解决购买者的特定问题、满足需求的能力	供应商：观察问题的发展 非供应商：展示其解决问题的能力	同第一阶段
⑤ 提出建议和分析意见	详细了解购买组织的问题或需求，及时提供建议	详细了解购买组织的问题或需求，及时提供建议	及时提供建议

思　考　题

1. 简述影响消费者购买行为的主要因素。举例说明这些因素对购买决策行为的影响。

2. 谈谈自己从消费者行为模型中得到了什么启示。

3. 购买决策一般要经过哪几个主要阶段？为什么说“银货两讫”后的购买行为过程并没有结束？

4. 比较分析消费者市场和组织市场的异同。

5. 阐述组织购买过程。

课　堂　实　训

1. 消费者购买决策过程以及购买角色

访问5名同学，询问他们购买计算机的过程，了解他们为什么购买计算机、如何搜寻信息、决策的标准、如何购买、购买后的使用消费和处置情况，以及购买过程中的参与者和各自扮演的角色。比较不同访问对象的异同之处，并写出1 000字以内的报告。

2. 消费者购买产品的影响因素

访问10名同学，调查他们知道的饮料品牌，了解他们的饮料品牌知晓信息集，计算不同品牌的知晓度(这里采用提示前知晓度，即调查者在调查过程中不给予任何提示)；了解他们对每一种知晓品牌的态度和评价，以及他们的饮料品牌的考虑信息集；了解他们的饮料品牌的选择信息集，分析影响他们最终购买的原因。并写出1 000字以内的报告。

3. 组织市场购买决策过程、购买角色以及影响因素

假设你是某饮料企业的销售人员，你想打进学校附近一家大超市，请走访这家大超市，了解超市从获悉某种饮料产品信息，一直到采购该饮料的整个决策过程，尝试画出这个过程；了解该超市拥有采购决策权的人员，以及影响采购决策的人员，描述他们各自的角色和参与情况；访谈主要决策者，了解影响饮料采购的主要因素有哪些。并写出1 000～2 000字的报告。

案　例　分　析

“光棍节”变身促销节

“双十一”即指每年的11月11日，由于数字的形似又被称为光棍节。从2009年开始，每年这天，以天猫、京东为代表的大型电子商务网站一般会利用这一天来进行商业促销，被称为“双十一”购物狂欢节。2016年天猫“双十一”交易额的实时数据显示，截至11日24时，天猫商城“双十一”全天总交易额1 207亿元，创造了新的世界纪录。“双十一”从最初单纯的“光棍节”打折促销到如今发展为电商大战，这场中国人的“狂欢节”已经演变为全球狂欢节。

营销实质上打的就是心理战术，如何调动消费者的购买欲望并让其转化为购买行

为是营销的一个重要目的。天猫商城“双十一”五折营销大获成功的原因就在于很好地抓住了消费者的心理。现做如下分析。

(一) 高性价比的促销价格

消费是可以被刺激的，消费者是可以被引导的。通过多种渠道传递低价策略信息，低价策略本身具有巨大的吸引力，当消费者感到物超所值，消费欲望就会猛然膨胀，本来没有的消费需求也会被拉动起来。

(二) “仅此一天”的销售促进

每年只在 11 月 11 日进行的购物狂欢，让消费者感受到这是进行“仅此一天”的销售促进活动，以机不可失时不再来的姿态最大量地集中消费者。如果是天天打折促销，一周总的销售额比不上周末集中促销效果好。原因恐怕在于，天天低价让消费者感到随时都可以去选购，没有行程心理上的紧迫感，由于惰性导致有很大一部分的消费欲望没有最终转化成实际购买行为。而周末促销则相反，淘宝很好地利用了消费者抓紧时间、不要错过的心理。

(三) 宣传到位的广告造势

从几百个品牌到今年集合了近万个品牌一起做活动，淘宝商城把自己定位成了一个超级卖场，商品的齐全和品牌的档次每一样都不输于甚至远远超过线下的大商场。从开始前一个星期在淘宝及各大论坛进行主动宣传，把促销价格杀到一个消费者不得不动心的价位，到不惜重金在央视新闻联播后做广告，每一个行动都在最大化地聚集消费者。

10 月 20 日，天猫开始在全国范围、线上线下“刷屏”，不断为双十一活动造势。各种双十一天猫、淘宝海报遍布地铁站、公交站、电梯、楼道等公共场所；各大 App 的 Loading 页也陆续覆盖；线上海报更是随处可见。结果很好地证明了广告宣传决策的正确，除了销售额能够见证，活动本身也会成为一个重大的话题和经典的案例，将会在近期及日后被无数次提及，成为 B2C 网上购物里程碑式的活动。

(四) 病毒式营销的预热

除了以上推广方式，2016 年的天猫晚会还尝试了 VR、增强现实、直播等新型表达形式。天猫制作结合 VR 技术的 H5《穿越宇宙的邀请函》在“双十一”前夕就刷爆朋友圈，对“双十一”进行完美预热。天猫晚会选择大热的直播进行营销创新，联合网红、明星主播等达人在不到一个月的时间内直播近千场，吸引的关注度爆棚。

“双十一”营销成功之处正是抓住了消费者的心理，对消费者的购买决策产生影响，从而提升了销售量。

(资料来源：华夏心理，http://www.psychcn.com/psylife/201212/449964742.shtml，经修改)

讨论与思考：

1．结合案例说明“双十一”促销从哪些方面对消费者购买行为产生影响。

2．消费者购买行为的影响因素有哪些？在案例中是如何体现的？

第三部分　设计与开发营销战略

第六章　目标市场营销战略

第七章　竞争性市场营销战略

第六章

目标市场营销战略

学习目标

1. 了解市场细分的概念及其作用。
2. 学会利用细分标准进行市场细分。
3. 掌握目标市场的营销策略。
4. 掌握市场定位的步骤和策略。

在实际经营中，任何企业都不可能满足市场上所有顾客的需要，一方面是消费者需求的多样性，另一方面是任何一个企业的资源都是有限的。因此，企业在分析市场机会之后，对整体市场进行细分，选择其中的一个或多个市场作为企业的目标市场并进行适当的定位，以塑造出本企业产品与众不同的鲜明个性形象并传递给目标顾客，使该产品在细分市场上占有强有力的竞争位置，是企业营销必须面对的一个重要问题。现代市场营销的核心问题是 STP 营销，即市场细分(Segmenting)、选择目标市场(Targeting)、市场定位(Positioning)。它们是市场营销教学中的重点内容，同时也是企业在市场营销实践中关键和最难把握的层面。

第一节　市场细分

一、市场细分概述

市场细分就是指企业按照某种标准将市场上的顾客划分成若干个顾客群的过程，每一个顾客群就构成一个细分市场，不同的细分市场之间，顾客购买需求、购买力、地理位置、购买态度和行为存在着明显差别，需求偏好差异的存在是市场细分的客观依据。

在市场内，细分市场是具有一个或多个相同特征的人或组织组成的群体。假设市场上的每个人或组织需求与欲望都是一样的，市场就无须进行细分。相反，假设市场上的每个人或组织需求与欲望都是不一样的，则每个人或每个组织都可以定义为一个细分市场。但在现实生活中，这两种情况都是很难实现的。一般情况下，营销人员会按照“求大同，存小异”的原则，将需求与欲望相似的顾客归类在一起。

20 世纪 50 年代，美国宝洁公司发现消费者由于洗涤不同的纤维织物的需要，不满足于单一品种的肥皂，于是生产了 3 种不同性能、不同牌子的洗衣肥皂，使其在肥皂市场上获得最大的市场份额。这一成功的实践经验得到了营销专家的关注，美国著名市场学家温德尔·斯密于 1956 年提出市场细分这一创造性的新概念，被称为市场营销学的“第二次革命”。

进入数字经济时代，随着信息技术的发展以及分销渠道和广告媒体的多样化，市场细分理论不断得到深化，“细分到个人”“一对一营销”“私人定制”等为一些企业所采用，丰富了市场营销的理论和实践。

市场细分是选择目标市场和市场定位的基础，它有利于企业深入地研究市场，发现最好的市场机会，提高市场的占有率，增强竞争能力；同时，通过市场细分和目标市场选择，企业可以根据目标市场需求变化，及时、正确地调整产品结构和市场营销组合，使产品适销对路，扩大销售；还可以集中使用企业资源，以最少的经营费用取得最大的经营效益。

二、消费者市场细分

消费者市场的市场细分的方法较多，营销人员应当尝试单独或组合使用多种变量进行市场细分，以寻找揭示市场结构的最佳方法。细分变量主要有地理变量、人口变量、心理变量和行为变量 4 类。

(一) 地理变量

即按照消费者所处的地理位置、自然环境来细分市场。具体变量包括：国家、地区、城市规模、不同地区的气候及人口密度等。处于不同地理位置、不同环境的消费者，对同一类产品往往会有不同的需求和偏好。“南甜北咸，东辣西酸”，各地由于气候、饮食习惯、文化等差异，口味偏好的不同，对企业营销组合的反应也存在较大的差别。

我国地域辽阔，地区之间经济发展不平衡，按照地理细分会形成多层次多元化的不同购买力的四级市场：北京、上海和广州是一级市场；省会城市和部分发达地级城市为二级市场；其他地级城市和部分经济发达县级市场为三级市场；其他县级城市、乡镇和部分发达地区的农村市场为四级市场。很多企业基于 LBS 定位服务技术的强大支持开展不同的区域营销，如大众点评网利用手机 App 里的智能定位和推送技术，为附近的消费者发送电子优惠券。

地理变量易于辨别和分析，是细分市场时应首先考虑的重要依据，但是，大多数地理变量是一种相对静态的变量，处于同一地理位置的消费者受其他因素的影响，对某一类产品的需求仍然会存在较大的差异，因此，还必须同时依据其他因素进行市场细分。

资料链接

麦当劳的地理细分

麦当劳进行地理细分，主要是分析各区域的差异，如美国东西部人所喝咖啡的口味是不一样的，通过把市场细分为不同的地理单位来进行经营活动，从而做到因地制宜。每年，麦当劳都要花费大量的资金进行认真、严格的市场调研，研究各地的人群组合、文化习俗等，再书写详细的细分报告，以使每个国家甚至每个地区都有一种适合当地生活方式的市场策略。例如，麦当劳刚进入中国市场时，大量传播美国文化和生活理念，并以美国式产品——牛肉汉堡来征服中国人。经过调研，发现鸡肉产品更符合中国人的口味，更容易被中国人所接受。针对这一情况，麦当劳改变了原来的策略，推出了鸡肉产品。在全世界只卖牛肉产品的麦当劳也开始卖鸡肉产品了。这一改变正是针对地理因素所做的，也加快了麦当劳在中国市场的发展步伐。

(资料来源：雷鹏. 市场营销案例与实务. 上海：复旦大学出版社，2011)

(二) 人口变量

即按照人口统计变量来细分市场。具体变量包括：性别、年龄、收入、教育程度、家庭人口、家庭生命周期、职业、宗教、种族、年代、国籍等。

由于市场是由有购买欲望和能力的现实和潜在的消费者构成，再加上人口统计变量比较容易衡量，有关数据相对容易获取，因此，人口变量是市场细分的重要依据。

(1) 性别。男性与女性在产品需求与偏好上有很大不同，如在服饰、发型、生活必需品、杂志等方面均有差别。以护肤品市场为例，男性和女性由于性别差异，对护肤用品的特征、作用等有不同要求，因此就形成了男性护肤品市场和女性护肤品市场。

(2) 年龄。消费者对某些商品的欲望和需求往往会随年龄的变化而变化，这给了企业按照年龄细分市场的机会。在食品、娱乐等企业中，按年龄将消费者分为儿童、少年、青年、中年、老年等不同的消费者群体是很普遍的。如，帮宝适尿布将它的市场划分为产前、新生婴儿(0～5 个月)、婴儿(6～12 个月)、幼童(13～23 个月)和学前儿童(24 个月以上)；肯德基在中国选择的细分市场是以年轻男女为中心，然后兼顾孩子与年轻父母的策略，取得了成功。

(3) 收入。高收入、中等收入、低收入的消费者在产品选择和休闲方式等方面都有所不同，根据收入细分市场在汽车、服装、化妆品、金融和旅游服务等领域相当普遍。定位高端市场的企业瞄准正在崛起的新中产阶级，这是一个亿级以上的市场，是引领中国消费升级的主力军。

(4) 家庭生命周期。一个家庭，在其生命周期的不同阶段，家庭购买力、家庭人员对商品的兴趣与偏好会有较大差别。因此，可按家庭生命周期阶段的特点进行市场细分。如，2006 年，招商银行针对人生不同阶段为客户提供相应服务，推广“伙伴一生”人生理财金融计划，按照人生阶段进行金融产品组合销售，这在银行界尚属于第一次，有效提升了招商银行的品牌价值和核心竞争力。

资料链接

麦当劳的人口细分

麦当劳的人口细分主要是从年龄及生命周期阶段对人口市场进行细分。其中，将不到开车年龄的划定为少年市场，将20～40岁的年轻人界定为青年市场，此外还划分了老年市场。人口市场划分以后，要分析不同市场的特征，并进行定位。

例如，麦当劳以孩子为中心，把孩子作为主要消费者，十分注重培养他们的消费忠诚度。在餐厅用餐的小朋友，经常会意外获得印有麦当劳标志的气球、折纸等小礼物。在中国，还有麦当劳叔叔俱乐部，参加者为3～12岁的小朋友，定期开展活动，让小朋友更加喜爱麦当劳。

(资料来源：雷鹏. 市场营销案例与实务. 上海：复旦大学出版社，2011)

(三) 心理变量

即按消费者的心理特征来细分市场。具体变量包括：生活方式、个性、社会阶层、购买动机、价值观念等。只有真正了解消费者内心的心理欲望，才能创造更多的市场机会。

(1) 生活方式。消费者的生产方式是由观念、个性、兴趣、人生价值取向等心理特征决定的。依据生活方式的不同，可将市场划分为：传统型、新潮型、节俭型、奢靡型、严肃型、活泼型、乐于社交者、热爱家庭者等消费群。

生活方式不同的消费者，他们的消费欲望和需求是不一样的，同时对企业市场营销策略的反应也各不相同。如，美国一服装公司把妇女分为"朴素型"(喜欢大方、清淡、素雅的服装)、"时髦型"(追求时尚、新潮、前卫)、"有男子气质型"3种类型，分别为她们设计制造出不同式样和颜色的服装。德国大众汽车公司为适应各种消费者的生活方式，设计出不同类型的汽车。供"好公民"使用的汽车，突出表现经济、安全和符合生态学的特点；供"玩车者"驾驶的汽车，则突出易驾驶、灵敏和运动娱乐性的特点。

(2) 个性。主要指用自信、自主、支配、顺从、保守、适应等性格特征来细分市场。独立个性的人更看重消费带来的个人感受，而依赖个性的人则更看重消费带给他人的感受。企业可以通过宣传，赋予产品某些与消费者个性相似的品牌个性，提高某些人群对产品的接受度。

例如，柒牌服装将目标顾客确定为积极、乐观、勇敢、不畏惧艰难勇往直前、在逆境中依然挺立、不断挑战自我、超越自我的职业男性群体，有针对性地推出"男人就应该对自己狠一点"的广告，赋予产品与目标消费者个性相似的品牌个性，树立了品牌形象，取得了较好的市场效果。

资料链接

麦当劳的心理细分

麦当劳根据心理变量细分人们的生活方式。快餐业通常有两个潜在的细分市场：方便型和休闲型。在这两个方面，麦当劳都做得很好。例如，针对方便型市场，麦当劳提出“59 秒快速服务”，即从顾客开始点餐到拿着食品离开柜台，标准时间为 59 秒，不得超过 1 分钟。针对休闲型市场，麦当劳对餐厅店堂的布置非常讲究，尽量让顾客觉得舒适自由。麦当劳努力使顾客把麦当劳作为一个具有独特文化的休闲好去处，以吸引休闲型市场的消费群体。

(资料来源：雷鹏. 市场营销案例与实务. 上海：复旦大学出版社，2011)

(四) 行为变量

即按消费者的购买行为细分市场。具体变量包括：购买时机、追求的利益、使用者状况、应用频率、忠诚度、待购阶段和态度等。这些行为变量一般认为是消费者市场有效细分的最佳依据。

(1) 购买时机。指按照消费者购买或使用产品的时机来对市场进行细分。中国的“十一”黄金周、中秋、元旦以及春节等是各种消费品购买的旺盛时机；在中国，西方的节日也成为商家热门的时机选择，如情人节、圣诞节、父亲节、母亲节等也成为商家促销的好时机。

资料链接

方便面的时机细分

印尼公司通过时机细分，在消费中创造了一个“渴望方便面”的群体，取得了很好的成绩。该公司推出情人节特别版的方便面，装在粉红色的包装盒里，上面还有卡通的心形图案。此外，该公司还有限量版的中国农历新年方便面，用漂亮的红色或金色盒子包装，还有生日方便面、新书发行方便面。不仅如此，该公司还利用诸如婚礼、生日、毕业纪念日这样的时机进行营销。

(资料来源：菲利普·科特勒. 市场营销原理. 北京：机械工业出版社，2013)

(2) 追求的利益。按消费者对产品追求的不同利益，可将其划分为不同的群体，这是一种很有效的市场细分方法。利益细分要求找出消费者购买商品大类所追求的几种主要利益，追求每种利益的人群特点，以及能够提供每种利益的主要品牌。如美国学者哈雷将牙膏市场分为 4 类：价廉物美、防治牙病、洁齿美容、口味清爽，每个细分市场都追求不同的利益组合。

宝洁洗衣粉的利益细分

宝洁公司根据不同的消费者希望从所购买的产品中获得不同的利益组合，将洗衣粉进行5种利益细分，不同细分市场提供不同的品牌。

汰渍(Tide)洗衣粉的特点是“衣物清洁的同时提供最好的保护”。汰渍作为全效家用洗衣粉可以“到达污渍的最底层，可以使白色衣物更亮白，使衣物色彩更艳丽”。

洗好(Cheer)被认为是“色彩专家”，它可以有效预防褪色、染色、衣物的磨损。

格尼(Gain)宝洁独创的加酶洗衣粉，定位于“可以提供强劲洗涤力且气味清新”，“它的洁净力和清新度就像阳光一样”。

卓夫特(Dreft)独特的配方有助于清洗幼童装以及幼儿其他棘手的衣物，它可以对衣物进行彻底的清洗，使柔软的衣物贴护着幼儿娇嫩的皮肤。

碧浪(Ariel)可以强力去污。

通过实施市场细分和多品牌策略，宝洁为所有具有重要偏好的人群提供具有吸引力的产品。

(资料来源：菲利普·科特勒. 市场营销原理. 北京：机械工业出版社，2013)

(3) 使用者状况。一般分为从未使用者、曾经使用者、潜在使用者、首次使用者和经常使用者。实力雄厚、市场占有率较高的企业，特别注重吸引潜在购买者，争取通过营销策略，把潜在使用者变为首次使用者，进而再变为经常使用者。而一些中、小企业，特别是无力开展大规模促销活动的企业，则注重于保持现有的使用者，并设法吸引使用竞争产品的顾客转而使用本公司产品。

(4) 应用频率。根据消费者对特定商品的使用次数和数量，可以细分为大量使用者、中量使用者和少量使用者。实践证明，大量使用者所占的人数比例并不大，但他们所消费的产品数量却占很大的比重，许多企业把大量使用者作为自己的销售对象。比如，汉堡王的重点消费市场是那些被称为“超级粉丝”的顾客，是年龄为18～34岁且吃饭狼吞虎咽的男青年，虽然人数只占连锁店的18%，但却占了客流量的近50%。这部分顾客平均每月在汉堡王就餐16次，汉堡王为那些食量惊人的年轻超级粉丝们推出了宣传包含更多肉类和奶酪的巨型汉堡广告。

啤酒市场的行为细分

美国某啤酒公司按照啤酒饮用的情况进行市场细分并开展市场调查，如表6-1所示。调查结果显示，某一区域有32%的人消费啤酒，其中，大量饮用者与少量饮用者各为 16%，但前者购买了该公司啤酒销售总量的 88%。经过深入的调查他们发现，大量饮用者多数为工人，年龄在 25～50 岁之间，每天看电视 3.5 小时以上，喜欢看体育节目，于是该公司把大量的广告费主要投放于电视体育节目，结果取得了很好的广告效果，大大促进了销售。

表 6-1 啤酒公司的市场细分

市场细分	非啤酒饮用者	啤酒饮用者	
占市场比重	68%	少量饮用者	大量饮用者
		16%	16%
占啤酒销售总量的比重	—	12%	88%

(资料来源：宋彧. 市场营销教程. 北京：中国矿业大学出版社，2007)

(5) 忠诚度。企业还可根据消费者对产品的忠诚程度细分市场，一般可分为 4 类：坚定忠诚者，始终不渝地购买一种品牌的消费者；中度忠诚者，忠于两种或 3 种品牌的消费者；转移忠诚者，从偏爱一种品牌转换到偏爱另一种品牌的消费者；经常转换者，对任何一种品牌都不忠诚的消费者。

企业可以从消费者忠诚度模型中分析市场。首先对品牌的坚定忠诚者的特征研究，可以更好地针对目标市场制定出相应的营销策略；通过对忠诚度不高的消费者的研究，可以了解企业品牌竞争者的情况；通过研究那些进行品牌转换的消费者，可以找到企业营销工作的薄弱环节，便于及时采取相应的措施。

企业在进行消费者市场细分时，应注意各种标准的有机组合。根据企业经营的特点并按照影响消费者需求的诸因素，由粗到细进行市场细分。这种方法可使目标市场更加明确而具体，有利于企业更好地制定相应的市场营销策略。如，服装市场可按地理位置(城市、郊区、农村)，性别(男、女)，年龄(儿童、青年、中老年)，收入(高、中、低)，职业(工人、农民、学生、职员)，追求利益(求新、求名、求价廉物美、求坚固耐用)，性格(内向、外向)等变量因素细分市场。

三、有效细分的条件

在进行市场细分时，并不是所有的细分都是有效的。一般说来，形成有效细分市场，必须具备以下几个条件。

(一) 可衡量性

市场细分要求各种变量是可以测量的，据以细分出来的各个市场的规模及购买力水平也是大致可以确定的。有些细分变量容易识别，如收入、年龄、职业等，有些则较难衡量，如吃东西的口味，这样的市场衡量起来就特别困难。再比如，世界上有许多左撇子，然而很少有公司把左撇子这一细分市场作为目标市场。主要问题是很难对这一市场进行衡量，而且人口统计上也没有左撇子的数据。

(二) 可进入性

可进入性是指企业经市场细分所选择的目标市场是否易于进入，根据企业目前的人、财、物和技术等资源条件能否通过适当的营销组合策略占领目标市场。尤其是对于国际市场，它通常体现为目标市场国家的关税壁垒和非关税壁垒。如果市场壁垒过高，产品或服务就难以以消费者可接受的水平送达给目标客户群。这样的市场即使再诱人，也是可望而不可即的。

(三) 可营利性

可营利性是指企业进行市场细分后所选定的子市场的规模足以使企业有利可图，并具有相当的发展潜力，值得企业为它制定专门的营销规划方案，最好是一个尽可能大的同质市场。例如，专门为身高超过 1.9 米的人生产汽车，对汽车制造商来说是不合算的。

(四) 可区分性

可区分性指在不同的细分市场之间，在概念上可清楚地加以区分。比如，女性化妆品市场可依据年龄层次和肌肤的类型(油性、干性、中性)等变量加以区分。在运用多个因素对市场进行复合细分时，细分的程度要适度，不是分得越细越好，反对“超细分”。

四、组织市场细分

组织市场细分是营销组织根据不同的组织类型、不同组织的市场需求特点，将其所面临的整体组织市场划分为若干个子市场，以进一步把握每一个细分市场的独特需求特点，选择恰当的市场切入点，制定相应的营销策略的过程。组织市场构成的复杂性及其购买的集中性，使组织市场细分成为直接影响组织营销质量和绩效的重要环节，组织市场细分的研究也成为组织营销研究领域中最早被关注的研究分支。

许多用来细分消费者市场的标准，也可以根据具体情况用于细分组织市场，如地理因素、追求的利益和使用率等因素。不过，由于生产者和消费者在购买动机和购买行为上存在着很大的差异，所以大部分用于细分消费者市场的标准并不适用于组织市场。美国的波罗玛和夏皮罗两位学者，提出了一个被广泛引用的细分组织市场的变量表，如表 6-2 所示，比较系统地列举了细分组织市场的主要变量，并提出了企业在选择目标顾客时应考虑的主要问题，对企业细分组织市场具有一定的参考价值。

表 6-2　组织市场的主要细分变量

人口因素	行业：购买这种产品的行业，哪些是我们的重点 公司规模：我们的重点是多大规模的公司 地理位置：我们应把重点放在哪些地区
经营因素	技术：哪种顾客重视的技术是我们的重点 使用者/非使用者情况：我们应把重点放在大量、中度、少量使用者，还是非使用者上 客户能力：我们的重点是需要多种形式服务的顾客，还是很少几种形式服务的顾客

(续表)

采购方式	采购职能组织：我们的重点是采购高度集中的公司，还是高度分散的公司 权力结构：我们的重点是技术人员占主导地位的公司，还是财务人员、或营销人员占主导地位的公司 现有客户关系的性质：我们应把重点放在那些已经建立了良好客户关系的公司上，还是去追逐那些最具吸引力的客户 总采购政策：我们的重点是什么样的客户，是喜欢租赁、服务合同的，还是喜欢系统采购的，或是喜欢招/投标的 采购标准：我们的重点是重视质量的公司，还是重视服务的，或是重视价格的
情境因素	紧急程度：是否应把重点放在那些交货要求/提供服务需求非常紧迫的公司上 特别用途：我们是否应把重点放在本公司产品的某些应用上，而不是全部应用 订单大小：我们的重点是大宗订单，还是小额订单
个性特征	买卖双方的相似性：其员工和价值观都与本公司相似的客户，是否应当是我们的重点 风险态度：我们的重点是风险偏好型，还是风险规避型的客户 忠诚度：那些对供货商忠诚度很高的公司，是否成为我们的重点客户

第二节 目标市场选择

市场细分反映了企业的市场机会，下一步企业必须评估每个不同的细分市场，选择进入的目标市场并决定目标市场营销战略。

一、评估细分市场

选择目标市场，首先是对各细分市场在市场规模增长率、市场结构吸引力和企业目标与资源等方面的情况进行详细评估。在综合比较分析的基础上，选出最优的目标市场。

(一) 细分市场规模和增长率

企业要收集和分析这些细分市场的现有销售量、成长率和预期盈利率。大公司可能偏好销售量很大的细分市场，对小的细分市场不感兴趣；小公司则由于竞争实力较弱，会有意避开较大规模的细分市场。细分市场的增长率也是一个重要因素，所有的企业都希望目标市场的销售量和利润具有良好的上升趋势，但竞争者也会迅速进入快速增长的市场，从而使利润率下降。

(二) 细分市场的结构吸引力

企业还需要考虑到影响细分市场长期吸引力的主要结构因素。一个具有适当规模和成长率的细分市场，又可能缺乏盈利潜力。著名管理学家迈克尔·波特提出行业竞争的 5 种力量。

(1) 行业竞争者。在一个细分市场中，如果许多势均力敌的竞争者同时步入或参与该细分市场，或者一个细分市场上已有很多颇具实力的竞争企业，那么，该细分市场的吸引力就会下降，尤其是当该细分市场已趋向于饱和或萎缩时。

(2) 潜在进入者。既包括在其他细分市场中的同行企业，也包括那些目前不在该行业经营的企业，如果该细分市场的进入门槛较低，则该细分市场的吸引力也会下降。

(3) 替代者。替代者的产品从某种意义上限制了该细分市场的潜在收益，替代品的价格越有吸引力，该细分市场增加盈利的可能性就越小，从而使该细分市场吸引力下降，如中国高铁的快速发展对普通铁路和航空公司构成威胁。

(4) 购买者。购买者如果有较强的压价与要求提供较好的产品或服务质量的能力，行业中现有企业的盈利能力就会受到影响，从而这个细分市场就失去吸引力。

(5) 供应者。供应者对细分市场的影响表现在议价的能力上。如果某细分市场，供应者有能力抬高价格或降低所供产品的质量或服务，那么该市场的吸引力就下降。

一个细分市场的结构吸引力是上述 5 种变量的函数，分析每一个细分市场的吸引力，是企业选择目标市场的重要步骤。

(三) 企业目标和资源

一个细分市场要与公司的长期目标相符，同时考虑自己是否拥有在该细分市场上获胜的技巧和资源。公司应该只进入那些比竞争者更具优势并且可以为顾客创造更大价值的细分市场。

中国功能手机进军海外市场

目前，中国手机处于行业从白牌到品牌的升级进行时，包括亚非拉在内的新兴市场拥有超过40亿的消费人群，功能手机即使受到智能手机的冲击，整体销量有所降低，但随着 Nokia 等厂商在中国手机打击下逐步淡出功能市场，中国手机会呈现增长态势，而中国品牌在这些市场的兴起也会成为必然。

中国互联网企业、家电企业、手机产业链企业纷纷跨界进入手机市场，仅深圳地区就有多达 600 多个手机品牌在竞争。朵唯、酷科、亚力通、西铂、明泰、比亚迪……国产功能手机品牌涌现，并投放海外发展中国家。深圳有“手机配件大王”之称的亚力通集团投入 5 亿资金，推出中国首个男士手机品牌；在印度市场位居第二、第三的 G' Five、Forme 都是来自大陆的品牌，而在非洲市场位居第二的传音也是来自大陆，此外多家品牌包括极泰也在非洲位居前列。

(资料来源：百度知道，https://zhidao.baidu.com/question/1946164721712304228.html，经修改)

二、选择目标市场

企业通过评估细分市场，将决定进入哪些细分市场即选择目标市场。目标市场是企业打算进入的细分市场，或打算满足的具有某一需要的顾客群体。按照不同的顾客需要(以不同的产品来表示)和不同的顾客群(以不同的市场部分来表示)，可将目标市场的选择模式分为5种，如图6-1所示。

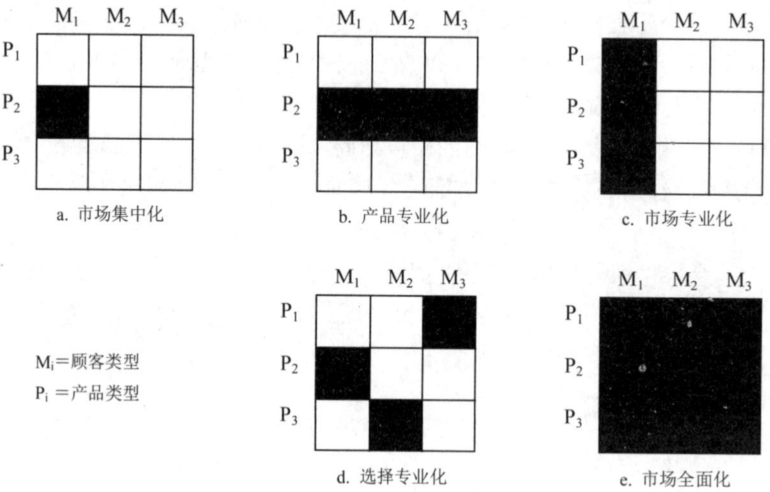

图6-1　目标市场的选择模式

(一) 市场集中化

这是最简单的一种模式，企业只生产一种产品满足某一类顾客群体的需要，如某服装厂专门经营高档男士西服。企业可以更清楚地了解细分市场需求，从而在细分市场上树立良好信誉与巩固市场地位，同时，企业通过生产、销售和促销的专业化分工，也能大大提高经济效益，但企业经营风险较高。

这种模式一般适用于资源有限的小企业或初次进入市场、缺乏经营经验的企业，这些企业可以先专注于某个细分市场，并在经营取得成功后向更大的市场范围发展。

(二) 产品专业化

集中生产一种产品，向各类顾客销售这种产品。由于各类顾客的需求有所不同，产品在质量、款式等方面存在差异。格力集团根据空调用户的不同，其产品系列也多种多样，包括中央空调、柜机、壁挂机等多个类别、多种型号。

企业专注于某一种或某一类产品的生产，有利于形成、发展生产和技术上的优势，从而确立竞争优势，在该领域树立强者形象。但是，当该产品的生产出现一种全新的技术或出现全新的材料，甚至出现可替代产品时，该产品将面临被淘汰的巨大危险，因此，采用产品专业化模式的企业要密切关注新技术、新材料、新产品的出现，提前适应竞争形势的变化，进行产品的更新换代。

(三) 市场专业化

企业专门为满足某个顾客群体的各种需要而服务。制鞋公司将青年人消费群体作为目标市场，针对其生产皮鞋、运动鞋、旅游鞋等。

使用这种模式的企业生产经营的产品类型比较多，能有效地分散经营风险。但是，由于集中于某一类顾客，当这类顾客的消费偏好发生大的变化而企业又措手不及时，将面临风险。

(四) 选择专业化

企业有选择地进入几个细分市场，为目标市场上的顾客提供其所需的产品。可以分散企业的风险，但要求企业具有较多的资源和较强的营销实力。

(五) 市场全面化

企业生产多种产品去满足各种顾客群体的需要，适用于实力雄厚的大型企业。如丰田汽车公司在全球汽车市场等。

选择多少细分市场，运用何种覆盖模式要视企业的条件和能力。一般而言，企业总是首先进入最有吸引力的某一个市场，待积累了经验及条件成熟时，再根据竞争动向和企业能力灵活地采取产品专业化、市场专业化和选择专业化策略，有计划地扩大目标市场范围，进入更多的细分市场，使企业稳定成长，达到全面覆盖市场的目的。例如，20 世纪 70 年代，丰田汽车公司在进入美国市场时，首先选择西海岸的洛杉矶、西雅图、旧金山、波特兰 4 个主要城市，提供高品质、低价格、低耗油量的小汽车，对一个地区完全渗透后，再进攻竞争激烈的东部地区，推出较大型的汽车，甚至豪华型汽车，最终打开了整个美国的汽车市场。

三、目标市场战略

选定目标市场范围后，企业还必须根据不同的市场覆盖模式决定采用何种营销方式，这是一种战略性决策，直接关系到企业在目标市场营销中的前途和命运。

企业确定目标市场的方式不同，选择目标市场范围各异，采取的营销战略也都有区别，通常有以下 4 种战略方式。

(一) 无差异性营销

企业在整体市场细分之后，不考虑各细分市场间的区别，只注重各细分市场需求方面的共性，推出一个产品和一个营销方案来服务整个市场，凭借广泛的销售渠道和大规模的广告宣传，希望在人们心目中为该产品树立很好的形象。

资料链接

可口可乐的无差异营销

1886 年，一位叫班伯顿的药剂师发明了可口可乐的配方，并开始投入生产。一百多年以来，在相当长的一段时间内，可口可乐公司因拥有世界性的专利，仅生产一种口味、规格和形状的瓶装可口可乐，连广告词也只有一种。不论是在北美还是全球，都是奉行的无差异化营销策略，保证了可口可乐的品质、口感始终如一，使之成为一个全球的超级品牌。它所实施的就是无差异性市场战略，期望凭借一种可乐来满足所有消费者对饮料的需求。

(资料来源：百度百科，http://baike.baidu.com/view/1363363.htm，经修改)

无差异性营销适用于有广泛需求的品种和规格，并能够标准化大量生产和分销的产品，可降低各种成本费用，如促销费用，市场调研、产品研制与开发以及制定多种市场营销战略、战术方案等带来的成本开支。但是，当众多企业在市场上都采用无差异性营销战略时，会造成竞争异常激烈，导致企业盈利减少和经营风险增加；同时，以一种商品和一种营销方案，要想得到不同层次、不同类型顾客的满意并取得良好的销售业绩的可能性也不大。

(二) 差异性营销

企业在整体市场细分之后，根据企业的资源及营销实力选择部分细分市场作为目标市场，为每个目标市场设计不同的产品，并制定不同的市场营销组合策略。生产服装企业可选择高档市场，注重服装面料、做工、服务环境，选择专卖店销售；同时面向普通大众推出中低档产品，注重成本价格，选择批发市场渠道。

差异性营销，可以有针对性地满足不同顾客群体的需求，提高产品竞争能力；树立良好和强大的市场形象，增强消费者对企业的认同感，提高原有产品的购买频率，也有利于新品的顺利推出。

宝洁公司的差异性营销

在世界著名的跨国公司中，宝洁公司是实行差异性营销的典型。它的洗衣粉就有11个品牌，中国顾客皆知的有：强力去污的“碧浪”，价格较高；去污亦强但价格适中的“汰渍”；突出物廉价美的“熊猫”。它的洗发水有5个品牌：专业美发的“沙宣”；去头屑的“海飞丝”；营养秀发的“潘婷”；飘逸柔顺的“飘柔”；植物养发的伊卡露。此外，它还有8个品牌的香皂，4个品牌的洗涤液，4个品牌的牙膏，3个品牌的清洁剂，3个品牌的卫生纸等。

(资料来源：MBA智库网，http://wiki.mbalib.com/，经修改)

但是，企业针对不同市场推出不同的营销策略，市场营销费用大幅增加，并给企业营销管理带来难度；不正确的差异化会分散企业资源，使企业不能集中经营和发挥整体优势，甚至在企业内部出现彼此争夺资源的现象。所以，只有综合实力强大的企业，才有可能采用差异性营销战略。

(三) 集中性营销

企业在整体市场细分之后，只选择其中某一个细分市场作为目标市场。也称为“弥隙”战略，即弥补市场空隙的意思，适合资源薄弱的小企业。如果小企业能避开大企业竞争激烈的市场领域，选择一两个能够发挥自己技术、资源优势的小市场，往往容易获得成功。

传音的自拍手机

2008 年以来，中国手机市场竞争加剧，深圳传音控股有限公司在对手机市场进行细分后，选择进入非洲市场。非洲有 54 个国家和地区，超过 11 亿人口，当时非洲手机市场只有三星、诺基亚等少数品牌，当地品牌的竞争力很低。传音在非洲建立第一个智能手机工厂，推出双卡手机品牌 TECNO 受到欢迎。这款手机价格是诺基亚和三星手机售价的 50%，通过高性价比占领市场；非洲人爱自拍，但一般手机拍照时通过脸部识别，肤色较深的人种很难做到准确识别，在光线不佳的情况下，拍出来就是一团漆黑。传音解决了非洲人的自拍难题，通过眼睛和牙齿来定位，在此基础上加强曝光，帮助非洲消费者拍出更加满意的照片；还针对能歌善舞的非洲人民，发布新款手机 Boom J8，主打音乐功能，随机赠送一个定制的头戴式耳机，受到消费者认可；2012 年，传音又推出智能高端手机品牌 Infinix。

2016 年上半年，TECNO 出口量为 3286 万部，位居上半年国内手机出口榜首，占据非洲 40%的市场份额，超过了三星和华为，成为名副其实的“非洲之王”，其成功的秘诀，就是针对非洲市场采用集中性营销，使产品做到本地化、差异化、贴近消费者需求。

(资料来源：搜狐，http://www.sohu.com/a/123187102_566331，经修改)

集中性营销有利于企业深刻把握单一细分市场的市场需求及其变化趋势，从而获得可观的利润。同时，在一个市场上的成功可以出现扩散效应，由点到线、由线到面、由面到片，在积蓄力量后扩大和延伸市场。由于市场过于集中，一旦市场出现出乎意料的变化，或很强的竞争者决定进军该细分市场时，企业经营将陷入困境，因此，很多公司喜欢在多个细分市场上实行多元化经营。

(四) 一对一营销

根据每个顾客的需要和偏好定制产品和营销方案，即一对一营销。功能强大的计算机建立了详细的数据库，让企业储存成千上万的顾客信息，电脑控制的工厂设备和工业机器可以操控流水线生产，条形码扫描器可以追踪零件和产品，互动的沟通媒介(如电子邮件、传真和互联网)能促成信息的适时流动，这一切促进了“私人定制”的发展。私人定制是指公司和很多顾客进行一对一的沟通，通过设计产品和服务来迎合个别顾客的独特需要，以创造独特的顾客价值的过程。

随着更多的相互交流的发展，自我营销日趋重要。更多的购买者会看消费者报告，在论坛上讨论，通过电话和网络来下订单，营销人员不得不通过新的方式来影响营销购买过程。他们使顾客更多地参与产品的开发和购买过程，增加购买者进行自我营销的机会。例如，戴尔公司按顾客指定的硬件和软件来组装个性化电脑；访客可以在耐克网站通过从几百种颜色中选择以及在鞋舌绣上几个词或短语来个性化地定制自己的运动鞋。

一对一营销满足了顾客的个性化需求，技术的快速发展使之成为可能。更重要的是，网络使企业与消费者紧密联系，相互间沟通更容易，让企业清楚了解消费者的喜好和反馈，网络成了一对一沟通的主要媒介。

“衣邦人”的私人定制

近年来，工业 4.0 的发展为制造业提供了更多机会。特别是在服装领域，“互联网+制造”让“平民皆可享受定制”成为可能。越来越多的人开始青睐于“量体裁衣”的穿衣法则，希望根据自己的身材、喜好和场合去定制自己专属的衣服。

2014 年 12 月，衣邦人成立。这是连续创业者方琴的新项目，她要将互联网思维融入服装高端定制中。衣邦人不开设线下门店，通过免费预约顾问上门，收集顾客的前端数据，而在后端的生产供应链上，则选择与定制工厂合作的轻操作模式，从而为消费者提供高性价比、最佳客户体验的服装定制服务。

衣邦人的顾客 90%都是男士，年龄介于 25 岁到 45 岁之间。这些顾客有一定的经济能力，愿意尝试，并且对互联网服务接受程度较高。衣邦人运营微信公众号，通过朋友圈广告做推广，这种广告定位明确，能够快速打开当地市场，这种商业模式存在巨大的市场潜力。

(资料来源：思路商道，http://www.siilu.com/20160626/180936.shtml，经修改)

四、选择目标市场战略应考虑的因素

上述目标市场战略各有利弊，企业选择时应着重考虑如下 5 个因素。

(1) 企业能力。企业力量雄厚且市场营销管理能力较强，可选择差异性营销战略或无差异性营销战略；如果企业能力有限，则宜选择集中性营销战略。

(2) 产品同质性。水力、电力、石油等同质性产品竞争主要表现在价格和提供的服务条件上，适于采用无差异性战略。而服装、家用电器、食品等异质性需求产品，可根据企业资源力量，采用差异性营销战略或集中性营销战略。

(3) 产品所处的寿命周期阶段。新产品在引入阶段采用无差异性营销。产品进入成长或成熟阶段，市场竞争加剧，同类产品增加，消费者需求日益多样化，可用差异性营销。当产品进入衰退期时，为保存原有市场、延长产品的市场生命、全力对付竞争者，宜采取集中性营销。而采用新技术的新商品，应采用一对一的营销战略。

(4) 市场的同质性。顾客的需求、偏好较为接近，可采用无差异性营销战略；否则，应采用差异性或集中性营销战略。

(5) 竞争者战略。一般来说，企业应该同竞争者的战略有所区别，反其道而行之。如果竞争对手采用无差异性营销，企业选择差异性或集中性营销战略有利于开拓市场，提高产品竞争力。竞争者已采用差异性战略，企业则可以选择对等的或更深层次的细分或集中化营销战略。当然，也没有固定不变的公式，还要依据竞争双方的实力对比和市场的具体情况而定。

第三节 市场定位

企业选择目标市场之后，接下来的营销环节是进行市场定位。市场定位是目标市场营销最重要的一环，也是随后制定营销策略的根本出发点。

一、市场定位的含义

(一) 定位理论的发展

“定位”一词，最早见于1969年的美国《行业营销管理》杂志，艾·里斯和杰克·特劳特发表了一篇《定位：同质化市场突围之道》的文章，并未引起注意；1972 年，两位作者又为《广告时代》撰写了题为“定位时代”的系列文章，开始受到广泛关注；1981 年，其推出的经典著作《定位》一书指出，“定位是在拥挤的市场上与目标客户进行沟通的工具”，在美国企业界引起了巨大轰动，从此也带来了全世界营销理念翻天覆地的变化。

此后，艾·里斯不断丰富定位理论，1985 年的《营销战》被称为营销界的《孙子兵法》，成为美国乃至全球营销高层的必读营销战略著作。1996 年的《聚焦》一书指出，大企业必须重新聚焦才能获得竞争力，聚焦也是成功打造品牌的第一步。1994 年，艾·里斯和女儿劳拉·里斯共同成立了里斯伙伴品牌战略咨询公司，先后完成了《公关的崛起、广告的没落》、《品牌的起源》和《视觉锤》等营销和品牌战略名著，也使定位理论得到新的延伸与发展。解读了在瞬息万变的互联网时代，企业如何利用“品类创新”“公关战略”和“视觉锤”来实现有效定位。

2004 年的《品牌的起源》认为，品牌就是某个品类的代表或者说是代表某个品类的名字。建立品牌就是要实现品牌对某个品类的主导，成为某个品类的第一。当消费者一想到要消费某个品类时，立即想到这个品牌，这就是最有效的定位。例如，提到智能手机就会想到苹果手机，提到智能汽车就会想到特斯拉。

定位理论最重要的发展，那就是视觉元素——“视觉锤”，由它把定位这个“概念的钉子”锤到消费者的心中。2011 年劳拉·里斯在《视觉锤》一书中提出塑造品牌视觉锤的 7 种方法：第一个用颜色，第二用产品，第三个用包装，第四个用行动，第五个用创始人，第六个用符号，第七个可以用动物。同时，当一个品牌结合视觉锤时，它就能够推动定位。例如，北京 2008 年奥运会在全球产生巨大影响，人们印象最深刻的就是鸟巢，它对于奥运会来说就是一个巨大的视觉锤。再比如，可口可乐的瓶子好像会说话一样，它不仅是一个形状，更代表了最正宗的、原创的可乐。

(二) 市场定位的内涵

市场定位是根据竞争者现有产品在细分市场上所处的地位和顾客对产品某些属性的重视程度，塑造出本企业产品与众不同的鲜明个性或形象并传递给目标顾客，使该产品在细分市场上占有强有力的竞争位置。

产品定位指消费者在一些重要属性上对某一特定产品的定义，也就是特定产品在消费者心目中相对于竞争产品的地位，也是对该产品的一套复杂的感知、印象和感觉，其实质就是差异化，占领心智。

市场定位是特定产品在消费者心目中相对于竞争产品的地位，就是向消费者灌输品牌的独特利益和差异性。通过差异的塑造与传递，有利于树立形象，提高企业竞争能力。以汽车市场为例，本田飞度车型定位于经济，奔驰定位于豪华，宝马定位于性能卓越，沃尔沃定位于极高的安全性，丰田定位于节能，它旗下的普锐斯油电混合动力车是针对能源短缺所提供的一款高科技产品。

定位可以通过物理差别(颜色、款式、规格、型号、功能、材质)实现，但归根结底要通过消费心理差异实现。例如，当别的同类产品都在表现各自如何卫生、高科技、时尚的时候，农夫山泉不入俗套，独辟蹊径，仅仅是“有点甜”，显得超凡脱俗，与众不同。“农夫山泉有点甜”并不要求水一定得有点甜，甜水是好水的代名词，“甜”不仅传递了良好的产品品质信息，还直接让人联想到了甘甜爽口的泉水，喝起来自然感觉“有点甜”。

营销决策在制定差异化与定位战略时可以使用工具——知觉定位图，其可以展示消费者对本品牌与其他竞争对手在重要购买维度方面的对比。同时，一个组织定位有效性的度量方式可以使用品牌替代测试。如果在某个市场活动中品牌被竞争性品牌替代，那么这个营销活动不应该在市场上实施。一个拥有良好定位的品牌应该在概念和执行上都是独特的。

柒牌男装的市场定位

提到柒牌，就不能不提到柒牌的著名广告片《心动篇》和这句著名的广告语“让女人心动的男人”。2002 年世界杯期间，正是这支带点挑逗暗示的广告片及广告语，令柒牌一下子名声大振，成为一个响当当的男装名牌。经过长时间的传播，“心动”的概念已成为柒牌的核心价值，经过叶茂中策划机构的精心策划和培育，最终使柒牌成为一个品牌。

柒牌男装摆脱掉服装的物理属性，如布料考究、做工精细，而更关注服装的个性，如品位、气质、文化、意境甚至立场。它的差异化就在于以中国元素表达西服，打造“中国立领”服装，定位点是“心动”。在广告中请李连杰代言，塑造一个迎风而立，不畏惧艰难勇往直前，积极、乐观、勇敢的男人形象，并融合长城、竹林、山脉等中国特色的环境，体现柒牌与众不同的气质与品位，使原本极小众的立领款式居然在市场上供不应求，呈现大众流行态势。

(资料来源：中国广告案例年鉴 2006. 北京：中国出版集团，2007，经修改)

二、市场定位的步骤

市场定位的关键是企业要塑造自己的产品比竞争者更具有竞争优势的特性。围绕企业的竞争优势，市场定位主要有3个步骤。

(一) 确认本企业的竞争优势

企业通过在产品、服务、人员和形象的某一个或某几个方面与竞争者形成差异，以建立企业与众不同的优势。

1. 产品差异

对那些易于实现高度差异化的产品，应力求从产品质量、产品款式、产品设计等方面实现差别，为企业赢得竞争优势地位。苹果、三星等全球化竞争对手，通过实行强有力的技术领先战略，在手机领域不断为自己的产品注入新的特性，赢得竞争优势。

产品款式对汽车、服装等产品尤为重要，日本汽车行业中流传着“丰田的安装，本田的外形，日产的价格，三菱的发动机”，这句话道出了日本4家主要汽车公司的核心专长。

2. 服务差异

服务已经成为赢得市场竞争的有力武器。企业不仅要树立服务意识，更要从服务上寻求差异，在饱和的市场上，对于技术精密产品，如汽车、计算机、复印机等更为有效。如IBM以高质量的安装服务闻名于世，它总是把所有购买的零件及时送到，当要求把IBM设备搬走或到别处安装时，经常把竞争者的设备也帮忙搬走。

3. 人员差异

即通过聘用和培训比竞争者更为优秀的人员以获得差别优势。美国西南航空公司的乘务员性格开朗，能说会道，旅客能体验轻松活泼的旅行生活，使其成为最受欢迎的全美5大航空公司之一。

4. 形象差异

借助特定的工具，较常用的有企业标志、各种媒体气氛等，向外界宣传企业及其产品的个性特征，以在消费者心里形成深刻的企业印象，创造形象差异，获得差异化优势。如“麦当劳”的黄色模型“M”标志，与其独特文化气氛相融合，一见到这个标志，就会联想到麦当劳舒适宽敞的店堂、高效的服务和新鲜可口的汉堡薯条。

(二) 准确地选择相对竞争优势

相对竞争优势是指与主要竞争对手相比，企业在产品开发、服务质量、销售渠道、品牌知名度等方面所具有的可获取明显差别利益的优势。应把企业的全部营销活动加以分类，并将主要环节与竞争者相应环节进行比较分析，以识别和形成核心竞争优势。假设一个公司已确认了技术、成本、质量和服务为4种不同的定位优势项目，此时它有一个主要竞争者，由表6-3可以看出，这两家公司在技术方面都得9分(1分为最低分，10分为最高分)，这意味着双方技术都不错，该公司如果进一步改进技术，也很难获得很多利润；而竞争者在成本方面有较大的优势；公司的产品质量高于竞争者；两家公司提供的服务都低于平均水平。

表 6-3　竞争优势选择方法

定位优势项目	公司现状	竞争者现状	改进现状重要性	能力和速度	竞争者能力	采取的行动
技术	9	9	低	低	中	维持
成本	6	9	高	中	中	修正
质量	9	6	低	低	高	修正
服务	4	3	高	高	低	投资

可见，该公司应该在成本或服务方面努力，以提高其市场吸引力。但是，该公司还应该考虑一些其他问题。首先，从每一种项目的改善对目标顾客的重要性看，成本和服务的改进对顾客是十分重要的；其次，公司在改进服务方面具有较强的能力和较快的速度，而竞争者改进服务的能力较差，也许竞争者不相信改进服务会带来奇迹，或者是因为缺少资金；最后，根据以上分析得出对每一种项目应采取的适当行动。因此，对该公司来讲最重要的就是改进其服务，服务对顾客是很重要的，公司需要既能改进服务，又能快速实行。

在选择差异点进行促销时，应该只向目标市场强调一个利益点，如广告巨人罗莎·李维斯说过，一家公司应该针对每一个品牌发展一个独特的销售主张并一直坚持下去，每一个品牌应该选择一个属性并宣传在这个属性上是第一的。因为购买者往往只会记得位于“第一”的品牌或公司，如高露洁牙膏持之以恒宣传防蛀牙功能，沃尔玛总是进行低价促销。

(三) 明确显示独特的竞争优势

企业要通过设计并执行协调一致的营销组合，将其独特的竞争优势准确传播给潜在顾客，并在顾客心目中留下深刻印象。例如，红色王老吉定位为“预防上火的饮料”，制定了3.5 元/罐的较高零售价，以“怕上火就喝王老吉”的独特诉求，利用“非典”这个特殊时期，投入巨资在中央电视台和原有销售区域的强势地方媒体进行宣传。在渠道和终端推广上，除了传统的 POP 广告外，还开辟了餐饮新渠道，选择湘菜和川菜馆，投入资金与他们共同进行促销活动，设计制作了电子显示屏、红灯笼等宣传品免费赠送，使“王老吉”迅速进入餐饮渠道，成为渠道中主要的推荐饮品。通过有效的市场定位传播，红色王老吉在短期内迅速占领消费者心智，2011 年以 160 亿元销售收入超过可口可乐，成为中国饮料第一品牌。

三、市场定位的方法

从市场竞争的角度，企业开展市场定位常用方法有以下几种。

(一) 避强定位

企业力图避开强有力的竞争对手进行市场定位。企业寻找竞争对手顾及不到的市场位置进行经营，开发产品，拓展市场。好处是风险小，成功率高，有利于企业在市场上迅速站稳脚跟，树立企业形象。七喜汽水在分析市场后，把饮料划分为可乐型和非可乐型两种，开展了大规模的、有名的非可乐型饮料宣传，使其避开了可口可乐和百事可乐的有力竞争，在非可乐饮料市场上成为一枝独秀。

伊利的避强定位

1997 至 2004 年间，伊利冰激凌的主要竞争对手是和路雪和雀巢。“和路雪”是世界上最大的冰激凌制造商，“雀巢”在天津和青岛投下巨资兴建现代化的冰激凌生产线。与竞争对手相比，伊利在企业实力、产品知名度方面差距较大。但是“和路雪”和“雀巢”的高价定位与普通人的收入水平有一定距离。对于工薪消费者来说，在选择冰激凌时除了好吃的口感外，价格是主要的决定因素。伊利之所以能迅速地在北京打开销路，正是得益于“低廉的价格、较高的品质”这一避强定位策略。而之所以能实施这一低价定位，也是由于公司利用了许多别的企业没有的优势：能源方面，北京的煤大概每吨 150～160 元，而内蒙古地区只要 70～80 元；电费、人员工资方面，内蒙古也比北京要便宜得多。另外，由于产地临近草原牧场，牛奶供应充足，每天厂家的收奶车直接到牧场收购鲜奶，经过消毒后便进入生产线。因此，在口感方面，伊利产品有较强的奶香味，具备了较高的品质，所以赢得了这一目标市场。

(资料来源：百度文库，http://wenku.baidu.com/view/796574f0ba0d4a7302763a94.html，经修改)

(二) 对抗性定位

就是和市场上居于支配地位的竞争对手实施同样的或相似的定位策略，和竞争对手展开全面的争夺市场的竞争。在世界饮料市场上，作为后起之秀的百事可乐进入市场时，就采用过这种方式，“你是可乐，我也是可乐”，与可口可乐展开面对面的较量。百事可乐的进攻原则是：找到领先者强势中的弱点，攻击它们。百事可乐以低价位打了一场经典的营销进攻战，攻击了可口可乐自认为的瓶装优势部分。百事可乐一方面采用大包装对付可口可乐，另一方面推出了“百事一代”，并邀请迈克尔·杰克逊、莱昂内尔·里奇等音乐、体育等领域的当红明星展开广告大战，取得良好市场业绩。

这种市场定位策略可以激发企业的竞争动力，极大地促进企业发展。但是，对抗性定位会导致竞争对手强有力的反击，所以在实施这种定位策略时，一定要考虑整体市场的容量，企业是否具有挑战竞争对手的资源和实力，做到知己知彼。否则贸然发动进攻，企业遇到的风险可能要比机会多，做出不必要的牺牲。

(三) 重新定位

对那些销路少、市场反应差的产品进行二次定位。企业在进行市场定位之初可能非常正确，但是随着消费者需求的变化(品牌转移)及竞争对手的市场定位和本企业定位重合或接近(品牌侵蚀)，使得企业必须考虑对以前的市场定位进行重新调整。同时，重新定位也可作为一种战术策略，这可能是由于发现了新的产品市场范围而引起的。

老字号“王老吉”的重新定位

“王老吉”是在1828年由王泽帮创办的老字号，原本凉茶是广东的一种地方性药饮产品，用来“清热解毒祛暑湿”。凉茶品牌“黄振龙”“阿贞”等占据一部分市场。如果把“王老吉”作为凉茶卖，市场容量有限。为了打开市场，必须对产品进行重新定位。

调查发现，广东消费者饮用红色王老吉的场合多为烧烤、登山等活动，而他们评价红色王老吉时经常谈“不会上火”，购买红色王老吉真实动机是用于“预防上火”。

红色王老吉的直接竞争对手，如菊花茶、清凉茶等由于缺乏品牌推广，仅仅是用低价渗透市场，并未占据“预防上火”的饮料的定位。而碳酸饮料、果汁、水等明显不具备“预防上火”的功能，是间接的竞争者。

红色王老吉的“凉茶始祖”身份、神秘中草药配方、175年的历史等，显然使其是有能力占据“预防上火”的饮料的定位的。红色王老吉作为第一个“预防上火”的饮料推向市场，传递了“喝红色王老吉能预防上火，让消费者可以尽情享受生活”的独特价值，最终红色王老吉成为预防上火的饮料的代表，随着品类的成长，自然拥有最大的收益。

(资料来源：百度文库，https://wenku.baidu.com/view/61cfcd7ba26925c52cc5bf73.html，经修改)

市场定位属于营销的战略层面，是企业制定具体营销组合策略的基础。定位是营销组合的核心，营销组合是定位的表现，一个绝好的市场定位更需要正确的整合营销传播的呼应，将其独特的竞争优势准确传递给潜在顾客，并在顾客心目中留下深刻印象。

思考题

1. 什么是STP营销战略？
2. 什么是市场细分？有效细分市场的原则是什么？
3. 如何有效细分消费者市场？
4. 企业在制定目标市场营销战略时应该考虑哪些因素？
5. 目标市场覆盖模式有哪几种？各自适合什么样的企业采用？
6. 什么是市场定位？市场定位的步骤有哪些？
7. 试举例说明市场定位的方法有哪些。

课堂实训

通过本次实训，了解市场细分的标准，如何着手开展市场细分工作。以小组为单位开展分析调研。

实训要求：市场细分讲解完之后，要求学生分组，以小组为单位，试为下列产品或服务细分市场。

A. 美容美发　B. 汽车　C. 旅游　D. 化妆品

上述产品或服务可以根据多个标准进行市场细分，但是要找出较佳的标准。

案例分析

中国数字化消费者的市场细分

互联网和移动互联网全面改变了人类的社会生活，生活方式的概念也随之更新。埃森哲咨询公司在2014年的数字化消费者调查报告中，根据数字化消费者的不同需求和消费特征，将中国的数字化消费者分为以下7个群体，该市场细分法为通信、媒体、高科技产品的企业目标市场营销战略的制定提供新的参考。

1. 游戏玩客

这是热衷电子游戏、关注高科技电子产品的年轻一代。游戏是他们在各种终端上(包括手机、平板、电视等)使用的主要功能，35岁以下的年轻群体占游戏玩客的七成。总体上这个群体年纪较轻，但是他们的收入水平并不低，其中八成以上拥有中高收入。消费者中有13%是游戏玩客。

为了达到良好的游戏体验，游戏玩客关注产品的性能，购买手机(终端)等数字产品时也愿意为配置参数、屏幕尺寸等技术指标付费；同时，这群消费者对宽带的要求较高，选择电信资费套餐时更关注数据流量，也愿意为电视增值服务付费。游戏玩客偏好通过互联网广告及社交媒体获取产品信息，绝大多数有网购经历，且网购频率较之其他群体更高，几乎每周都网购。

2. 影音潮人

影音潮人使用终端的最主要功能是看视频和听音乐。这个群体也是以年轻人居多，35岁以下的年轻群体占影音潮人的六成。影音潮人的收入水平较高，其中四成是高收入人群。消费者中有16%是影音潮人。

这个群体购买手机(终端)时较为关注产品外观是否新潮时尚，重视产品的个性与操作体验，使用的手机价格平均在2 000元以上。由于现在大量的视频是在线观看，所以这个群体对手机套餐的流量和宽带速度关注度较高。除电视外，影音潮人倾向从网络广告和社交媒体获取产品信息；网购频率较高，线下购物偏好为品牌旗舰店或专卖店。

3. 炫酷草根

炫酷草根是收入较低但关注娱乐和科技产品、向往高品质消费的中青年人群。这个群体大多居住在三线城市，八成以上是低收入者。26～45岁的中青年占炫酷草根的60%。消费者中有12%是炫酷草根。

炫酷草根最常在手机及平板上看视频和听音乐，其次是玩游戏。由于影音和游戏方面的需求，炫酷草根购买手机(终端)时对性能、外观等方面均有一定的要求，但是受限于收入水平，往往选择平均2 000元以下的偏中低端机型。选择电信资费套餐时相对较关注上网速度和资费。炫酷草根的信息获取渠道和其他群体有很大不同，他们在消费时受店内销售人员的影响较大。78%的被访者有网购经历，网购频率接近每半个月一次，线下购物喜欢去潮流小店。

4. 顾家丽人

顾家丽人是精打细算、追求性价比、关注家庭和子女的年轻主妇。顾家丽人中的

3/4是中低收入者，六成顾家丽人居住在三线城市。消费者中有22%是顾家丽人。

顾家丽人购买手机(终端)时最看重外观，手机价格偏低；选择电信资费套餐时相对较关注语音资费，而不愿为电视增值业务付费。手机常用的功能是听音乐和阅读电子书/杂志。其主要通过朋友/家人/同事的推荐和手机专卖柜台等了解产品信息，消费决策受人际传播的影响较大，受新兴媒体的影响较小。68%的顾家丽人有网购经历，不过网购频率较低，线下购物喜欢去便利店或中小超市。

5. 商旅精英

商旅精英是追求品牌和卓越服务，关注商务功能与效率的高收入人群。该人群的年龄大多介于25岁至45岁之间，九成以上拥有中高收入；男性是商旅精英的主体，女性只占商旅精英的25%。消费者中有9%是商旅精英。

这个群体的手机月消费高；购买手机(终端)时最看重商务功能，手机最常用的功能是收发邮件、定位导航及搜索资讯，愿意为电视增值服务付费。商旅精英主要通过垂直类网站、微信类社交媒体、平面媒体和运营商实体店获取产品信息，传统媒体除电视外，户外及平面广告均有影响。76%的商旅精英有网购经历，网购频率较高，线下购物喜欢去品牌旗舰店或专卖店。

6. 务实工薪

务实工薪是需求简单、关注基本商务性能的普通上班族。务实工薪主要分布在一二线城市，35岁以上偏多，男性占务实工薪群体的六成，有一半的务实工薪是中等收入者。消费者中有12%是务实工薪。

这个群体在选择手机资费套餐时更关注通话时长，购买手机(终端)时看重基本的商务功能(如邮件和资讯功能)，不追求外观时尚和新潮。手机常用的功能是股票在线交易、收发邮件、定位导航和阅读电子书。产品信息获取渠道无倾向性。72%的务实工薪有网购经历，网购频率较低，线下购物喜欢去便利店及中小超市。

7. 勤俭中年

勤俭中年是传统顾家、追求实用和低价的中年群体。这个群体大部分居住在三线城市，七成年龄在45岁以上，中低收入者占勤俭中年群体的八成。消费者中有17%是勤俭中年。

这个群体选择手机套餐时优先看本地通话时长和免费短信数量，购买手机(终端)时更关注声音效果和质量；大多使用非智能机，手机价格较低；基本不愿意接受电视付费增值业务。购买手机时主要通过电视广告和电信营业厅了解信息，通常不太关注新科技产品信息。信赖熟人介绍，互联网/社交媒体等新兴媒体对勤俭中年这个群体的影响较弱。一半以上的勤俭中年没有网购经历，线下购物喜欢去小商品市场及农贸市场。

(资料来源：卢泰宏，周懿瑾. 消费者行为学：中国消费者透视(第二版). 北京：中国人民大学出版社，2015)

讨论与思考：

1. 对数字化消费者进行市场细分依据的标准是什么？

2. 比起其他细分方法，该细分法有哪些优缺点？

3. 如何使用该细分法对手机市场进行目标市场选择？请结合一个手机品牌进行具体的目标市场分析和市场定位。

第七章

竞争性市场营销战略

学习目标

1. 学会识别 4 种不同的竞争者。
2. 熟悉竞争者分析的步骤。
3. 理解一般性竞争战略。
4. 掌握市场领先者、市场挑战者、市场跟随者和市场利基者的竞争策略。

在竞争中求生存，谋发展，争效益，反映了企业的竞争精神。企业要想在激烈的竞争中立于不败之地，就必须树立竞争观念，强化竞争意识，制定正确的竞争战略，开展全方位的进攻，并抓住有利时机，集中企业各方面的优势，取得竞争的主动权。

第一节　竞争者分析

现代社会的商业竞争会越演越烈，它激发了企业对军事战争模式的兴趣，其中企业特别感兴趣的著作有：孙子的《孙子兵法》；宫本武藏的《五轮书》；卡尔·冯·克劳塞维茨的《战争论》；B. H.利德尔·哈特的《战略》。营销管理人员更多地把兴趣放在这样一些战略上，例如“边缘政策”“大规模报复”“有限战争”“逐步反应”“暴力外交”和“威胁系统”等。

为了计划有效的营销战略，企业需要找出所有自己能针对竞争者所做的事情，必须经常将自己的产品、价格、渠道和促销与最近的竞争者相比较，所以企业要进行竞争者分析，即识别、分析和选择主要竞争者的一系列过程。然后进行竞争性营销战略，即找到针对竞争者最有力的定位，并获得最大可能的竞争优势。

一、市场的竞争类型

经济学家描述了 4 种基本的竞争关系形态：纯粹竞争、寡头垄断、垄断竞争和完全垄断。了解这些竞争形态的区别，有助于我们分析竞争环境，识别主要竞争者。不同竞争类型的特征如表 7-1 所示。

表 7-1 关于市场竞争的情况

特 征	竞争类型			
	纯粹竞争	寡头垄断	垄断竞争	完全垄断
每个公司产品的独特性	没有	没有	一些	独一无二
竞争者的数量	许多	少	少到多	没有
竞争者大小	小	大	大到小	没有
面对公司的需求弹性	完全弹性	扭结的需求曲线(有弹性和无弹性的)	两者之一	两者之一
行业需求的弹性	两者之一	无弹性的	两者之一	两者之一
公司控制的价格	没有	一些	一些	完全

(一) 纯粹竞争

纯粹竞争是指有很多竞争者提供同质的产品。其特点有：同质(相似)产品；许多购买者和销售者对市场充分了解；对购买者和销售者来说进入容易。

农产品、纺织品、木材、煤、印刷和照片冲洗服务等行业就属于纯粹竞争市场，买卖双方都只能按照供求关系确定的现行市场价格来买卖商品，都是“价格的接受者”而不是“价格的决定者”。企业竞争战略的焦点是降低成本，增加服务并争取通过产品开发来扩大与竞争品牌的差别，或通过广告塑造产品形象，造成顾客的心理差别。

(二) 寡头垄断

寡头垄断是指一个市场中每个公司的产品无独特性，并且竞争者的数量有限。其特点有：基本上是同质产品，如基本的化学制品或汽油；相对少的销售者，如一些大的公司和许多小的跟随大公司的公司。

这里，各个竞争公司仔细地相互监视市场价格。每个公司必须预料提高它自己的价格超过市场价格不会引起在销量上的大的损失，如果可能，竞争者会跟随提价。

(三) 垄断竞争

指某一行业内有许多卖主且相互之间的产品在质量、性能、款式和服务方面有差别，顾客对某些品牌有特殊偏好，不同的卖主以产品的差异性吸引顾客，开展竞争。竞争的焦点是扩大本企业品牌与竞争品牌的差异，突出特色，更好地满足目标市场需求以获得溢价。

从长期而言，大多数产品市场是向完全竞争或垄断竞争方向发展的。在这些条件下，竞争者提供非常相似的产品。由于顾客把现有的有差异的产品(营销组合)视作非常接近的替代品，因此，营销者便会用一跌再跌的价格展开竞争，导致边际利润不断减少。有时，营销者并未真正考虑是否能够给营销组合带来新的价值，他们便匆匆降价。应当牢记，能够提供给顾客最大价值的营销组合并不一定是价格最低者。

(四) 完全垄断

完全垄断是指在市场上没有竞争者。由于缺乏替代产品，追求最大利润的完全垄断者会抬高商品价格，少做或不做广告，并提供最低限度的服务。然而，完全垄断，也就是一家企业完全控制一个广阔市场的状态，在市场导向型经济中是极少的。

二、识别竞争者

对营销管理人员而言，避免正面竞争的最佳途径是找到能够满足顾客需求和提供新颖的或更好的产品的方法。要寻求到突破性机会或其他竞争优势，不仅要了解顾客，还要了解竞争对手。

在市场营销学中，从满足消费需求或产品替代的角度看，每个企业在试图为自己的目标市场服务时，通常面临下面 4 种类型的竞争者。

(一) 愿望竞争者

愿望竞争者指提供不同产品以满足不同需求的竞争者，与本企业争夺同一顾客购买力的所有其他企业。如，生产电视机、冰箱、洗衣机等不同产品的厂家；丽兹·卡尔顿酒店与那些提供出航巡游、夏日家园、国外度假等休闲旅游服务的商家进行竞争。

(二) 属类竞争者

属类竞争者指提供不同产品以满足同一种需求的竞争者。如消费者做出购车作为个人交通工具的决策，这实际上就是自行车、摩托车、小汽车卖主之间类别竞争的结果；百事可乐把所有生产满足顾客口渴需要的饮料(瓶装水、果汁、冰茶等)的公司作为竞争对手。

(三) 产品形式竞争者

产品形式竞争者指提供同一产品的不同形式(规格、型号、款式)以满足同一需求的竞争者。如通用汽车公司的竞争者就包括所有生产轿车的公司。

(四) 品牌竞争者

品牌竞争者指提供同一产品的同种形式的不同品牌以满足同一需求的竞争者。如百事可乐的竞争者有可口可乐、七喜、A&W Root Beer，以及其他软饮料生产商。

产品形式和品牌竞争，是在相同产品之间进行的，属于同行企业间的竞争。这两种竞争，将使同行业内不同企业的市场占有率和市场地位发生变化。企业在同行业竞争以及拟进入其他行业时，还应注意以下几个问题。

(1) 卖方密度。指同一行业或同一类商品经营中卖主的数目。这种数目的多少，在市场需求量相对稳定时，直接影响到企业市场份额的大小和竞争激烈的程度。

(2) 产品差异。指同一行业中不同企业生产同类产品的差异程度。差异使同类产品因其特色而相互区别并形成竞争关系。

(3) 进入难度。指某个新企业在试图加入某行业时所遇到的困难程度。

企业可以利用绘制竞争者图来帮助认识所面对的直接竞争者和间接竞争者，以避免“竞争者近视症”。柯达公司数码影像业务的竞争者绘制的竞争者图如图 7-1 所示。

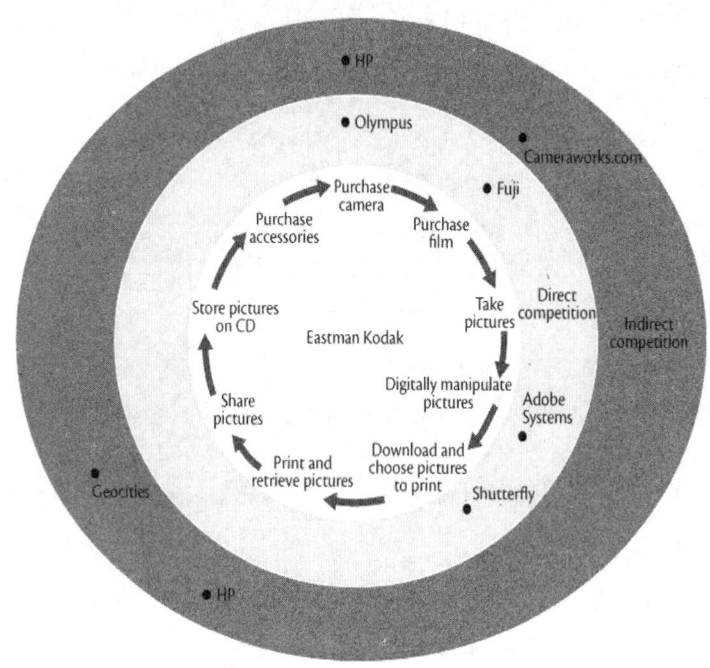

图 7-1　柯达公司的竞争者图

(资料来源：菲利普·科特勒. 市场营销原理. 北京：机械工业出版社，2013)

在数字时代，消费者拍摄照片的用途，以及照片拍摄完成后处理的方法发生了变化，已经从单纯冲印用于回忆变为通信媒介、社交网络分享。所以，柯达公司面对的主要竞争者不是来自于富士或其他的胶卷生产商，而是来自于索尼、佳能和其他的数码相机制造商。同时，柯达公司还要考虑来自三星、苹果、微软等手机生产商，以及数字图像软件开发商和在线图像共享服务商等间接竞争者的强大挑战。柯达公司由于满足于传统胶片市场份额和垄断地位，缺乏对市场前瞻性分析，在直接竞争者发生变化和间接竞争者不断涌现的新竞争形势下，因“营销近视症”付出沉重的代价，最终导致其处于竞争的劣势地位。

三、分析竞争者

已经识别出主要的竞争者后，就需要对竞争者进行分析，主要包括确定竞争者的目标、识别竞争者的战略、分析竞争者的优势和劣势、估计竞争者的反应等方面。

(一) 确定竞争者的目标

每一个竞争者都有一个目标组合，企业要了解竞争者当期利润、市场份额增长、现金流、技术领先、服务领先和其他目标的相对权重。

企业要收集来自于竞争者的最新关键数据，主要有：销售量、市场份额、顾客知晓度、情感份额、毛利、投资报酬率、现金流量、新投资、设备能力利用等。其中，

“顾客知晓度”指回答“举出这个行业中你首先想到的一家公司”这个问题时提名竞争者的顾客在全部顾客中的比例。“情感份额”指回答“举出你最喜欢购买其产品的一家公司”这一问题时提名竞争者的顾客在全部顾客中的比例。收集信息的方法是查找第二手资料和向顾客、供应商及中间商调研得到第一手资料。

营销管理人员应积极寻找有关现有和潜在竞争者的信息。尽管大多数企业会将计划的细节予以保密，但很多公共信息还是找得到的。比如说，很多企业一般都会关注竞争者所在地的报纸。有这样一个例子，一篇文章讨论的是竞争者的销售组织的变化，这使一位警惕的营销管理人员意识到，竞争者的变化是为增强竞争者的实力，并从它公司的关键目标市场夺走生意。这一早期警报给了他们时间进行调整。

其他竞争者信息的来源包括：贸易刊物、机灵的销售代表、中间商和其他行业专家。在市场上的顾客会告诉你，竞争者所提供的是什么。

互联网正迅速成为获取竞争者信息的强有力的工具。在公司的网站上企业向顾客发布所有销售信息，这也将使竞争者轻易获取信息。同样地，通过互联网可轻易搜寻成千上万的网上出版物和数据库，以获取竞争者的任何信息。

搜寻有关竞争者的信息有时会引发职业道德的问题。例如，人们更换工作，跳槽到竞争者的公司，这样的人会掌握竞争者的大量信息，但他们使用这些信息是不符合职业道德的。同样，有些公司也因行为过分而受到批评，如他们等候在垃圾箱旁，以期从竞争者的垃圾中发现机密文件。在高科技领域，这种行为就演化成计算机黑客们利用互联网侵入竞争者的计算机网络。几分钟之内，黑客们便可偷得那些花费十几年才收集起来的信息。

(二) 识别竞争者的战略

一个企业的战略与另一个企业的战略越相似，这两个企业的竞争就会越激烈。在绝大多数行业中，可以根据竞争者采取的战略而把他们分成不同的集团。例如，在电视行业中，夏普和松下属于相同的战略集团。这两个企业都生产中等价位的电视机，并有良好的服务支持。相反，先锋公司就属于不同于夏普和松下的战略集团，它生产小范围的高质量产品，赚取溢价。

虽然同一个战略集团内的竞争最为激烈，但战略集团之间也存在竞争。首先，某些战略集团的目标顾客相同。例如，无论采用的是什么战略，所有的电视机制造商都在争夺公寓和住宅建造商市场。其次，顾客可能认为不同的集团提供的产品并没有多大的差别，他们可能认为松下和夏普的产品质量并没有多大差别。最后，战略集团的成员可能扩张进入新战略细分市场。

(三) 分析竞争者的优势和劣势

营销人员需要认真分析每一个竞争者的优势和劣势。企业可以通过二手资料、个人经验和口碑宣传而了解竞争者的优势和劣势，也可以通过消费者、供应商和经销商的一手数据进行分析获得竞争者的优势和劣势。

例如，我们可以根据顾客对竞争者的评价，综合分析竞争者的优势与劣势，如表7-2所示。其中，5、4、3、2、1分别表示优秀、良好、中等、较差和差。

表 7-2　竞争者优势与劣势分析

品　　牌	顾客对竞争者的评价				
	顾客知晓度	产品质量	情感份额	技术服务	企业形象
A	5	5	4	2	3
B	4	4	5	5	5
C	2	3	2	1	2

由表 7-2 可以看出，企业要求顾客在 5 个属性上对 3 家主要竞争者做出评价。评价结果是：竞争者 A 的顾客知晓度和质量都是最好的，但是在技术服务和企业形象方面逊色一些，导致情感份额下降。竞争者 B 的顾客知晓度和质量都不及 A，但是在技术服务和企业形象方面优于 A，使情感份额达到最大。公司在技术服务和企业形象方面可以攻击品牌 A，在许多方面都可以攻击品牌 C。

(四) 估计竞争者的反应

每一个竞争者的反应都是不同的。了解竞争者的经营哲学、企业文化、主导信念和心理状态，可以预测它对各种竞争行为的反应。竞争中常见的反应类型有以下 4 种。

(1) 从容型竞争者。指对某些特定的攻击行为没有做出迅速反应或强烈反应。可能的原因是：认为顾客忠诚度高，不会转移购买；认为该攻击行为不会产生大的效果；它们的业务需要收割榨取；反应迟钝；缺乏做出反应所必需的条件等。

(2) 选择型竞争者。指只对某些类型的攻击做出反应，而对其他类型的攻击无动于衷。比如，对降价行为做出针锋相对的回击，而对竞争者增加广告费用则不做出反应。了解竞争者在哪些方面做出反应有利于企业选择最为可行的攻击类型。

(3) 凶狠型竞争者。指对所有的攻击行为都做出迅速而强烈的反应。这类竞争者意在警告其他企业最好停止任何攻击。

(4) 随机型竞争者。指对竞争攻击的反应具有随机性，有无反应和反应强弱无法根据其以往的情况加以预测。许多小公司属于此类竞争者。

四、选择要攻击和回避的竞争者

有了好的竞争情报，经理会发现制定竞争战略将会很容易。他们将会清晰地知道在市场上同谁进行有效的竞争，哪个竞争者最具有威胁性。可以运用顾客价值分析来辅助选择，它将揭示与各类竞争者有关的公司的优势和劣势。企业可以集中进攻下述几类竞争者之一。

(一) 强对弱的竞争者

很多公司把进攻目标瞄准较弱的竞争者，这样可使它们获得每百分点的市场份额所付出的资源和时间较少。但在这个过程中，公司可能在提高能力方面进展很小。企业也应当同强有力的竞争者进行竞争，以赶超目前的工艺水平。再者，即使同强有力的竞争者进行竞争，也应知道它的劣势，而企业也可证明自己是一个有价值的竞争者。

(二) 近对远的竞争者

大多数公司会与那些极度类似的竞争者竞争，因此，日产要与本田竞争而不同美洲虎竞争。与此同时，公司应当避免“摧毁”相邻的竞争者。

博士伦公司的竞争者

在美国 20 世纪 80 年代末期，博士伦公司向其他软镜头制造商发起激烈的攻击并取得巨大成功，迫使弱竞争者把公司卖给了其他大公司。强生公司收购了 Vistakon，一个年销售额仅有 2000 万美元的小公司，以强生公司雄厚的资金为支持，小而敏捷的 Vistakon 研制并向市场推出了创新产品——Acuvue 便携式镜头。以 Vistakon 作为开路先锋，强生公司如今是全美最大的接触式镜头制造商。因此，成功地打垮一个近竞争者却造就了更强大的竞争者。

(资料来源：菲利普·科特勒. 市场营销原理. 北京：机械工业出版社，2013)

(三) 好对坏的竞争者

波特认为，每个行业都有“好的”与“坏的”竞争者，一个公司应当明智地去支持好的竞争者并攻击坏的竞争者。好的竞争者有一系列的特征，包括：它们遵守行业规则；它们对行业的增长潜力所提出的设想切合实际；它们制定的价格与成本相符；它们喜欢一个健全的行业；它们将自己限定在行业的某一部分或细分市场中；它们推动其他企业降低成本或提高差异化；它们接受正常水平的市场份额和利润。坏的竞争者违反规则，具体表现为：它们企图花钱购买而不是赢得市场份额；它们冒着极大的风险；它们在生产能力过剩时仍继续投资；它们通常会打破行业均衡。

数字音乐领域“好的”与“坏的”竞争者

Yahoo! Music Unlimited 将 Napster、Sony Connect 以及大部分数字音乐下载服务商视为好竞争者，并按照自己的规则运作，它们共享一个公共平台，从其中任何一个购买音乐都能够在绝大多数播放器上播放。然而，它们把苹果的 iTunes 音乐商店视为坏竞争者，因为它遵循自己的规则，在总体上损害整个行业。苹果公司与 Yahoo! Music Unlimited、Napster 等数字音乐服务商和五大唱片公司就封锁其服务达成协议，但是拒绝给予授权，这些公司转向微软公司以寻求版权保护，这意味着出售的歌曲不能在 iPod 上播放，从 iTunes 上下载的歌曲只能在 iPod 上播放，这就使得其他支持微软格式的 MP3 播放器很难有立足之道。虽然 iTunes 在其对手中拥有至高的领先地位，也使数字音乐竞争者彼此支持以打破市场上苹果的束缚。

(资料来源：菲利普·科特勒. 市场营销原理. 北京：机械工业出版社，2013)

第二节　一般性竞争战略

制定竞争战略的实质就是将一个企业与其所处环境建立联系。环境中的关键部分主要由企业所在的相关行业、行业结构及行业竞争状态构成。迈克尔·波特于 20 世纪 80 年代初提出了对企业战略制定产生深远影响的 5 种力量模型，认为行业内部的竞争状态取决于 5 种基本的竞争力量之间的相互作用：供应商讨价还价的能力，购买者讨价还价的能力，潜在竞争者的威胁，替代品的威胁，以及现在竞争者之间的竞争。波特进一步提出，有 3 种一般性竞争战略可以使企业成为行业中的佼佼者，即成本领先战略、差异化战略和目标集中战略。波特五力模型与一般性战略关系，如表 7-3 所示。

表 7-3　波特五力模型与一般性战略关系

行业内的 5 种力量	一般性战略		
	成本领先战略	差异化战略	目标集中战略
进入障碍	具备杀价能力以阻止潜在对手的进入	培育顾客忠诚度以挫伤潜在进入者的信心	通过集中战略建立核心能力，以阻止潜在对手的进入
买方讨价还价的能力	具备向大买家出更低价格的能力	因为选择范围小而削弱大买家的谈判能力	因为没有选择范围，使大买家丧失谈判能力
供方讨价还价的能力	更好地抑制大卖家的讨价还价能力	更好地将供方的涨价部分转嫁给买方	进货量低，但可以将供方的涨价部分转嫁给买方
替代品的威胁	能够利用低价抵御替代品	顾客习惯于一种独特的产品或服务，因而降低了替代品的威胁	特殊的产品和核心能力能够防止替代品的威胁
行业内对手的竞争	能够更好地进行价格竞争	品牌忠诚度能使顾客不理睬竞争对手	竞争对手无法满足集中差异化顾客的需求

一、成本领先战略

成本领先战略指企业尽可能降低自己的生产和经营成本，在同行业中取得最低的生产和营销成本的做法。实现的途径主要是改进生产制造工艺技术、设计合理的产品结构、扩大生产规模、提高劳动生产率等。成本领先战略可以说是比较传统的竞争做法，但仍是现代市场营销活动中比较常见的竞争做法。

要想实现成本领先，要求取得一个比较大的市场占有份额，因此低成本和低价策略需要结合使用。例如，格兰仕微波炉生产规模每上一个台阶，价格就大幅度下降，使竞争者缺乏追赶上其规模的机会，国内市场占有率为 61.43%，国际市场占有率为 35%。如生产规模达到 125 万台时，出厂价定为规模为 80 万台的企业成本价以下，规模达到 300 万台时，出厂价调到生产规模为 200 万台的企业成本价以下，降价幅度为 30%～40%。

(一) 具备的基本条件

成本领先战略需要的基本条件为：持续的资本投资和良好的融资能力；较高的工艺加工能力；对工人严格的监督与管理；产品的制造工艺设计领先；有低成本的分销系统。

成本领先，有时可能造成产业技术基础改变，即可能引起产业革命。在这场革命中，那些不能采用或没有能力采用新技术的企业，将被淘汰出局。

(二) 优势及潜在的风险

1. 成本领先战略的优势

成本领先战略可以使企业在与竞争对手的竞争中受到保护，低成本意味着当别的企业在竞争过程中已失去利润时，这个企业仍然可以获得利润。低成本地位有利于企业在强大的买方压力中保护自己；低成本也有利于企业应对供应商产品涨价，具有较高的灵活性；规模经济或成本优势提高了进入壁垒；通过降价维护现有消费者，提高消费者转向使用替代品的转换成本。因此，成本领先战略可以使企业在面临 5 种竞争力量威胁时处于相对主动的地位，有效地保护企业。

2. 成本领先战略的风险

经过多年积累得到的降低成本的投资与方法、制度、技术等，可能因为新技术的出现而变得毫无用处；后来的加入者或竞争追随者可能通过模仿或其他廉价的学习途径掌握到降低成本的方法，而抵消率先实行这种战略的企业的竞争优势；过于注重成本的结果往往导致对市场需求变化反应迟钝，因而产品落后或不能适应需求；往往因为定价是处于成本的最低界限边缘，因此当竞争对手发动进攻时，缺少回旋余地。

二、差异化竞争战略

差异化竞争战略是指从产品定位因素、价格因素、渠道因素、促销因素及其他营销因素上造就差异，形成企业对于整个产业或主要的竞争对手的“独特性”。

(一) 具备的基本条件

差异化竞争战略需要的基本条件为：企业拥有强大的生产经营能力和独特的具有明显优势的产品加工技术；对创新与创造有鉴别与敏感的接受能力和很强的基础研究能力；有质量与技术领先的企业声誉和产业公认的独特的资源优势或能够创造这样的优势；能得到渠道成员的高度合作。

(二) 优势及潜在的风险

1. 差异化战略的优势

(1) 构筑企业在市场竞争中的特定的进入障碍，有效地抵御其他的竞争对手的攻击。因为一旦企业在营销中形成了差别，如品牌的高知名度和特色，产品独特的功能，专有的销售渠道和分销方式，顾客熟悉的广告刺激及营销沟通方式等，就很难被其他的竞争对手模仿，因而也就很难有其他的竞争对手能轻易打入本企业所占据的目标市场。

(2) 减弱顾客和供应商的议价能力。顾客从接受“差异”中形成了品牌偏好，就不会容易转而购买其他的品牌，顾客的议价能力被大大减弱。而企业一经在行业中确立了这样的营销优势或“独占”地位，也会使某些供应商更难在市场中寻找到其他更好的交易对象，供应商的议价能力也就被大大削弱。20 世纪 90 年代，像英特尔公司的 CPU 与微软公司的 DOS、Windows 操作系统软件产品，就具有了这样的特点。

(3) 企业有望获取超额利润。品牌差异增大时，顾客转换品牌困难，议价能力低，这就使得不少在差异竞争中得到成功的企业，可以为其产品向顾客索取一个高的溢价。如日本索尼公司，在创业之初把其全部经营所获利润用于树立品牌市场形象和开发新产品，取得成功以后，索尼的产品在国际市场上几乎都可以用比竞争对手高 5%～10% 的价格销售。

差异化竞争也有竞争对手模仿难易的问题。有些非常受顾客欢迎的产品差异与营销差异，如果没有技术壁垒的话，竞争对手将很快“克隆”，从而使这些差异消失，因差异可能带来的利润上的好处也就消失。虽然某些没有技术壁垒的差异可以通过申请“专利”来进行保护，但是专利的申请时间较长，保护时间有限。因此，差异竞争战略成功的基础应是不断实现技术突破和保持技术领先。

2. 差异化战略的主要风险

与低成本的竞争对手比较，甚至与普通的竞争对手比较，可能成本太高，以至于差异对顾客的吸引力丧失；顾客偏好变化，导致差异不能对顾客再有吸引力；竞争对手对于顾客特别喜欢的差异的模仿。

三、目标集中战略

目标集中竞争战略是指主攻某个特定顾客群、产品系列的一个细分区域或某个地区市场。目标集中竞争战略可能涉及少数几个营销组合因素，也可能涉及多个营销组合因素。其主要特点是，所涉及的细分市场都是特定的或是专一的。也就是说，集中竞争战略是指针对一组特定顾客，企业集中力量，以更好的效果、更高的效率为某一狭窄的服务对象提供产品或服务。

目标集中战略需要的市场条件与组织条件，会随着集中的目标不同而变化。目标集中战略的主要风险是：如果竞争对手采用成本领先或差异化战略，可能导致采用集中竞争战略的企业经营缺少特色或成本优势不再存在；集中目标指向的特定细分市场的需求变得太小，转移产品到其他的细分市场相当艰难。

罗技公司的目标集中战略

提及“罗技”人们便会想起鼠标和键盘，从 1982 年推出一款鼠标开始，已经卖出了 10 亿个鼠标，这个外设巨人成为键鼠品类的代名词和创新者。在中国，罗技鼠标占据 50%的市场份额，键盘则要更高，2004 年，其发布全球首款激光定位技术的 MX1000 激光无线鼠标受到欢迎。

针对办公族群，2017 年罗技公司发布了鼠标产品线上的新旗舰产品 MX Master 2S 和 MX Anywhere 2S，一并推出名为 Logitech Flow 的一款软件产品，配合两款新鼠标，安装了 Flow 的 PC 可以实现跨屏幕操作、文本编辑和文件传输等功能。这些功能的可行性基于罗技的一份市场调研，在调查的将近 15000 个样本中，超过 70%的用户会经常使用两台以上的 PC，一些统计也显示全球大约有 1/10 的人会同时在多台 PC 上工作，办公人群需要在多台电脑间实现数据传输。罗技的这款整体解决方案使其在该目标市场上拥有更强的竞争力。

(资料来源：搜狐网，http://www.sohu.com/a/145386633_485557，经修改)

第三节　竞争性营销战略

根据企业在目标市场中的地位，可以将企业竞争类型分为 4 类：领导者、挑战者、追随者和利基者。假设一个市场由所有企业组成，一般来说，市场领导者会占有 40%的市场份额，市场挑战者的市场占有率为 30%，市场追随者保持 20%的市场份额，市场利基者则专注于大企业无暇顾及的 10%的利基市场。

基于公司在行业中的角色，市场领导者、挑战者、追随者和利基者能够采用的具体战略如表 7-4 所示。这些战略通常不是应用于整个公司，而是应用于公司在某个特定行业中的特定地位。如宝洁、联想这样的大公司可能在某些市场是领导者，而在某些市场是利基者。例如，宝洁在洗洁精行业和洗发水行业是领导者，但是，在香皂行业挑战联合利华，在纸巾行业挑战金佰利。这些公司经常根据各个业务单元或产品在行业中的不同定位而为其制定不同的战略。

表 7-4　不同类型竞争者的战略

市场领导者战略	市场挑战者战略	市场追随者战略	市场利基者战略
● 扩大总体市场 ● 保持现有市场份额 ● 扩大市场份额	● 全面的前沿进攻 ● 间接进攻	● 紧紧跟随 ● 保持一段距离的跟随	● 在顾客、市场、质量、价格、服务等方面补缺

一、市场领导者战略

多数行业都有一个公认的市场领导者，它在相关的产品市场中，拥有最大的市场占有率，而且通常在新产品开发、价格调整、渠道创新及促销活动等方面领导着其他厂商。例如，世界手机行业的苹果公司、工程机械行业的卡特彼勒、快餐行业的麦当劳、软饮料行业的可口可乐，中国家电行业的海尔、互联网搜索服务行业的谷歌等。

市场领导者如果没有获得法定的垄断地位，必然会面临竞争者的无情挑战。因此，必须保持高度的警惕并采取适当的战略和策略，否则就很可能丧失主导地位而降到第二位或第三位，如苹果公司开发 iPod 成为市场领导者，取代了索尼的随身听。市场领导者处于众人关注的焦点，为了维护自己的优势，保住自己的主导地位，通常可采取3种策略，即扩大总需求、保持现有市场份额和扩大市场份额。总之，策略核心是守住阵地，以防守为主。

(一) 扩大总需求

在行业总需求扩大后，市场领导者由于市场占有率高，所以受益最大。扩大总需求的途径有3种。

1. 开发新用户

每种产品都有潜力去吸引那些尚不了解该产品的顾客，或是因为价格不合理、缺少某些产品特色而拒购的顾客。企业可以从以下 3 种群体中寻找新的顾客来源：那些可能使用却仍然没有使用该产品的顾客(市场渗透战略)，那些从未使用过该产品的顾客(新细分市场战略)，或者那些生活在别处的顾客(地理扩张战略)。

2. 寻找新用途

找出产品的新用法和新用途以增加销售。杜邦公司制造的尼龙最初用于制造降落伞的合成纤维，之后公司发现它可作为制造妇女丝袜的纤维，再之后又成为男女衬衣的主要原料，以至于今天被用于制作汽车轮胎、沙发椅套和地毯。这样，尼龙产品的市场规模便成倍扩张。

3. 增加使用量

(1) 增加每次使用量。营销人员可以尝试提高顾客的产品使用数量、消费水平和使用频率。研究表明，更大的产品包装能够增加顾客的一次使用量。如果产品容易获得，冲动型消费品如软饮料、零食的销售量就会增加。又如洗发剂生产企业可提示顾客，每次洗发时，洗发剂涂抹两次、冲洗两次比只用一次效果更好。

(2) 增加使用场所。如电视机生产企业可以宣传在卧室和客厅等不同房间分别摆放电视机的好处，如观看方便、避免家庭成员选择频道的冲突等，宣传这是美好生活的需要，是生活水平提高的表现而不是奢侈或浪费，打破原先只买一台的习惯和“节俭”的思想，使有条件的家庭乐于购买两台以上的电视机。

任天堂的DS教室

任天堂从来都不只是单纯为了游戏而制作电子游戏产品，通过发现和倡导其产品的新用途而拓展市场，如任天堂开发的便携式DS系统已经被引入教室。教师可以通过WiFi 跟学生进行互动，在同学们的手持设备上播放问题、视觉教具以及其他的信息。在美国，一个典型的七年级课堂，同学们会使用电子笔在任天堂 DS 主屏幕上拼写如“hamburger”，DS就会自动的朗读该单词并发出“很棒”的声音；DS还可以帮助老师进行课堂测试，学生回答后立刻看到结果。任天堂DS教室在日本也发展迅速，该课堂计划包含了从拼写、数学到物理、常识所有初高中的学习内容。通过开发课堂，游戏产品领导者任天堂也扩展了自我的市场。

(资料来源：菲利普·科特勒. 市场营销原理. 北京：机械工业出版社，2013)

(二) 保持现有市场份额

“进攻是最好的防守”，领导者保持市场份额的最佳办法是不断创新。不仅要在现有产品的成本降低、价格调整、渠道创新与促销活动等方面充当开路先锋，而且要不断开拓新业务领域，在产品和业务的一体化与多样化方面有所发展。

在试图扩大整个市场容量的同时，市场领先者必须时刻注意保护自己的现有业务不受竞争对手的侵犯：如波音须应对来自空中客车的强劲竞争；谷歌防范来自雅虎和微软的威胁；在线社交网站MySpace和Facebook的成功也遭到新兴公司的挑战等。

市场领先者应该引领行业不断开发新产品、提供新的顾客服务、致力于资源的有效分配及成本的持续降低。只要能够提供全面的解决方案，企业就可以不断增加其竞争优势和顾客价值。即使它们不发动攻击，至少也应自我保护，防御竞争对手的进攻。企业必须清楚，哪些重点领域应不惜任何代价加以防守，哪些领域可以放弃。防御战略的目的在于减少受到攻击的可能性，将攻击的目标引到威胁较小的领域，并设法减弱攻击的强度。防御者的反应速度对利润会造成不同的影响。例如，瑞士钟表业面对日本石英电子表的挑战，战略性推出以石英为机芯的斯沃琪 (Swatch) 腕表，定位于时尚的、运动的、音乐的、艺术的，以时髦缤纷的色彩，活泼的设计以及颠覆传统的造型成为一款“戴在手腕上的时装”，从侧翼成功击退日本人的进攻。同时，顺应世界手表市场上追求轻、薄的潮流，发挥瑞士人传统手工艺精湛、细腻的优势，把金表的厚度降到不足1厘米，比当时最薄的电子手表还薄1.5毫米，把钟表制造技术提高到别人难以逾越的高度，为巩固冠军宝座打下了基础。

资料链接

苹果与三星的智能手机市场之争

2011年11月，三星成为手机市场的老大，并在智能手机领域打败了苹果iPhone。这一成功要得益于三星花费巨大资金主推的Galaxy S系列智能手机。作为回应，苹果公司展开激进的行动以捍卫苹果的市场份额。苹果公司将三星告上法庭，宣称三星的Galaxy手机生产线和平板电脑“依葫芦画瓢”地抄袭iPhone和iPad。苹果公司指控三星的Galaxy手机操作方面侵犯了苹果的专利权，包括屏幕上的手势系统，以及苹果产品在颜色和外形方面的专利。为了反击苹果的指控，三星公司也同样宣称苹果公司侵犯了三星的10项专利，包括3G技术方面、如何减少数据运行时的错误、无线数据通信技术等。苹果公司是三星在液晶显示屏和半导体方面最大的客户。尽管三星是苹果很重视的供应商，但是苹果公司觉得三星在与其竞争过程中轻视法律的行为，已经触犯了苹果的底线。

(资料来源：菲利普·科特勒. 市场营销原理. 北京：机械工业出版社，2013)

(三) 扩大市场份额

在整个行业产品的总市场无法扩张的情况下，领导者应致力于扩大自己在现有市场的占有份额。著名的“经营战略对利润的影响”研究显示，获利率(以税前的投资回报率衡量)随着市场份额增长而直线上升。

但需要注意的是，市场占有率达到一定水平(如50%左右)后，其增长会与获利率成反比关系。因为这时再要扩大市场份额，成本会迅速上升。原因是，当领先企业的市场份额扩张到一定程度后，坚持不买的顾客可能是不喜欢本企业，或忠于其他竞争者，或有某种特殊偏好，这些倾向往往是难于改变的。另外，竞争者也可能为保卫仅有的市场份额做出各种努力。这样，企业若顽固坚持继续扩张市场份额，必然要花费更高昂的公关、广告等促销成本。精明的企业家应善于把握火候，适可而止，及时转移战略重点。同时，当自己的市场份额接近于临界点要主动加以控制，以免违反《反垄断法》，被强行地分解为若干相互竞争的小公司。

二、市场挑战者战略

市场挑战者是指市场占有率仅次于领导者，并有实力向领导者发动全面攻击的厂商。如美国汽车行业的福特公司，软饮料行业的百事可乐公司等。

(一) 确定战略目标与竞争对手

市场挑战者的基本战略是提高市场占有率，从而增加盈利率。为此，它可选择市场领导者或其他竞争者作为攻击对象，用侵蚀领导者的市场或吞并小公司来扩张自己的势力范围。

市场挑战者必须要决定挑战哪些竞争者以及达到什么目标。挑战者可以挑战市场领导者，这是一个高风险但潜在收益也是非常高的战略，其目标可能是取而代之成为市场领导者。施乐公司通过开发更好的复印机从3M公司手中抢得领导者地位。随后，佳能通过推出桌面复印又拿走施乐公司很大一部分的市场份额。挑战者也可以将目标定为仅仅是夺取更多的市场份额。

(二) 选择挑战战略

根据上述进攻对象和目标，可以集中优势选择适当的进攻策略。

1. 正面进攻

进攻者集中力量直接攻击竞争对手的长处、市场和产品。这是硬碰硬的攻坚战，其条件是：进攻者的实力大于竞争对手。守方的产品、市场受到直接攻击，威胁到它现有的地位甚至生死存亡，必然会进行顽强的抗争，因此正面攻击很可能是一场旷日持久的相持战，这时充足的人、财、物资源成为决定性的因素。

百事可乐对可口可乐的正面进攻

可口可乐是有100多年历史的老牌软饮料，长期以一种特有的6.5盎司的瓶子出售。20世纪30年代开始，百事可乐公司抓住了可口可乐公司的弱点——老牌货，对其发起正面攻击。老牌货是可口可乐的优势，也是它的劣势。老牌货有自己特别的口味，但青少年要有一个过程才能适应它；更甜、更便宜的饮料更容易被青少年接受。百事可乐公司在口味上动脑筋，同时抓住可口可乐6.5盎司的瓶子大做文章。推出了12盎司容量的瓶子，每瓶售价5分，打出了"5分钱也能喝两份的"促销口号。可口可乐公司对此无法及时还击，因为要保住老牌货的声誉就不能轻易地变更配方。再说，库存的10亿只6.5盎司的瓶子价值也很可观，因而不容许轻易放弃。由此，百事可乐的市场占有率逐步提高。当然，可口可乐公司也有自己的防御对策，但百事可乐则继续在青少年顾客上做文章，打出了"新一代的抉择"这一广告主题，使百事可乐的市场份额持续上升。20世纪50年代，百事可乐的销售额与可口可乐之比是1∶5；20世纪60年代是1∶2.5；20世纪80年代是1∶1.15。

(资料来源：朱立. 市场营销经典案例(第二版). 北京：高等教育出版社，2012)

2. 间接进攻

进攻者以自己的相对优势去攻击竞争对手的薄弱环节。换言之，它不是为争夺同一市场而进行短兵相接的对抗，而是在整体市场上更广泛地满足不同的需求，这正好体现了"发现需求并满足需求"的现代市场营销观念。而且，间接进攻的成功概率远远大于正面进攻，是一种最有效和经济的策略形式。间接进攻可分为地理侧攻(农村和小城市)和细分市场侧攻。

采用细分市场乘虚而入的战略，就应当敢冒风险。由于人们常常怀有"求稳"的心理，因而敢冒风险的人很少，有时甚至无人问津，这时市场就会出现"空白"点。

20世纪60至70年代，日本企业在美国市场上展开了一系列卓越的间接进攻战，一举奠定了日本商品在美国市场上的稳固地位。美国公司历来重视高价厚利产品，出于实力等条件的考虑，日本企业采用简易小型产品、低价薄利，从侧翼向美国市场发起进攻。

本田摩托车的侧面进攻战略

20世纪50年代，美国摩托车市场上的领导者主要是哈利·戴维森、利物浦等一些欧美公司，它们所生产的产品汽缸容量大多在500CC以上，售价高达1000多美元，并把小摩托车称作一种玩具，认定是没有前途的。日本本田公司把轻便摩托车市场视作“未开垦的处女地”，公司配备700多位设计师推出当时质量最好的轻便摩托车。它结构小巧玲珑，便于驾驶，有三档变速、自动离合器，发动机为5马力，而售价低于250美元。针对当时美国西部工业基础较东部落后的情况，本田公司首先在洛杉矶组建了自己的销售公司，之后逐步向东推进。

这是典型的侧翼进攻战略，战略内容包括：产品——摩托车；价格——250美元以下；地点——美国西海岸的洛杉矶市。由于本田公司的进攻战略正确，因而成功地在美国市场上站住脚，建立了自己的前沿阵地。整个20世纪60年代，本田公司将其产品系列从低于125CC逐渐向大容量延伸；在1975年的一年内，本田公司推出了25种新产品；20世纪70年代后期，本田公司进一步推出1000CC的摩托车，正式进入重型摩托车市场。从此，本田公司的摩托车逐渐在汽缸容量上、价格档次上，全系列地遍布美国市场，获得了辉煌的胜利。

(资料来源：陈渊. 文化因素——营销技巧中的利器. 企业家信息，2000)

三、市场追随者战略

在市场竞争中，行业的亚军公司并不是非当挑战者不可。当领导者有足够的实力抵御各种攻击时，亚军公司与其跟领导者争个鱼死网破，倒不如追随领导者，缓和矛盾。如在钢铁、肥料、化工等资本密集型同质产品的行业中，难于使产品差异化和形象差异化，服务质量趋同，价格的敏感性较高，采用进攻策略便可能招致激烈的价格战和对挑战者的报复，为此，亚军公司更适合充当追随者的角色。

市场追随者是指那些模仿市场领导者的产品、市场营销因素组合的企业。追随者不是以击败或威胁领导者为目标，而仅仅是模仿领导者的行动，依附于领导者，从中获取高额利润。

追随者为了选择一条不会导致竞争者报复的发展道路，可采用以下策略。

(一) 紧密跟随

紧跟者尽可能地在各个细分市场和营销组合上模仿领导者。紧跟者的产品和包装类似于领导者，但品牌名称稍有区别。紧跟者并不进行任何创新，在刺激市场方面的努力也极少，只是寄生于市场领导者的投资而生存。

(二) 距离跟随

它是指追随者在目标市场、产品革新、公认的价格水平和分销等主要方面追随领导者，而在其他次要方面则保持一定的距离。这种距离包括收购同行业的小企业、适当多元化经营等。追随者采用这种策略较容易被领导者接受：一方面它没有干扰领导者的营销战略；另一方面让追随者获得一定的市场占有率还有助于领导者免受实行垄断的指责。

(三) 选择跟随

它是指追随者在某些方面步领导者后尘，另一些方面则自行其是。其中，它只模仿领导者行之有效的策略，在能发挥自己特长的领域致力于创新，这两者的结合可能使其以后发展成为挑战者。

宏碁电脑的跟随者战略

宏碁电脑曾经尝试着跟 IBM 和戴尔这类顶级 PC 制造商在美国市场上进行直接的竞争，数年以来损失惨重。虽然宏碁电脑在质量、价格和创新方面广受好评，但是却一直受困于营销和分销。只有少量的广告预算，销售也是通过很多分散的市场进行而没有一个统一的领导机构。最终，宏碁电脑把主要的目光投向了亚洲和欧洲。跟中国大陆的电脑生产商相比，消费者感觉更国际化；而和国际大品牌比较起来，它们又看起来更本土化，宏碁电脑采取跟随而不是挑战领导者的策略获得成功。

(资料来源：菲利普·科特勒. 市场营销原理. 北京：机械工业出版社，2013)

四、市场利基者战略

除了寡头竞争行业，其他行业中都存在一些数量众多的小企业，这些小企业差不多都是为一个更小的细分市场或者是为一个细分市场中存在的空缺提供产品或服务。例如，中国台湾地区就有不少照相器材产品制造商，专为世界大公司主流产品生产配套产品，如快门线、镜头盖用的连接线、脚架套等；中国台湾地区也是目前世界上最大的计算机配套产品生产地。由于这些企业对市场的补缺，可使许多大企业集中精力生产主要产品，也使这些小企业获得很好的生存空间。

市场利基者指专门为规模较小的或大公司不感兴趣的细分市场提供产品和服务的公司。市场利基者的作用是拾遗补缺、见缝插针，虽然在整体市场上仅占有很少的份额，但是比其他公司更充分地了解和满足某一细分市场的需求，能够通过提供高附加值而得到高利润和快速增长。例如，电脑鼠标与交互设备提供商罗技公司在规模上和微软公司相差太多，但是通过将技术聚焦，成功地控制了全球鼠标市场，使得微软也只能成为它的追随者。

市场挑战者有时也占领较小的细分市场，其目标是以此为跳板攻击竞争对手，而市场利基者占领较小细分市场的策略目标则是为了自身的生存和发展，因此它是不具备攻击性的小企业。

市场利基者可以从在下列几方面找到专业化的竞争发展方向。

(1) 最终使用者的专业化。企业专门为最终使用用户提供服务或配套产品。如一些较小的计算机软件公司专门提供防病毒软件，成为“防病毒专家”。

(2) 纵向专业化。企业专门在价值链的某个环节上提供产品或服务。如专业性的设备搬运公司、清洗公司等。

(3) 顾客类型专业化。市场补缺者可以集中力量专为某类顾客服务。如在产业用品的市场上，存在许多为大企业所忽视的小客户，市场补缺企业专为这些小客户服务。

某些小型装修公司，专门承接家庭用户的住房装修业务，这些是大型装修公司所不愿意为之的。

(4) 地理区域专业化。企业将营销范围集中在比较小的地理区域，这些地理区域往往具有交通不便的特点，为大企业所不愿经营。

(5) 产品或产品线专业化。企业专门生产一种产品或一条产品线。而所涉及的这些产品，是被大企业看作市场需求不够、达不到经济生产批量要求而放弃的。这就为市场补缺者留下很好的发展空缺，如家用电器维修安装业务。

(6) 定制专业化。当市场领先者或是市场挑战者追求规模经济效益时，市场补缺者可以关注有定制业务需求的顾客。专门为这类客户提供服务，构成一个利基市场。近年来，我国城市的许多家庭，在住房装修、家具等产品和服务方面越来越倾向于定制，就为许多小企业或个体业主提供分散但数量极大的营销机会。

(7) 服务专业化。专门为市场提供一项或有限的几项服务。如近年来我国城市中出现的许多搬家服务公司、家教服务中心；农村中的农技服务公司、种子服务公司等。

思 考 题

1. 经济学家是怎样描述竞争形态的？
2. 举例说明如何利用竞争者图进行竞争者分析。
3. 竞争者对企业营销行为的反应有哪几种类型？企业对不同的竞争者采取什么样的行动应对策略？
4. 迈克尔·波特的一般性竞争战略有哪几种？
5. 作为市场的领导者应该通过哪些途径来扩大市场需求总量？
6. 什么是市场跟随者？它具有什么样的特点？

课 堂 实 训

界定背景企业的竞争者；辨别竞争者的营销战略；评估竞争者能力。

实训要求：能够运用一定的方法，按照基本流程对背景企业的竞争者进行分析。

步骤及方法：

第一步：绘制市场竞争/产品分析图，界定谁是背景企业的竞争者。

第二步：界定背景企业的其他竞争者。

第三步：辨别竞争者采取的营销战略。

第四步：识别竞争者的目标。

第五步：搜集竞争者的相关信息。

第六步：处理搜集到的信息。

第七步：评估竞争者能力的优势与劣势。(注意：评估竞争者能力的指标包括：创新能力指标、生产能力指标、营销能力指标、融资能力指标和管理能力指标等。)

第八步：评估竞争者反应模式。

案例分析

携程的市场竞争战略

2012 年在线旅行预订行业硝烟弥漫，老大携程网投入 5 亿美元进行为期一年的价格战，同程网 9000 万跟进，去哪儿网投资 2 亿向所有旅游在线服务商免费开放其旅游服务平台，老二艺龙网打出“永远比携程网便宜一元钱”的广告语全面跟进，并进行返现促销。

一、携程的领导者战略

创办于 1999 年的携程旅行网是中国最大的在线旅游预订网站，2017 年市值 169.53 亿美元，紧随 BAT、京东、网易之后，是中国市值最高的互联网公司之一。作为在线旅游服务公司，向超过 1400 万会员提供集酒店预订、机票预订、度假预订、商旅管理、特惠商户及旅游资讯在内的一站式旅行服务。通过成本领先战略占领中国在线旅行 OTA 市场一半以上的市场份额。携程的强大会员体系以及服务质量将帮助携程建立持续的竞争优势，线上预订电子商务平台、线下大型呼叫中心、线上线下互动为用户提供最好的服务体验。

当携程从轻资产公司变成重资产企业，服务能力和资源掌控能力得到较大提升，随之而来却是运营成本急剧增加，产品价格优势尽失。机票、酒旅等上游供应商，包括南航、东航等上游供应商加快直销步伐，并且全方位与艺龙、青芒果、同程等中小 OTA 企业进行更深入合作，导致携程过去打压竞争对手中惯用的“封杀”手段失灵。同时，去哪儿、酷讯旅游比价平台的出现，给小旅行社和代理进入在线预订领域的机会，携程一家独大的地位开始动摇。

随着移动互联网异军突起，艺龙、去哪儿等新老对手纷纷创新营销模式，去哪儿通过搜索比价平台猛攻机票业务，途家推出短租及旅游线路定制业务，艺龙专注酒店在线预订并砍掉线下代理团队。而使携程在 2011 年的市场份额由 2007 年的 53%跌至 41%。

二、艺龙的挑战者战略

艺龙旅行网作为在线旅行行业的挑战者，通过网站、24 小时预订热线以及手机艺龙网三大平台，为消费者提供酒店、机票和度假等全方位的旅行产品预订服务。2007 年艺龙 CEO 崔广福上任后，调整了公司战略，取消呼叫中心，发力线上预订，以此抄近路进攻。市场挑战者的市场定位一定要针对市场领导者强势中的弱势进行差异化定位，应该避开携程网设定的酒店、机票、度假及商旅管理四大板块的全面作战思路，专注于一个领域，成为一个专业公司，决定聚焦于酒店，成为酒店预订专家，品牌定位就是“订酒店，用艺龙”。舍去无法与携程抗衡的业务，再通过直接的现金返利、扩大签约酒店规模等一系列创新营销，艺龙在“在线酒店预订”单项指标上达到携程的 80%，加之 9 个季度订房增速超过携程，使行业领导者感受到来自艺龙的竞争压力。

三、携程击败主要竞争者

(一) 携程击败艺龙

面对艺龙的挑战，2012 年 7 月，携程宣布投入 5 亿美元与艺龙网对攻价格战。使艺龙酒店的利润猛跌 98%，净亏损 3310 万元；2013 年 12 月又拿出 5 亿元人民币促销，向艺龙客户发送“携程各个酒店都比艺龙便宜 10%”的信息，使艺龙连续 5 个季度出现亏损，无力竞争。2015 年 5 月 22 日，携程宣布收购艺龙大股东 Expedia 所持有的艺龙股权，携程出资约 4 亿美元，持有艺龙 37.6%的股权，成为艺龙最大股东。自此，携程击败艺龙，控制了酒店领域 89%的市场份额。

(二) 携程击败去哪儿

国内在线旅游领域能够对携程构成真正威胁的只有去哪儿网，携程要想保持在线旅游领域的王者之位，击败去哪儿是不可避免的选择。

2010 年，去哪儿网创始人庄辰超敏锐洞察，随着移动互联网时代的到来，PC 端的流量将逐渐被无线端取代，于是抢先推出无线端产品。截至 2013 年 6 月，去哪儿网移动端下载量破亿，是同期携程下载量的两倍，艺龙的四倍，一举奠定了在线旅游移动互联领域的领先地位。

2011 年，去哪儿曾公开指责携程已变成利用行业垄断地位打压对手、阻碍行业发展的“邪程”。2013 年初，去哪儿又炮轰携程从去哪儿采购低价酒店，然后加价倒卖客房赚差价。在这两次“战役”中，去哪儿网均主动出击，携程则节节据守。2014 年 9 月，携程向去哪儿主动发起进攻，下架了在去哪儿的酒店产品，并指出去哪儿丧失搜索平台公正性。而去哪儿则高调宣布投入 15 亿元，开启送“红包”回馈活动，率先开启“价格战”。去哪儿与携程多年的价格战最终使双方陷入巨亏。去哪儿网在 2015 年第二季度净亏损 8.157 亿元；携程也在 2014 年第四季度迎来上市 11 年首亏，净亏损为 2.24 亿元。

2015 年 10 月 26 日，携程与百度进行股权置换，拥有去哪儿 45%的股份，正式将去哪儿纳入携程系版图，成为中国 OTA 行业无可争议的王者。

从携程与艺龙、去哪儿的攻防战中可以看到，市场领导者和市场挑战者的不同战略布局。企业如何认知现有战略，进行有效的取舍，如何进行营销战略定位，是竞争中获胜的关键。

同时，也要看到在商业模式创新不断更迭的互联网时代，从不缺乏异军突起的挑战者。携程在击败艺龙与去哪儿等竞争对手之后，又涌现出一批新的竞争者。面对来势汹汹的飞猪旅行、美团酒旅、途家民宿等新的竞争对手，携程势必将发起新一轮战争。

(资料来源：中国经营者，携程 VS 艺龙“王位争夺战”，2012.12.23，经整理)

讨论与思考：

1. 结合案例分析携程采用的一般性竞争战略。
2. 作为市场领导者，携程运用哪些策略击败艺龙和去哪儿？
3. 作为市场挑战者，艺龙采用何种战略取得良好市场业绩？
4. 去哪儿对携程来说是哪类竞争者，为什么说会对携程构成真正威胁？

第四部分　计划与制定营销方案

第八章

产 品 策 略

学习目标

1. 正确理解产品的整体概念。
2. 学会对产品组合进行分析。
3. 掌握产品生命周期各阶段的特点及营销策略。
4. 熟悉新产品的开发程序和扩散过程。

在市场营销组合中，产品策略是最重要的也是最基本的因素。因为企业在制定营销组合策略时，首先必须决定发展什么样的产品来满足目标市场的需求，同时，产品策略还直接或间接地影响其他营销组合因素的管理。从这个意义上说，产品策略是营销组合策略的基础。

第一节　产品整体概念及产品组合

一、产品及产品整体概念

(一) 产品的定义

在现代市场营销学中，产品是指提供给市场，能够满足消费者或用户某一需求和欲望的任何有形产品和无形服务。有形产品包括产品实体及其品质、特色、式样、品牌和包装等；无形服务包括可以给买主带来附加利益的心理满足感和信任感的服务、保证、形象和声誉等。因此，一个 iPhone 手机、一辆奥迪汽车、一杯星巴克摩卡咖啡是产品；一次三亚旅游、汇丰在线投资服务、家庭医生的建议也是产品。

在移动互联网时代，企业为了给顾客提供差异化的产品，创造更好的价值，除了制造高品质产品和传递细致的服务，还要致力于创造和管理顾客对企业和品牌的极致体验。例如，迪士尼一直在通过电影和主题公园为消费者创造梦想和难忘的回忆。耐克也一直宣称："鞋子并不那么重要，重要的是你穿着它的感觉。" Verizon 最近重新设计的智慧商店不仅仅出售手机，它们鼓励顾客更频繁地惠顾、流连和体验移动技术的奇妙之处。

(二) 产品整体概念

产品整体概念涵盖的主要内容是随着营销理论的发展而不断丰富和完善的。学术界曾用 3 个层次来表述产品整体概念，即核心产品、形式产品和延伸产品，这种研究思路与表述方式沿用了多年。菲利普·科特勒等学者更倾向于使用 5 个层次来表述产品整体概念，如图 8-1 所示。

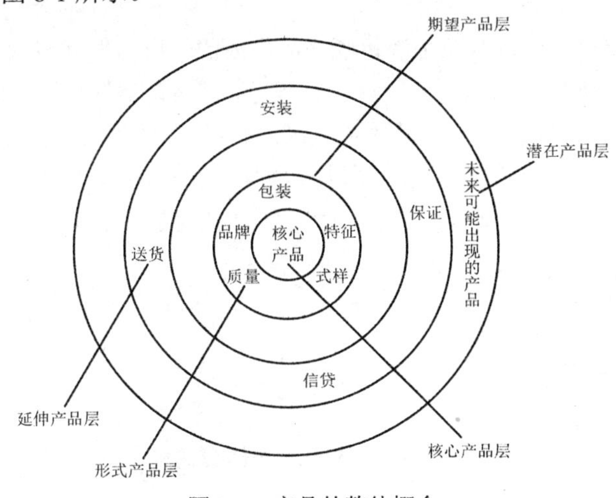

图 8-1　产品的整体概念

1. 核心产品

核心产品是指向顾客提供的产品的基本效用或利益，从根本上说，每一种产品实质上都是为解决问题而提供的服务。人们在购买产品的时候，并不是为了获得或者占有产品本身，而是通过产品使用获得需求上的满足。如洗衣机带来省力、汽车带来便捷、电视机带来娱乐。人们购买轿车，是为了代步，更重要的可能是一种气派，是地位和身份的标志等。核心层是企业营销的根本出发点。

2. 形式产品

形式产品是指核心产品借以实现的形式，由 5 个特征构成，即质量、式样、特征、品牌及包装。由于产品的基本效用必须通过特定形式才能实现，因而市场营销人员在着眼于对顾客能产生核心利益的基础上，还应努力寻求更加完善的外在形式以满足顾客的需要，以此作为出发点进行产品设计，必然有利于促进产品销售。

3. 期望产品

期望产品是指购买者在购买该产品时期望得到与产品密切相关的一整套属性和条件。比如，乘坐飞机的旅客希望的是安全、迅速、提供免费的饮料和快餐及行李托运。由于目前各航空公司一般都能满足乘客这种最低限度的要求，所以多数消费者对不同航空公司不会形成特殊偏好，在选购机票时，往往更多地关注时间和价格是否合适。

4. 延伸产品

顾客购买形式产品和期望产品时，附带获得的各种利益的总和，包括产品说明书、保证、安装、维修、送货、技术培训等，它能给消费者带来更多的利益和更大的满足。如今，随着科技的快速发展，企业为市场提供的产品越来越接近，延伸产品在企业市场营销中的重要性日益突显，成为决定企业竞争能力的关键因素。无数成功企业的经验也表明，企业要赢得竞争优势，就应向消费者提供比竞争对手更多的附加利益。

5. 潜在产品

潜在产品是指现有产品包括所有附加产品在内的、可能发展成为未来最终产品的潜在状态的产品。潜在产品指出了现有产品可能的演变趋势和前景，如汽车能否装上闭路电视、灶具等；彩色电视机可否发展为录放影机、电脑终端机等。

产品整体概念的 5 个层次，体现了以顾客为中心的现代营销观念。这一概念的内涵和外延都是由消费者的需求决定的，消费者追求的是整体产品，企业所提供的也必须是整体产品。

苹果手机的产品整体概念

购买苹果手机(iPhone)的人不仅是购买无线移动电话，进行通话、浏览互联网、收发邮件、观看电子书、玩游戏、浏览图片、播放音频或视频等，他们购买的是自由以及随时随地连接人和资源。iPhone 就是一个实际产品，它的高端品牌美誉度、简洁美观的样式、精准流畅的触屏、铝制一体化机身设计以及包装、其他属性都被精心地组合在一起传递核心利益——保持联系。

iPhone 采用 ios 操作系统、机身轻薄、电池续航能力强、双摄像头和光学防抖功能、防水、指纹识别、全网通、支持 ApplePay 支付等强大的硬件配置，极大地满足了消费者的期望，带来极致的用户体验，使 iPhone 的实用性大大提高。

同时，iPhone 为消费者的移动连接问题提供一个完整的解决方案。当消费者购买一部 iPhone 手机时，公司及其经销商必须对其零部件和工艺做出担保、提供使用的详细说明书、在顾客需要时提供快捷的维修服务、提供顾客免费拨打的电话号码和可查询的网站。

消费者可以通过网络对 iPhone 的操作系统进行升级，每年还可以对 iPhone 进行更新换代，未来可能发展成为物联网设备的控制器和入口，满足消费者的更高层次的需求。

(资料来源：菲利普·科特勒. 市场营销原理. 北京：机械工业出版社，2013)

二、产品的分类

按照市场营销组合策略，产品分类方法有以下两种。

(一) 一般性分类

按照产品的有形性和耐用性分为 3 类：耐用品、非耐用品和服务。

(1) 耐用品。耐用品一般指使用年限较长、价值较高的有形产品。例如冰箱、彩电、机械设备等。耐用品需要企业提供多种售后服务和技术支持，如海尔集团在提供质量可靠产品的同时，提供优质的服务。

(2) 非耐用品。非耐用品一般是指使用周期短、价值较低的易耗品，例如牙刷、肥皂和毛巾等。非耐用品购买频繁，宜多设网点，分散销售，还应通过各种广告以吸引顾客，树立良好的品牌形象，培养忠诚的顾客，同时注意保持低价。

(3) 服务。服务是为出售而提供的活动、利益或满意，如旅馆服务、文艺演出、咨询服务、旅游服务、美容美发等。服务的特点是无形、不可分、易变和不可储存。

(二) 消费品分类

消费品是由最终消费者购买用于个人消费的产品和服务。消费品可以根据消费的特点区分为便利品、选购品、特殊品和非渴求品 4 种类型。

(1) 便利品。指顾客频繁购买或随时购买的产品，如肥皂和报纸等。便利品通常定价较低，而且营销人员将便利品放在很多销售点出售，这样顾客一旦有需要就能立刻找到。便利品可以进一步分成常用品、冲动品以及救急品。

(2) 选购品。指顾客对适用性、质量、价格和式样等基本方面做认真权衡比较的产品。当购买选购品时，消费者花费大量的时间和精力收集信息并进行比较，如家具、服装、汽车和大的器械等。营销人员往往通过较少的渠道分销选购品，但是会提供更深入的销售支持以帮助消费者进行产品比较。选购品可以划分为同质品和异质品。

(3) 特殊品。具有特殊效益或特定品牌，拥有一批购买者，并且愿意花费精力认定其品牌而购买的产品，如芭比娃娃、古驰牌靴子、LV 箱包、苹果手机。通常购买者不对特殊品进行比较，他们只把时间用于找到经营他们想要的商品的经销商。

(4) 非渴求品。指消费者不了解或即便了解也不想购买的产品，如人寿保险和红十字会的献血活动。非渴求品的特性，决定了它需要大量的广告、人员推销和其他营销努力。

不同类型的消费品面对不同的消费者购买行为，采用的营销策略也不同，如表 8-1 所示。

表 8-1　消费品的营销问题

营销问题	消费品的类型			
	便利品	选购品	特殊品	非渴求品
消费者购买行为	频繁购买，很少计划，很少做比较或花费精力，顾客参与度低	不经常购买，较多计划并为购物花费较多的精力，比较品牌的质量、价格和样式	强烈品牌偏好的高度忠诚，为购买付出特别努力，很少比较品牌，价格敏感度低	对产品了解很少(或者即使了解，也没什么兴趣)
价格	低价格	比较高	高价格	不确定
分销	渠道广泛、网点便利	在较少的商店进行选择性分销	在每个市场区域只有一家或几家商店专卖	不确定

(续表)

营销问题	消费品的类型			
	便利品	选购品	特殊品	非渴求品
促销	制造商大量促销	生产商和经销商的广告和人员推销	生产商和经销商针对性更强的促销	生产商和经销商的强力广告和人员推销
实例	牙膏、杂志、洗衣粉	大家电、家具、服装	奢侈品，如劳力士手表或精美的水晶制品	人寿保险、红十字会的献血活动

(三) 产业用品分类

产业用品是指用于进一步加工或用于商业运营的产品。各类产业组织需要购买各种各样的产品和服务，可以把产业用品分成3类：材料和部件、资本项目以及供应品与服务。

(1) 材料和部件。指完全转化为制造商产成品的一类产品，包括原材料、半成品和部件。如农产品、构成材料(铁、棉纱)和构成部件(马达、轮胎)。上述产品的销售方式有所差异，农产品需要进行集中、分级、储存、运输和销售服务，其易腐性和季节性的特点，决定了要采取特殊的营销措施；构成材料与构成部件通常具有标准化的性质，意味着价格和供应商的可信性是影响购买的最重要因素。

(2) 资本项目。指部分进入产成品中的商品。包括两个部分：装备和附属设备。装备包括建筑物(如厂房)与固定设备(如发电机、电梯)。该产品的销售特点是：售前需要经过长时期的谈判；制造商需要使用一流的销售队伍；设计各种规格的产品和提供售后服务。附属设备包括轻型制造设备和工具以及办公设备，这种设备不会成为最终产品的组成部分，在生产过程中仅仅起到辅助作用。这一市场的地理位置分散、用户众多、订购数量少。质量、特色、价格和服务是用户选择中间商时所要考虑的主要因素，促销时人员推销比广告重要得多。

(3) 供应品和服务。指不构成最终产品的那一类项目，比如打印纸、铅笔等。供应品相当于工业领域内的方便品，顾客人数众多、区域分散且产品单价低，一般都是通过中间商销售。由于供应品的标准化，顾客对它无强烈的品牌偏爱，价格因素和服务就成了影响购买的重要因素。商业服务包括维修或修理服务和商业咨询服务，维修或修理服务通常以签订合同的形式提供。

三、产品组合

一般来说，许多企业都是多产品经营的，如美国光学公司生产的产品超过3万种，美国通用电气公司经营的产品多达25万种。产品组合直接影响企业的生产经营战略和营销策略的制定和实施。

(一) 产品组合及相关概念

(1) 产品组合。指一个企业生产或经营的全部产品线、产品项目的组合方式，即企业的业务经营范围。

(2) 产品线。指产品组合中的某一产品大类，是一组密切相关的产品。

(3) 产品项目。指在产品线中品种、性能、质量、规格、商标、式样等特定的产品或者品牌。

例如，宝洁公司经营洗衣粉、牙膏、肥皂、洗发水、纸巾等，这就是一个产品组合，其中“洗发水”或“牙膏”等大类就是产品线，每一大类里包括的具体品牌、品种为产品项目。

(二) 产品组合的宽度、长度、深度和关联度

(1) 产品组合的宽度。指产品组合中所拥有的产品线数目，由表 8-2 可以看出，宝洁公司有 6 个产品线，即洗衣粉、牙膏、肥皂、方便尿布、洗发水和纸巾，产品组合的宽度为 6。

(2) 产品组合的长度。指产品组合中产品项目的总数，以产品项目总数除以产品线数目即可得到产品线的平均长度。在表 8-2 中，产品项目总数是 30 个，产品组合的长度为 30，每条产品线的平均长度为 5。

(3) 产品组合的深度。指产品项目中所含产品品种的多少，如佳洁士牌牙膏有 3 种规格和 2 种配方(普通味和薄荷味)，佳洁士牌牙膏的深度是 6。通过计算每一品牌的产品品种数目，就可以计算出宝洁公司的产品组合的平均深度。

(4) 产品组合的关联度。指各条产品线在最终用途、生产条件、分配渠道或其他方面相互关联的程度。由表 8-2 可能看出，宝洁公司所生产经营的产品都是清洁用消费品，而且都是通过相同的渠道分销，就产品的最终使用和分销渠道而言，这家公司的这些产品组合的关联度大。

表 8-2 宝洁公司的产品组合

	广度					
长度	洗衣粉	牙膏	肥皂	方便尿布	洗发水	纸巾
	象牙雪	格利	象牙	帮宝适	飘柔	媚人
	德来夫特	佳洁士	柯克斯	露肤	潘婷	粉扑
	汰渍		洗污		沙宣	旗帜
	快乐		佳美		润妍	绝顶
	奥克雪多		爵士		海飞丝	
	德希		保洁净			
	波尔德		海岸			
	圭尼					
	伊拉					
	碧浪					

(三) 产品组合分析

产品组合状况直接关系到企业的生产经营战略、盈利情况和市场策略，因此，企业必须对现有产品组合做出系统的分析和评价，及时调整和优化产品组合。

1. 产品项目的市场地位评价

产品项目的市场地位分析是指将产品线中各产品项目与竞争者的同类产品做对比

分析，动态评价产品的市场地位，既要评价各项产品的市场占有率，也要分析市场增长率(或衰减率)，全面衡量各产品项目的市场地位。

例如，A 家具公司的一条生产线是沙发，沙发产品项目的市场情况如图 8-2 所示。

价格	单功能	双功能	三功能
高	B	A	
中	B	A	A
低		C	C

图 8-2　沙发产品项目的市场情况

消费者对沙发最重视的两个属性是价格和功能。价格分为高、中、低 3 个档次；功能分为单功能(只能坐)、双功能(既能坐也能睡)和三功能(坐、睡和带箱子)。A 公司有 B、C 两个竞争者，A 公司生产 3 种沙发：高档的双功能沙发、中等的双功能和三功能沙发，因为这 3 个市场位置没有竞争者。从图 8-2 可以看出，还有两个市场空白点，各公司没有生产的原因可能是目前生产这种沙发的费用太高，或需求不足，或经济上暂无可行性等。

由此可见，进行产品项目市场地位分析，对于企业了解整个产品线的不同产品的竞争情况以及发展产品线的市场机会具有重要意义。

2. 经济性分析

主要是分析、评价现行产品线上不同产品项目所提供的销售额和利润水平，同时要分析各种产品线消耗的资源，还要重点分析各种产品的边际贡献水平。结合产品的利润和利润率进行对比分析，找出贡献利润最多的产品和增长前景最好的产品，决定资源投入的方向，确定新的产品组合。

如图 8-3 所示的是一条拥有 5 个产品项目的产品线，第一个项目占总销售量的 50%，占总利润的 30%，前面两个项目占总销售量的 80%和总利润的 60%。如果这两个项目突然受到竞争者的打击，产品线的销售量和利润就会急剧下降。把销售量高度集中于少数几个项目之上，则意味着产品线具有脆弱性，务必监视并保护好这些产品项目。最后一个产品项目仅占到产品线销售额和利润额的 5%，如果判定该产品项目无发展前景，可以考虑从产品线上撤掉。

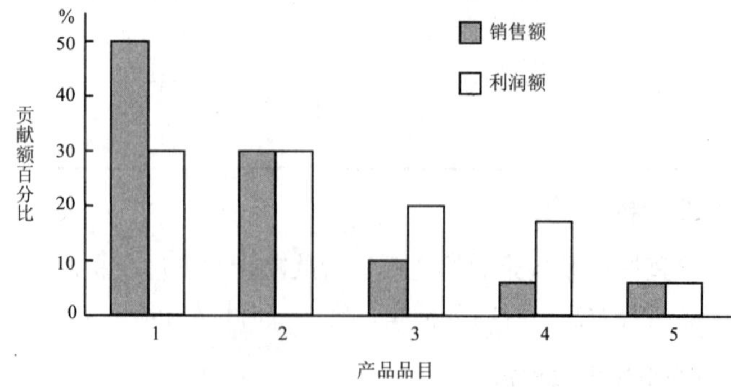

图 8-3　产品线中各产品项目的情况

(四) 产品组合决策

企业在调整和优化产品组合时，可根据市场需求、竞争形势和企业自身能力对产品组合的宽度、长度、深度和关联度方面做出决策。

1. 扩大产品组合

包括拓展产品组合的宽度和增强产品组合的深度。前者指在原产品组合中增加产品线，扩大经营范围；后者指在原有产品线内增加新的产品项目和花色品种。当企业预测现有产品线的销售额和盈利率在未来可能下降时，就应当考虑在现有产品组合中增加新的产品线，或加强其中有发展潜力的产品线。

苏酒集团的产品组合决策

2013 年的春季糖酒会上，苏酒集团推出了蓝色经典新品、洋河老字号、生态苏酒、柔和双沟 4 个系列新品，并让绵柔苏酒、洋河美人泉等省内产品在全国全面招商，以扩大苏酒集团产品在市场的覆盖面和影响力。

现阶段的苏酒集团已从“单品突破”过渡到“全品覆盖”阶段，本次上市的苏酒新品基本上对市场完成了全价位覆盖，将进一步扩大苏酒集团产品的市场占有率。新品洋河老字号系列共分 3 支单品：清字号、明字号和元字号，分布在 100～400 价位段；蓝色经典新品系列：高之蓝、邃之蓝和遥之蓝，价格在海之蓝之上；而生态苏酒的两款产品：地锦和天绣，定位在绵柔苏酒之下，价格在 200～400 元之间。并对其低端产品——洋河美人泉系列和双沟柔和系列进行升级再造，推出了新的“柔和”双沟系列。

纵观苏酒集团的产品线，让苏酒集团在中低端、中高端、次高端、高端和超高端每个价位段都有自己的产品，建立了一支庞大的产品线。苏酒集团此举意图十分明显，就是要减缓高端产品的发展速度，进一步壮大腰部产品的力量，增强对中高端、次高端腰部市场的占有率，让海之蓝、天之蓝之间的价位和市场空隙得以填满。

(资料来源：网易，http://jiu.blog.163.com/blog/static/212792247201331514550288/)

2. 缩减产品组合

市场繁荣时期，较长较宽的产品组合会给企业带来更多的盈利机会；在市场不景气或原料、能源供应紧张时期，缩减产品线反而能使总利润上升，因为剔除那些获利小甚至亏损的产品线或产品项目，企业可集中力量发展获利多的产品线和产品项目。

3. 产品线延伸策略

每一个企业的产品都有特定的市场定位，产品线延伸策略指全部或部分地改变原有产品的市场定位，具体有向下延伸、向上延伸和双向延伸 3 种实现方式。

(1) 向下延伸。即企业把原来定位于高档市场的产品线向下延伸，在高档产品线中增加低档产品项目。

采用向下延伸策略的原因主要有：第一，由于高档产品的需求不断减少，因此企业不得不将其产品组合向下延伸；第二，由于高档产品市场竞争逐渐激烈，开发中、低档产品可以进入新的市场，增加销售收入；第三，利用生产高档产品的良好声誉，招揽收入水平较低的顾客，扩大市场占有率；第四，中、低档产品的市场需求形势好。

企业在采取向下延伸策略时，也会带来一些问题。首先，本来生产高档产品又开始生产低档产品会影响已树立起来的品牌形象，从而损害母品牌形象；其次，因为低档产品利润低，中间商可能不愿意经营；企业向下延伸可能引发新的竞争。

针对以上问题，向下延伸的企业应事先有所安排，例如，在外观、包装、品牌上对高、低档产品要有所区别；及时与中间商沟通，搞好宣传、广告工作；认真做好市场细分，确立目标市场。

派克金笔产品延伸策略

“派克”钢笔号称钢笔之王，属于高档产品。1982 年，“派克”却展开了对低档钢笔市场的争夺，开始生产经营每支 3 美元以下的大众化钢笔，结果，“派克”公司不仅没有顺利打入低档笔市场，反而让对手克罗斯公司乘虚而入，其高档笔市场被冲击，市场占有率下降到 17%，销量只及克罗斯公司的一半。因为“派克”经营低档笔后，其“钢笔之王”的形象和美名受到损害，不能再满足人们以“派克”为荣和体现身份的心理需要。

(资料来源：干冀春. 市场营销实务. 北京：北京理工大学出版社，2011)

(2) 向上延伸。即原来定位于低档产品市场的企业，在原有的产品线内增加高档产品项目。

采用向上延伸的原因主要有：第一，高档产品有需求；第二，高档产品的利润率高；第三，企业想增加产品组合深度；第四，企业的声誉很好，有生产高档产品的实力。

企业向上延伸比向下延伸的难度更大一些，主要有：消费者可能怀疑企业的能力；生产高档产品企业的竞争力一般更强一些，增加经营难度。所以，想向上延伸的企业事先也应有所准备。例如，做好企业形象的宣传报道，赢得消费者的信任；寻找和培训更好的中间商，提高竞争实力。

品牌高档化比品牌低档化困难得多。品牌高档化有如小马拉大车，非常困难，所以，泸州老窖、剑南春、沱牌等向高档市场的延伸不容易；品牌低档化有如大牛拉小车，有势如破竹的感觉，所以五粮液打入中低档市场做得比较顺利。

(3) 双向延伸。即原定位于中档产品市场的企业掌握了市场优势以后，向产品线的上、下两个方向延伸。一方面增加高档产品，提高品牌形象；另一方面增加低档产品，扩大市场占有率。例如，索尼公司的随身听就是先以中档产品进入市场，而后分别发展高档品和低档品。20 世纪 70 年代后期的钟表工业市场竞争中，日本“精工”公司采用产品双向延伸策略取得了成功。当时的国际手表市场，正逐渐形成高精度、低价格的数字式手表的需求市场。精工以“脉冲星”为品牌推出了一系列低价表，从而向下渗透进入这一低档产品市场。同时，它还收购了一家瑞士公司，向上渗透高价和豪华型手表，其中一款售价高达5000美元的超薄型手表进入高档手表市场。

4. 产品线现代化策略

这一决策强调把最新的科学技术应用到生产过程中，对产品线实施现代化改造。如一家企业的机床可能是20世纪90年代的老产品，这就可能使企业败于产品线先进的竞争者；如果企业决定对现有产品进行改造，问题是逐渐实现现代化，还是以最快的速度、用全新设备更换原有的产品线。逐步实现现代化可使企业减少资金消耗，但竞争者有机会发现这种变化，并且有充足的时间采取措施与之竞争。而快速现代化策略虽然会在短期内耗费大量的资金，但是可以减少竞争者。

5. 产品线特色化

产品线经理在产品线中选择一个或少数几个产品品种进行特色化。有时需要对产品线低档产品型号进行特色化，使之充当“开拓销路的廉价品”。如果发现产品线上有一端销售情况良好，而另一端却有问题，可以努力促进对销售较慢的产品的销售。

第二节　产品生命周期

产品从投放市场到退出市场同其他事物一样，有出生、成长、成熟到衰亡的过程，市场营销学将产品在市场上的这一过程用产品生命周期加以描述。产品生命周期理论已成为企业开发新产品、规划产品的更新换代、分析市场形势以及制定产品市场营销策略和经营决策，以及进行预测、分析、比较研究、资本运作和调控的重要工具。

一、产品生命周期的概念及阶段划分

(一) 产品生命周期的概念

产品生命周期(Product Life Cycle，PLC)，是指某产品从进入市场到被淘汰退出市场的全部运动进程。产品生命周期理论是美国哈佛大学教授雷蒙德·弗农(Raymond Vernon)于1966年在其《产品周期中的国际投资与国际贸易》一文中首次提出的。

在理解产品的生命周期时应注意两个问题。第一，产品的生命周期是指产品的社会经济周期，是产品的市场寿命，不是使用寿命；产品的使用寿命是指产品的耐用程度。例如，时装的产品生命周期虽然很短，但时装的使用寿命可以很长。第二，产品生命周期是针对具体产品项目而言，而产品系列的生命周期会更长一些，相对而言，研究产品项目生命周期更有实际意义。

(二) 产品生命周期阶段划分及特点

由于受市场因素的影响，产品在其生命周期内的销售额和利润额并非均匀地变化，不同时期或阶段，产品有着不同的销售额和利润，从这个角度，产品的生命周期可以以销售额和利润额的变化来衡量。按照销售额的变化衡量，典型的产品生命周期包括导入期、成长期、成熟期和衰退期 4 个阶段，如图 8-4 所示。

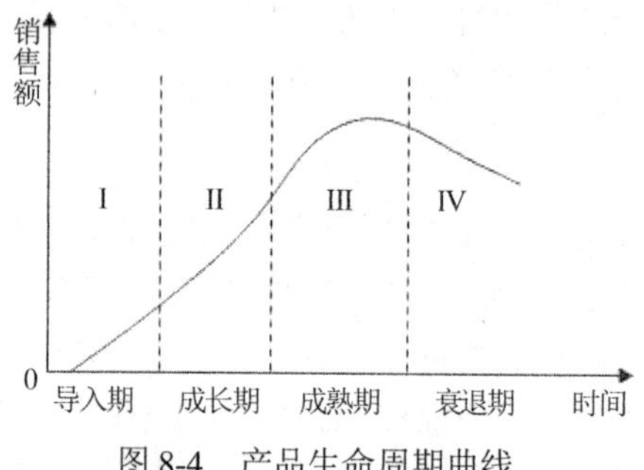

图 8-4　产品生命周期曲线

在产品生命周期的不同阶段，产品的市场占有率、销售额、利润额是不一样的。典型产品生命周期的 4 个阶段分别体现出不同的特点。

1. 导入期

导入期又称引入期、试销期，是指新产品刚刚投入市场的最初销售阶段。其主要特点有：①产品设计尚未定型，花色品种少，生产批量小，单位生产成本高，广告促销费用高；②消费者对产品不熟悉，只有少数追求新奇的顾客可能购买，销售量少；③销售网络还没有全面、有效地建立起来，销售渠道不畅，销售增长缓慢；④由于销量少、成本高，企业通常获利甚微，甚至发生亏损；⑤同类产品的生产者少，竞争者少。

2. 成长期

成长期又称畅销期，是指产品在市场上迅速为顾客所接受，销售量和利润迅速增长的时期。其主要特点有：①产品已定型，花色品种增加，生产量增大；②消费者对新产品已经熟悉，销售量迅速增长；③建立了比较理想的销售渠道；④由于销量增长，成本下降，利润迅速上升；⑤同类产品的生产者看到有利可图，进入市场参与竞争，市场竞争开始加剧。

3. 成熟期

成熟期又称饱和期，是指产品销量趋于饱和并开始缓慢下降、市场竞争非常激烈的时期。通常成熟期在产品生命周期中持续的时间最长。根据这个阶段的销售特点，成熟期可以分为成长成熟期、稳定成熟期和衰退成熟期 3 个时期。3 个时期的主要特点有：①成长成熟期的销售渠道呈饱和状态，增长率缓慢上升，有少数消费者继续进入市场；②稳定成熟期的市场出现饱和状态，销售平稳，销售增长率只与购买人数成比例，如无新购买者则增长率停滞或下降；③衰退成熟期的销售水平开始缓慢下降，消费者的兴趣开始转向其他产品和替代品。

4. 衰退期

衰退期又称滞销期，是指产品销量急剧下降，产品逐渐被市场淘汰的阶段。其主要特点有：①产品需求量、销量和利润迅速下降，价格下降到最低水平；②市场上出现了新产品或替代品，消费者的兴趣已完全转移；③多数竞争者被迫退出市场，继续留在市场上的企业减少服务，大幅度削减促销费用，以维持最低水平的经营。

(三) 产品生命周期的其他形态

典型的产品生命周期是一种理论抽象，是一种理想状况，在现实经济生活中，并不是所有产品的生命历程完全符合这种理论形态。本书将这种产品的生命周期称为非典型的产品生命周期，它主要有以下几种形态，如图 8-5 所示。

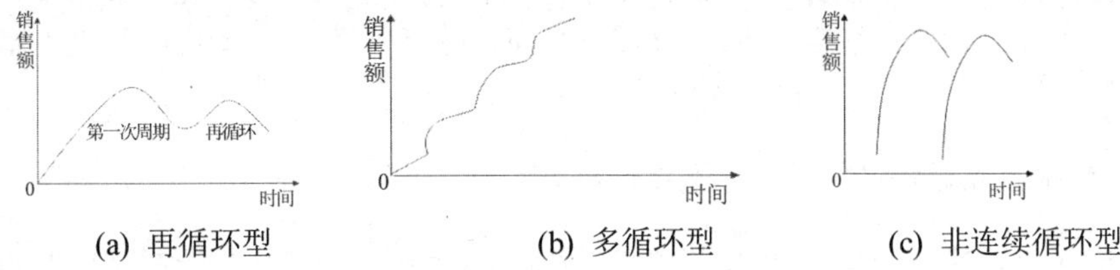

(a) 再循环型　　(b) 多循环型　　(c) 非连续循环型

图 8-5　生命周期曲线的几种形态

1. 再循环型生命周期

再循环型生命周期是指产品销售进入衰退期后，由于种种因素的作用而进入第二个成长阶段，如图 8-5(a)所示。这种再循环型生命周期，是市场需求变化或企业投入更多促销费用的结果。

2. 多循环型生命周期

多循环型生命周期是产品进入成熟期后，企业通过制定和实施正确的营销策略，使产品销量不断达到新的高潮，如图 8-5(b)所示。

3. 非连续循环型生命周期

非连续循环型生命周期是产品在一段时间内迅速占领市场，又很快退出市场，过一段时间后又开始新的循环，如图 8-5(c)所示。如大多数时髦商品的生命周期属于非连续循环型生命周期。

(四) 产品种类、形式和品牌的生命周期

一个产品种类、一种产品形式或一种品牌产品的生命周期各不相同。

(1) 产品种类具有最长的生命周期。许多产品种类的销售在成熟阶段是无限期的，这是因为它们与人口变化规律高度相关，如食盐、洗衣皂、冰箱；还有些产品种类(如光盘、报纸、胶卷)已经进入产品生命周期的衰退阶段；而另一些种类(如手机)已进入成长阶段。

(2) 产品形式。它比产品种类更能准确地体现典型的产品生命周期的历史。例如，黑白电视经历了产品生命周期的导入期、成长期、成熟期和衰退期；而当前的彩色电视正在重演被数字电视取代的相似历史。

(3) 品牌化的产品可以有短的或长的产品生命周期。有研究指出：在过去，一种新品牌的生命大约是 3 年，并且有迹象表明它的成长期更短。同时，如果经营得好，一个品牌可以永久地存在，例如可口可乐、吉列、美国运通等，百余年后仍然在各自的领域经久不衰。

但是，使用产品生命周期概念预测产品市场前景或者制定营销战略是很困难的。例如，很难准确判断产品处于生命周期的哪个阶段或者什么时候进入生命周期的下一个阶段，这个临界点无法把握；也难以确定产品在生命周期各阶段推进的影响因素。营销人员不应盲目地按照产品生命周期各个传统的阶段来经营产品。与此相反，营销人员要经常违反这一生命周期“规则”，以一种不可预期的方式定位其产品。借助这种做法，在成熟期挽救产品，使之重新回到成长阶段；或者越过可能延缓消费者的重重障碍，将新产品迅速推入成长期。因此，企业的营销人员可以把产品生命周期概念作为一种实用的思维框架，通过对市场的全面分析和判断，为不同产品生命周期阶段制定营销策略。

二、产品生命周期各阶段的营销策略

在企业的市场营销活动中，根据产品所处生命周期阶段的特点应采取不同的市场营销策略，使企业达到最佳组合策略，形成企业的竞争优势。

(一) 导入期的营销策略

导入期投入市场的产品，要有针对性；进入市场时机要合适；设法把销售力量直接投向最有可能的购买者，使市场尽快接受该产品，以缩短导入期，更快地进入成长期。将价格水平与促销水平结合起来，可以将导入期的营销策略分为以下 4 种，如图 8-6 所示。

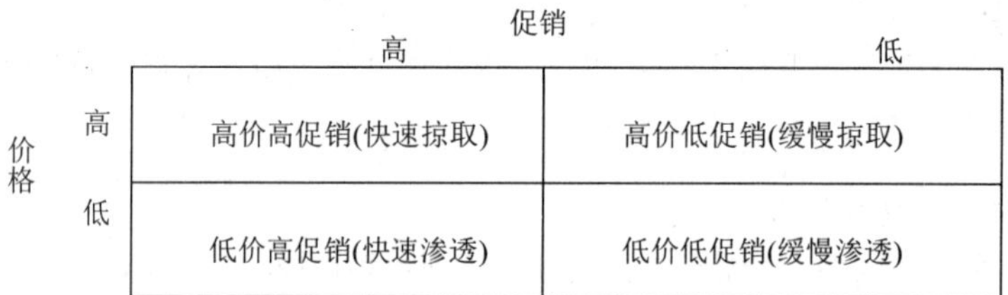

图 8-6　导入期的营销策略

(1) 快速掠取策略。以高价格和高促销费用推出新产品，快速建立知名度，以期尽快收回投资。

适用条件：潜在市场上的大部分人还不知道该产品；了解该产品的人急于追求时髦、新颖的东西，并愿意照价付款；企业面临竞争的威胁，需要尽早树立名牌。

圆珠笔的快速掠取策略

1945 年年底，“二战”刚刚结束，战后第一个圣诞节来临之际，美国的消费者都热切希望买到一种新颖别致的商品，作为战后第一个圣诞节的礼物送给亲朋。于是雷诺公司看准这个时机，从阿根廷引进了美国人从未见过的圆珠笔并很快形成了规模生产。

当时每支圆珠笔的生产成本只有 0.5 美元，那么，市场的零售价该定多少呢？如果按照通常的成本导向定价法，定 1 美元就能赚一倍，1.5 美元就是 200%的利润。似乎应该满足了。但公司的专家们通过对市场的充分研究后认为：圆珠笔在美国属于首次出现，奇货可居，又值圣诞节，应用高价引导，刺激消费。于是，公司决定以 10 美元批给零售商，零售商则以每支 20 美元的价格卖给消费者。

事情果然如预测的那样，圆珠笔尽管以生产成本 40 倍的高价上市，立刻以其新颖、奇特、高贵的魅力风靡全美国。虽然后来跟风者蜂拥而至，生产成本降到了 0.1 美元，市场价也跌到了 0.7 美元，但雷诺公司早已狠狠地赚了一大笔。

(资料来源：张俊. 市场营销——原理、方法与案例. 北京：人民邮电出版社，2016)

(2) 缓慢掠取策略。以高价格低促销费用推出新产品，以尽可能低的费用支出取得最大限度的收益。

适用条件：该产品的市场容量较小；大多数顾客已了解该产品且对价格不太敏感；潜在竞争威胁小。

(3) 快速渗透策略。用低价格和高促销费用推出新产品，以争取迅速占领市场，达到最大的市场占有率，取得规模效益。

适用条件：该产品的市场容量大；潜在顾客对该产品不了解且对价格很敏感；潜在竞争对手威胁大；产品的单位制造成本随着生产规模的扩大和生产经验的增加而降低。

(4) 缓慢渗透策略。以低价格和低促销费用推出新产品，以获得较高的市场占有率和较多的利润。

适用条件：该产品的市场容量大；顾客已经了解该产品且对价格十分敏感；市场上的潜在竞争对手多。

哈药集团产品导入期的广告投入策略

2000 年哈药集团投入 11 亿元广告费，取得了 80 亿元的销售佳绩，获利达 2000 万元。而在 2001 年，哈药集团又投入 5 个亿的公益广告费用，约占全年广告费用的一半。

当时，中国的保健品市场竞争达到白热化程度，作为哈药主打产品之一的“盖中盖”口服溶液如何打响自己的品牌，在保健品市场中独占鳌头这个问题已经很迫切地摆在面前。他们最后得出结论，在产品的导入期采用异乎寻常的广告宣传策略，以最快的速度使产品达到高峰，打一场漂亮的市场闪电战。哈药集团全年广告投放 11 亿元，还请出濮存昕、巩俐等在观众心目中颇有好感的影视明星拍广告，在电视频道的各时间段，主要是黄金时段推出他们的明星广告片，从而提高产品注目率、知名度。这一策略使得当时其他厂家无法招架，中国的老百姓也很快便知道“盖中盖”品牌。

(资料来源：MBA 智库网，http://wiki.mbalib.com/wiki/，经修改)

(二) 成长期的营销策略

产品成长期是指产品试销成功后，在市场营销中处于发展上升的阶段。营销策略的核心是尽可能地延长产品的成长期。具体说来，可以采取以下营销策略。

(1) 不断提高产品质量。企业应根据市场形势的变化，不断完善产品质量，努力发展产品的新款式、新型号，增加产品的新用途，以保持市场的领先地位。

(2) 树立品牌形象。企业的广告目标应以提高产品知名度为中心，强调本企业产品的特色，提高顾客的品牌忠诚度。

(3) 开辟新的销售渠道，扩大销售网点。开辟新的销售渠道是为了得到更多的销售机会，扩大销售网点是为了方便顾客购买。

(4) 选择适当时机调整价格，以争取更多顾客。

这些措施有助于提高企业产品的市场竞争力，但也会增加营销成本。在这一阶段，企业面临着高利润率和高市场占有率的选择。如果企业选择高市场占有率，即意味着要放弃当前最大利润，但这一损失企业可以在下一阶段得到补偿。

从“金嗓子喉宝”看成长期的品牌诉求

在导入期，伴随着“金嗓子喉宝，入口见效”的广告，使“金嗓子喉宝”的产品概念和利益诉求为消费者所认知，该产品的直接利益就是可以润喉。在产品进入成长期后要进行品牌的塑造和传播，目的是让消费者在记住产品利益的同时记住品牌概念，加大感性的成分，以便企业能更节省资源，利用品牌使消费者产生忠诚度。然后，企业再在相关产品和新的产品概念上加以创造，以便争取更多的市场份额和市场机会。

消费者所熟知的“金嗓子喉宝”是产品的概念，是由“都乐”品牌创造出来的，但是“都乐”这一品牌却很少有人能够认知，这对企业来说是很危险的。进入成长期后，企业必须加大“都乐”品牌的传播，把产品概念与品牌紧密联系起来，产生品牌联想，使它们不可分割，独占消费者心智，形成竞争优势。否则，竞争者乘虚而入，“金嗓子喉宝”就会沦为大众名词。

(资料来源：陈培爱. 现代广告学概论. 北京：首都经济贸易大学出版社，2007)

(三) 成熟期的营销策略

在成熟阶段，许多企业会放弃产品组合中缺乏竞争力的产品，集中资源以开发新产品或发展有利可图的老产品。但是，要准确判断一个产品是否真正成熟是不容易的。有些企业通过运用营销方法，能够使有些看似已经处于成熟期的产品再次获得新的生命周期。所以，企业应慎重调整产品组合，应该系统地、全面地考虑市场因素和营销组合因素，并据此来调整企业的营销战略。

对成熟期的产品，宜采取主动出击的策略，使成熟期延长，或使产品生命周期出现再循环。为此可以采用以下 3 种策略。

(1) 市场改良。即开发新市场，寻求新用户。有 3 种实现方式：一是发展产品的新用途，寻找新的细分市场；二是刺激现有顾客，提高使用频率；三是给产品重新定位，以吸引新的顾客。

(2) 产品改良。也称产品再推出。具体方式：一是质量改进，在提高产品质量的同时，主要侧重于增加产品的功能；二是特性改进，这是指为提高产品的高效性、安全性和方便性而做出的改进；三是式样改进，这是指为适应人们美学欣赏需要而进行款式、外观的改变。

(3) 营销组合调整。指通过调整产品、定价、销售渠道及促销方式来延长产品的成熟期。常用的方法是通过降价、增加广告促销、改善销售渠道及提供更完善的售后服务等措施来刺激或扩大消费者的购买，以促使销售量的回升。

百事可乐成熟期策略

百事可乐是我们非常熟悉的一个饮料品牌，目前正处于其成熟期。因而我们根本看不到百事可乐对产品功能诉求的广告，百事可乐的所有广告都是在诉求青春活力，与消费者充分进行情感沟通。如 2003 年由贝克汉姆等超级球星一起代言拍摄的广告片，在欧洲冠军联赛曼联和皇马对决的第二回合比赛中首次播出，意在与广大年轻的球迷朋友进行情感沟通。百事可乐又邀请了明星联合拍摄蓝色飓风广告片，进一步扩大宣传产品的品牌形象及活力动感的品牌个性。百事可乐还对中国甲 A 足球联赛冠名，组织百事可乐三人街霸足球赛等，体现百事可乐在成熟期的诉求核心——将目标永远锁定在年轻一代，让他们对百事可乐产生依赖，成为百事可乐的忠实消费者。

在产品的成熟期，消费者对产品功能品牌价值已经完全认可，对产品的消费因素中的理性因素在减弱，感性因素在加强，消费者更加关注的是消费产品时所带来的感受，比如说有没有更温馨的服务，能不能更显身份等。这个时候，企业广告或促销的目的是要加强消费者对产品的依赖和对品牌的忠诚度，这样既可以迅速扩大市场份额，又能树立品牌形象，为企业更多的产品进入市场打下坚实的基础。

(资料来源：百度百科，http://baike.baidu.com/view/4358570.htm，经修改)

(四) 衰退期的营销策略

对生产企业来说，继续经营衰退期的产品，在大多数情况下都是得不偿失的。此时要进行产品的更新换代，用新产品取代老产品，满足市场的新需求。通常有以下几种策略可以使用。

(1) 集中策略。即把企业的资源和促销活动等用于最有利的细分市场和最有效的销售渠道上，以便获取尽可能多的利润。

(2) 维持策略。即继续保持原有的细分市场，沿用过去的营销组合策略，到该产品自然衰竭结束市场生命为止。

(3) 榨取策略。即企业不顾一切地大幅度降低促销费用，也降低价格，以尽量增加眼前利润。这种做法会加速产品衰退进程，因而通常仅作为停产前的过渡策略。

销售衰退的原因有很多，其中包括技术进步、消费者口味变化以及竞争日益加剧等。随着销售和利润的衰退，有些公司退出了市场。留下来的企业可能会减少产品供应，也可能会放弃一些较小的细分市场或盈利状况不佳的分销渠道，或者削减促销预算和进一步降低价格。

对企业而言，最严峻的问题是如何处理老化产品。一般来说，企业在优化产品组合时容易受感情的左右，也会受逻辑推理的影响。例如，美国的柯达公司曾一度占据全球胶卷市场 2/3 的市场份额，而当胶卷业务进入衰退期，柯达公司仍难以割舍，耽误了进入数码相机市场的最佳时间，从而失去了市场的霸主地位。

因此，当产品已经到了衰退阶段，企业营销管理人员应理智面对，识别处于衰退阶段的产品，决定是否维持或放弃它们。管理者可以决定维持处于衰退期的品牌，重新定位或注入新的活力，使其重新回到产品生命周期的成长期。如匡威为其令人尊敬的老牌子全星匡威开发新战略，重新焕发它的市场活力。但除非有充足的理由，否则企业会为继续经营一种衰退产品而付出高昂的代价：高额的隐性成本(如管理和销售人员的时间及精力、商品的储存成本等)会造成市场混乱，损害企业形象等。

第三节　新产品开发

随着现代科学技术的迅速发展，市场中产品日益丰富，消费者的需求不断变化，企业产品的生命周期也在日益缩短。企业要立足于市场，就必须根据市场的需要，不断开发适销对路的新产品以适应消费者的需求。

谷歌：新产品旋风

谷歌公司极富创新精神。过去 10 年间，它几乎在所有的“最佳创新企业”排行榜中都位列前 5 名。谷歌发展新产品时，没有超过两年的计划，其始终坚持“先推出，再逐步完善”。如果有两种方案而不确定哪个是对的，他们会毫不犹豫地选择最快的那个。

谷歌著名的混乱式创新进程释放了无穷的活力，许多都成了所属产品类别的市场领导者。例如，电子邮件服务、数字媒体商店、在线支付服务、全球照片共享服务、移动终端运行系统、博客搜索引擎、网上支付服务、超高速用户宽带网络、云服务网络浏览器、地图导览，甚至还有为所在地区预测和提醒流感爆发的系统。

为了培育这些足以改变人类生活的大胆创新，谷歌创立了一个秘密的研究实验室“谷歌 X”——类似“呆子的天堂”，负责开发即使在谷歌也算得上大胆的创新产品。“谷歌 X”迄今为止最为世人瞩目的创新是谷歌眼镜——一个让所有人津津乐道的可戴在眼睛上的智能设备。随后还会有许多未来主义的产品，比如谷歌无人驾驶汽车。这些过去人们曾视为纯科幻的东西，现在竟然这么接近现实。想象一下，你在网上购物之后不久，一辆谷歌无人驾驶汽车就驶达你家，一个谷歌机器人跳出来把包裹送到门口。似乎遥不可及？也许不是。谷歌目前就是一个领先的机器人开发者。

谷歌从各种来源汲取新产品创意，公司的每一位员工承担了创新责任。谷歌的“创新休假”计划非常有名，该计划鼓励工程师和研发人员用 20%的时间(相当于每周一天)发展他们自己异想天开的产品创意。归根结底，在谷歌，创新不仅仅是一个过程，更是公司 DNA 的组成部分。

(资料来源：菲利普·科特勒. 市场营销理论与实践(第 16 版). 北京：中国人民大学出版社，2016)

一、新产品的概念及种类

(一) 新产品的概念

每一种产品都要经历一定的生命周期，研究产品生命周期的目的，就是为了科学地安排新产品开发计划，保证企业产品在市场上更新换代的连续性，使企业能够在激烈的市场竞争中掌握主动权。一个企业可以通过两种途径获得新产品。其一是直接获取——购买企业、专利或生产许可等；其二是通过自身的研发努力进行的新产品开发。

在营销学中，只要在功能或形态上得到改进或与原有产品产生差异，并为顾客带来新的利益，即视为新产品。新产品不仅指创造一个全新的产品，更多的是相对于产品整体概念的某一部分的改进，如产生产品的新属性、新功能、新用途和新特点。

无论是对消费者还是营销人员而言，新产品都很重要：它将新的解决办法和多样化带入到生活当中，也是企业成长的重要来源。在当今快速变化的环境中，许多公司的增长主要依赖新产品。例如，近年来新产品几乎完全改变了苹果公司。iPhone 和 iPad 的销售现在占该公司总收益的一半以上，而这两种如今最畅销的苹果产品问世仅仅 10 年左右。

如果新产品投入过早，会影响老产品盈利潜力的充分发挥。如果新产品投入过迟，老产品已进入衰退期，而新产品的盈利能力尚未形成，必然会造成企业利润的大幅度下降；同时，由于出现新产品的市场“真空”，也会给竞争对手以可乘之机。

因此，现代企业管理理论认为，新产品的投入期应在老产品的成熟期内完成。这样，既能用处于成熟期的老产品的高额利润来保证新产品在投入期的费用，又可以使新产品在老产品进入衰退期后顺利取代其市场地位。

新老产品寿命周期曲线形成一个三角区域，称之为战略三角，这是一个具有战略意义的区域。它表明，企业在经营单一产品的情况下，必然会蒙受新老产品交替空隙所带来的经济损失，损失的大小取决于产品换代时机的选择。选择换代时机的关键是确定老产品是否进入衰退期。

雀巢公司的新产品开发

雀巢是瑞士最大的工业企业，也是全球规模最大的食品企业之一。但谁能想到雀巢曾经经历过一段艰难困苦的岁月。1977 年，一场消费者抵制雀巢食品的运动由美国开始，并且蔓延至10个工业国家；1975至1980年间，公司平均利润增长率仅为2.2%，远低于美国通用食品公司的8.3%的增长率。1982年，61岁的赫尔穆·莫切尔出任雀巢公司的总裁，他根据全球食品业新的需求，采取了下面一系列新产品开发战略从而扭转了局面。

(1) 增加新品种。为解决众口难调的问题，在传统速溶咖啡的基础上，雀巢公司推出了适合不同口味的多种咖啡，如特浓咖啡、咖啡伴侣等。

(2) 开发速冻食品。在单身职工和双职工家庭日益增多的今天，雀巢公司大胆推出速冻食品，并大获成功。为改善速冻食品的口味，还聘请了名闻遐迩的烹饪大师担任“芬达斯”系列冷冻食品的监厨。

(3) 开发“宠物”食品。随着饲养宠物的家庭越来越多，对宠物食品的需求与日俱增，其利润非常可观。如今，雀巢公司已占领世界宠物食品市场的半壁江山。

(4) 重视食品研发。雀巢公司在世界各地设立了近20个研究所，专门研究适合当地居民口味的食品。而且还设置专门小组，研究营养成分与健康之间的关系。

(资料来源：熊钟琪. 中外企业管理案例选. 长沙：国防科技大学出版社，2005)

(二) 新产品的分类

根据产品对于公司和市场的新旧程度，可将新产品分为6种基本类型。

(1) 全新产品。即运用新技术或新发明创造出的新产品，如美国苹果公司开发的iPad平板电脑创造了一个全新的电脑类别。

(2) 换代产品。指在原有产品基础上采用新材料、新工艺制造出的适应顾客新需求的，具有新用途的产品，如数字电视。

(3) 改进产品。指对现有产品的性能、规格、结构等进行改进，以提高质量或实现功能多样化，满足不同消费者需求的产品。除此之外，对构成产品5个层次中某个因素的变化或改动，有时尽管这种变化很微小，都有可能产生新产品，如新技术的不粘锅。

(4) 新牌号产品。在产品实体微调或不调的基础上改换产品的品牌和包装，如成分相同，品牌不同的药品。

(5) 再定位产品。用于进入新的目标市场或改变原有市场定位而推出的产品，如万宝路香烟。

(6) 引进产品。以买断或合作方式从外部整体引进的产品，如中国的斯太尔汽车。

二、新产品开发的组织

在新产品开发过程中，企业必须建立一个高效的组织，以便对整个开发过程实施有效的管理。

(一) 新产品开发的组织形式

1. 产品经理

有些企业将新产品开发的主要任务分配给产品经理负责。这样的组织形式有利于建立新产品与原有产品之间的联系和企业产品品种数量的稳定。但是，产品经理会更多地重视对现有产品的管理，一般不会在新产品开发工作中投入大量时间，还可能缺乏新产品开发的专业知识和技能，以及面临新产品开发中各部门难以协调的问题，所以这种组织方式存在一定的缺陷。

2. 新产品开发经理

也有一些企业在产品经理下设新产品开发经理，新产品开发经理专门从事开发新产品工作，技术开发人员属于各产品组。该组织形式的优点是能使新产品开发的功能专业化并使新产品的经理能集中投入更多的时间和精力。由于技术开发人员隶属于各产品组，因此产品开发常局限于对现有产品的改良和扩展。

3. 新产品开发委员会

这是在产品线主管或产品经理之上，设置一个高级别的新产品开发管理委员会，成员来自企业内各主要职能部门，一般由技术、质量、生产销售、财务、供应等部门负责人或代表组成。该委员会不直接从事新产品开发的研制、设计、生产和销售工作，主要从事新产品开发的组织领导和协调工作。

4. 新产品开发部

新产品开发部是企业中负责新产品构思的产生、筛选、调研、设计、试制、生产、销售、预算、质量、供应、鉴定、验收等各项工作的专门组织机构。该部门主管拥有新产品开发方面的实权，并与企业的高层管理部门有着密切的联系。

5. 新产品开发小组

当企业有新产品开发任务时，从各业务部门抽调有关人员组成新产品开发小组，专门针对某个开发项目开展新产品研制工作。只要开发项目立项并确定预算、时间期限和工作任务，他们就暂时停止其他工作。新产品一旦研制成功转入正常生产，新产品开发小组就解散。

(二) 团队导向的“并行开发”组织

企业的产品开发一直采用串行的方法，即从需求分析、产品结构设计、工艺设计一直到加工制造和装配，是一步步在各部门之间顺序进行。产品开发过程中存在着许多弊端，首要的问题是以部门为基础的组织机构严重地妨碍了产品开发的速度和质量。产品设计人员在设计过程中难以考虑到顾客的需求、制造工程、质量控制等约束因素，易造成设计和制造的脱节；所设计的产品可制造性、可装配性较差，使产品的开发过程变成了设计、加工、试验、修改的多重循环，从而造成设计改动量大、产品开发周期长、产品成本高。

在新产品开发中，应引入团队导向的“并行开发”组织体制。即在整个开发过程中，研究部门、设计部门、技术部门、生产部门、采购部门、市场营销部门和财务部门自始至终地通力合作，各种职能的交叉管理应始终贯穿产品开发全过程。

三、新产品开发的程序

新产品开发直接关系到企业的生存和发展，是一项非常重要和需要慎重对待的系统工程。

创新可能非常昂贵和具有高风险，新产品面临严峻的考验。据估计，由现有公司推出的新产品有 66%在两年内就以失败告终。另一项研究表明，96%的创新产品不能收回研发成本。新产品的失败有很多原因。有可能产品本身的设计很糟糕；也有可能新产品的构思虽然好，但是企业对市场规模的估计过高；或者定位错误，或者在错误的时间推出，或者定价过高，或者广告很差劲；也可能是高层管理者不顾不利的市场调研结果，执意推行他自己偏爱的产品构思；有的时候，还可能是因为新产品的开发成本高于预算，或者竞争对手的激烈反击超出了预期。总之，要创造一个成功的新产品，企业必须理解它的消费者、市场和竞争对手，并且开发能够向消费者传递优质价值的产品。在寻求和发展新产品的过程中，企业不能凭运气，而必须制订强有力的新产品开发计划，并建立一个系统的、以顾客为导向的新产品开发流程。一般来说，开发新产品的过程可大致分为以下几个阶段，如图 8-7 所示。

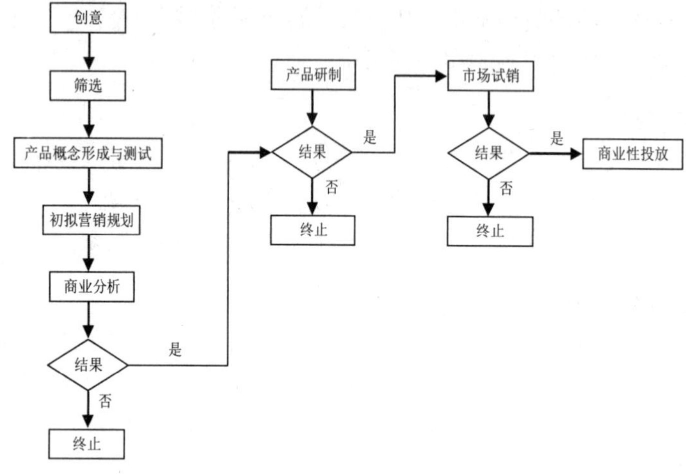

图 8-7　新产品开发过程

(一) 创意产生

新产品的开发是从寻求创意开始的。所谓创意就是开发新产品构想。企业新产品开发的创意主要来源于以下几个方面。

1. 消费者

开发新产品的目的是满足消费者的需要，消费者对产品用途、结构等方面的要求理所当然是新产品开发构思创意的主要来源。据有关调查表明，美国成功的技术革新和创新产品有 60%～80%来自用户的建议。例如，沃尔玛邀请数千家备选供应商通过其“顺利上架”项目提交产品创意和相关视频，再从全国各地邀请数百万名顾客在网上评选他们最希望在货架上看到的商品。

L.L.Bean 新产品创意来自顾客感受

L.L.Bean 公司位于美国缅因州，是美国著名的生产和销售服装以及户外运动装备的公司，1912年开始生产狩猎靴。到20世纪90年代，公司资产达到10亿美元，持续30多年年增长率超过20%。了解顾客的真实感受这一理念始终贯穿其新产品开发的过程中。

产品开发小组要选定那些经常狩猎的人，设计一些问题，使其能够详细描述狩猎活动的感觉和环境，进而了解其对狩猎靴的感觉和希望。在访谈中，面谈者的工作就是要以一种非引导的方法来提出开放性的问题。“你能给我讲述一下最近狩猎的一次经历、一个故事吗？”“告诉我你最好的狩猎故事，它是怎样的经历？”然后再非常安静地听顾客尽情讲述。两人小组的另外一位负责记录，一字一句地记录，不加过滤，不做猜测。通过这些在狩猎者家中或者具体狩猎场所的访谈，可以获得狩猎者的真实想法。小组人员的工作更多是聆听。当结束一次面谈的时候，小组尽快详细回顾并整理面谈内容，因为这时会谈的场景和内容在脑海中还保存着清晰的记忆，能很快找出那些关键的印象深刻地描述出来。

(资料来源：中国鞋业网，http://chinashoes.com，经修改)

2. 本企业职工

本企业职工更了解产品的基本性能，也最容易发现产品的不足之处，他们的改进建议往往是企业新产品构思的有效来源。例如，谷歌有一项称为“创新休假”的政策，激发了从Gmail和Ad到Sense到Google News的大量新产品创意。像Facebook和Twitter这样的技术公司定期举办编程马拉松式的“黑客聚会”，员工在日常工作中抽出一天或一周专门开发新创意。拥有2.5亿成员的专业社交媒体网络LinkedIn(领英)则开展“黑客日”活动，每月有一个周五，鼓励员工做他们想做的有利于公司的任何事情。领英还推出InCubator项目进一步推进了内部开源创新的努力，每个季度员工可以组成团队向领英的经理们展示新创意。获得通过的团队有90天的时间暂停日常工作，将自己的创意付诸实现。迄今为止，该项目已经调动了全公司员工的积极参与性，成功地开发出多个新产品、新业务、内部工具和人力资源项目。

3. 众包

许多公司现在建立众包(crowdsourcing)或开放创新的新产品创意计划，邀请各种人——包括顾客、员工、独立科学家和研究者甚至是广大公众，投入到新产品创新过程中。集思广益可以产生意想不到的好点子。例如，三星公司发起了一项开放创新计划，与公司外部的合作者和企业家广泛联系开发新产品和新技术。此项目旨在推倒禁锢公司创新过程的“围墙”，欢迎来自公司外部的新鲜创意。借助该项目，三星公司与全球行业和大学中优秀的研究者建立联盟，积极参加各种行业论坛，与供应商合作，寻找有潜力的新创公司予以投资。

除了创建和管理自有的众包平台，公司还可以运用诸如InnoCentive、jovoto等第三方众包网络。例如，奥迪、微软和雀巢等组织都积极利用jovoto近5万名创新力旺盛的专业人士的网络，提供10万～100万美元的奖励寻求创意和解决之道。第一年，1 000多位艺术家通过jovoto提交了自己的设计。经过jovoto社群成员的评价和品牌粉丝在Facebook上的投票，最终精选出10种设计。根据这些设计制造的限量版产品非常成功，比以往公司内部创造的限量版产品销售提高20%。

(二) 创意筛选

企业还要对现有的创意加以评估和研究，选出可行性好的创意，这就是创意筛选，其目的是权衡各个创新项目的费用、潜在效益与风险，选出那些符合本公司发展目标和长远利益，并与公司的资源相协调的产品创意，淘汰那些可行性较低的创意。进行创意筛选时，一般应考虑以下几个方面的因素。

(1) 外部环境分析。包括产品的潜在市场成长率，竞争程度及前景，企业能否获得较高的收益。

(2) 内部条件分析。主要衡量企业的人、财、物资源，企业的技术条件及管理水平是否适合生产这种产品。

(3) 销售条件。包括企业现有的销售队伍是否能够销售这种产品，售后服务支持是否能够满足顾客需求等。

(4) 利润收益条件。包括产品获利水平如何，新产品对企业原有产品销售是否有冲击等。

在筛选阶段，应力求避免两种偏差：一种是漏选较好的产品构思，对其潜在价值估价不足，失去发展机会；另一种是采纳了错误的产品构思，仓促投产，造成失败。

(三) 产品概念的发展和测试

对于选定的产品创意，还要征求各方面的意见加以完善，并在此基础上形成产品概念。所谓产品概念就是指企业从顾客的角度出发，对产品的质量、形状、价格、性能、使用、服务等方面所做的详尽描述。另外，企业还要进行产品概念试验，即用文字、图表描述或用实物将产品概念展示于目标顾客面前。事实上，顾客参观车展时所见的“概念车”就是汽车企业在进行产品概念试验，通过这种方式来观察顾客对创意产品的反应，并尽量收集顾客的意见，以便在正式推出产品之前加以完善。

1. 概念开发

假定一个汽车制造商开发出了一种燃料电池电动汽车。其外形时尚、运动感十足，售价为 10 万美元。同时，十年后，它打算推出一款更多人能买得起的、适应大众市场的车型，以与当今的混合动力汽车进行竞争。这一完全靠电力驱动的汽车可以在 4 秒内从 0 加速到 60 英里/小时，一次充电可行驶 250 英里，可用一个普通的 120 伏电源插座充电，每英里能耗花费大约 1 便士。

展望未来，营销人员的任务就是要把这一新产品转化为若干产品概念，了解每一个概念对消费者有多大吸引力，并从中选出最好的那一个。对于这一电动车，或许可以开发出以下的产品概念。

概念 1：价格合理的中型轿车，可作为家庭的第二辆车，适合在城市中走亲访友或外出办事。

概念 2：中等价位的小型运动型汽车，适合年轻人。

概念 3：“绿色”汽车，适合那些关心环境的人，他们需要实用的、低污染的交通工具。

概念 4：一种高端的多功能车，适合那些希望有更大空间和更低油耗的消费者。

2. 概念测试

概念测试(concept testing)是与合适的目标消费者小组一起测试这些新产品概念。概念可以用符号或实物形式来表示。比如，概念 3 可以文字表述，具体如下。

这是一种高效的燃料电池电动小型汽车，可以容纳 4 人且富有驾驶乐趣。完全使用电能使得该汽车不愧为一种无污染的实用交通工具。它充电一次可以行驶 250 多英里，并且每英里的驾驶成本仅为几便士。相对当今高污染、高油耗的车辆而言，该汽车无疑是一种明智的、负责任的选择。其价格在 2.5 万美元左右。

许多企业在开发新产品之前，都会与消费者一起进行有关新产品概念的常规测试。对于一些概念测试，使用文字或图片描述就足够了。但是，如果有实实在在的实物展示，则会增加测试的准确性。

在概念展示出来以后，消费者需要回答如下问题(见表 8-3)。

表 8-3　燃料电池电动汽车概念测试问题

1、您了解燃料电池电动汽车的概念吗？
2、您相信关于该汽车性能的说法吗？
3、与普通汽车相比，该燃料电池电动汽车的主要优点是什么？
4、与油电混合动力车相比，该燃料电池电动车的优势在哪里？
5、您认为该汽车在哪些方面还需要改进？
6、同普通汽车相比，您偏爱燃料电池电动汽车的何种用途？
7、该汽车的合理价格是多少？
8、谁将会影响您对该汽车的购买决策？谁将驾驶它？
9、您会购买这种车吗？(肯定会买、可能会买、可能不会买、肯定不会买)

对这些问题的回答将有助于企业确定哪种概念对消费者具有的吸引力最大。例如，最后一个问题了解消费者购买的可能性。如果 2%的消费者说“肯定会买”，5%的消费者说“可能会买”，企业就可能利用这些数据来估计整个目标市场的销售量。即使如此，企业的估计往往也是不精确的，因为人们的意图并不总转化为行为。

(四) 初拟营销规划

企业选择了最佳的产品概念之后，必须制订市场营销计划，并在未来的发展阶段中不断完善。初拟的营销计划包括 3 个部分。

(1) 描述创意产品的目标市场的规模、结构、购买行为、产品的市场定位以及近期的销售量、市场占有率、利润率预期等。

燃料电池电动汽车的目标市场是年轻一代、受过良好教育、收入水平中上的个人、情侣或小家庭，他们寻求实用且环保的交通工具。该汽车将被定位为富有驾驶乐趣，与一般的燃油汽车或混合动力汽车相比污染较小。企业第一年的目标是销售 10 万辆，亏损不超过 1 500 万美元。第二年的目标是销售 12 万辆，计划获得 2 500 万美元。

(2) 制定产品预期价格、分销渠道及营销费用预算。

燃料电池电动汽车将以 3 种颜色面市——红色、白色和蓝色，以全套配件为标准配置。零售价格为 2.5 万美元，其中 15%为经销商利润。每月销售 10 辆以上的经销商还将获得当月销售车辆 5%的额外折扣。营销预算为 5 000 万美元，其中一半用于全国性的媒体宣传，另一半用于当地的事件营销。广告和互联网将会强调该车的驾驶乐趣和低排放理念。第一年市场调研的费用为 10 万美元，用以研究什么样的消费者会购买该汽车及其满意水平。

(3) 预测 3～5 年较长期的销售额和投资收益率，以及不同时期的市场营销组合等。

公司计划最终获得 3%的轿车市场份额，并实现 15%的税后投资回报。为了实现这一目标，一开始就要生产优质的产品，并不断地通过技术改进来进一步提高质量。如果竞争状况允许的话，价格将在第二、第三年有所提高。营销总预算每年增加 10%，第一年后，每年的营销调研费用将减少为 6 万美元。

(五) 商业分析

主要是进一步分析新产品的销售量、利润及成本等，以明确新产品是否能符合企业目标，符合企业目标的将进入产品开发阶段。

商业分析包括预测销售额和估计成本与利润。预测销售额可参照市场上同类产品的销售情况，并考虑各种竞争因素，分析新产品的市场地位、市场占有率等。在预测新产品销售额的基础上，还要采用量本利等方法进行成本与利润测算，并进一步判定经营风险。

(六) 新产品研制

将通过商业分析的新产品概念交送研究开发部门或技术工艺部门试制成为产品模型或样品，同时进行包装的研制和品牌的设计。这是新产品开发的一个重要步骤，只有通过产品试制，投入资金、设备和劳力，才能使产品概念实体化，才能证明这种产品概念在技术、商业上的可行性。之后，根据样品的应用情况，摸索最佳的生产工艺，确保新产品品质。

在此阶段，研发部门需要建立模型，进行技术测试、设备调试和小规模的生产。一般来说，新产品开发的费用越来越高，一个新药品的问世通常需要 3 亿～8 亿美元的资金投入。如吉列公司推出 MACH3 三层刀片时，先后耗费了 6 年多的时间和 7.5 亿美元的巨资。

(七) 市场试销

试销的目的是了解经销商和消费者经营、使用和再购买新产品的情况，市场反应和市场的大小。通过试销，企业可以获得有价值的信息。例如，对日用消费品来说，如果新产品的试销市场呈现高试用率和高再购买率，说明该产品可以正式上市；如果呈现高试用率和低再购买率，说明该产品还不能上市，仍须完善；如果呈现低试用率和高再购买率，说明该产品可以勉强上市，但应加强促销工作；如果试用率和再购买率都很低，说明该产品应当放弃。对于投资费用大和风险大的新产品，试销规模应大一些；对于试销费用大、时间长的新产品，试销规模应小一些。出于竞争和减少费用方面的考虑，试销工作应迅速进行，尽量缩短时间。试销要耗费一些资金和时间，但可及时发现问题，防止以后出现失误，有利于制定有效的营销策略。

然而，试销会引起竞争对手的警惕，通常的竞争反应是效仿并提前推出同类产品占领市场；或者，加大原有产品的推广力度，以巩固可能被俘虏的客户。为了节省开支和摆脱竞争对手的干扰，企业在不断寻找更加便捷而隐蔽的方式开展试销，如通过周密的实验室模拟，或者与商场达成协议，专门收集试销产品的销售记录等。当然，如果管理层认为市场风险较低，就可以省略试销这一环节，将产品直接投放市场。

(八) 商业性投放

新产品试销成功后，就可以正式批量生产，全面推向市场。这时，企业要支付大量费用，而新产品投放市场的初期往往利润微小，甚至亏损，因此，企业在此阶段应对产品投放市场的时机、区域、目标市场的选择和营销组合等方面做出慎重决策。由于这一阶段的重心是市场开发，充足的推广费用是必不可少的。如吉列公司在推出MACH3三层刀片时，第一年的推广费用高达3亿美元，其中1/3用于美国本土的宣传，其余全部用于海外推广。

四、新产品扩散过程

新产品扩散是指新产品上市后，随着时间的推移不断地被越来越多的消费者采用的过程。也就是说，新产品上市后逐渐地扩张到潜在市场的过程。

(一) 新产品采用过程的阶段

人们对新产品的采用过程，客观上存在着一定的规律性。美国市场营销学者罗吉斯调查了数百人接受新产品的实例，总结归纳出人们接受新产品的程序和一般规律，认为消费者接受新产品一般表现为以下5个阶段。

(1) 认知。这是个人获得新产品信息的初始阶段。新产品信息情报的主要来源是广告，或者通过其他间接的渠道获得，如商品说明书、技术资料等。显然，人们在此阶段所获得的情报还不够系统，只是一般性的了解。

(2) 兴趣。指消费者不仅认识了新产品，并且发生了兴趣。在此阶段，消费者会积极地寻找有关资料，并进行对比分析，研究新产品的具体功能、用途、使用等问题，如果满意，将会产生初步的购买动机。

(3) 评价。这一阶段的消费者主要权衡采用新产品的边际价值。譬如采用新产品获得的利益和可能承担风险的比较，从而对新产品的吸引力做出判断。

(4) 试用。指顾客开始小规模地试用新产品。通过试用，顾客对新产品的认识及购买决策的正确性进行评价。企业应尽量降低失误率，详细介绍产品的性质、使用和保养方法。

(5) 采用。顾客通过试用收到了理想的效果，放弃原有的产品，完全接受新产品，并开始正式购买、重复购买。

(二) 新产品的市场扩散过程

在新产品的市场扩散过程中，由于社会地位、消费心理、产品价值观、个人性格等多种因素的影响，不同顾客对新产品的反应也不同。1983年，罗吉斯根据接受程度快慢的差异，将采用者划分为5种类型，如图8-8所示。

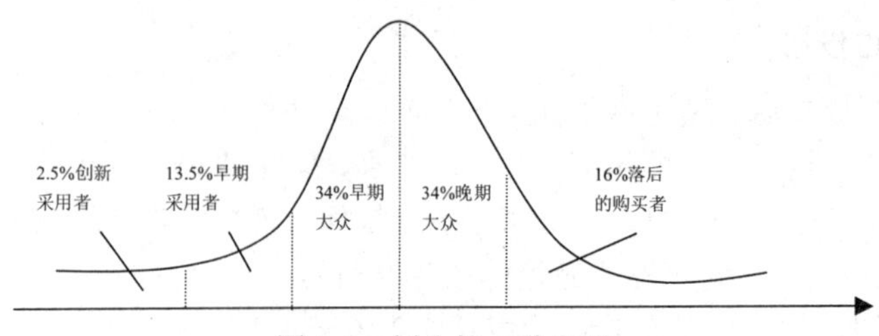

图 8-8　划分的 5 种类型

(1) 创新采用者。也称为“消费先驱”，该类采用者约占全部潜在采用者的 2.5%。创新者通常富有个性，勇于革新冒险，经济宽裕，社会地位较高，受过高等教育，易受广告等促销手段的影响，一般是年轻人。

(2) 早期采用者。他们占全部潜在采用者的 13.5%。一般比较年轻，富于探索，对新事物比较敏感并有较强的适应性，经济状况良好，对早期采用新产品具有自豪感。这类消费者对广告及其他渠道传播的新产品信息很少有成见，促销媒体对他们有较大的影响力，但与创新者比较，持较为谨慎的态度。

(3) 早期大众。这类采用者占全部潜在采用者的 34%。一般思想较为保守，接受过一定的教育，有较好的工作环境和固定的收入；对自己所崇拜的“舆论领袖”的消费行为具有较强的模仿心理；在购买时往往深思熟虑，态度谨慎。研究他们的心理状态和消费习惯，对提高产品的市场份额具有重要的意义。

(4) 晚期大众。指较晚地跟上消费潮流的人，占全部潜在采用者的 34%。他们的工作岗位、受教育水平及收入状况往往比早期大众略差，对新事物、新环境多持怀疑态度或观望态度，往往在产品成熟阶段才加入购买队伍。

(5) 落后的购买者。这类采用者是采用产品的落伍者，占全部潜在采用者的 16%。这些人思想保守，对新事物、新变化多持反对态度，拘泥于传统的消费行为模式，在产品进入成熟期后期以至衰退期才能接受。

从图 8-8 可以看出，新产品的整个市场扩散过程，从创新采用者一直到落后购买者，形成完整的“正态分布曲线”，这与产品生命周期曲线极为相似，为企业规划产品生命周期各阶段的营销战略提供了有力的依据。

思　考　题

1. 如何理解产品整体概念的 5 个层次？
2. 什么是新产品？新产品包括哪几种类型？
3. 典型的产品生产生命周期可分为哪几个阶段？各阶段都有什么特点？
4. 什么是产品组合、产品线和产品项目？
5. 企业的营销决策在多大程度上能够改变企业的产品组合？

课 堂 实 训

1. 根据本小组选定的目标市场及市场定位的情况，在教师指导下，每个小组选定一个类型的产品作为研究的样本。产品可自行模拟设计、命名等，也可对现有产品再进行设计、命名等。

2. 由小组组织市场调研，针对样本产品的整体概念、市场生命周期等问题收集市场信息，确定所研究产品的整体概念和市场生命周期阶段。根据研究结论，针对该产品的竞争和营销现状提出改进方案：

(1) 某产品的产品整体概念可以怎样表达？

(2) 该产品处于生命周期的什么阶段？

(3) 该产品有何进一步开发的机会？

从以上几个方面实施自己产品的策划，并应写出产品营销策划书。

3. "网络事物"——每天与网络联系的事物，如今发展很快。温度控制器、炉具、汽车、牙刷甚至是婴儿服装都与互联网相联系。研究这一现象，提出 5 种与网络相联系的创新性产品创意。

案例分析

华为——基于客户需求的产品创新

华为，世界财富 500 强中唯一没有上市的公司。29 年的艰苦奋斗，以 1 000 倍的速度飞速扩张，年营业收入 400 亿美元，15 万人的团队敏锐、执着、富有激情、卓有成效地工作。华为以实现顾客梦想和为客户创造价值为核心价值追求，更有一种理想主义情怀，强调专业专注精神，在价值观方面倡导开放、合作、共赢。

华为积极致力于社会经济的可持续发展，努力构建一个人人共享、更加美好的世界，实现人与人、行业与行业、物与物的全面互联，整合全球资源，开展本地化运营，提升当地技术与经济水平，实现整个产业链和行业之间的共赢和可持续发展。

为适应通信行业正在发生的革命性变化，华为围绕客户需求和技术领先持续创新，与业界伙伴开放合作，聚焦构筑面向未来的信息通道，持续为客户和全社会创造价值。基于这些价值主张，华为致力于丰富人们的沟通和生活，提升工作效率。与此同时，华为力争成为电信运营商和企业客户的第一选择和最佳合作伙伴，成为深受消费者喜爱的品牌。

在手机领域，2013 年华为多年积累的技术优势、人才优势和运营优势等综合竞争优势开始显现。通过产品力、推广力、团队、企业文化的持续创新，最终，以产品技术驱动模式形成自己的核心竞争力。相对而言，小米在营销推广上优势较大，一度处于领先地位，但是当华为娴熟运用营销推广后，把自己的产品驱动的优势、人才储备优势、企业文化优势的综合实力优势发挥出来后，国内手机市场的格局就发生了新的变化。

一、产品线创新，打开中端、中高端市场

华为最初与国内其他对手在产品上区别不大，大多集中在中低端领域。但是华为通过产品和技术创新，持之以恒地向中端、中高端市场进攻，通过 P 系列和 Mate 系列，成功打开中端市场和中高端市场，也与小米拉开了距离。这个过程中，通过产品线创新，P6 打开中端市场、Mate7 打开中高端市场，华为人的这种不服输的劲头，值得国内企业学习。

2013 年，华为手机通过 P6 进行中端市场突围，凭借超薄纤美的设计，华为的品牌美誉度大幅度拉升，P6 的销售达到 400 万部，产品成功攻破了 2 500 的中端价位。P6

的成功，对华为具有战略意义，意味着华为首次走出以荣耀与小米PK中低端的状态，打开中端市场，并且成功将华为的品牌形象大幅度拉升，与小米拉开了差距。2014年5月，华为P7发布，再次获得美誉，销售比上一代大幅提升，达到700万部，巩固了中端市场。

接着，2014年9月，华为发布Mate7进行中高端市场突围。成功攻破3 000元价位，上市之初，售价一度超过4 000元，所获得的良好反响也超出想象，以至于国际市场和国内市场普遍断货。最终，Mate7的销量突破700万部(仅Mate7一个单产品的营收，就超过了小米手机2014年全年销量6 112万部一半所创造的营收和利润)，Mate7的成功，对于华为有重要的战略意义，意味着华为打开了中高端市场的大门，也再次把华为的形象大幅拉升，也同时将其与小米的差距进一步拉大。

华为在手机产品线上P系列和Mate系列的产品创新成功，在战略上实现了破局，实质上已经为后面大幅度甩开小米埋下了伏笔，毕竟这两个系列的成功意味着华为手机攻下的阵地，已经比小米多了两个，空间也多了两个。而此后2015年、2016年的P8、P9、Mate8再次巩固了这两块阵地，不断向前。

二、渠道产品创新，用子品牌攻打小米

线上和线下渠道对企业开拓市场都很重要。线上消费群体偏年轻、更注重于价格；线下消费群体注重体验，价格敏感度相对较低。2013年12月，华为将荣耀品牌独立，作为专门的电商品牌，定位为针对电商人群的中低端品牌，回避了线上、线下品牌的竞争，这种设置后来也为其他企业所借鉴，如酷派、联想等都在模仿这种分拆模式。

荣耀的独立运作，使这个子品牌业绩暴涨，2014年一年的销售量超过2 000万部，2015年完成4 000万部。继2014年荣耀6、荣耀6Plus大获成功后，2015年6月30日发布的荣耀7、荣耀7i再次获得好评，预订数量更加惊人。2016年5月8日，荣耀发布了新旗舰级荣耀V8，再次获得巨大成功，标志着荣耀系列走向成熟。目前，在荣耀系列面前，小米已经不再是对手了。

同时，华为的中端、中高端产品P系列、Mate系列侧重于线下渠道运作，都取得了不错的成绩。华为的“线上、线下子品牌”的模式已经被国内众多同行所学习和借鉴。

三、构建品牌阵列，实现消费者的全覆盖

成熟行业的领军企业，往往是多个产品阵列，满足多个消费群体，如通用汽车、大众汽车、丰田汽车，都会有自己低、中、高端的品牌，满足多层次消费者的不同需求。

华为在国产手机品牌中，率先开始构建自己的品牌矩阵，实现低、中、高端细分市场的全覆盖。其中，荣耀定位中低端，对标互联网品牌，瞄准中低端市场争夺；华为定位中高端，对标苹果和三星，与国际顶级品牌PK，形成自己针对不同细分市场的品牌阵列，取得成功。

(资料来源：http://www.xuexila.com/success/chenggonganli/1317089.html，经修改)

讨论与思考：

1. 华为是如何打开中高端市场的？
2. 华为如何实现线上、线下不同品牌的产品组合？
3. 试分析华为产品的市场营销秘诀。

第九章

品牌与包装策略

学习目标

1. 正确理解品牌的内涵。
2. 掌握品牌与商标的区别。
3. 学会如何制定企业的品牌策略。
4. 了解各种包装策略。

对顾客而言，有了品牌，产品就有了意义；对于企业而言，有了品牌，企业就有了生命。品牌是公司最持久的资产，比特定的产品和设备更持久。例如，一位麦当劳的前任CEO曾说过：“即使在一场可怕的自然灾害中我们所有的资产、所有的建筑以及所有的设备都毁坏了，我们仍可以凭借我们的品牌价值筹集到重建这一切的全部资金。”因此，品牌是企业必须精心培育和管理的重要资产。

第一节　品牌概述

一、品牌的概念

品牌(Brand)，源自古挪威文 Brandr，意思是“烧灼”。人们用这种方式来标记家畜等需要与其他人相区别的私有财产。到了中世纪的欧洲，手工艺匠人用这种打烙印的方法在自己的手工艺品上烙下标记，以便顾客识别产品的产地和生产者。

品牌是一种名称、术语、标记、符号或是一个设计，或是它们的组合运用，其目的是借以辨认某个或某群销售者的产品或服务，并使之同竞争对手的产品或服务区别开来。品牌由各种标识物组成，如名称、符号、图案等，品牌的主要作用是标记在产品上用于辨别不同销售者，如图9-1所示。其主要由下面3部分构成。

(1) 品牌名称(Brand Name)。品牌中能够被发音，能被语言读出来的部分。如“海尔”品牌中的“Haier 海尔”。

(2) 品牌标记(Brand Mark)。品牌中能够辨别，但不能发音或不能被语言明确读出的部分。如“海尔”品牌中两个拥抱的儿童的形象。

(3) 商标(Trade Mark)。商标是法律术语，凡是取得了商标身份的那部分品牌都具有专用权。

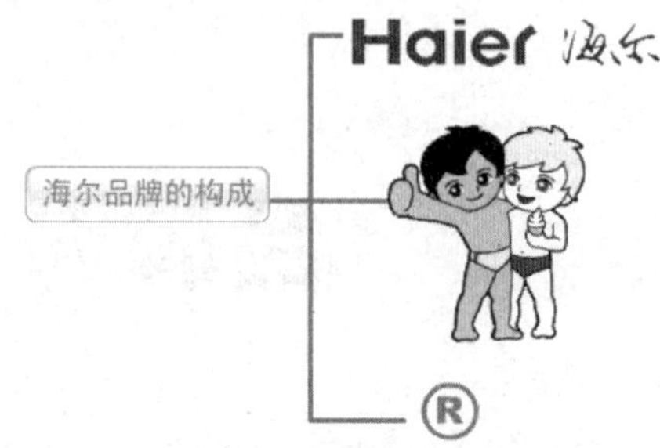

图 9-1　海尔品牌构成

品牌代表着销售者对交付给买者的产品的特征、利益和服务的一贯性承诺，久负盛名的品牌就是优秀质量的保证。为了深刻揭示品牌的含义，还需要从属性、利益、价值、文化、个性、用户 6 个方面进行分析。例如，奔驰品牌的含义如图 9-2 所示。

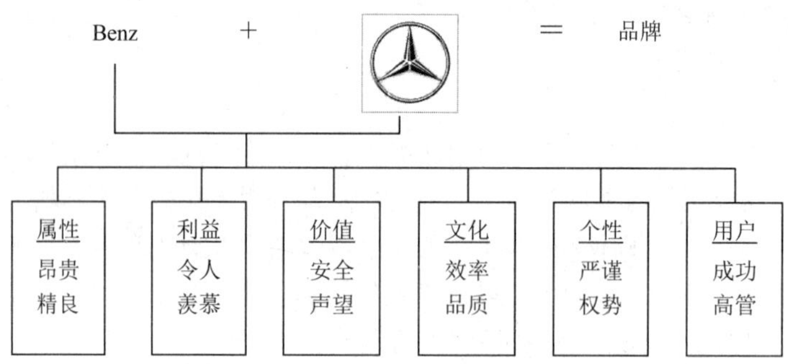

图 9-2　奔驰品牌的含义

一是属性。指品牌最基本的含义。例如，奔驰牌轿车意味着工艺精湛、制造优良、昂贵、耐用、信誉好、声誉高、再转卖价值高、行驶速度快等属性。

二是利益。顾客购买商品的实质是购买某种利益，这就需要属性转化为功能性或情感性利益。“工艺精湛、制作优良”的属性可转化为“安全”这种功能性和情感性利益；“昂贵”的属性可转化为情感性利益：“这车令人羡慕，让我感觉到自己很重要并受人尊重”；“耐用”属性可转化为功能性利益：“多年内我不需要买新车”。

三是价值。品牌体现了生产者的某些价值感。例如，奔驰代表着高绩效、安全、声望等。

四是文化。奔驰品牌蕴含着“有组织、高效率和高品质”的德国文化。

五是个性。不同的品牌会使人们产生不同的品牌个性联想。奔驰可以使人想起一位严谨的老板、一头勇猛的雄狮或一个庄严质朴的宫殿；“家乐福”超市使人想到家家快乐幸福，给人一种愉悦感；“雀巢”的标记是两只小鸟在鸟巢旁，这个标记给人温馨甜蜜的感觉，而其产品恰恰是带有温馨感的咖啡和牛奶，这使顾客在情感上就很容易接受这个品牌的产品。

六是用户。品牌暗示了购买或使用产品的消费者类型。例如，驾驶奔驰轿车就应是有成就的企业家或高级经理。

品牌最持久、最深层的内涵是其价值、文化和个性。它们构成了品牌的基础，揭示了品牌间差异的实质，而这些深层次的东西又是其他竞争者不易模仿的。品牌建设需要制定完整的品牌含义，挖掘品牌深层的内涵与底蕴。

伊利——打造中国品牌

随着“一带一路”倡议的提出，“中国品牌”再次成为世界关注的焦点。伊利是中国乳业的龙头企业，在全球乳业创造“中国品牌”的重担，自然义不容辞地落在伊利身上。

2014 年，伊利的消费者规模位居乳制品行业第一，已超越可口可乐。每天有近 1 亿份伊利产品到达消费者手中，每年有近 11 亿消费者享受着伊利产品。同时，伊利占据全国乳制品综合市场、奶粉市场、冷饮市场、液态奶市场以及儿童奶市场 5 个市场占有率第一的位置；成功进入全球乳业 10 强，全球消费者对于中国品牌的信任度和美誉度正在提升。

伊利集团董事长潘刚说：“乳业互联之路，是有形的，也是无形的。对伊利而言，有形在于，我们看到乳业产业链上的优质资源在加速流动，伊利得以用全球的优质资源更好地服务中国消费者；无形在于，伊利全球织网的战略格局已经初步完成，对全球乳业的影响力在日益增强。” 正是这“有形”与“无形”的互联，让伊利与“成为全球最值得信赖的健康食品提供者”的愿景越走越近，也让乳业“中国制造”的品牌，得到了世界的认可与尊重。伊利正在用全球的智慧，打造乳业的“中国品牌”。

(资料来源：张俊. 市场营销——原理、方法与案例. 北京：人民邮电出版社，2016)

二、品牌资产

品牌不仅仅是名称和符号，更是影响公司与消费者之间关系的关键因素。品牌代表了消费者对产品及其性能的认知和感受，强大品牌的真正价值在于它捕捉消费者的偏好和忠诚的能力。有的品牌多年来一直保持其市场影响力，成为富有传奇色彩的象征，如可口可乐、索尼、耐克、迪士尼。这些品牌赢得市场不仅仅是因为它们提供了独特的利益或可靠的服务，更重要的是它们与顾客建立了深厚的联系。

品牌资产是指一个品牌所代表的产品或服务的市场价值。品牌的知名度、在客户心目中的质量内涵、客户的忠诚度都代表着商业价值，因此是企业无形资产的重要组成部分。当瑞士的雀巢公司在购买英国能得利品牌时，花了整整 45 亿美元，超过其账面资产的 5 倍。但许多公司并不把品牌权益列入资产负债表，因为它需要评估后才能确定其价值。

全球最大品牌咨询公司 Interbrand 每年权威发布全球最有价值品牌的年度报告，对各公司在作为企业资产的品牌上的持续投资和管理进行评定。对品牌的价值主要有 3 个衡量标准：品牌的业绩表现、品牌影响力以及品牌能够保障公司持续收入的能力。最新的 Interbrand 公司公布的 2017 年度全球最具价值品牌排名中，苹果公司以 1 841.54 亿美元的品牌价值位居榜首。前十大品牌中，美国品牌共占据了 7 席，显示其雄厚的实力，日本、韩国、德国各占一席，如表 9-1 所示。

表 9-1 2017 年度全球最具价值十大品牌排行榜

排　名	品　牌	品牌价值(亿美元)
1	苹果 iPhone	1841.54
2	谷歌 Google	1417.03
3	微软 Microsoft	799.99
4	可口可乐 Coca-Cola	697.33
5	亚马逊 amazon	647.96
6	三星 SAMSUNG	562.49
7	丰田 TOYOTA	502.91
8	脸书 f	481.88
9	梅赛德斯奔驰 Mercedes-Benz	478.29
10	国际商业机器 IBM	468.29

高价值的品牌资产能为公司创造高的效益。由于顾客的品牌偏好和品牌忠诚度，降低了公司的营销成本；由于品牌的知名度，加强了公司在渠道中讨价还价的能力，并能使公司比竞争者卖更高的价格；由于品牌的美誉度，公司更容易地开展品牌拓展业务。

作为一种资产权益，公司必须对品牌进行妥善管理，使其权益不打折。有些大公司(如高露洁公司)专门设立品牌资产权益部门，以保证品牌形象和使其不断增值，并防止一些短期行为的促销战术损害品牌形象。它们告诫品牌经理，不要为了短期利润而对品牌过度地推广，以致牺牲了长期的品牌资产权益。

三、品牌注册与商标

(一) 品牌与商标的区别

品牌与商标是极易混淆的一对概念，两者既有联系，又有区别。两个概念有时可以等同替代，有时却不能混淆使用。

(1) 两者的概念不同。品牌是市场概念，通常是指产品和服务的牌子，其实质代表品牌使用者对顾客在产品特征、服务和利益方面的承诺；商标是法律概念，是获得专利权并受法律保护的品牌。

(2) 两者的外延不同。品牌的外延大，包括产品的名称、属性、品质和标志等；商标则是品牌的一部分，并经过注册。

(3) 两者的价值不同。品牌必须使用并结合特定的产品和服务投放市场才有价值，不使用的品牌往往没有价值；而商标只要注册，不管是否使用，都有一定的价值。

(二) 商标专用权及其确认

商标专用权，也称商标独占使用权，是品牌经政府有关主管部门核准后独立享有其商标使用权。经核准的商标受到法律保护，其他任何未经许可的企业不得使用。

国际上对商标权的认定，有两个并行的原则。

(1) 注册在先。指品牌或商标的专用权归属依法首先注册并获准的企业。如中国、日本、法国、德国等。

(2) 使用在先。指品牌或商标的专用权归属该品牌的首先使用者。如美国、加拿大、英国和澳大利亚等。

在具体的商标权认定实践中，还有对上述原则主次搭配、混合使用的“使用优先辅以注册优先”和“注册优先辅以使用优先”等原则。

在品牌的使用中，必须注意品牌的维护，防止商标侵权。商标侵权一般是指同一商品或类似商品使用与某商标相同或相似的品牌，可能引起欺骗、混淆或讹误，损害原商标声誉的行为。商标侵权往往采取假冒、伪冒、盗用、抢注他人商标等方式，不管如何都是非法行为。

(三) 驰名商标

驰名商标是指在市场上享有较高声誉并为相关公众所熟知的注册商标。驰名商标起源于《保护工业产权巴黎公约》，现已为世界上大多数国家所认同，我国也是巴黎公约成员国。

驰名商标传递优良的质量，消费者只需要“认牌购货”，销售无须宣传其他信息，只需要在广告等媒介重复自己的商标。驰名商标成为连接购买者与销售者的稳定纽带，是客观存在的，与是否经过法律程序认定无关。

与一般的商标相比，驰名商标有其独特的专属独占性特征。主要表现为以下两方面。

(1) 驰名商标的专用权跨越国界。不同于一般法律意义上有严格地域性的商标专用权，其专用权可以超越本国范围，在巴黎公约成员国范围内得到法律保护。

(2) 驰名商标的注册权超越优先申请原则。一般来说，商标必须注册，才受法律保护。但驰名商标即使未注册，也在巴黎公约成员国范围内得到优先法律保护。如他人以欺诈手段恶意取得或使用驰名商标，则驰名商标所有者有撤销请求权，请求予以撤销。

在我国，驰名商标的认定是由国家商标局负责。凡在市场上有较高的知名度和较高的市场占有率的商标都可以向其申请认定驰名商标。自 1983 年实施《中华人民共和国商标法》起，到目前为止，获得中国“驰名商标”认定的商标共有 1 624 个，其中外资品牌占 98 个。认定以注册商标为前提，是商标的“二次认定”，符合中国法律，有利于增强中国商品生产者和经营者的商标意识。

资料链接

"会上火"的王老吉

"怕上火喝王老吉"的经典广告词让人们记住了红罐装的王老吉凉茶，但随着王老吉红绿之争尘埃落定，广药集团将收回王老吉商标，人们熟悉的红罐王老吉将退出市场。无疑原先使用王老吉商标的加多宝会为此上火，但对广药集团来说，收回王老吉商标后也并不轻松，如何重新赢得凉茶市场、如何保持王老吉的品牌价值，都很让广药集团挠头。

1997年，广药集团与香港鸿道集团签订了"百年老字号"王老吉的商标使用合同，后约定续约至2010年5月。鸿道将该品牌授予子公司加多宝在国内销售王老吉。2001年，当时广药集团副董事长李益民两次签订补充协议，将租期延长至2020年。

2004年，广药集团下属企业——王老吉药业推出了绿盒装王老吉。2011年11月，广药集团开始将王老吉的其他品类授权给其他企业。对此，加多宝发表声明，双方的矛盾开始公开化，并在2011年年底诉诸中国国际经济贸易仲裁委员会。2012年5月11日，仲裁结果宣布李益民签署的两个补充协议无效，加多宝母公司——鸿道集团停止使用王老吉商标。

为了保住凉茶，加多宝投入100亿布局"换装行动"，2012年6月与浙江卫视《中国好声音》合作，"正宗好凉茶，正宗好声音"深入人心，使"加多宝"品牌知名度得以提升；2014年4月推出了金罐凉茶，受到年轻消费者的欢迎，并打造成礼品市场的新品类，成为春节礼品市场的标配。2016年加多宝品牌凉茶以52.6%的销售额位居中国凉茶行业市场首位。

收回王老吉商标后，广药集团提出"大健康产业"的多元化发展战略，在药酒、药妆、保健品、食品、运动器械等多个领域扩张，这让王老吉品牌面临很大的不确定性。一方面淡化了王老吉"中国传统凉茶文化"的品牌定位，削弱了其凉茶市场的影响力；另一方面营销运作能力不足，最终使王老吉失去凉茶的市场领导者地位。

(资料来源：解码财商. 上火的凉茶，2013.04.10，经修改)

第二节 品牌策略

一、品牌设计

随着市场竞争的激烈化和消费的多样化，产品的品牌越来越重要。一个醒目、易记、招人喜爱的品牌直接关系到产品的销售量和利润额，也关系到企业的长期生存与持续发展，因此企业应重视品牌与商标的设计、管理和开发。根据国内外企业营销的实践，一个成功的品牌或商标的设计应坚持以下4个基本原则。

(一) 简洁醒目，易读易记

越是简洁醒目的东西越容易引人注目，也容易被人记住，名称要朗朗上口。“娃哈哈”最初是一种儿童营养饮品的品牌名称。它用词简洁，启发联想。从发音上讲，语感很好，3 个字的韵母都是 a，而 a 是婴儿最易发最易模仿的音，而且读起来朗朗上口，节奏感强。从心理上讲，“哈哈”是笑声，有着快乐的内涵，能立即引起孩子们的好感。更为重要的是“娃哈哈”一词源自一首孩子甚至父母都耳熟能详的儿童歌曲。因此，“娃哈哈”一出现立刻和孩子们融为一体，产品迅速热销全国。“美加净”在外国注册时以“MAXAX”为品牌，其字母排列对称，容易辨认，是我国出口产品中较好的品牌设计之一。

宝马(BMW)车以高雅的设计和卓越的功能著称于世，它的品牌标志是一个圆，由蓝白两色将其分成 4 份；奥迪小汽车的标志——4 个相接的圆圈；“三菱”汽车的标志——3 个菱形拼成的图案这些品牌设计都以简单、清晰、醒目的特点给人留下深刻的印象。

(二) 构思巧妙，暗示属性

品牌是一种无声的诉求和宣传。品牌设计要独具匠心，避免千篇一律。同时，在设计上还应该充分体现产品的优点和特性，暗示产品的优良属性。BENZ(本茨)先生作为汽车发明人，以其名字命名的奔驰车，100 多年来赢得了顾客的信任，其品牌一直深入人心。那个构思巧妙、简洁明快、特点突出的圆形的汽车方向盘似的特殊标志，已经成了豪华优质高档汽车的象征。不仅暗示品牌所标定的商品是汽车，而且是可以“奔驰”的优质汽车。

“力士”命名创意使产品风靡世界

英国联合利华公司的力士(Lux)是当今世界最有名的香皂品牌，力士的成功还源于杰出的命名创意。1900 年联合利华向市场推出了一种新型香皂，以其他品牌名称推广销量一直不好。后来，公司在利物浦的一位专利代理人建议了一个令人耳目一新的品牌名称：Lux，很快风靡世界，产品销量大增。Lux 是一个近乎完美的品牌名称，它是西方国家拉丁字母品牌命名的经典之作，备受业内人士推崇。首先，它只有 3 个字母，易读易记，简洁明了，在所有国家语言中发音一致，易于在全世界传播。其次，它来自古典语言 luxe，具有典雅高贵的含义，它在拉丁语中是“阳光”之意，用作香皂品牌，令人联想到明媚的阳光和健康的皮肤，甚至可以使人联想到夏日海滨度假的浪漫情调。另外，它的读音和拼写令人潜意识地联想到另外两个英文单词 Lucky(幸运)和 Luxury(精美华贵)。无论做何种解释，这个品牌名称对产品的优良品质起到了很好的宣传作用，它本身就是一句绝妙的广告词，至今尚未有其他品牌能在命名内涵上超过它。

(资料来源：祁明. 企业创新标杆. 北京：科学出版社，2009)

(三) 富蕴内涵，情意浓重

品牌大多都有其独特的含义和释义。有的是一个地方的名称，有的是一种产品的功能，有的就是一个典故。富蕴内涵、情意浓重的品牌，因其能唤起消费者和社会公众美好的联想，而使其备受厂商青睐。例如，“金六福”3个字的完美结合可谓是至善至美，迎合了人们盼福和喜好吉利的传统习俗和心理需求。在人们庆功、贺喜、祝寿、助兴、交友、相互祝福的同时，又引导人们追求“寿、富、康、德、和、孝”的美好生活境界。吉祥美酒，品质纯正，“金六福”有其丰富的文化内涵：金为至尊，六福至美。六福即一曰寿，二曰福，三曰康宁，四曰攸好德，五曰佳和合，六曰子念慈。

(四) 避免雷同，超越时空

品牌的名称与标志要反映企业、产品或企业文化等方面的特色，形成符合自己实际与发展要求的品牌，避免与别的品牌雷同或相似。

品牌的设计应考虑不同国家、文化背景、宗教信仰和语言文学的差异，根据不同的时间、空间采取不同的设计方案，以适应环境的变化，否则会产生沟通障碍，如“紫罗兰”衬衫在法国无人问津，是源于“紫罗兰”在法国意指“同性恋”；美国通用汽车公司的“Nova”(诺瓦)牌轿车难以销售，因为在西班牙语中“Nova”意指“跑不动”，后改为拉美人比较喜欢的“加勒比”，结果很快打开了市场。

二、品牌策略的应用

为了使品牌在市场营销中更好地发挥作用，必须采取适当的品牌策略。

(一) 品牌化决策

对于一种新产品，有关品牌的第一个决策就是决定企业是否给产品建立品牌。企业为其产品设立品牌名称和品牌标志，并向有关机构注册登记取得商标专用权的业务活动，称为品牌建立。但是，现代市场上的商品并不都要建立品牌。建立品牌是要付出代价的，包括设计费、制作费、注册费、广告费等，而且还要承担品牌在市场上失败的风险。因此，对某些产品使用品牌，如果对识别商品、促进销售的积极意义很小，就可能得不偿失，这时就可以不使用品牌。可以不使用品牌的商品一般有以下几类。

(1) 本身并不具有因制造商不同而形成的质量特点的商品，如电力、煤炭、木材等。

(2) 习惯上不必认定品牌而购买的商品，如食用油、草纸等。

(3) 生产简单、没有一定的技术标准、选择性不大的商品(如小农具)，以及品种繁多的小商品(如橡皮筋、纽扣)；临时性或一次性生产的商品。

有趣的是，在当今西方国家市场上存在两种截然不同的倾向：一方面，越来越多传统上不用品牌的商品纷纷品牌化，如食盐被特殊的容器包装以识别制造商，柑橘上粘上了种植者的姓名；另一方面，欧美的超级市场上出现了无品牌产品，诸如卫生纸、肥皂、通心粉等，这些在食品、家庭用品等行业所出现的无品牌产品比使用品牌的产品要便宜，对消费者又具有吸引力，使品牌化产品受到考验。

(二) 品牌归属决策

在市场销售过程中，究竟使用谁的品牌，必须权衡利弊，权衡的标准是品牌的信誉大小和是否有利于产品销售。其关键是看生产者和中间商谁在这个产品分销链上居主导地位，拥有更好的市场信誉和拓展市场的潜能。我国许多企业在进入美国市场初期，放弃自有品牌，采用美国消费者所熟悉的本地中间商的品牌，如“西尔斯”“沃尔玛”等，这无疑将有利于产品的销售，但真正有实力的大企业或企业集团从面向国际市场的长期利益来看，还应该重视保护自己的品牌专有权。

(三) 家族品牌决策

制造商在决定使用自有品牌之后，面临着进一步的抉择，即对本企业产品是分别使用不同的品牌，还是使用统一的品牌或者几个品牌？一般来说，可以有以下 4 种选择。

(1) 统一品牌。对所有产品采用一个统一的品牌，如日本的“索尼”“东芝”“三菱”等公司的各类产品均使用一个品牌，故这种策略又称为家族品牌策略。电器、工具及原材料常采用统一品牌，人们对这类商品的购买和消费偏理性，关注技术、质量、性能、价格、服务。采用这一策略的优点是节省品牌的设计、宣传费用，并有利于推出新产品，但任何一种产品质量出现问题均影响品牌的信誉。

(2) 个别品牌。企业对各种不同的产品分别使用不同的品牌。例如，宝洁公司有“汰渍”“帮宝适”“护舒宝”“吉列”“玉兰油”等品牌。这种策略，使用户易于识别并选购自己满意的产品，而且不会因为个别产品声誉不佳影响到其他产品及整个企业的声誉；还能使企业为每个新产品寻求建立最适当的品牌名称以吸引顾客。缺点在于品牌较多经营成本高，管理难度大，同时也可能影响广告效果，易被遗忘。

(3) 分类品牌。企业按产品的类别分别命名，每一类别使用一个品牌名称。如西尔斯公司就针对其经营的产品类别分别命名，它所经营的器具类产品冠以“肯摩尔”的品牌名称，经营的妇女服装类产品冠以“瑞溪”的品牌名称，经营的主要家用设备冠以“家艺”的品牌名称。

(4) 企业名称加个别品牌。这是在企业各种产品的个别品牌名称之前冠以企业名称，可以使产品正统化，享受企业已有声誉，而个别品牌又可使产品各具特色。例如，通用汽车公司生产的各种小轿车分别使用“凯迪拉克”“别克”“庞蒂亚克”“雪佛兰”等品牌，而每个品牌前都另加“GM”字样，以表明是通用汽车公司产品。

(四) 品牌扩展决策

品牌扩展指企业利用其成功品牌的声誉来推出改良产品或新产品。品牌扩展的好处就在于引进新产品的成本低，新产品借助成功品牌的市场信誉在节省促销费用的情况下顺利地进入市场，比新品牌更容易成功。近 10 年推出的新产品有 60%～70%是通过品牌扩展而获得成功的。品牌扩展的主要风险在于原有品牌的个性可能会被稀释，尤其是在新产品与原有产品关联度比较低的时候。

品牌扩展要与品牌原有核心价值和个性有包容性，“雀巢”品牌能给人一种“口感好，有安全感，温馨”的感觉，于是具备这种感觉的“雀巢”旗下的奶粉、柠檬茶、咖啡都很畅销；“登喜路”“都彭”“华伦天奴”等奢侈消费品品牌麾下的产品一般囊括西装、衬衫、领带、T恤、皮革、皮包、皮带等，有的还有眼镜、手表、打火机、钢笔等跨度很大、关联度很低的产品，但也能共用一个品牌，是因为产品物理属性、原始用途相差甚远，但都能提供一个共同的效用，即身份的象征，能让人获得高度的“自尊”和满足感，购买“都彭”打火机者所追求的不仅是点火的效用，而且是感受顶级品牌带来的无上荣耀。

值得注意的是，品牌扩展决策是一把双刃剑。若利用已成功的品牌开发并投放市场的新产品不尽如人意，消费者不认可，也会影响该品牌的市场信誉。

(五) 多品牌决策

多品牌决策是指对同一种类产品使用两个或两个以上的品牌。制造商之所以愿意同时经营多种互相竞争的品牌，其主要原因如下。

(1) 制造商可以获得更多的货架面积，而使竞争者产品的陈列空间相对减少。

(2) 提供几种品牌可以赢得品牌转换者而扩大销售，事实上大多数消费者都不会因忠诚于某品牌而对其他品牌毫不注意，他们都是不同程度的品牌转换者。

(3) 通过将品牌分别定位于不同的细节市场上，每一品牌都能吸引许多消费者。

(4) 新品牌的建立会在企业内部形成激励，并促进效率的提高。不同的品牌经理们在竞争中共同进步，从而使企业产品销售业绩高涨。

然而，并不是品牌多多益善。如果每一种品牌仅仅占有很小的市场份额，而且没有利润率很高的品牌，那么采用多品牌对企业而言是一种资源的浪费。

宝骏汽车——利用社会化媒体进行品牌宣传

宝骏是上汽、通用、五菱三方股东集合各自的优势着力打造的适合全球新兴市场的乘用车品牌，其品牌定位为“可靠的伙伴”。通用汽车将宝骏列为与雪佛兰、别克、凯迪拉克并驾齐驱的通用在华的第四大品牌。作为自主品牌，2013 年 8 月，宝骏汽车推出“最伙伴，最懂你”微博好友大搜索，全民微博互动活动。活动紧扣“可靠的伙伴”这一品牌理念，以“最伙伴”为主题，联合新浪微博，通过寻找和测试两个方向，让网友回顾以往的那些伙伴，并从中寻找自己真正的“最伙伴”。通过话题内容的巧妙融合，利用微博、论坛等多种网络传播方式，打造了一个“宝骏＝最伙伴”的概念，扩大了品牌知名度，也提升了宝骏在广大受众人群中的品牌影响力。一场关于微博好友搜索的活动，在 2013 年的夏天办得如火如荼，参与人数和话题传播数量与日俱增。

活动上线以来，“最伙伴，最懂你”微话题页面的参与量达到 150 万之多，活动参与人数突破 126 万，不得不说是汽车品牌活动的奇迹。宝骏汽车也吸引到了近百万粉丝的关注，其官方微博的曝光度及活动品牌的参与度更是出奇的高。

（资料来源：阳翼. 数字营销. 北京：中国人民大学出版社，2015）

(六) 品牌重新定位策略

品牌重新定位指全部或部分调整或改变品牌原有市场定位的做法。如竞争者推出新的品牌，并与本企业的品牌定位相近，直接影响企业的市场份额；顾客的购买行为或消费偏好发生转移，都可能促使企业品牌重新定位。菲利普·莫里斯公司的“万宝路”是品牌重新定位成功的范例。万宝路原来是女士香烟，万宝路最初将目标市场定位于“迷惘的时代”中的女性顾客，但却没有实现预期的销售效果，这与女性消费者自身的消费行为是直接相关的，出于爱美之心，她们在抽烟时较男性烟民要节制得多。重新定位之后，公司将目标顾客瞄准为对香烟消费能力更强的男性，使得市场规模扩大，而且将品牌定位在西部牛仔这一刚毅、硬朗，具有男子汉气质的形象上，更是受到了广大男烟民的追捧，因而在市场上获得了极大的成功。

三、互联网域名商标策略

域名作为互联网的单位名称和在 Internet 上使用的网页所有者的身份标识，它不仅能给人传达很多重要信息(如单位属性、业务特征等)，而且还具有商标属性。企业一旦有了域名，就表明企业在互联网上拥有自己的门牌号码，有了通往网络世界把握商机的一把钥匙。由于域名系统是国际共有资源，可较好地实现信息传播，这就决定了它有巨大的商业价值。

我国在顶级域名 CN 之下，设置“类别域名”和“行政区域名”两类英文二级域名。办理域名注册获得域名使用权的规则与一般商品商标注册相同，仍然采用注册在先的原则，谁先注册，谁就拥有了域名的使用权。从目前来看，注册域名有两种做法：其一是在国内注册二级域名；其二是在国际上注册一级域名。随着世界经济一体化进程的加快，拟进占海外市场的发达国家企业争先恐后地注册国际域名，如美国 99%以上的企业都在互联网上注册一级域名。

我国的互联网域名体系

中国信息产业部为满足互联网发展的需要，根据《中国互联网络域名管理办法》第六条的规定，对现行中国互联网络域名体系进行了局部调整(在顶级域名 CN 下增设了.MIL 类别域)，并从 2006 年 3 月 1 日起施行。根据公告，我国互联网络域名体系如下：

(1) 我国互联网络域名体系中各级域名可以由字母(A～Z，a～z，大小写等价)、数字(0～9)、连接符(-)或汉字组成，各级域名之间用实点连接，中文域名的各级域名之间用实点或中文句号连接。

(2) 我国互联网络域名体系在顶级域名“CN”之外暂设“中国”“公司”和“网络”3 个中文顶级域名。

(3) 顶级域名 CN 之下，设置“类别域名”和“行政区域名”两类英文二级域名。

设置“类别域名”7个，分别为：AC代表适用于科研机构；COM代表适用于工、商、金融等企业；EDU代表适用于中国的教育机构；GOV代表适用于中国的政府机构；MIL代表适用于中国的国防机构；NET代表适用于提供互联网络服务的机构；ORG代表适用于非营利性的组织。

设置“行政区域名”34个，适用于我国的各省、自治区、直辖市、特别行政区的组织，例如：BJ代表北京市；SH代表上海市；NM代表内蒙古自治区；HL代表黑龙江省；ZJ代表浙江省；SD代表山东省；GD代表广东省；HI代表海南省；TW代表台湾省；HK代表香港特别行政区等。

(4) 在顶级域名CN下可以直接申请注册二级域名。

(5) 任何组织或者个人不得采取任何手段妨碍我国境内互联网域名系统的正常运行。

(资料来源：http://www.enet.com.cn/enews/，2006.2.27，经修改)

第三节 包装策略

包装是产品策略的重要组成部分，它不但保证了产品的使用价值，而且还增加了产品的价值，良好的包装是获得市场竞争力的有效手段。

一、包装的含义、种类与作用

(一) 包装的含义

包装是指对某一品牌商品设计并制作容器或包扎物的一系列活动，包括品牌、商标、形状、颜色、图案和材料等构成要素。

(二) 包装的种类

绝大多数产品从生产领域向消费领域转移的过程中都要适当的包装。包装构成产品的一个重要部分，有人称包装是产品的外观质量，是商品流通中不可缺少的条件。包装的主要作用是保护物品、提高物流效率、促进销售、方便消费等。商品包装按不同标志可分为不同的类型。

1. 按流通过程中作用的不同分类

(1) 运输包装，又称为外包装或大包装，保护产品品质安全和数量完整。如装有六打高露洁牙膏的瓦楞纸箱。

(2) 销售包装，又称内包装或小包装，不仅保护产品，而且美化和宣传商品，便于陈列展销，吸引顾客，方便消费者选购、携带和使用。如盛装高露洁牙膏的软管和装牙膏的硬纸盒。

2. 按结构的不同分类

(1) 件装，即主体包装，是产品的直接容器。件装应根据产品的物理、化学性质和用途选用包装材料和包装方法。某些有销售包装性质的件装(如酒瓶)还应按销售包装设计。

(2) 内装，是介于件装和外装之间的包装。

(3) 外装，是产品外部的包扎物，主要指适应运输需要而进行的产品包扎。

3. 按包装技术分类

防水、防湿、防虫包装；缓冲包装；真空包装等。

4. 按产品类别分类

一般产品包装、危险产品包装、精密产品包装等。

目前，包装的发展趋势是：小包装、透明包装、真空包装大量增加，金属和玻璃容器趋向安全轻便，包装容器的造型结构美观、多样、科学，包装画面更加讲究宣传效果。

(三) 包装的作用

产品包装是为了保护产品数量与质量完整性而必须经过的一道工序。由于产品的包装直接影响到产品的价值，因而对大多数产品来说，包装是产品运输、储存、销售的必要条件。包装已成为强有力的营销手段，设计良好的包装能为消费者创造方便价值，为生产者创造促销价值。具体而言，包装的营销作用有以下几个方面。

(1) 保护产品。这是产品包装的基本作用。合理的包装就能保护产品在流通中不受自然环境和外力的影响，不致损坏、散失、变质，保证其使用价值不变。

(2) 提高产品的物流效率。包装物上有关产品的鲜明标记便于装卸、搬运、堆码，利于简化产品交接手续，提高工作效率；外包装的体积，长、宽、高尺寸，重量与运输工具的容积、载重量相匹配对提高运输效率和节约运费有重要意义。

(3) 美化产品。精美的包装不仅体现了商品特性和外观的统一，而且能对商品进行“打扮”，使消费者得到艺术享受，产生美好联想，激发对商品的需求。有许多商品本身并不能使人产生美感，但经过用心包装就能使人产生美好联想，激发对商品的需求。如瓶装的雪碧、罐装的可口可乐、瓶装的五粮液等。

(4) 识别产品。市场上日益繁多的商品，有些产品特色很相似，只有通过合适的包装才能突出本企业商品特色，使消费者易于识别。金宝汤料公司估计平均每个购买者一年中看到它的熟悉的红与白标志颜色 76 次，这等于创造了广告费价值 2600 万美元。

(5) 定位产品。包装是消费者接触商品最直接的途径。通过包装设计，为消费者提供判断商品特色、性能、档次的有利依据，使消费者心中留下对商品特定的认识。

(6) 促销作用。设计合理的包装可以美化产品，有利于消费者识别产品，为企业产品进行市场定位，发挥“5 秒钟广告”的作用。同时，激发消费者对企业商品的兴趣，诱发购买动机，是促销的重要工具。

资料链接

一个价值 600 万美元的玻璃瓶

说起可口可乐的玻璃瓶包装，至今仍为人们所称道。1898 年鲁特玻璃公司年轻的工人亚历山大·山姆森在同女友约会中，发现女友穿着一套连衣裙，显得臀部突出，腰部和腿部纤细，非常好看。他突发灵感，根据这套裙子的形象设计出一个玻璃瓶，并申请了专利。

当时，可口可乐的决策者坎德勒在市场上看到了山姆森设计的玻璃瓶后，认为其非常适合作为可口可乐的包装，于是以600万美元的天价买下此专利。

山姆森设计的瓶子不仅美观，而且使用非常安全，易握不易滑落。更令人叫绝的是，其瓶子的中下部是扭纹型的，如同少女所穿的条纹裙子；而瓶子的中段则圆满丰硕，如同少女的臀部。此外，由于瓶子的结构是中大下小，当它盛装可口可乐时，给人的感觉是分量很多的。采用山姆森设计的玻璃瓶作为可口可乐的包装以后，可口可乐的销量飞速增长，在两年的时间内销量翻了一倍，开始畅销美国，并迅速风靡世界。600万美元的投入，为可口可乐公司带来了数以亿计的回报。

(资料来源：张俊. 市场营销——原理、方法与案例. 北京：人民邮电出版社，2016)

二、包装的设计原则

为了充分发挥产品包装在商品流通和消费中的作用，包装设计还应遵循以下几个基本原则。

(1) 安全。包装设计必须确保产品在运输、销售及使用中的安全，并针对不同的产品选择相应的包装材料和包装形状。

(2) 适于运输，便于保管与陈列，也便于携带和使用。

(3) 美观大方，突出特色。如首饰常用精致小盒作包装，衬托出首饰的精致高贵；名画配以樟木雕刻的画盒包装，含名贵高雅之意。

(4) 包装与商品价值和质量水平相匹配。包装不要超过商品本身价值的 13%～15%，若包装在商品价值中所占的比重过高，即会因易产生名不符实之感而使消费者难以接受。

(5) 尊重消费者的宗教信仰和风俗习惯。不同民族和宗教有不同的审美观和价值观，如中国人以荷花表示夫妻“和合”，日本人则视荷花为晦气；埃及人喜欢绿色，忌用蓝色，因为蓝色象征恶，而法国人最讨厌墨绿色，偏爱蓝色，因为蓝色是天空、大海的颜色，象征自由；英国人忌用人像作装潢，北非一些国家忌用狗作商标；法国人视孔雀为祸鸟，瑞士人以猫头鹰作为死亡的象征；捷克人认为红三角是毒的标记，土耳其则用绿三角表示“免费样品”。因此包装设计人员需要广泛了解不同市场上的不同习惯、爱好和禁忌，正确把握某一文化的美学价值观念，以设计出适销对路的包装款式。

(6) 符合法律规定，兼顾社会利益。按法律规定在包装上标明企业名称及地址；对食品、化妆品等与人身体健康密切相关的产品，应标明生产日期和保质期等。不仅如此，包装设计还应兼顾社会利益，努力减轻消费者负担，节约社会资源，禁止使用有害包装材料，实施绿色包装战略。

三、包装策略的应用

企业要充分发挥包装的营销作用就要科学地进行包装设计，应根据商品特点采用适当的包装策略，常用的包装策略有以下几种。

(一) 类似包装策略

企业所经营的所有产品，在包装外形上都采取相同或相近的图案、色彩等共同特征。该策略便于产品的识别，节约包装设计费用，有利于树立统一的企业形象，有利于促进不同产品开拓细分市场，促进产品销售。例如“舒肤佳”香皂，在其生产的 4 种不同香型的香皂包装设计上采取了名称、标志、图案一致，而用白、绿、黄、粉红 4 种不同颜色区分产品的差异，不仅增加了产品的知名度，也促进了产品的销售。但企业各种产品之间的品质和档次不能相差太远，否则会对优质高档产品产生不良影响。

(二) 等级包装策略

企业对自己生产经营的不同质量等级的产品分别设计和使用不同的包装，高档优质产品采用豪华包装，低档产品采用普通包装。能适应不同需求层次消费者的购买心理，便于消费者识别、选购商品，从而有利于全面扩大销售，但实施成本相对较高。

(三) 分类包装策略

根据消费者购买目的的不同，对同一种产品采用不同的包装，如礼品宜采用精致包装，自用产品可采用简单包装。

(四) 配套包装策略

配套包装策略是指企业将几种有关联性的产品组合在同一包装物内的策略。如将系列化妆品装在一个漂亮的盒子里，将各种文具装在一个文具盒里等，方便消费者购买和使用，有利于带动多种产品销售，特别是有利于新产品的推销。

(五) 再使用包装策略

再使用包装策略指原包装的商品消费完以后，其包装物还能移作他用的策略。如麻袋、金属桶、木箱、半硬质纤维箱等，坚固耐用，可多次使用，有利于节省资源，降低包装费用。再如用手枪、熊猫等造型的塑料容器来包装糖果，糖果吃完后，其包装物还可作玩具，因而深受儿童的欢迎。

(六) 附赠品包装策略

附赠品包装策略是指在包装物内附有赠品以诱发消费者重复购买的策略。如美国麦氏咖啡在其礼盒中附赠调咖啡勺或咖啡杯，就有较好的促销效果。这一策略在儿童影响力大的市场效果尤为显著，如在儿童玩具、糖果等商品内附赠连环画、识字卡、奖券等。

(七) 更新包装策略

企业为适应市场的需求变化，改变原有包装设计，以达到扩大销售、提高利润的目的。如中国苏州的檀香扇在中国香港地区市场的售价原为 65 元，销量不大，后改用成本 5 元一个的新颖别致的锦盒包装，不仅售价提高到 165 元，销售量也大幅度提高。当企业因包装问题而影响销售和利润时，采用此策略最为有效。

思 考 题

1. 如何理解品牌的内涵？
2. 品牌与商标有何区别？
3. 举例说明如何进行品牌决策。
4. 结合我国品牌运营实践，谈谈如何进行品牌扩展。
5. 包装有哪些种类？包装在营销中有何作用？
6. 分析“可口可乐”成为知名商标的原因，其包装设计有何特点？

课 堂 实 训

你最喜欢的品牌是什么？为什么？举一个你最喜欢的品牌，说明你喜欢的理由。

提示要求：不仅要说明产品的物理属性，更要说明其品牌和包装属性。如商标好在哪？品牌命名好在哪？品牌有什么个性？你与品牌有什么故事？产品的包装又好在哪？包装的促销效果如何？环保性如何？等等。

展示和演讲要生动，要以事实说话，论证要充分全面，要感染听众产生共鸣。

案 例 分 析

吉利集团的品牌战略

吉利控股集团始建于1986年，1997年进入汽车领域，从最初“造老百姓买得起的车”到“造老百姓买得起的好车”，再到“造每个人的精品车”，吉利一直在与时俱进，不断刷新自己的品牌形象和地位，逐渐成为中国品牌向上的重要力量之一。

一、两品牌组合战略

吉利进入汽车制造领域之初，使用的是两个品牌组合销售的品牌策略模式：“吉利”和“华普”两个品牌。吉利品牌下有“豪情”“美日”及“优利欧”等车系，而华普则有“飚风”等系列产品。早期吉利的企业口号就是“造中国老百姓买得起的车”，因此，产品价格和市场定位为低价位，以价格为竞争优势的中低档汽车，目标市场主要集中在二、三线城市以及农村市场。

二、多品牌组合战略

从整体上看，2007年是吉利汽车产品、品牌转型的分水岭，吉利在稳步实现其多品牌战略模式，利用细分的吉利、华普、帝豪、全球鹰、上海英伦、沃尔沃来划分不同的市场，沃尔沃主打中高端，吉利主打中低端。

2007年5月，吉利汽车明确提出“造最安全、最环保、最节能的好车，让吉利汽车走遍全世界”的战略转型。吉利转型的第一步就是用吉利自由舰、金刚、远景为代表的“新三样”主打车型逐步代替了老旧的豪情、美日和利欧。第二个主要转变的标志就是在2009年建立全新的三大品牌系列：全球鹰、帝豪、上海英伦3个子品牌。形成吉利、华普两个老品牌，全球鹰、帝豪、上海英伦三大新品牌与其共存的品牌组合。吉利全新的三大子品牌只是车型的特点不同，针对不同消费群体及市场，并无等级高低之分；每个子品牌也都会有自己的高中低各个细分市场的产品，根据市场需求也都可能出现从A00级到B级、C级的车型。吉利汽车的下属所有产品均会规划到全球鹰、帝豪以及上海英伦三大品牌之下，而不再挂吉利、华普的现有车标。

三、吉利收购沃尔沃的品牌延伸策略

2010年3月28日，吉利集团董事长李书福与福特汽车公司首席财务官Lewis Booth在歌德堡签署吉利收购沃尔沃轿车公司最终股权收购协议，吉利获得沃尔沃轿车公司100%的股权以及相关资产(包括知识产权)，标志着沃尔沃轿车公司正式被吉利纳入旗下。李书福强调“吉利将继续巩固和加强沃尔沃在安全、环保领域的全球领先地位。沃尔沃这个著名的瑞典豪华汽车品牌将继续保持其安全、高品质、环保以及现代北欧设计的核心价值。”

吉利通过收购沃尔沃轿车实现品牌延伸从而打入国内外高档市场。吉利所用的垂直品牌延伸策略就是企业让品牌在同一产品领域向高端市场延伸。

四、精品车战略

2014年4月18日，随着中国消费升级和技术的发展，吉利集团公布最新的品牌战略，采用统一品牌，将目前的吉利帝豪、吉利全球鹰、吉利英伦3个子品牌汇聚为统一的吉利品牌。并提出“造每个人的精品车”的品牌使命，即开启“精品车战略”。

吉利汽车目前主要有博瑞、新帝豪、帝豪GL、远景4款轿车车型和博越、帝豪GS、远景SUV、远景X14款SUV车型，涵盖中型车、紧凑型车、紧凑型SUV、小型SUV，各级别车型细分市场定位较为明确。吉利是难得的轿车、SUV两条腿走路的自主品牌。

2016年11月5日，在吉利控股集团创业30周年庆典晚会上，吉利汽车集团正式发布了“吉利汽车20200战略”：吉利汽车集团到2020年实现年产销200万辆目标，进入全球汽车企业前十强，同时成为最具竞争力和受人尊敬的中国汽车品牌。吉利汽车将汽车安全、健康生态、新能源、智能网联和自动驾驶列为核心技术战略的发展领域，力求品牌升级。

2017年5月10日，在首个中国品牌日，吉利汽车发布了“iNTEC人性化智驾科技”技术品牌。“iN”代表智能(Intelligent)、融合（Integration）以及潮流趋势（IN Trend），“TEC”代表着科技（Technology），涵盖了高效动力、人本安全、智能驾驶、健康生态、智能互联等五大技术模块。“iNTEC”技术品牌代表了吉利在技术研发上的战略指向，彰显了吉利以技术创新把握行业话语权、助推产业转型升级的决心。

(资料来源：搜狐，http://www.sohu.com/a/160098292_430289，经修改)

讨论与思考：

1. 吉利的多品牌战略为何没有取得成功？
2. 沃尔沃品牌能否提升吉利的品牌定位？为什么？
3. 试分析“精品车战略”如何实现年产销200万辆的预期目标。

第十章

定 价 策 略

学习目标

1. 了解影响企业定价的内外部因素。
2. 学会企业定价的 3 种方法。
3. 掌握企业定价策略、价格变动及对策。

定价策略是市场营销组合中最关键的因素，也是最难确定的因素，其中所体现的企业营销艺术的成分更多于科学的成分。企业定价策略会直接影响和决定企业的产品进入市场后被消费者接受的程度，进而影响产品的销售，决定企业的盈利状况。

第一节　影响定价的因素

影响定价的因素是多方面的，既有企业内部的可控因素如定价目标、产品成本、产品差异性和企业的销售能力，又有需要企业去不断适应的诸如市场需求、竞争等外部因素，同时还有来自政府的影响。

一、影响定价的内部因素

(一) 定价目标

定价目标是企业定价时首先要考虑的因素。对于不同的企业。或同一企业在不同的发展阶段，其定价目标都存在很大的差异。常见的定价目标有以下几种。

1. 维持生存

当企业生产能力过剩或面临激烈竞争压力时，往往会把维持生存作为主要目标，生存比利润更加重要，这时必须制定较低的价格，只要其价格能弥补可变成本和一些固定成本，单价即使低于成本，但只要大于变动费用，企业生产该产品还是有意义的。

2. 当期利润最大化

这种定价目标十分常见，旨在短期内通过高价的形式，获取尽可能多的利润，一般以投资收益来衡量。采用这种定价目标具有一定的风险性，只有在市场环境良好、企业处于有利竞争地位时才能实现。企业必须保持清醒的头脑，因为高额利润或庞大的现金流会迅速招致激烈的竞争，因此当期利润最大化只能是短期的目标。

3. 市场占有率最大化

采取这种定价目标的企业多用低价吸引消费者，这样虽然单位产品利润水平可能降低，但由于销售量的增加，则可以弥补降价所造成的损失，所以利润总量不会减少，甚至会增加。因为产品生产量的增加能使单位产品成本在一定时期内不断降低，实现总成本领先。例如，国内微波炉生产企业格兰仕生产规模每上一个台阶，价格就会大幅度下降。使竞争对手缺乏追赶上其规模的机会，创造了在国内微波炉市场占有率为61.43%，国际市场占有率为35%的奇迹。

4. 产品质量最优化

企业考虑产品质量领先时，要求用高价格来弥补高质量和研究开发的高成本。因此，优质优价的同时，应有相应的优质服务。

钢琴之王——斯坦威

1853 年以来，"世界上最好的钢琴" 制造商——德国施坦威钢琴公司拥有 115 项专利，由施坦威开发设计的基本结构已成为全世界现代三角和立式钢琴制造业的尺度和设计指南。严格的材料选择标准，还有高超的手工工艺(至今 80%的加工还是纯手工制作的)，这就是施坦威钢琴是顶级质量的标尺并且是艺术品的原因。施坦威钢琴非常昂贵，一架施坦威三角钢琴的价格通常为 40 000～165 000 美元，最流行的型号售价约为 72 000 美元。其产量占美国钢琴市场的 3%，但是销售额占 25%，利润占 35%。

公司的格言是 "精工细作，浑然天成"，全世界99%的著名钢琴演奏家均指定选用施坦威钢琴。施坦威钢琴同时是顶级演奏厅和音乐学府的首选，其钢琴触觉灵敏的键盘和无与伦比的音色，令弹奏技术与音乐灵感全然发挥，故而深得名家垂青，其中的境界难以言喻。

为了推动增长，施坦威公司扩大了其产品范围，并开始在亚洲进行产品的生产和营销，尤其是全新推出了 5 款郎朗系列的立式和三角钢琴，这也是施坦威 150 余年历史上的首度与国际著名音乐家联袂，并用音乐家的名字命名的钢琴。随着这位新成员的加入，施坦威家族成员现在已增至 4 位，分别是施坦威钢琴、波士顿钢琴、艾塞克斯钢琴和郎朗钢琴。

(资料来源：菲利普·科特勒. 市场营销原理. 北京：机械工业出版社，2013)

企业还可以用价格来实现其他许多具体目标。它可以定低价以防止竞争者进入市场，或者定价与竞争者保持一致以稳定市场。定价可以保持中间商的忠诚和支持，或者防止政府干预。价格还可以临时调低来刺激对商品的需求，或吸引更多的顾客走进零售商店。一种产品的定价可能有助于企业产品系列中其他产品的销售。因此，在帮助企业实现各级目标的过程中，定价发挥着十分重要的作用。

(二) 产品成本

成本因素是定价策略中重要的影响因素，许多企业都试图创造成本优势。因为企业具有成本优势，才有可能形成价格优势，从而在市场上获得较大的销售量和较高的利润额。从经济学的角度说，成本是企业定价的最低的经济界线。在进行成本分析时需要对不同情况下的“量、本、利”做具体的分析。一般情况下，产品的价格至少要能弥补一定水平下的总的生产成本，因此在定价时要估算成本。

企业的总成本分为固定成本和可变成本。固定成本指那些不随生产或销售水平变化的成本。例如，企业必须每月支付的租金、暖气费、利息、管理人员的薪金以及其他开支。可变成本指直接随生产水平发生变化的成本。例如，每台联想个人电脑都包括电脑芯片、电线、塑料、包装及其他投入成本，其总量会随着生产的电脑数而变化。企业必须控制好成本，如果企业生产和销售产品的成本大于竞争者，那么企业将不得不设定较高的价格或减少利润，从而使自己处于竞争劣势。

(三) 产品差异性

产品差异性是指产品具有独特的个性，拥有竞争者不具备的特殊优点，从而与竞争者形成差异。产品差异性不仅指实体本身，而且包括产品设计、商标品牌、款式和销售服务方式的特点。拥有差异性的产品，其定价灵活性较大，可以使企业在行业中获得较高的利润。这是因为：一方面，产品差异性容易培养忠诚的顾客，形成品牌偏爱，进而接受企业定价；另一方面，产品差异性可抗衡替代品的冲击，使价格敏感性相对减弱。

(四) 企业的销售能力

可以从两方面来衡量企业的销售能力对定价的影响：一方面，企业销售能力差，对中间商依赖程度大，那么企业最终价格决定权所受的约束就大；另一方面，企业独立开展促销活动的能力强，对中间商依赖程度小，那么企业最终价格决定权所受的约束就小。

二、影响定价的外部因素

(一) 市场需求

市场需求状况为产品的定价确定了最高限度，而需求又主要受价格的影响。在价格与需求的关系方面，营销者需要了解需求的价格弹性，即产品价格变动对市场需求量的影响，不同产品的市场需求量对价格变动的反应不同，也就是弹性大小不同。

一般情况下，企业每制定一种产品价格，该产品的需求量都会发生不同程度的变化。通常价格与需求量成反比例，即价格越高则需求量越少。

$$需求的价格弹性(E_P)=需求量变动百分比/价格变动的百分比$$

由于价格高，买的人少；而价格低，买的人多，所以价格与需求量呈反方向变动。一般以 E_P 的值大于 1 或小于 1 来表示。如果 $E_P>1$，称为价格需求弹性大或称为富于弹性的需求。如果需求量变化的幅度小于价格变化的幅度，即 $E_P<1$，称为价格需求弹性小或称为缺乏弹性的需求。

价格需求弹性在企业决定某一产品是提价或降价时特别有用。如果该产品的价格需求弹性系数大于 1，也就是价格只要稍微上升或下降，需求量就会大幅度下降或增加。因此，企业往往可采取降价策略，这时产品的单位利润虽有所下降，但产品的销售总收入和总利润却大大增加。如果该产品的价格需求弹性系数小于 1，即使价格大大提高或下降，需求量也不会显著的减少或增加，因此，企业可采取提价策略，这时需求量虽有减少，但由于价格大大提高，产品的销售总收入和利润总量仍会增加。当然，不论提价或降价都是有一定限度的。

(二) 政府因素

在市场经济条件下，政府扮演着越来越重要的角色。作为国家与消费者利益的维护者和代表者，政府力量渗透到企业市场行为的每一个角落。在企业定价方面的政府干预，表现为一系列的经济法规，如西方国家的《反托拉斯法》《反倾销法》和《谢尔曼法》等，在不同方面和不同程度上制约着企业的定价行为。因此，企业定价必须遵循政府的经济法律法规。

(三) 竞争者的产品和价格

在由市场需求和成本所决定的可能的价格范围内，竞争对手的成本、价格和可能的价格反应也将影响着企业的价格决策。企业应充分了解竞争对手的产品，并将自己的产品与对手的产品在特色、质量、成本和价格等方面进行比较、分析，以对手的价格作为自己定价的出发点。如果两者质量大体一致，则两者价格也应大体一样，否则本企业的产品有可能卖不出去；如果本企业的产品质量较高，则产品价格也可以定得高一些；如果本企业的产品质量较低，那么其产品价格就应定得低一些。

第二节　定价的方法

企业制定价格时，要在全面考虑内、外部的影响因素基础上，采取一系列步骤和措施。一般来说，定价的程序是：选择定价目标，估计市场需求，测算成本，分析竞争者的产品成本、价格和质量，选择定价方法，确定最终售价。本节主要介绍具体的定价方法。

定价方法是指企业在特定的定价目标指导下，依据对影响价格形成各因素的具体研究，运用价格决策理论对产品价格进行测算的具体方法。企业产品价格的高低受到企业内、外部因素的综合影响和制约，但是，在实际定价工作中往往只侧重某一方面的因素。大体上，企业定价有 3 种导向，即成本导向、需求导向和竞争导向。

一、成本导向定价法

成本导向定价法，即以产品的成本为主要依据，综合考虑其他因素制定价格的方法。由于产品的成本形态不同以及在成本基础上核算利润的方法不同，成本导向定价包括成本加成定价法、目标收益定价法和变动成本定价法等具体方法。

(一) 成本加成定价法

这是一种最简单的定价方法。就是在单位产品成本的基础上，加上预期的利润额作为产品的销售价格。加成的含义就是一定比率的利润。

采用这种定价方式，必须做好两项工作：一是准确核算成本，一般以平均成本为准；二是根据产品的市场需求弹性及不同产品确定恰当的利润百分比(成数)。因此，如果企业的产品组合比较复杂，具体产品平均成本不易准确核算，或者企业缺乏一定的市场控制能力，该方法就不宜采用。

总成本是企业在生产产品时花费的全部成本，包括固定成本和变动成本两部分。在单位产品的总成本上加一定比例的利润，就是单位产品的价格。

单位产品的价格计算方法有两种。

(1) 顺加法。在单位产品成本的基础上形成加成率，计算产品销售价格的方法。其定价公式为

$$P=C(1+R)$$

式中：P 为单位产品售价；C 为单位产品成本；R 为成本加成率，R=(单位产品销售价格－单位产品成本)/单位产品销售价格。

【例 10-1】某厂生产某种商品 1 万件，总的固定成本为 40 万元，总的变动成本为 60 万元，预期利润率为 20%。试按成本加成定价法计算每件商品的销售价格。

单位商品成本(C)＝(40＋60)/1＝100(元)

单位商品价格(P)＝C(1＋R)＝100×(1＋20%)＝120(元)

(2) 倒扣法。以零售价格为基础形成加成率的定价方法，是零售企业常用的方法。其定价公式为：

$$单价=单位成本/(1-成本加成率)$$

即，

$$P=C/(1-R)$$

式中：加成率(R)＝毛利/售价。

【例 10-2】百货商场从生产商那里购进一批 VCD 机，进货平均成本为 1 000 元。若百货商场加成率为 10%，则按零售价加成确定的 VCD 机零售价是多少？

设百货商场的进货平均成本为 C，零售价为 P，加成率为 R，则依据零售价加成关系有公式：$P=C+PR$。整理后得：

$P=C/(1-R)=1\,000/(1-10\%)\approx 1\,111$(元)

成本加成定价法的优点是计算简便，有利于核算，同行业之间可以比较，以及给人以买卖公平的感觉；缺点是只考虑生产者的个别成本与产品的个别价值，忽视市场供求状况，难以适应复杂多变的竞争环境。

(二) 目标收益定价法

目标收益定价法是根据企业的总成本和企业预计的销量，确定一个目标收益率，据此核算价格。美国通用汽车公司是这样定价的，它以总投资额的15%～20%作为每年

的目标收益率，摊入汽车售价中。西方国家的许多大型公用事业也是这样定价的，因为它们投资大，业务具有垄断性，又和公众利益息息相关，所以政府对它们的定价有一定限制，只有依据投资数额确定一定的百分比计算收费标准。

在理论上，目标收益定价法的定价步骤如下。

(1) 确定固定成本。这种成本短期内不随产量的变化而变化。

(2) 确定总成本。即固定成本与变动成本的总和。

(3) 估计生产能力和销量。假设企业的生产能力为 100 万的单位产品。

(4) 计算总成本。假定生产 80 万的单位产品的总成本是 1 000 万元。

(5) 确定目标利润。假设企业想得到 20%的成本收益率，目标利润就是 200 万元，总收益要达到 1 200 万元。

(6) 计算单价。经计算得，产品的单价应为：P=(1 000 万元+200 万元)÷80 万=15 元。

目标收益定价法的一个主要缺陷就是，企业根据估计的预期销量倒推算成本来确定价格，而价格又恰恰是影响销量的一个重要因素，因此预测的销售量很难算准。通常企业都会制作一张盈亏平衡图，反映不同销售水平上的预期总成本和总收益情况，据此进行定价方案的比较与选择，如图 10-1 所示。

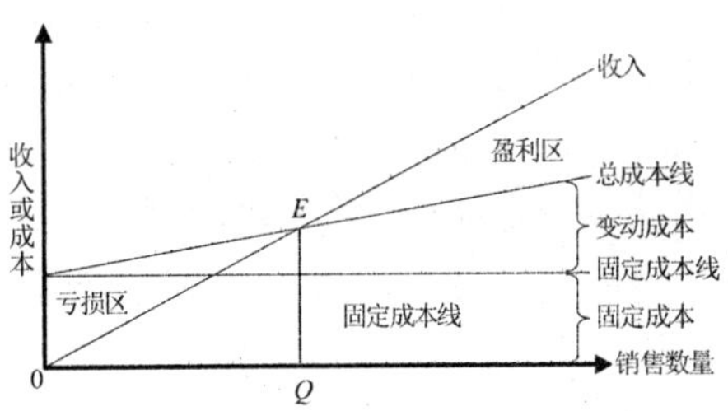

图 10-1　盈亏平衡图

在图 10-1 中，E 为盈利分界点，Q 为保本销售量(损益平衡时的销售量)。

这种方法侧重于总成本费用的补偿，通常适用于经营多条产品线和产品项目的企业。当某种产品的预期销售量难以实现时，可相应提高其他产品的产量或价格，逐步在整体上实现企业产品结构及产量的优化组合。

(三) 变动成本定价法

变动成本定价法，又称边际贡献定价法，是指在变动成本的基础上，加上预期的边际贡献计算价格的定价方法。其计算公式为：

价格＝单位变动成本＋边际贡献

所谓边际贡献，就是销售收入减去变动成本后的余额。单位产品的销售收入在补偿其变动成本之后，要用于补偿固定成本费用。在盈亏平衡点之前，所有产品的累计贡献均体现为对固定成本费用的补偿，企业无盈利可言。在到达盈亏平衡点之后，产品销售收入中的累计贡献才是现实的盈利。所有产品销售收入中扣除其变动成本后的余额，不论能否成为企业的盈利，都可视为对企业的贡献，它既可以反映为企业盈利的增加，也可以反映为企业亏损的减少。从短期决策来看，企业增加生产只要能获得边际贡献，就是有经济效益的，即所增加的那部分边际产量对提高企业经济效益是有贡献的，产量可一直增加到边际贡献等于零为止。

变动成本定价法通常用于以下两种情况。

(1) 当市场上产品供过于求、企业产品滞销积压时，如坚持以总成本为基础定价出售，就难以为市场所接受，其结果不仅不能补偿固定成本，连变动成本都无法收回。此时，以变动成本为基础定价，可大大降低售价，应对短期价格竞争。

(2) 当订货不足，企业生产能力过剩时，与其让厂房和机器设备闲置，不如利用低于总成本但高于变动成本的低价来扩大销售，同时也能减少固定成本的亏损。

二、需求导向定价法

需求导向定价法，是以消费者对产品价格的接受能力和需求程度为依据制定价格的方法。它不以企业的生产成本为定价的依据，而是在预计市场能够容纳目标产销量的需求价格限度内，确定消费者价格、经营者价格和生产价格。具体可以分为以下几种方法。

(一) 反向定价法

产品的可销价格，即为消费者或进货企业习惯接受和理解的价格。可销价格倒推法就是企业根据消费者可接受的价格或后一环节买主愿意接受的利润水平来确定其销售价格的定价法。一般在下面两种情况下，企业可采用这种定价法。

(1) 为了满足在价格方面与现有类似产品竞争的需要，而设计出在价格方面能参与竞争的产品。

(2) 对新产品的推出，先通过市场调查确定出购买者可接受的价格，然后反向推算出产品的出厂价格。

出厂价格＝市场可销零售价格×(1－批零差率)×(1－销进差率)

【例 10-3】消费者对某品牌的电视机可接受价格为 2 500 元，电视机零售商的经营毛利为 20%，电视机批发商的批发毛利为 5%。计算电视机的出厂价格。

零售商可接受价格＝消费者可接受价格×(1－20%)＝2 500×(1－20%)＝2 000(元)

批发商可接受价格＝零售商可接受价格×(1－5%)＝2 000×(1－5%)＝1 900(元)

该品牌电视机的出厂价格定为 1 900 元。

资料链接

电商反向定价　你怎么看

目前，一些电子商务网站正在尝试一种全新的定价模式招揽顾客：让买家站出来，主动向卖家报价。事实上，Priceline 早在 1998 年就已经在机票和酒店预订中进行“反向定价”，还受到市场的广泛好评。2012 年，各种售卖数码家电、体育用品等商品的电子商务网站也纷纷采用反向定价新模式。

在美国，Priceline的主营业务是酒店预订，它的操作模式是：让用户报出要求的酒店星级、所在城市的大致区域、日期和价格，网站从自己的数据库或供应商网络中寻找到与报价匹配的产品，之后进行交易。需要提醒的是，在交易完成前，用户都无法知道酒店的详情信息，也不能确保自己能否预订到想要的酒店。一旦双方确认成交(客人提交预付款)就不能取消。这一模式推出后深受欢迎，目前Priceline的业务已经拓展至“租车”“旅游保险”。

举例来说，一名用户跑去Priceline上选择反向定价模式预订酒店，就只要选择城市和星级，Priceline将告知这种酒店在此区域一般要多少钱(假设是300美元)，然后让用户输入一个觉得可以接受的价格(假设是80美元)。Priceline立马会让用户填写信用卡信息，一旦填完而它真能提供一间满足条件的酒店房间，就从信用卡上扣钱。完成酒店预订后，Priceline才告诉用户具体订的是哪家酒店。就是依靠这种创新的反向定价模式，Priceline积累起一定的流量，随后不断发展壮大。网站的收入主要来自向买方收取的手续费，如果实际从供应商拿到的价格比消费者报价低，差价也会被Priceline赚取。

近几年，国内几大在线旅游网站在“酒店预订”上接连引入了“模糊预订”“反向定价”等各种国外流行的定价模式，

(资料来源：新华网，http://news.xinhuanet.com/fortune2013-01/06/c-124190439.htm，经修改)

(二) 认知价值定价法

认知价值定价法就是企业根据购买者对产品的认知价值来制定价格的一种方法。其主要利用营销组合中的非价格因素，在消费者心目中建立起认知价值来定价的。

对名牌产品的定价主要依据是认知价值。名牌货，特别是世界名牌，与普通货的价格相差悬殊，其价格往往高出普通货数倍甚至10余倍。例如，市场上一件法国名牌男衬衣售价约500元，中外合资名牌男衬衣每件约150元，而无名的普通衬衣只能卖十几元。这样大的差价并不是来自成本和质量的差别，而是根据消费者所理解和认可的价值来确定的。

认知价值定价的关键在于，准确地计算产品所提供的全部市场认知价值。企业如果过高地估计认知价值，便会定出偏高的价格；如果过低地估计认知价值，则会定出偏低的价格。为准确把握市场认知价值，必须进行市场营销调研。

【例10-4】有甲、乙、丙3家企业都生产同一种手机，这种手机的平均市场价格为1 200元，现抽取一组用户作样本，要求他们分别就3家企业的手机予以评比。

有3种方法可供使用。

(1) 直接价格评比法。要求产业用户为3家企业的产品确定能代表其价值的价格。如他们对甲、乙、丙3家产品的直接的认知价格可能分别为1 053元、1 710元和837元。

(2) 直接认知价值评比法。要求产业用户把他们的认知以100分的价值分配给3家产品。假设结果分别为29、48、23。甲、丙两家企业提供产品的认知价值低于平均数，乙企业高于平均数33；根据其产品的认知价值的比例定价，则我们可得到3个反映其认知的价格，即1 053元、1 710元和837元。

(3) 诊断法。要求产业用户就 3 种产品的 4 个属性(接收效果、通话质量、充电速度和坚实耐用)分别予以评价。将每一种属性在 100 分的价值内分配给 3 家企业，同时根据 4 个属性的重要程度的不同，也将 100 分的权重分配给 4 个属性，假设结果如表 10-1 所示。

表 10-1　诊断法定价

属　　性	权　　数	甲企业手机	乙企业手机	丙企业手机
接收效果	35	25	50	25
通话质量	30	35	45	20
充电速度	20	20	60	20
坚实耐用	15	40	30	30
认知价值	100	29.25	47.50	23.25
认知价格		1 053	1 710	837

依据以上数据，通过计算各家企业的手机认知价值来得出最终定价。

(1) 各家企业的手机认知价值：

甲企业手机的认知价值为：$25\times\frac{35}{100}+35\times\frac{30}{100}+20\times\frac{20}{100}+40\times\frac{15}{100}=29.25$

乙企业手机的认知价值为：$50\times\frac{35}{100}+45\times\frac{30}{100}+60\times\frac{20}{100}+30\times\frac{15}{100}=47.50$

丙企业手机的认知价值为：$25\times\frac{35}{100}+20\times\frac{30}{100}+20\times\frac{20}{100}+30\times\frac{15}{100}=23.25$

(2) 手机的平均认知价值为：$\frac{1}{3}\times(29.25+47.50+23.25)\approx 33.33$

(3) 各企业的手机价格分别如下：

甲企业手机的价格：$1\,200\times\frac{29.25}{33.33}\approx 1\,053$(元)

乙企业手机的价格：$1\,200\times\frac{47.50}{33.33}\approx 1\,710$(元)

丙企业手机的价格：$1\,200\times\frac{23.25}{33.33}\approx 837$(元)

由上可知，乙企业手机的认知价值约 48，高于平均值；甲企业手机的认知价值低于平均值；丙企业手机的认知价值也低于平均值。显然在顾客眼里，乙企业的手机可制定较高价格，若乙企业希望按认知价值的比例定价，可定为 1 710 元。

假如 3 家企业都按其认知价值的比例定价，则每家企业都可享受到部分的市场占有率，因为它们提供的价值与价格之比均相等；某一家企业的定价低于其认知价值，则它将得到一个高于平均数的市场占有率，因为当购买者与企业打交道时，其支付的货币可换回更多的价值；若乙企业率先降低，将手机价格由 1 710 元降至 1 053 元，它将冲击 B、C 两家企业的市场占有率，尤其是甲企业，因为乙企业以与甲企业相同的价格提供更多的价值，甲企业将被迫降价或提高其认知价值。提高认知价值的主要措施有：增加服务项目、提高服务质量和产品质量、进行更有效的沟通。如果这样做的成本低于因降价而引起的收入损失，则甲企业很可能会增加投资来提高其认知价值。

认知价值定价法使用的前提是精确掌握产品的性能，由有关专家和用户进行评定。它适用于有较为固定的供货合同的机械产品(性能容易测定)、耐用消费品、技术经济指标比较明确的产品。

(三) 需求差异定价法

需求差异定价法，是指根据消费者对同种产品或劳务的不同需求强度，制定不同的价格和收费的方法。价格之间的差异以消费者需求差异为基础。

按需求差异定价法制定的价格，并不与产品成本和质量的差异程度成比例，主要反映需求差异及变化，有助于提高企业的市场占有率和增强企业产品的渗透率，但这种定价法不利于成本控制，而且需求差异不易精确估计。

资料链接

Topshop 和 PaneraiCaress 的定价方式

Topshop 是一个全球时装品牌，在全球设有 400 多家专卖店。这个品牌采用了一种大胆的、具有挑战性的定价方式，吸引了众多有着时尚意识的购物者。这个专业时装零售商拥有特有的价格体系，其价格体系的构建方式和女性储备衣物的方式相联系。因此，这个品牌的商品价格跨度很大，包括 20 美元的运动衫到 800 美元的设计师品牌服装，但这些衣物都是在同一个独特、时尚、前卫的环境中出售。该品牌依靠时尚元素让自己的库存快速周转，而不是依靠价格界定品牌或客户等级。

PaneraiCaress 咖啡店也完善了自己的价格模型。这家面包咖啡店的每样商品都标有商品建议零售价，但是客户支付的价格可以是自己能够支付得起的价格，或是客户认为和商品相匹配的价格。大约有 65%的客户按照建议零售价支付，其他客户则在建议零售价的基础上少付或多付，而有些客户甚至不支付一分钱。目前，这家商店处于盈亏平衡状态。在现在的社会环境中，消费者越来越关心自己所在的社区，关心自己在社区中能起到哪些积极的作用。而这种零售价格模式向人们展示，通过具有“慷慨”特色的零售定价，企业即使是在最艰难的市场环境中仍然能够正常运营。

(资料来源：学优网，http://www.gkstk.com/article/wk-78500002059400-2.html，经修改)

三、竞争导向定价法

竞争导向定价法，是以市场上竞争对手的价格为主要依据来制定企业同类产品价格的方法，适合于市场竞争激烈、供求变化不大的产品的定价。一般有以下几种具体方法。

(一) 随行就市定价法

随行就市定价法指企业按照行业的平均现行价格水平来定价，很少考虑企业的成本或社会需求，是同质产品市场的惯用定价方法。在寡头垄断的产业中(如销售钢铁、纸张、化肥等商品产业)，公司通常都制定相同的价格。

在有许多同行相互竞争的情况下，每个企业都经营着类似的产品，价格高于竞争者，就可能使销售额减少，从而造成利润的下降；价格低于竞争者，就可能迫使竞争者随之降价，从而失去价格优势。在现实的营销活动中，由于“平均价格水平”在人们的观念中常被认为是合理价格，易被消费者接受，而且也能保证企业获得与竞争对手相对一致的利润，因此许多企业倾向与竞争者价格保持一致。尤其是在少数实力雄厚的企业控制市场的情况下，对于大多数中小企业而言，由于其市场竞争能力有限，更不愿与生产经营同类产品的大企业发生“面对面”的价格竞争，而靠价格尾随，根据大企业的产销价格来确定自己的实际价格。

随行就市定价法在企业的实际经营中相当普遍，当需求弹性不易测量时，企业认为随行就市定价法反映了本行业的集体智慧，这种定价会产生合理的报酬，同时可阻止恶性的价格战。

Uber 的秘密：随行就市的差异定价

目前，国内优步(Uber)用户已经发现其打车价格算法是“随行就市”的，同样的路在不同时间，可能价格是完全不一样的，当然它定了个上限。具体来说，假如是下雨天，打车的人多，出来接客的车少，优步(Uber)的价格就会上升；相反，假如在非高峰期，或某个地点的车很多，而用车的人少，价格就会相应调低（当然，两个阶段优步也会补贴司机，使参与这场游戏的“供方”保持良好的增长势头）。

这种随行就市的定价方式看似简单，其实是专车领域的首创。换句话说，现在的很多移动专车应用只开发了“地理位置”的就近接客便利，却没有以地理位置的优劣（中心区或偏僻区）对价格进行优化，而对于时间维度则完全忽视。

出租车行业并没有实行差异化定价，主要是因为它采用的是“人制”化管理：中心人工调度+路边随机招停。由于这个行业的随机与高频次服务次数，要人工随行就市地实行差异化定价是完全不可能的。但优步(Uber)作为基于移动互联网的新经济业态，它可以自动化匹配(运行)，有能力实现差异化定价，以期最大限度地提升供需双方的满意度。

（资料来源：http//www.cmmo.cn/article-191885-1.html.，经修改)

(二) 竞争价格定价法

竞争价格定价法，就是根据本企业产品的实际情况以及与竞争对手的产品的差异状况来确定价格。

与随行就市定价法相反，竞争价格定价法是一种主动竞争的定价方法，一般为实力雄厚，或独具产品特色的企业采用。定价步骤如下。

(1) 将市场上竞争产品的价格与企业估算的价格进行比较，分为高于、低于和一致3个层次。

(2) 将企业产品的性能、质量、成本、式样、产量与竞争企业进行比较，分析造成价格差异的原因。

(3) 根据以上综合指标确定本企业产品的特色、优势及市场定位。在此基础上，按定价所要达到的目标，确定产品价格。

(4) 跟踪竞争产品的价格变化，及时分析原因，相应地调整本企业产品的价格。

(三) 投标定价法

投标定价法是指在采购大宗商品物资、大型机械设备和选择建筑工程项目承建方等交易中，采用招标、投标的方式，由招标方对 5 个以上并相互竞争的投标方的出价择优成交的定价方法。具体有以下 3 个步骤。

(1) 招标。由买方发布招标公告，提出征购的产品或服务项目，以及具体条件，引导卖方参加竞争。

(2) 投标。卖方根据招标公告的内容和要求，结合自己的条件，主要考虑成本、盈利以及竞争者可能提出的价格，然后填好标书，向买方密封投递本企业的书面报价。

(3) 开标。买方在招标规定的时间内，要积极进行选标。主要是审查卖方的投标报价、技术力量、工程质量、信誉高低、财务状况、生产经验等，从中选择承包商。到期时，买方要按规定开标，公开宣布中标者，然后签订合同，并应取得法律公证，接受法律监护。

一般情况下，在同类同质产品之间，价格相对低的产品更具有竞争力。在市场营销活动中，投标竞争是一种营销竞争常用的方式，投标竞争的过程往往就是价格竞争的过程，竞争的结果产生实际的成交价格。

企业参加竞标总希望中标，而能否中标在很大程度上取决于企业与竞争者投标报价水平的比较。因此，投标报价时要尽可能准确地预测竞争者的价格意向，然后在正确估算完成招标任务所耗成本的基础上，定出最佳报价。

一般来说，报价高，利润大，但中标机会小，如果因价高而招致败标，则利润为零；反之，报价低，虽中标机会大，但利润低，其机会成本可能大于其他投资方向。因此，报价时既要考虑实现企业的目标利润，也要结合竞争状况考虑中标概率(中标概率的测算取决于企业对竞争对手的了解程度，以及对本企业能力的掌握程度)。最佳报价应该是预期收益达到尽可能高的价格。

【例 10-5】某企业为一楼房建筑工程投标。根据楼房设计需求，估计建筑工程总费用为 80 万元。在调查可能的竞争对手及其所投标书后，提出了 4 种可行的报价，并估算其中标概率如表10-2 所示，根据每一报价下的期望利润，你认为企业应如何报价才能取得中标概率与可能利润二者的综合效果最好？

表 10-2　4 种可行报价的中标概率

标价(万元)	中 标 概 率	可得利润(万元)	期望利润＝中标概率×可得利润
90	0.6	10	6
95	0.5	15	7.5
100	0.3	20	6
105	0.2	25	5

从表 10-2 中可得，报价 95 万元的期望利润最大，即 7.5 万元，意味着中标概率与可得利润二者综合效果最好，按期望利润最大原则，企业应选择的报价为 95 万元。

第三节　定价策略概述

定价策略与定价方法是有区别的：定价方法主要用于确定产品的一个基本价格；而定价策略则更多地体现定价的艺术性和技巧，是从竞争的角度出发，在运用适当的定价方法确定了基本价格以后，针对不同的消费心理、销售条件，采用定价策略对基本价格进行修正和适时调整，保证企业的成交定价更加科学、合理。

一、新产品定价策略

新产品定价合理与否，关系到能否及时打开销路、占领市场和获得预期利润的问题，对于新产品的发展具有十分重要的意义。新产品定价策略有以下 3 种。

(一) 撇脂定价策略

撇脂定价是一种高价策略，在新产品投入初期，利用一部分消费者追求时髦、猎奇的心理，把价格定得高一些，以尽快取得最大利润，随着产品进入成熟期，再慢慢降价。

采用撇脂定价策略，必须具备 4 个基本条件：一是产品的质量和形象必须能够支持产品的高价格，并且有足够的购买者想要购买这个价格的产品；二是产品必须新颖，具有较明显的质量、性能优势，并且有较大的市场需求量；三是产品必须具有特色，在短期内竞争者无法仿制或推出类似产品；四是生产较少数量产品的成本不能够高到抵消设定高价格所取得的好处。

一种产品处于产品生命周期的不同阶段，企业可以通过降价获得更大的市场份额。当产品价格高于市场的平均价格，但消费者依然愿意购买时，撇脂定价策略就发挥了最理想的作用。当采购商认为这家企业生产的设备比其他竞争者的产品要好得多时，那这家公司顺理成章地定出高价，如果产品得到合法保护，或产品是技术创新，或某个方面限制了竞争者时，企业就可以运用撇脂定价，有时原材料短缺或缺少人手时，也可以使用。

这种策略的优点是：能够在短期内获得较高的利润，尽快收回投资，并掌握降低价格的主动权。缺点是：风险大，容易吸引竞争者加入，若产品不被消费者接受，会导致产品积压，造成亏损。因此，采取此策略时，要求企业对市场需求有较准确的预测。

苹果公司的撇脂定价

iPod 是苹果公司设计和销售的系列便携式多功能数字多媒体播放器，是对 MP3 的颠覆，开创了新品类，是一款创新型的消费类数码产品。第一款 iPod 零售价高达 399 美元，即使对于美国人来说，也是属于高价位产品，但是有很多“果粉”既有钱又愿意花钱，所以纷纷购买；苹果认为还可以“撇到更多的脂”，于是不到半年又推出了一款容量更大的 iPod，定价 499 美元，销路仍然很好。苹果公司的撇脂定价大获成功。

(资料来源：谭文曦. 市场营销学. 北京：人民邮电出版社，2015)

(二) 渗透定价策略

渗透定价策略是一种低价策略，在新产品投放市场时，利用消费者求廉的心理，以较低的价格出售产品，目的是扩大本企业产品的市场份额，打开市场后再提价。如果企业将获得巨大的市场份额作为定价目标，那么渗透定价是一个明智的选择。

渗透定价策略在价格敏感市场上有效，西南航空公司的成功就在于渗透定价，公司仅使用波音 737 飞机，这样零配件库存和驾驶员培训就可以节省成本；公司还通过不采购昂贵的订票系统和不供应机上用餐来减少开支。所以机票价格最低，但是公司的股票价值比美国其他航空公司联合起来的价值还要大。

渗透定价意味着降低产品的利润，要求有更高的销售量。要获得高销售量需要很长一段时间，所以产品开发成本回收也很缓慢，渗透定价策略的目的就是阻止竞争。例如，宝洁公司在调查电动牙刷市场时，发现大多数电动牙刷的价格超过 50 美元，该公司推出能安电池的佳洁士系列电动牙刷，售价仅为 5 美元，使得佳洁士成为宝洁第 12 个价值超过 10 亿美元的品牌。

渗透定价的另一个问题在于，当一个知名品牌用渗透定价策略来获得市场占有率时，最终会导致失败。例如，欧米茄手表曾经是一个比劳力士更知名的品牌，可是为了提高市场占有率，而采用了渗透定价策略，结果致使其低价产品在市场上泛滥，从而破坏了其品牌形象。欧米茄也没能从低价竞争中赢得足够的市场占有率。所以，渗透定价适用于低档商品，还有专业性不强的产品。

家乐福的渗透定价策略

家乐福在北京采用低价策略，针对的目标市场是工薪阶层，家乐福对购买频率较高的家庭日用品制定低价，因而吸引了大量的顾客前来购买，并且通过这些顾客的口碑传播，使家乐福迅速提高了知名度。家乐福是靠低价策略打开市场的，同样其市场在一定程度上靠不断的低价来维持。家乐福始终有 10%左右的低价商品，然而这 10%的商品却带动了其他 90%的正常价格商品的销售。这些低价商品主要以低利润、购买频率高、购买量大的日用化妆品和食品饮料为主，一般的低价商品比正常价格低 10%～20%。这也正迎合了人们的敏感价格心理：人们在买大件商品时多花几元、十几元也不会太在乎，但却会因为几分钱与小贩讨价还价。通过这些低价商品诱惑，使得消费者对家乐福情有独钟。

(资料来源：吴洪刚. 职业销售经理培训. 广州：广东经济出版社，2005)

(三) 满意定价策略

满意定价策略是一种中价策略，即在新产品刚进入市场的阶段，将价格定在介于高价和低价之间，力求使买卖双方均感满意。

满意定价策略适用于需求价格弹性较小的日用生活必需品和主要的生产资料。这种策略既可以避免撇脂定价因高价而带来的风险，又可消除渗透定价因低价而引起的企业生产经营困难，因而既能使企业获取适当的平均利润，又能兼顾消费者的利益。

二、折扣定价策略

折扣定价策略，也称差别价格策略，是指企业根据产品的销售对象、成交数量、交货时间、付款条件、取货地点以及买卖双方负担的经济责任等方面的不同，给予不同的价格折扣的一种策略。常用的折扣定价策略有以下几种。

(一) 现金折扣

现金折扣，也称付款期限折扣，即对现金交易或按约定日期付款的顾客给予不同的价格折扣。它是为鼓励买方提前付清货款而采用的一种减价策略，目的是加速资金周转，降低销售费用和经营风险。其折扣率的高低，一般由买方提前付款期间利息率的多少、提前付款期限的长短和经营风险的大小来决定。例如，2/10，净 30(2/10，net 30)，其意思是：如果在 10 天内付款，购买者能够从发票面值中得到 2%的折扣。否则，在 30 天内支付发票的全部金额。并且，它常常是被注明或让人们理解为 30 天的信用期限后利息费用将增加。

(二) 批量折扣

批量折扣，即根据购买数量多少而给予不同程度的价格折扣。它是为了鼓励买方批量购买或集中购买一家企业的产品而采用的一种减价策略。一般来说，购买的数量或金额越大，给予的折扣也越大。

批量折扣有下面两种形式。

1. 一次折扣

一次折扣是指按照单项产品一次成交数量或金额的多少，规定不同的价格折扣率。一般适用于能够大量交易的单项产品，用于鼓励买方大批量购买。

2. 累计折扣

累计折扣是指在一定时期内购买一种或多种产品的数量或金额超过规定数额时，给予买方的价格折扣。折扣的大小与成交数量或金额的多少成正比，一般适用于单位价值较小，花色品种复杂，不宜一次大量进货的产品，以及大型机器设备和耐用消费品。

(三) 交易折扣

交易折扣，也称功能性折扣，是指企业根据交易对象在产品流通中的不同地位和功能，以及承担的职责给予不同的价格优惠。对买方企业实行何种价格折扣，是以其在产品流通中发挥何种作用为依据的。为鼓励各类经营企业的积极性，各种折扣和差价应补偿其必要的流通费用，并提供合理利润。例如，一家制造商可能允许零售商从建议的零售清单价格中提供一个30%的商业折扣，以抵消零售功能成本并获取利润。同样，制造商可能允许批发商给出一种低于建议零售价 30%和 10%的连锁折扣，即100/30/10。在这个例子中，零售价是 100 元，零售商拿到的价格是 70 元，批发商拿到的价格是 60 元。

(四) 季节折扣

季节折扣，是指企业给予购买非应季产品或劳务的用户的一种价格优惠。一些产品常年生产、季节消费，宜采用此策略。目的在于鼓励买方在淡季提前定购和储存产品，使企业生产保持相对稳定，也减少因存货所造成的资金占用负担和仓储费用。通常面对非常规需求或受能力限制的服务公司，常常采用季节性折扣。例如，电话公司对在电话负荷少的晚上时间的电话提供一定的收费折扣。一些旅游组织，像滑雪度假胜地，当参加者不同程度地减少时，给出较低的价格。

三、地区定价策略

许多企业生产的产品不仅销售给当地的顾客，而且也销售给外地的顾客。在将产品销往外地的情况下，会发生运输、仓储、装卸、保险等费用。这时，企业就面临着地区性定价问题，即企业在将产品卖给不同地区的顾客时，是执行同样的价格还是执行不同的价格。

(一) FOB(Free on Board)产地定价

即企业负责将产品装运到产地某种运输工具上交货，并承担交货前的一切风险和费用；交货后的风险和费用则由买方承担。这样定价，每个顾客都是按照企业的出厂价来购买产品，并分别负担从产地到目的地的风险和运费，是比较合理的。但这种定价法对企业的不利之处在于，远方的顾客可能因为要承担较高的运费而不购买企业的产品，转而选购离其较近的企业的产品。

(二) 统一交货定价

这种定价方法和 FOB 产地定价刚好相反。企业对不同地区的顾客都实行同样的价格，即按出厂价加上平均运费定价。这种定价方式计算简便，也便于顾客事先知道所购产品的总成本的确切数字。它比较适合于运费在总价格中所占比重较小的产品，否则虽然对远方的顾客有吸引力，但却会使近处的顾客感到不合算。例如，海尔冰箱在全国实行统一价，由海尔集团统一配送货物并承担其所需费用。这将有效地理顺销售渠道、稳定产品价格、维护商家的正常利益，而且有助于增强企业的竞争力、降低损耗、巩固成熟市场和开拓边远市场。

肯德基为什么要改变全国统一定价的策略

20 多年以来，肯德基在中国一直采取传统的全国统一定价模式，但随着肯德基的快速发展，已经不能适应和匹配快速发展的复杂商业环境。中国肯德基于 2015 年起取消了全国统一定价模式，开始实施细分差别定价策略，在不同城市、不同商圈，综合考虑每家餐厅的租金、营业状况等因素，依据各餐厅实际情况差别定价。

由于遭受成本持续上涨影响，2015 年 2 月以来鸡肉原料成本上涨近 15%，肯德基决定分为两个阶段酌情调整产品价格：9 月底主要是汉堡类产品，10 月底主要集中在鸡肉配餐类产品和饮料。上述调价涉及产品由于细分差别定价策略的实施，在各肯德基餐厅情况会有不同，具体情形以各餐厅餐牌公示价格为准。

肯德基通过科学、人性化地细分商圈，进行差别定价，这个做法也更加符合消费者的不同消费需求。采取细分措施就会造成同城不同价的情况，繁华地段的肯德基餐厅产品价格会略高；但在一些社区等地段的肯德基餐厅，就会提供更加亲民的产品价格。

(资料来源：百度知道，https://zhidao.baidu.com/question/427065353913721292.html，经修改)

(三) 分区定价

即将产品的销售市场划分为若干个区域，为每个区域制定不同的价格，在同一区域内执行相同的价格。离企业较远的区域，价格定得较高。这种定价方式也有不足之处：在同一价格区域内，顾客与企业距离远近不一，离企业较近的顾客会觉得不太合算；处在相邻的两个价格区域边界两侧的顾客，相距不远，但要按不同的价格来购买产品，要支付较高价格的顾客会觉得不合算。

(四) 基点定价

即企业选定某些城市作为基点，然后按统一的出厂价加上从基点城市到顾客所在地的运费来定价，而不管产品实际上是从哪个城市起运的。企业为了加大灵活性，选取许多基点城市，按离顾客最近的基点来计算运费。基点定价的产品价格结构缺乏弹性，竞争者不易进入，有利于避免价格竞争。顾客可在任何基点购买，企业也可将产品推向较远的市场，有利于市场扩展。

(五) 免收运费定价

当定价急需和某个顾客达成交易或进入某个市场时，企业为购买产品的顾客负担部分或全部运费。企业认为，这些交易的实现增加了销售额，由此而引起的平均成本的降低能够弥补这部分运费支出，同时企业也加深了市场渗透，增强了竞争能力。

四、心理定价策略

心理定价策略，是指销售企业根据消费者的心理特点，迎合消费者的某些心理需要而采取的一种定价策略。

“一元水果”

近两年来，冷饮摊上增加了一类“一元货”，即切削后分块零卖的水果。商人们把哈密瓜、菠萝、西瓜等削好，切成一块一块的，插上一根木条，每块卖一元。“一元水果”的生意非常红火。虽然“一元水果”比整卖的水果要贵一些，为什么顾客还很爱买呢？主要是“一元水果”的定价迎合了顾客的消费心理，且满足了特定消费者的消费需求。随着消费者心理上的基本货币单位的上升，角、分的货币单位概念逐步退化，以角、分为尾数的定价策略渐渐成为累赘，失去价格魅力。而 1 元、10 元作为顾客心理上的基本货币单位在工薪阶层中的地位正在上升。“一元水果”的出现正是由于商人们琢磨透了消费者的心理。

(资料来源：阿里巴巴，http://info.china.alibaba.com/detail/1027528272.html，经修改)

心理定价策略主要适用于零售环节。常用的心理定价策略主要有如下几种。

(一) 尾数定价策略

尾数定价，也称零头定价或缺额定价，即给产品定一个零头数结尾的非整数价格。大多数消费者购买产品时，尤其是购买一般的日用消费品时，乐于接受尾数价格，如 0.99 元、9.98 元等。消费者会认为这种价格经过精确计算，购买不会吃亏，从而产生信任感。同时，价格虽离整数仅相差几分或几角钱，但给人一种低价位的感觉，符合消费者求廉的心理愿望，这种策略通常适用于基本生活用品。例如，在抽查的家乐福 500 种商品价格中，整数定价的，食品类约 10%，非食品类为 20%，尾数为奇数的占 80%，日用品、食品、饮料为 5、9 居多，约占 50%，非食品类以 9 为多，占 40%。家乐福的价格往往仅在尾数上比对手少一点儿，但却因此给顾客一种感觉：家乐福的东西便宜。

(二) 整数定价策略

整数定价与尾数定价正好相反，企业有意将产品价格定为整数，以显示产品具有一定质量。整数定价多用于价格较贵的耐用品或礼品，以及消费者不太了解的产品，对于价格较贵的高档产品，顾客对质量较为重视，往往把价格高低当作衡量产品质量的标准之一，所谓“一分价钱一分货”的感觉，从而有利于销售。

(三) 声望定价策略

声望定价，即针对消费者“便宜无好货”“价高质必优”的心理，对在消费者心目中享有一定声望，具有较高信誉的产品制定高价。不少高级名牌产品和稀缺产品，如豪华轿车、高档手表、名牌时装、名人字画、珠宝古董等，在消费者心目中享有极高的声望和地位，价格越高，心理满足的程度也越高。

在现代社会，消费高价位的商品是财富、身份和地位的象征。因此，对于非生活必需品及具有民族特色的手工产品，应采取极品价格形象。设计极品价格形象，主要应强调产品品牌的著名、质量的上乘、包装的精美与豪华，以及给消费者精神上的高度满足。如，领带中的“金利来”；旅游鞋中的“阿迪达斯”“耐克”；服装中的“皮尔·卡丹”；箱包中的“LV”等。这些名牌产品不仅以优质高档而闻名于世，更以其价格昂贵而引人注目。

(四) 习惯定价策略

有些产品在长期的市场交换过程中已经形成了为消费者所适应的价格，成为习惯价格。企业对这类产品定价时要充分考虑消费者的习惯倾向，采用“习惯成自然”定价策略。对消费者已经习惯了的价格，不宜轻易变动。降低价格会使消费者怀疑产品质量是否有问题；提高价格会使消费者产生不满情绪，导致购买的转移，在不得不需要提价时，应采取改换包装或品牌等措施，减少抵触心理，并引导消费者逐步形成新的习惯价格。

(五) 招徕定价策略

这是适应消费者“求廉”的心理，将产品价格定得低于一般市场价，个别的甚至低于成本，以吸引顾客、扩大销售的一种定价策略。如超市中的特价商品，一些俱乐部推出的免费活动，律师给予的免费咨询，餐厅分发“买一送一”的优惠券和免费餐券，都是为了起到招徕顾客的作用。采用这种策略，虽然几种低价产品不赚钱，甚至亏本，但从总的经济效益看，由于低价产品带动了其他产品的销售，企业还是有利可图的。

五、差别定价策略

差别定价也称为价格歧视，是指企业以两种或两种以上不反映成本比例差异的价格来销售某种产品或服务。差别定价主要有如下几种形式。

(一) 因顾客而异的差别定价

即企业将同一种产品或劳务以不同价格出售给不同的顾客。例如，公园、旅游景点、博物馆将顾客分为学生、年长者和一般顾客，对学生和年长者收取较低的费用；铁路公司对学生、军人售票的价格往往低于一般乘客；自来水公司根据需要把用水分为生活用水、生产用水，并收取不同的费用；电力公司将用电分为居民用电、商业用电、工业用电，对不同的用电收取不同的电费。

(二) 因产品式样而异的差别定价

产品式样不同，价格也不同，但是价格的差异与它们间的成本差异不成比例。如某超市里“喜之郎”果冻布丁散装价格为每千克 15 元，但装在塑料小背包和塑料玩具坦克里的 600 克就卖 13 元或 18 元。又如 33 寸彩电比 29 寸彩电的价格高出一大截，可其成本差额远没有这么大。

(三) 因地点而异的差别定价

企业为处于不同位置的产品或劳务分别制定不同的价格，即使它们的成本费用没有任何差异。例如，剧院里的前座和后座的价格就有所不同；火车卧铺从上铺到中铺、下铺，价格逐渐增高。

(四) 因时间而异的差别定价

企业为不同季节、不同日期，甚至同一天内不同时间的产品或劳务制定不同的价格。如长途电话在不同的时间段收费不同，旅游业在淡季和旺季的收费也有所不同。洛杉矶至纽约的经济舱往返票最便宜时仅 250 美元，最贵时达 1 500 美元以上。

企业实行差别定价应该具备一定的条件：市场必须是能够细分的，并且各个细分市场要具备不同的需求强度；以低价购买产品的顾客不可能将产品用高价转卖出去；竞争者不可能在企业以较高价格销售产品的市场上以低价倾销产品；细分市场和控制市场的费用不超过因实行差别定价所获得的额外收入；实行的差别定价不会引起顾客的反感；差别定价的形式不违法。我国的《价格法》规定，“提供相同商品或服务，对具有同等交易条件的其他经营者实行价格歧视”属于不正当的价格行为。

英特尔公司的差别定价

英特尔曾推出一款新的电脑芯片，刚上市时定价为每片 1 000 美元，这个价格被某些细分市场看作是质价相当、物有所值的，因此用这些芯片装配的顶尖个人电脑，不少顾客都迫不及待地等着购买。但当这批价格意识不强、追求高品质消费的时尚消费者已大部分购买后销量开始下降，在出现竞争者将推出相类似芯片的威胁时，英特尔降低价格以吸引一些具有价格意识的消费者，最后价格降到最低谷——每片200 美元，满足大众市场的需求，这使得这种芯片成为市场上最畅销的信息处理装置。采用这种差别定价策略，英特尔公司从各个细分市场获取最大限度的收入。

(资料来源：宋彧. 市场营销教程. 北京：中国矿业大学出版社，2007)

六、产品组合定价策略

(一) 产品大类定价

在定价时，首先，确定某种产品的最低价格，它在产品线中充当领袖价格，吸引消费者购买产品线中的其他产品；其次，确定产品线中某种商品的最高价格，它在产品线中充当品牌质量体现和收回投资的角色；再次，产品大类中的其他产品也依据其在产品线中的角色不同而制定不同的价格。许多企业在进行产品线定价时，会确定几个价格点，如制定高、中、低 3 种价格，让顾客据此联系到高、中、低 3 种质量水平的产品。例如，男士服装店可能经营 3 种价格档次的男士服装：350 美元、250 美元和 150 美元；顾客会从 3 个价格点上联系到高、中、低 3 种质量水平的服装。即使这 3 种价格同时提高，男士们仍然会按照自己偏爱的价格来购买服装。

(二) 选择品定价

许多企业在提供主要产品的同时，还会提供一些可选择的非必需附带品。在进行定价时，必须确定价格中应包括哪些产品，哪些另行计算。例如，顾客在饭店除了订购饭菜外也买酒水。而许多饭店的酒价很高，而食品的价格相对较低。食品收入可以弥补食品的成本和饭店其他的成本，而酒类则可以带来利润。

(三) 补充产品定价

必需的补充产品是指那些与主要产品一同使用的产品，如刀片、胶卷、计算机软件等。对这类产品通常采用的定价策略是，将购买频率低、需求价格弹性高的商品定为较低价格；同时将购买频率高、需求弹性低的连带商品定为较高的价格。这样可以得到各种商品销售量同时增加的良好效果。

(四) 分部定价

适用于服务性企业，这些企业常常收取一笔固定费用，再加上可变的使用费。如电话、出租车收费。一般固定费用较低，以便吸引顾客使用该项服务项目，并通过可变使用费用获取利润。

(五) 副产品定价

生产加工食用肉类、石油产品和其他化学产品的企业，常需要对产生的副产品定价。企业想办法寻找副产品市场，只要交易价格能抵偿副产品的储存和运输成本，就可以出售。这样，可以降低主产品的成本，提高主产品的市场竞争力。

(六) 产品系列定价

指将有连带关系的一组产品组合在一起降价销售。采用这一策略时，组合的价格必须足够的低廉才会吸引顾客。

第四节　价格调整策略

一种产品价格确定以后，并非是固定不变的。从定价中掌握话语权，是每一个企业为之追求和努力的目标，但是只有极少数的企业能做到。随着市场环境的变化，企业常常需要根据生产成本、市场供求和竞争状况对产品价格做出调整，通过降低价格或提高价格，使本企业的产品在市场上保持较理想的销售状态。

一、提价与降价策略

(一) 提价策略

1. 提价的原因

虽然提高价格常会引起消费者、销售人员和中间商的不满，但是成功的提价有利于企业利润的增长。当企业面临以下情况时可以考虑提价：通货膨胀或原材料价格上涨引起企业成本增加；产品供不应求，暂时无法满足市场需求；政策、法规限制消费或淘汰产品的税率提高。出于保护环境和合理使用稀缺资源的需要，政府对某些产品采用经济手段调控致使价格上升。

2. 提价的策略

提价不仅会增加消费者的支出，还会引起消费者的心理波动，因此企业要采取恰当的提价策略：

(1) 对于因成本上升而造成的提价，要尽量降低提价幅度，同时努力改善经营管理，减少费用开支；

(2) 对于供不应求而造成的提价，要在充分考虑消费者承受能力的前提下，适当提价，切忌哄抬物价招致消费者报怨；

(3) 因国家政策调整而提高商品价格，要多做宣传解释，以消除消费者不满，并积极开发替代品以更好地满足需求；

(4) 因经营者为获利而提高价格，要搞好销售服务，改善销售环境，增加服务项目，靠良好的声誉适量提价。

资料链接

“万宝路”的提价策略

降价的诀窍是在顾客不注意的地方降低成本，采用“偷梁换柱”的方法保住利润。香烟每盒20支装，这是烟民们的常识，但是在20世纪80年代中后期，德国装的美国“万宝路”香烟却是每盒只有19支。原来，经历了数次通胀后，每盒售价4.2马克的万宝路已无利可图，而随其他香烟一样上调价格，将会丧失这一主流品牌的市场竞争力。万宝路德国经销商最后想出了“减支不涨价”的点子。经过计算，每包只要少装一支香烟便有利可图。

新装万宝路上市后，多数人对少一支烟并不在乎，而对它的“不涨价”一往情深，使万宝路在德国市场上既畅销又有盈利，打败了许多竞争对手。加价与减支，看似只是一个分币的两面，但给消费者的心理影响却有很大的不同。因为常购买同一种商品的消费者，往往对价格比对数量更敏感。

(资料来源：学知网，http://www.xuezhi.cn/wenku/121-46550.html)

(二) 降价策略

1. 降价的原因

对企业来说，只有出于无奈才会降低价格，但在下列情况下，必须考虑降价：产品供过于求，生产能力过剩；市场竞争激烈，产品市场占有率下降；降低生产成本，以挤占竞争对手市场；企业转产，老产品清仓处理。

2. 降价策略

企业采取降价措施时，应注意降价的幅度、频率和降价时机的选择。

(1) 降价幅度要适宜。降幅过小，不能引起注意和兴趣；降幅过大，则引起对商品质量的疑虑，同样达不到降价目的。一般来说，消费者对价格降低 10%～30%，能正常知觉和理解。

(2) 降价不宜过频。多次降价会使消费者产生不信任的心理效应，必须保持降价后的相对稳定。

(3) 准确选择降价时机。对于流行性商品，当流行高峰一过就要马上采取降价策略；对于季节性商品，到季中仍然库存过大，应立即采取适当的降价措施；对于一般性商品，降价的最佳时机在进入成熟期后的峰点临近时，因为此时消费者对产品评价尚高，降价有可能刺激需求，使峰点后移，延长成熟期。

三星降价，是转型还是无奈

2014 年以来，三星在经历连续三季度利润下滑之后，决定开始调整智能手机的销售策略。2015 年 8 月，三星手机宣布在全球范围内调整 Galaxy S6 和 S6 edge 的价格，其中在中国市场的最高降幅接近 27%。随着国产高性价比智能手机的纷纷上市，三星手机市场份额受到挤压，因此采取了降价措施。在过去的时间里，三星在 Galaxy 智能手机成功的光环下，与苹果争夺高端手机市场的厮杀中，取得了数以十亿美元计的获利。而现在，为了抵御中国国产手机在中低端市场的竞争，三星被迫降价，接受较低的手机业务利润率。

在市场研究机构 Strategy Analytics 发布的 2015 年第二季度全球智能手机研究报告中，虽然三星电子以出货量 7 190 万只和市场份额 21%排在手机销售榜的第一位，然而，与去年同期的市场份额 25%相比已经下滑 4%。2015 年 7 月魅族、中兴、一加等国产品牌发布了 10 多款智能新机，与三星相比，国产智能手机的性价比更高。

与此同时，苹果 2014 年推出的 iPhone 6 及 iPhone 6 Plus 采用了大屏技术，该公司的智能手机出货量虽低于市场预期，但依旧吞噬了智能手机市场超过 90%的利润。加之三星虽凭借区别于苹果的大屏幕及安卓系统和 iOS 系统的差异性，占据高端智能手机市场，而随着苹果推出大尺寸智能手机，中国智能手机厂商不断推出高性价比、更加本土化的智能手机，三星的高价策略正遭遇严重冲击。

(资料来源：谭文曦. 市场营销学. 北京：人民邮电出版社，2015)

二、消费者对企业调价的反应

消费者对企业调价的反应，将直接影响产品的销售，对此企业应该高度关注，进行分析预测，制定相应的策略。

(一) 消费者对企业降价的反应

有利的反应：认为企业生产成本降低了，或企业让利于消费者。

不利的反应：这是过时的产品，很快会被新产品代替；这种产品存在某些缺陷；该产品出现了供过于求；企业资金周转出现困难，可能难以经营下去；产品的价格还将继续下跌。因此，不适当的降价反而会使企业产品销售量减少。

(二) 消费者对企业提价的反应

不利的反应：认为企业是想通过提价获取更多的利润。

有利的反应：认为产品的质量提高，价格自然提高；认为这种产品畅销，供不应求，因此提高了售价，而且价格可能继续上升，不及时购买就可能买不到；该产品正在流行等。由于消费者存在“买涨不买跌”的心理，使企业能够成功实施提价策略。

由于不同产品的需求价格弹性存在差异，因此调价对顾客的影响是不同的。另外，顾客不但关心产品的买价，还关心产品的使用和维修费用，从而使企业能以较高的价格将产品销售出去。如海信集团投资 100 万美元引进氟检测装置，保证了空调器终身不用加注氟利昂。这就降低了空调昂贵的维修使用费，使企业的产品能以较高的价格出售。

三、企业对竞争者调价的反应

当竞争对手首先调整了价格，本企业应做出如下反应。

(一) 了解竞争者调价的相关信息

面对竞争者的调价，企业在做出反应前，应对下列问题进行调查和分析。

(1) 为什么竞争者要调价？

(2) 竞争者的调价是长期的还是临时的措施？

(3) 如果企业对此不做出反应，会对企业的市场占有率和利润有何影响？

(4) 其他企业对竞争者的调价是否会做出反应？这又会对企业有何影响？

(5) 对企业可能做出的每一种反应，竞争者和其他企业又会有什么反应？

(二) 找出企业的应对策略

要对以上每一种特定情况进行分析，才能找到最恰当的反应。当竞争对手在同质市场提价时，其他企业一般不会做出反应；如果提价能够给整个行业带来利益，他们也会提价。当企业在异质市场上，面对竞争对手减价竞销时，可选择以下几种对策。

(1) 维持原价不变。

(2) 提高产品的认知价值，维持原价并采用非价格手段进行反攻。

(3) 追随降价并维护产品所提供的价值，如果企业不降价将会导致市场份额大幅度下降而要恢复原有的市场份额将付出更大代价，企业应该采取这个策略。在竞争者降价的情况下，企业进行价格反应的步骤如图 10-2 所示。

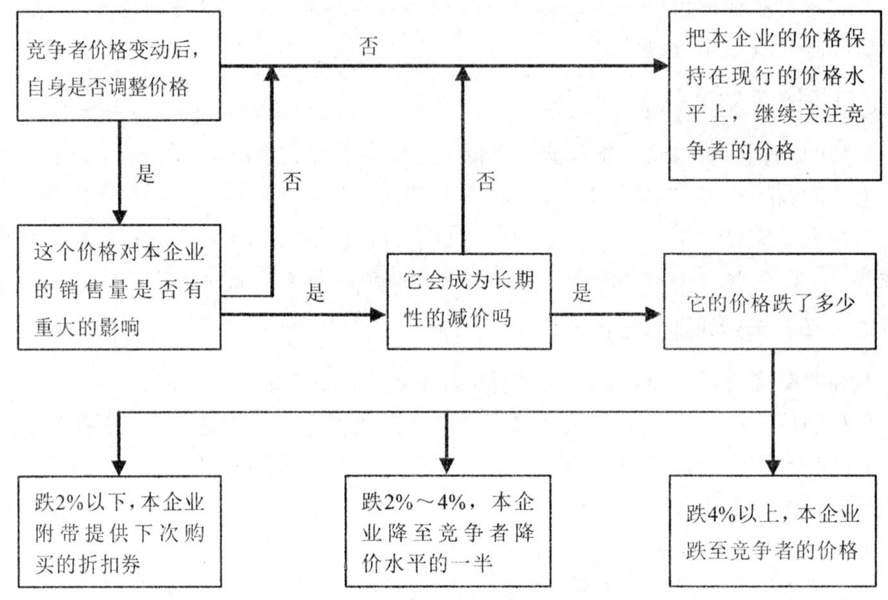

图 10-2　在竞争者降价时，本企业进行价格反应的步骤

(4) 提价并改进质量，同时推出某些新品牌来围攻竞争对手的降价品牌。这将贬低竞争对手降价品牌的市场定位，提升企业原有的品牌定位，也是一种有效的价格竞争手段。

(5) 推出更廉价的产品进行竞争。企业可以在市场占有率正在下降时，在对价格很敏感的细分市场上采取这种策略。

竞争者发动的价格竞争通常是经过周密策划的，留给企业做出反应的时间很短。因此，企业应该建立有效的营销信息系统，加强对竞争者的有关信息的搜集，以便对竞争者可能的调价行动做出正确的预测，同时应建立一套完整的危机预警和反应机制，做好应付意外情况的准备。

思　考　题

1. 影响企业定价的主要因素有哪些？
2. 企业定价的基本方法有哪些？如何利用认知价值定价法进行定价？
3. 如何看待中国彩电和其他行业的价格战？
4. 高新技术企业最适宜采取哪些定价方法？
5. 举例说明心理定价技巧在零售企业中的应用。
6. 企业可以采用哪些产品组合定价策略？
7. 当竞争者降价时，企业应当如何应对？

课堂实训

1. 挑选 3 个价格比较购物网站或手机应用，选购你中意的一种产品。比较这 3 个网站给出的价格范围。根据你的搜索，为该产品确定一个“公平的”价格。

2. 一种心理定价策略叫“刚好低一点”定价，因为价格的最后一位数通常是 9（或 99）而又被称作“尾数 9”的定价。组成小组，每位成员选择 5 种不同的产品，访问一家商店了解这些产品的价格。这些产品和商店在运用尾数 9 定价时有什么变化？为什么市场营销者运用这一定价策略？

案例分析

咖啡界的低调巨头，绿山咖啡的启示

一说起咖啡，许多人想到的都是星巴克，许多商家都以星巴克为楷模和标杆。那么想玩转咖啡市场，还有和星巴克不一样的商业模式吗？

还真有一家低调的咖啡业巨头，这就是绿山咖啡烘焙公司(Green Mountain Coffee Roasters)，主要生产“克里格咖啡机”和配套的“K 杯咖啡”。在外行人看来，绿山咖啡的名头跟星巴克完全无法相提并论，甚至许多中国人没听说过这家咖啡公司。但事实上，这家公司从 2006 到 2010 年，股价狂涨了 9 倍，远超星巴克。

一、抓住用户痛点，创新商业模式

传统咖啡机操作手册上提示，煮一杯咖啡需要 6 个步骤，其中还包括复杂的计算过程，费时又费心。绿山咖啡抓住这一痛点，跳出咖啡领域，通过推出的“克里格咖啡机”和配套的“K 杯咖啡”，能方便而快捷地煮出口感很棒的咖啡。

所谓“K 杯”是绿山咖啡的一项专利产品，是一个外表像纸杯的容器，里面有一个小一点的纸杯状的渗透装置，只能渗透液体，上面用铝箔盖封口，以保证咖啡的香味不会散发。将 K 杯置入这种咖啡机，按一下按钮，加压注水管就会穿破铝箔盖进入滤杯中，注入热水。咖啡机会精确控制水量、水温和压力，以保证咖啡香味最大化。对于消费者来说，把 K 杯放在咖啡机里，一分钟之后一杯香腾腾的咖啡就出现在你的面前了。

不用磨咖啡豆、不用称量、不用清洗、杯底无残渣、每次正好冲一杯，而且从来不用掂量是否放多了材料，较之传统咖啡机更便捷，咖啡香味也更浓郁，而价格只有星巴克的十分之一。绿山咖啡的咖啡机只卖 100 多美元，基本是不赚钱的，主要靠销售 K 杯赚钱，24 杯装的 K 杯通常卖 12 美元，相当于每杯 0.5 美元。

K 杯的品种很多，有 13 个品牌 200 多种咖啡、茶和热可可，能满足消费者不同的需求。合作伙伴为每个 K 杯包装支付 6 美分的许可费，2008 年，绿山卖了 10 亿个 K 杯，也就是光许可费就是 6 000 万美金。目前绿山咖啡在美国家庭和企业中总的装机量

已经达到了 1 600 万台，按照每天 1 杯的消耗量计算，每年 K 杯的消费总量约 60 亿杯。按照 0.064 美元/杯的授权使用费计算，每年授权的许可费收入约 3.84 亿美元。

二、多渠道合作，互惠互利

很有意思的是，绿山咖啡到现在还没有咖啡店，1998 年他们关闭了所有零售店，改为与批发商合作，他们进驻了埃克森美孚加油站和 Stop & Shop 便利店。绿山咖啡还进入了史泰博北美 600 家办公用品超市，并进入其邮购目录，通过这个渠道输送超过 45 万公斤的咖啡。后来，绿山公司又进入美国东北地区数以千计的办公室。大多数企业都很乐意安装绿山的咖啡机，因为这有利于避免员工以“办公室咖啡太难喝”为由溜到外面去喝咖啡。如今，北美的家庭和办公室，每天都会消耗掉 300 多万个 K 杯。绿山 20 多亿美元的销售收入中有近 1/3 都来自直接向办公室销售咖啡。

更酷的是，绿山允许其他饮料生产商生产 K 杯，绿山申请了多个 K 杯相关专利，凭借这些专利，绿山的 K 杯向所有饮品商开放。绿山允许其他咖啡、茶或热可可生产商采用 K 杯包装，在绿山的克里格咖啡机上使用，这些公司只需为此向绿山支付许可费 6 美分/杯。也就是绿山把 K 杯做成了一个饮料行业的开放平台，一般来说，同行是冤家，但绿山咖啡通过 K 杯的开放，和许多咖啡品牌成为合作伙伴。比如 2007 年，美国知名咖啡品牌嘉瑞伯，通过特许权协议，加入 K 杯品牌组合，星巴克也是绿山咖啡的合作伙伴。

绿山公司的模式就是管理界说的剃刀模式，就像吉利剃刀一样，刀架很便宜，但需要不断购买刀片，绿山公司的咖啡机不赚钱，但只要用了他们的咖啡机，就只能用他们的 K 杯。咖啡机卖得多，就吸引其他饮料商和绿山合作，使用他们的 K 杯技术，其他饮料商越多，K 杯产品越丰富，就会有越来越多的人购买绿山的咖啡机。

三、绿山咖啡的启示

绿山这么牛，当然不乏效仿者，比如国内的九阳豆浆。2013 年底，九阳豆浆推出了 one cup 随饮杯豆浆机，与传统豆浆机不同的是，不再需要在机器内研磨豆料，而是放入定制的豆粉盒，按一下按钮，机器内的刺针会穿透豆粉盒封盖注水冲泡，30 秒钟即冲出一杯豆浆，正是借鉴绿山咖啡的模式。新品的料杯申请了专利，不仅有豆浆，还有咖啡和抹茶，定位客户为白领和年轻人。但是销售规划、竞争策略、商业模式都没有确定，尝试为先，对此市场投资者分歧较大，对于这款产品，短期内难以看出是成功还是失败。如何学习绿山咖啡的成功经验，在中国环境下进行模式创新，我们拭目以待。

(资料来源：搜狐，http://www.sohu.com/a/25493754_130072，经修改)

讨论与思考：

1. 请分析绿山咖啡采用的是何种定价策略。
2. 绿山咖啡的定价策略对人们有什么启示？
3. 你认为应该如何进行商业模式的创新？可结合案例进行说明。

第十一章

分销渠道策略

学习目标

1. 掌握分销渠道长度和宽度的结构决策；
2. 学会设计分销渠道并进行有效的渠道管理；
3. 了解批发商和零售商组织形式；
4. 熟悉物流管理决策的内容。

随着市场经济和互联网技术的发展，渠道模式正从传统的多层结构转变为扁平化、网络化，渠道管理也正从重结果转变为重过程，尤其是地域的复杂性、产品的专一性以及行业市场的特殊性，使得中国的渠道管理面临新的挑战。如何对渠道进行有效管理成为厂商最关注的问题，本章就渠道策略和管理问题进行研究和探讨。

第一节　分销渠道的功能与类型

一、分销渠道的概念与功能

(一) 分销渠道的概念

在营销理论中，有两个与渠道有关的术语经常交替使用，这就是市场营销渠道和分销渠道。市场营销渠道是配合起来生产、分销和消费某一生产者的产品和服务的所有企业和个人。市场营销渠道包括参与某种产品的供产销全过程的所有有关企业和个人(包括供应商、生产者、商人中间商、代理中间商、辅助商以及最终消费者或用户等)。

分销渠道也叫“销售渠道”，指促使某种产品和服务顺利经由市场交换过程，转移给消费者使用的一整套相互依存的组织。一个企业的分销渠道的成员包括产品(服务)从生产者向消费者转移的过程中，取得这种产品和服务的所有权或帮助所有权转移的所有企业和个人。其中，既有商人中间商，也有代理中间商, 还有处于渠道起点和终点的生产者和最终消费者或用户。

与市场营销渠道有所不同，分销渠道中不包括供应商以及起辅助作用的中间商。作为帮助企业把产品及所有权从生产者转移到消费者或用户的有关中介单位组成的一个系统，这个系统的起点是企业自己，即生产者，终点是消费者或用户。在这个过程中，产品所有权至少要转移一次。

(二) 分销渠道的功能

分销渠道的工作是把商品从制造商转移到消费者，弥补了产品、服务和其使用者之间的时间、地点和所有权等主要的缺口。在这一过程中，分销渠道成员需要承担一系列重要功能。

(1) 信息功能。渠道成员收集有关潜在与现行顾客、竞争对手和其他参与者以及营销环境等方面的信息。

(2) 促销功能。渠道成员发展和传播富有说服力的沟通材料吸引顾客报价。

(3) 谈判功能。渠道成员尽力达成有关产品的价格和其他条件的最终协议，以实现所有权或者持有权的转移。

(4) 订货功能。渠道成员从制造商处获取订单。

(5) 付款功能。渠道成员在不同的营销渠道层面收付存货资金。

(6) 承担风险功能。渠道成员在执行渠道任务的过程中承担有关风险。

(7) 实物功能。渠道成员提供产品实体一系列的储运工作。

(8) 筹资功能。渠道成员通过银行或其他金融机构为买方付款。

(9) 所有权功能。渠道成员提供实物从一个组织或个人转移到其他人。

归根结底，利用营销渠道的目的就在于它们能够更加有效地推动商品广泛地进入目标市场。营销中介机构凭借自己的各种联系、经验、专业知识以及活动规模，将比生产企业干得更加出色。

二、分销渠道的类型

从不同角度分析分销渠道，可以做出有关渠道长度和宽度的结构决策。

(一) 分销渠道的长度

分销渠道的长度是指中间商层次的多少。最短的渠道，可使产品从制造商直接抵达最终用户；最长的渠道，则要经过出口商、进口商、批发商和零售商等诸多层次，才能使产品抵达最终用户。分销渠道按其有无中间环节和中间环节的多少，也就是按照渠道长度的不同，可分为以下几种类型(如图 11-1 所示)。

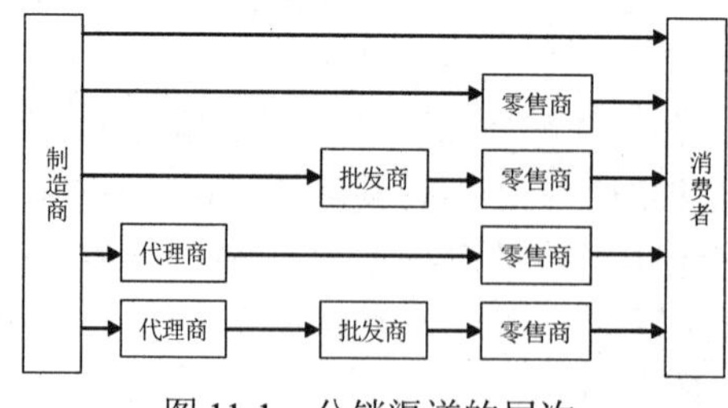

图 11-1　分销渠道的层次

1. 零阶渠道

零阶渠道也叫直销渠道，指制造商直接把产品销售给消费者，没有中间商的参与。例如，一般大型设备以及技术复杂、需要提供专门服务的产品，企业都采用直接渠道分销。新技术在流通领域中的广泛应用，也使邮购、电话及电视销售和电商销售方式逐步展开，促进了消费品直销方式的发展。

2. 一阶渠道

一阶渠道指仅有一个中间商的渠道。这个中间商在消费市场上通常是零售商，在产业市场上则是销售代理商或佣金商。通常情况下，生产耐用消费品和高级选购品的企业采用这种分销渠道。

3. 二阶渠道

二阶渠道指包括两个中间商的渠道。这两个中间商在消费者市场通常是批发商和零售商，在产业市场则是销售代理商和批发商。对于中小企业来说，这种分销渠道是传统的渠道模式。

4. 三阶渠道

三阶渠道指包含 3 个中间环节的渠道。制造商将产品经由代理商、批发商、零售商销售给消费者。肉食类食品及包装类产品的制造商，通常采用这种渠道分销其产品。

更多层次的分销渠道较少见，随着渠道层次的增多，控制分销过程和获得信息的难度也会加大，并导致流通加价过高，消费者难以承受。从目前来看，技术的变化，使直接营销、网络营销快速发展，对营销渠道的性质和设计产生影响，发展趋势是产品和服务的生产者日渐绕过中间商而直接面对最终消费者，或者是强势的新型渠道中间商的出现取代了原有的中间商。

如今，成功的公司往往运用不同长度的多渠道营销，即在某一市场领域中，采用两种或两种以上的营销渠道接近客户群体。例如，惠普公司利用销售人员向大客户推销，利用电话销售向中等客户推销，使用直邮的方式向小客户推销，也通过零售商向更小的客户销售，也通过互联网在线销售专门产品。每一种渠道都针对某一顾客群体，或针对某一顾客的不同需求，以期通过最少的成本，以恰当的方式将产品递交到正确的顾客手中。

(二) 分销渠道的宽度

分销渠道的宽窄就是企业确定由多少中间商来经营某种商品，即决定分销渠道的每个层次适用同种类型的中间商的数目是多少。一般情况下，有 3 种策略可供选择，如表 11-1 所示。

表 11-1　3 种渠道宽度决策比较

渠 道 销 售	渠 道 宽 度		
	密 集 销 售	选 择 销 售	独 家 销 售
渠道长度	长	短	很短
中间商数目	所有中间商	有限数目的中间商	一个地区只有一个中间商
渠道费用	高	较低	较低
宣传任务	生产者	中间商	生产商或中间商
商品类型	便利品	价格较高的选购品或特殊品	高单价的商品或特殊品

1. 密集性分销

密集性分销指运用尽可能多的中间商分销，使渠道尽可能加宽。消费品中的便利品(香烟、牙膏等)和工业用品中的标准件、通用小工具等，适合采取这种分销形式，以提供购买上的最大便利。采用这种策略，生产企业应该负担较多的广告费和促销费，以利于调动中间商的积极性。

2. 选择性分销

选择性分销指生产企业在某一地区仅通过少数几家经过精心挑选的、比较合适的中间商来经营其产品。选择性分销适用于所有产品，相对而言，消费品中的选购品和特殊品更适合采用这种策略。

3. 独家分销

独家分销指在某一地区只选定一家中间商经销或代销，进行独家经营。通常双方协商签订独家经销合同，规定经销商不得经营竞争者的产品。独家分销渠道易于控制零售市场，有利于提高产品身价和销售效率。其缺点在于：市场单一，销售能力有限，过于依赖零售商，经营风险太大。

三、分销渠道的流程

分销渠道主要由实物流程、所有权流程、付款流程、信息流程及促销流程等构成，如图11-2 所示。这些物质和非物质的“流”交织地伴随着商品在渠道成员之间移动，分销渠道正是这些“流”的载体。

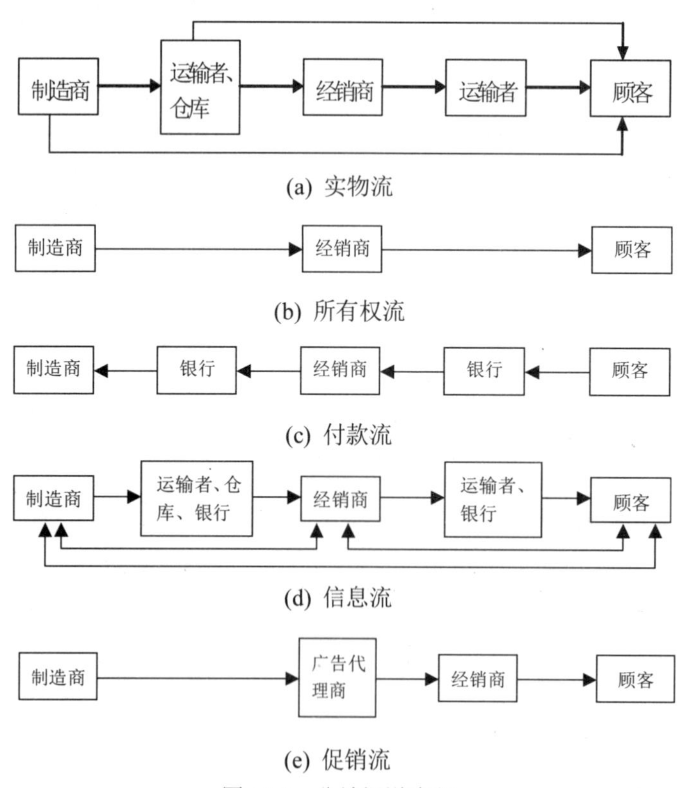

图 11-2　分销渠道流程

实物流程是指实体原料及成品从制造商转移到最终顾客的过程；所有权流程是指货物所有权从一个市场营销机构到另一个市场营销机构的转移过程；付款流程是指货款在各市场营销中间机构之间的流动过程；信息流程是指在市场营销渠道中，各市场营销中间机构相互传递信息的过程；促销流程是指由一单位运用广告、人员推销、公共关系、促销等活动对另一单位施加影响的过程。因此，即便是十分简单的营销渠道，也会呈现出极大的复杂性和系统性。

卡特彼勒在中国的分销渠道

卡特彼勒是世界上最大的生产工程机械的公司，主要从事挖掘机、推土机等工程机械生产。卡特彼勒现有 11 个全球配送中心和 122 个分销商，在美国本土有 12 个区域配送中心和 65 个分销商。卡特彼勒公司在全球范围的销售系统，统一采用分销代理制。

在中国市场的 4 个分销渠道成员是卡特彼勒公司在亚太地区长期的分销商，也都具有长期卡特彼勒产品销售经验，他们跟随卡特彼勒在中国市场投资建厂而进入中国。

卡特彼勒认为，在中国这样一个新兴的、巨大的潜在市场上建立一个优秀的分销机构需要制造商和独立分销商做出庞大的投资，这些投资有资金和固定资产的形式，也有培训以及在用户服务方面。通过考察、评估，决定不选择本土分销商，而沿用已有的分销商。卡特彼勒公司将其产品在中国市场的分销代理权向亚太地区特别是在中国周边市场已有分销商的地区进行公开招标，并最终确定了 3 家在中国市场的区域分销商，如图 11-3，其中利星行主要在华东区域、易初明通在华西、信昌则从事华南的区域分销工作，而华北的销售暂时由卡特彼勒(中国)直接销售。2000 年，卡特彼勒最后确定澳大利亚的威斯特机械公司作为华北区域销售的分销商，卡特彼勒(中国)退出直销渠道。

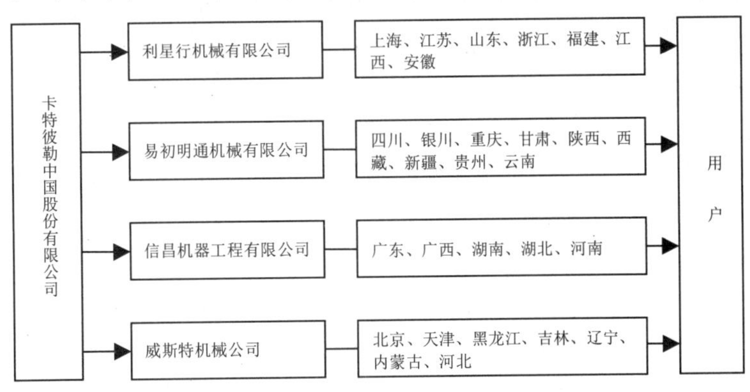

图 11-3 卡特彼勒中国市场分销渠道结构图

(资料来源：百度文库，https://wenku.baidu.com/view/030220b1102de2bd96058891.html，经修改)

第二节　分销渠道策略

分销渠道策略是指制造商通过分析多种影响因素，对渠道进行合理的设计和规划，使其发挥应有的效用。

一、影响分销渠道选择的因素

1. 产品特性

易腐商品要求较短的分销渠道，因为拖延和重复搬运会增加产品损失；体积庞大的商品，要求采用运输距离最短、搬运次数最少的分销渠道；非标准化的商品，由于中间商缺乏必要的知识，一般需要由公司销售代表直接销售；需要安装或长期服务的产品，通常也由公司或者独家代理商经销；单位价值高的产品，一般较少通过中间商而由公司的推销员销售。

2. 市场需求特性

潜在顾客的数目、地区分布、购买模式和习惯等都会影响渠道的选择。个人消费者比较分散，购买频繁，要求就近方便地买到所需商品，如果采用短渠道必然因订货频繁、运输和储存工作量大而加大流通费用，企业一般宁愿在批发企业的协助下组成长渠道。产业用户因其购买量大而集中，希望与供货厂家直接交易，以节约流通费用。另外高科技产品的用户需要复杂、系列化的服务，许多商业企业难以承担，应选择较短的分销渠道。

3. 生产企业的状况

企业声誉良好，实力雄厚，具备经营管理、销售业务的经验和能力，在选择中间商方面就有更大的主动权，甚至有可能建立自己的销售力量，形成“短而窄”的分销渠道；产品组合广宜采用“短而宽”的渠道，产品组合深宜采用“窄”渠道；企业需要严格控制产品的零售价格或产品的新鲜程度，应选择“窄而短”的渠道，否则选择“宽而长”的渠道。

4. 环境特性

当经济不景气时，生产企业一般要求以经济的方法将产品推向市场，这就意味着利用较短的渠道，并取消一些非根本性的服务；移动互联网技术的发展、法律规定和限制也将影响分销渠道的选择。

5. 竞争特性

企业选择渠道还要考虑竞争者所使用的渠道。有的企业希望能在与竞争者相同或相近的经销地点与竞争者抗衡。例如，食品企业就希望自己的品牌和竞争品牌摆在一起销售。有时竞争者所使用的渠道又成为一些企业所应避免使用的渠道。例如，中国去屑洗发水市场均使用相同的传统渠道，由超市、专业商店、百货商场等销售，西安杨森生产的“采乐”把洗发水当去头屑特效药卖，别出心裁地使用“各大药店有售”的营销渠道，上市之初便顺利地打入了市场。

网上菜篮子——生鲜的O2O模式

移动互联网推动着时代快速发展，“懒人经济”不断改变着各行各业。生鲜O2O模式让“网上菜篮子”成为现实，都市白领们享受“家”生活也有了多重选择。此外，不断爆发的食品安全问题，让中国消费者对于安全食品的需求越来越大，线上商品的信息开放和可追踪性，让产品的安全有了足够保障，这也是生鲜O2O模式的优势之一。

由农场转型做电商的沱沱工社，在北京平谷有千亩农场，初期为线下销售模式，后来转向网络销售，主打高端有机蔬菜、水果、肉类等，于2010年4月上线。沱沱工社采用生鲜O2O电商的理想化运营模式——贯穿全产业链模式。这种模式下企业需在上游渗透到基地，中间控制物流，末端抓住用户群。全产业链模式从源头上需要自营农场，这在集中生产和管理上可以极大保障产品质量与食品安全，统一生产管理也会降低生鲜的基础成本。在物流方面，集中配送，统一调配使得生鲜在运输过程中尽可能少周转，大大降低生鲜品的损耗，保障产品品质，提升配送效率，将购物体验尽可能做到更好。在消费终端，企业通过消费者的信息反馈，迅速指导农场生产方向和品类，减少不必要的投资风险。

同时，为了让消费者能够真切地体验到产品，沱沱工社产业链模式也可以开展线下试吃、免费品尝、参观农业基地等活动，打消消费者对产品品质和初期试销的顾虑。这种和消费者的互动行为能最大化地黏住忠实用户。

(资料来源：郭国庆，陈凯. 市场营销学. 北京：中国人民大学出版社，2015)

二、分销渠道设计

企业的分销渠道是在考虑上述影响因素的基础上设计的，设计分销渠道的步骤是：分析顾客需要；确定渠道目标；识别主要渠道选择方案；评估渠道方案。

(一) 分析顾客需要

在设计分销渠道时，营销人员必须了解目标顾客需要的服务产出水平，他们习惯在什么时间、什么地点购买，买多少，如何买，以及他们希望经销商提供的服务支持水平、便利条件等，做到心中有数。例如，一些消费者看重商品的价格，他们希望到大卖场去购买日用品，而另一些消费者可能更关心的是购物的便利性，他们更需要位于市中心或家门口的便利店。

(二) 设定渠道目标

渠道设计问题的中心环节是确定到达目标市场的最佳途径。每个生产者都必须在产品、顾客、中间商、竞争者、企业政策和环境等所形成的限制中，确定其渠道目标，即企业预期达到的顾客服务水平及中间商应执行的职能等。

一般来说，设计者可依据对不同服务产出水平的需求来识别细分市场，进而为每一个细分选择最佳渠道。苹果公司希望在中国全面占领一二级城市的高端手机市场，为消费者创造生动的零售购物体验，因此，针对中国市场，苹果设计了多层次的、线上线下相整合的多渠道结构。

(三) 明确主要渠道选择方案

确定渠道目标后，下一步工作是明确各主要渠道选择方案。分销渠道选择主要考虑3个方面的内容，即确定分销渠道类型、所需中间商数目以及渠道成员的权利和责任。

1. 确定分销渠道类型

企业分销渠道设计首先要决定采取何种类型的销售渠道，是直销还是通过中间商分销。如果决定利用中间商分销，还要进一步决定运用何种类型和规模的中间商。例如，一家消费电子产品公司决定生产车载手机，可选择下列几种分销渠道方案。

(1) 可以与汽车制造商签订合同，直接向它供应本公司的产品。

(2) 可以把手机卖给不同的汽车经销商，可供后者在提供汽车维修服务时调换。

(3) 可以通过汽车部件零售商销售手机，通过直销队伍或分销商和这些零售商打交道。

(4) 可以在大卖场或邮购商品目录上出售其手机。

公司也可以寻找其他非常规渠道，如会议营销、网上直销等。非常规渠道的优点是在最初进入渠道时，公司遇到的竞争程度较低。

2. 确定中间商数目

公司必须决定在每个细分市场和每个渠道层次使用多少个中间商，在选择使用密集分销、选择分销还是独家分销时主要取决于产品本身的特点、市场容量的大小和需求面的宽窄。

3. 确定渠道成员的权利和责任

公司和中间商必须就每个渠道成员的权利和责任达成共识，它们应该在价格政策、销售条件、区域权利以及各方应该提供的具体服务等方面取得一致。公司应该为中间商建立一个价目表和一套清晰的折扣目录，还应该确定每个渠道成员的销售区域并且选择分销商地址。

对于双方的责任和权利，必须加以界定，尤其是在特许经营和独家分销的渠道中。例如，麦当劳为特许经销商提供促销支持、数据记录系统、在汉堡大学的培训以及一般性的管理帮助。相应地，特许经销商必须满足公司在物质设备方面的标准、配合新的促销活动、提供所需的信息以及购买指定的食品材料。

(四) 评估渠道方案

企业在设计分销渠道时，要对可供选择的渠道方案进行评估，根据评估的结果选出最有利于实现企业长远目标的渠道方案。评估标准有 3 个，即经济性、可控性和适应性。

1. 经济性

主要指每个分销渠道方案可能达到的销售量及销售成本水平，从而确定在特定的销售量水平上选择何种分销渠道方案的成本更低，即更具经济性。

例如，某企业希望其产品在某一地区取得大批零售商的支持，现有两种方案可供选择：一是向该地区的营业处派出 10 名销售人员，除了付给他们基本工资外，还采取根据推销成绩付给佣金的鼓励措施；二是利用该地区制造商的销售代理商，并可派出 30 名推销员，推销员的报酬按佣金制支付。这两种方案可导致不同的销售收入和成本，方案的好坏取决于能否取得最大的利润。

一般来说，利用销售代理商的成本较企业自销的成本低，但是当销售增长超过一定水平时，用代理商所花费的成本则愈来愈高。因此，规模较小的企业或大企业在销量较小的地区，利用销售代理商较合算，当销售额达到一定水平后，则宜设立自己的分销机构自销。

2. 可控性

指制造商对分销渠道的控制能力的评估。一般来说，中间商的数量越多，制造商对分销渠道的可控性就越小。所以说，直销、短渠道和窄渠道的可控性较大，企业必须进行全面比较、权衡，选择最优分销渠道方案。

3. 适应性

在一种分销网络模式运行的有效期限内，生产企业还必须根据变化了的环境适时进行其他网络模式的选择。当生产企业与销售代理商签订长期合约时就应慎重，因为在签约期内不能根据需要随时调整渠道，这将会导致渠道失去灵活性和适应性。所以，一个涉及长期承诺的渠道方案，只有在经济效益和控制力方面都很优越的条件下才予以考虑。

苹果手机在中国市场的渠道结构

(1) 直营渠道。标识为 Store，由苹果公司自行经营。直营店一般建设在一线城市的核心商圈。

(2) 直供渠道。分成三等级，分别带 Premium、shop 及没有标识，由苹果公司直接供给产品。其中，标识 Premium 的是苹果优质经销商，主要包括英龙华辰、酷动、鸿华世纪等几家优质经销商。国美、苏宁等家电连锁一般标识为 shop。直供店主要覆盖一二线城市。

(3) 分销渠道。苹果公司授权的分销商共 13 家，面向全国进行分销。其中 10 家是传统分销商，以天音、爱施德、中邮普泰 3 家传统国代商为主。另外 3 家是指运营商的终端公司，包括移动终端公司、联通华盛公司、电信天翼终端。

(4) 电商渠道。苹果公司 2014 年在天猫开设旗舰店，2016 年 11 月 App Store 全面接入支付宝并开设 App Store 充值卡旗舰店，优化中国用户的交易体验。

苹果以实体渠道为主，覆盖策略为分层覆盖，直营店覆盖重点一线城市，直供店覆盖一二线主要城市，三线及以下主要通过分销商进行覆盖。苹果对渠道商的管理细到店面层面，将店面分为 4 级，各个级别之间在店面管理规范、接受培训程度、产品供给等方面有所差异。

(资料来源：http://tech.sina.com.cn/zl/post/detail/it/2014-09-12/pid_8460984.htm，经修改)

三、分销渠道管理

(一) 渠道管理决策

1. 选择渠道成员

为了实现企业的市场营销目标，各企业都必须招募合格的中间商来从事渠道分销活动。企业选择渠道成员要慎重，因为对于顾客而言，渠道就意味着企业。不同的企业招募中间商的能力不同，招募的难易程度相去甚远。企业对中间商的吸引力取决于产品的市场供求状况，取决于企业和产品品牌的知名度。品牌越强大，越容易聚合渠道成员。例如，宝洁公司在中国市场可以毫不费力地找到代理商；实力弱的生产企业应发展能为中间商赚钱的产品，同时找到如何能吸引中间商的措施，如独家经销。

生产企业找中间商难也好，易也罢，它们至少要确定好中间商的特性。一般来说，生产者要评估中间商经营时间的长短及其成长记录、市场覆盖率、推销产品的能力、产品储藏和运输能力、清偿能力、合作态度、声誉等。当中间商是销售代理商时，生产者还须评估其经销的其他产品大类的数量与性质、推销人员的素质与数量。

2. 培训渠道成员

企业需要有计划地培训分销商和经销商，主要是提供商品知识、销售方法的培训，因为中间商可以被看成是公司的最终用户。例如，在中国市场上，宝洁召集并发展起一大批分销商，并就销售目标和战略、存货水平、广告和促销计划等对分销商进行培训。

3. 激励渠道成员

可以在交易条件中加以规定，也可以在交易条件之外根据中间商的表现制定一些补充激励措施。激励措施可以是积极鼓励的正激励，如给中间商让利、奖金、提供服务、加大营销支持力度等；也可以是消极惩罚性的负激励，如提价、推迟交货、减少服务，甚至是中止双方关系，由于中间商与企业更多的是一种协作关系，故宜多运用正激励，少采取负激励。

目前，企业在对经销商进行激励时，有以下发展趋势：对于批发商，应侧重给予经营管理、促销活动策划方面的指导；对于零售商，应将重点放在指导改进店铺陈列、广告策划、促销活动开展等方面。目前，很多企业引入了集成高科技的合作者关系管理系统来协调整个渠道的营销努力，如运用 PRM 软件和供应链管理软件来招募、训练、组织、管理、激励和评估同渠道伙伴的关系，从而建立一种同时满足企业与其伙伴需要的营销系统。

4. 评估渠道成员

除了选择和激励渠道成员外，还必须定期评估他们的绩效。如中间商的平均库存水平、装运时间、对受损货物的处理等销售完成情况，促销方面的合作，以及为顾客提供服务的情况。对于达不到标准的，应考虑其原因及补救方法，有时需要将其从渠道中剔除。评估中间商的绩效，主要有两种办法可供使用。

(1) 将每一个中间商的销售绩效与上期的绩效进行比较，并以整个群体的升降百分比作为评价标准。

(2) 将各个中间商的绩效与该地区的销售潜量分析所设立的配额相比较。如果某一渠道成员的绩效过分低于既定标准，则须找出主要原因，同时还应考虑可能的补救方法。

5. 调整渠道

生产企业在设计了一个合适的分销渠道后，随着市场的变化，对分销渠道系统还要定期进行调整，以适应市场的新动态。

企业分销渠道的调整有 3 个不同的层次：从经营层次上，其调整可能涉及增减某些渠道成员；从特定市场的规划层次上，其改变可能涉及增减某些特定的分销渠道；在企业系统计划阶段，其改变可能涉及改革整个分销系统。这一决策不仅改变了渠道体系，还要求改变市场营销组合的其他要素，以期和新的分销系统相适应。

三星的动力伙伴计划(P3)

三星信息技术部门与其主要价值附加零售商(VAR)通过行业领先的三星动力伙伴计划(P3)达成了密切合作。

通过 P3 项目，三星提供了独家预售、销售及售后工具和支持 17 255 家北美 VAR 伙伴，分为 3 个层级——银、金和白金。比如，白金的合作伙伴，即每年售出 50 万台及以上三星电子产品的店家，会收到搜索网上产品和定价数据库及下载营销材料的权利。他们可以享受到专为合作伙伴提供的三星培训计划、特殊的研讨会以及会议。一个 P3 的团队帮助合作伙伴找到最好的销售理念并帮助其达到初始销量。随后，三星地区销售代表与每位合作伙伴密切会谈，提供内部信息和技术支持。最后，P3 会以折扣或优惠、红利、销售嘉奖的方式奖励表现好的合作伙伴。总之，P3 将重要的 VAR 转变为强大的、积极的营销伙伴，帮助他们获得更多利润。

(资料来源：菲利普·科特勒. 市场营销原理. 北京：机械工业出版社，2013)

(二) 分销渠道的冲突管理

在各种分销渠道内和各个分销渠道之间，除了合作以外还会存在着不同程度的冲突和竞争。渠道管理的重要内容之一就是分析这些冲突的类型和产生的原因，并加以解决。

1. 渠道冲突的种类

渠道冲突是指渠道的各个成员由于利益或其他方面的矛盾而产生的摩擦、对立和不合作行为。渠道冲突有垂直、水平和多渠道冲突。

(1) 垂直渠道冲突。指同一渠道中不同层次之间的冲突，如空调制造商格力与家电连锁经销商国美之间的冲突。

(2) 水平渠道冲突。指同一渠道同一层次的成员公司之间的冲突，如同一个地区的一些丰田经销商会抱怨在另一个地区的经销商以较低的定价或在自己销售区域外发布广告来抢夺他们的销售量。

(3) 多渠道冲突。制造商从已经建立的两个或更多的渠道，向同一市场推销时产生的竞争，如惠普公司通过自己的网站直接向客户销售产品的时候，遭到很多零售商的抱怨。

2. 引起渠道冲突的原因

渠道冲突发生的原因主要有以下几个方面。

(1) 目标不一致。例如：制造商想要通过低价政策获取市场快速增长，而经销商更偏爱高毛利而追求短期的盈利率。

(2) 不明确的任务和权利。例如：制造商通过自己的销售人员与大客户联系，同时也授权经销商争取大客户订单。区域边界和销售额的归属常常是冲突的根源。

(3) 差异认知。制造商可能对短期经济前景持乐观态度，因此希望经销商提高存货量，但它授权的经销商对经济前景则较为悲观。在饮料行业，制造商和经销商对于最佳广告战略常常发生争论。

(4) 中间商对制造商的依赖性。例如：一些独家分销的汽车经销商，对汽车制造商的依赖性大，使汽车经销商的前途受制造商产品设计和定价决策的影响，是产生冲突的隐患。

适当的渠道冲突具有建设性意义，能导致渠道系统对变化的环境的更多动态适应，包括渠道创新等。问题的关键不在于根除渠道冲突，而是如何更好地进行渠道冲突的管理。

3. 渠道冲突的解决

企业在分析渠道冲突原因的基础上，可以找出以下合适的解决方法。

(1) 建立超级目标。通过某种方式签订基于制造商和渠道成员利益之上或者能够协调彼此利益的协议。内容包括生存、市场份额、高品质或顾客满意等，这种协议在渠道遇到外部威胁时容易达成。

(2) 在两个或两个以上的渠道层次上互换人员。通过人员互换，彼此能够接触对方的观点和换位思考。通用汽车的主管可以到某些经销商店进行短期工作，某些经销商也可以在通用汽车的经销商政策部门工作一段时间，以便互相有更深入的了解。

(3) 合作。邀请渠道成员参加企业的咨询会议或董事会会议等。通过合作促进渠道成员行动上的理解和支持，降低冲突水平或避免冲突产生。

(4) 当冲突是长期性或尖锐的时候，冲突必须通过协商、调解或仲裁解决。协商指冲突双方都派出个人或团队与对方面对面地解决冲突。调解依赖于能协调双方利益且经验丰富的中立第三方。仲裁是双方同意把纠纷交由一个或多个仲裁机构，并接受其仲裁决定。如果以上方法都无效，那么渠道成员可能会选择诉诸法律。

如果企业不能很好地控制渠道冲突，则持久的冲突会破坏渠道的有效性，将会给企业带来毁灭性灾难。如亚洲金融危机后，中国香港地区的强势房地产商为削减建筑、开发和营销的成本，自己发展销售人员以代替代理商的销售队伍，有些则同银行进行谈判以降低抵押贷款的利率，还有一些则统一代客户订购家用电器，从而使他们在花费数年时间建立的渠道中造成了冲突并引发了渠道成员之间的不信任，渠道中许多规模较小的成员，包括分销商和房地产代理机构被迫出局走向破产。

4. 渠道的竞争

渠道竞争是渠道关系的另一方面，是指同一系统内不同企业之间或不同系统之间为了同一目标而展开的竞争。渠道竞争也有水平渠道竞争与渠道系统竞争两种。水平渠道竞争发生在同一渠道层次在同一市场寻求销售的竞争者之间。例如，百货公司、折扣商店等经营家电的零售商，它们为从同一目标市场那里获得利润而展开竞争。渠道系统竞争是指各个渠道系统之间为了争夺同一目标市场而进行的竞争。渠道的正常竞争可使消费者在产品、价格以及服务方式上享有充分的选择权，有利于促进渠道成员的发展和更好地满足用户的需求。

七匹狼的渠道冲突管理

七匹狼进入电商领域时，面临外部的电商渠道和经销商渠道、内部的电商部门与其他部门等方面的冲突。为此，七匹狼采取了“先放水养鱼，再对大经销商进行招安扶持”的电商渠道管理策略。

从 2008 年开始，有七匹狼产品开始在淘宝销售，主要是库存货或者窜货。对于销售七匹狼产品的网店，只要其不卖假货，价格、拿货渠道等，公司都不加干涉。经过渠道混战，淘宝系平台上发展起来 5 个大的经销商，平均一年的回款量为 3 000 万元，营业额 5 000 多万元，七匹狼将其称为“五虎上将”。在 2010 年后，以网络渠道经销授权的方式进行渠道管理，同时对“五虎上将”进行“招安”。七匹狼的网络渠道授权分为 3 个层次：第一层是基础授权，回款达到 500 万元，中级授权是回款量在 1 000 万元，高级授权是 3 000 万元。实际上，无论是“五虎上将”还是其他层次的授权，这些网店起家都经历了窜货、低价竞争等问题。“而在拿到授权后，经销商若再有窜货、卖假等行为，就会‘杀无赦’。”

对于网络经销商的管理，并不仅仅是简单的授权。以“五虎上将”为例，最初，这几个大经销商同在淘宝平台，时常会打价格战。被招安后，七匹狼电商部门开始挖掘他们各自的优势，帮助他们进行差异化产品定位。这些大经销商有的擅长休闲产品，有的擅长商务类产品，有的擅长用户数据分析。为此，对这些经销商进行有针对性的引导。比如某家经销商擅长卖裤装，那么他的任务就是盯住市场上销售业绩最好的对手，跟随对方的变化。如果该经销商的裤装品类超出了最初的预期销售额，七匹狼电商会就这个单品单独给其返点。而另一家大经销商的长处是做库存，那么七匹狼电商就针对其特点加以扶持，库存来了之后优先分给他。

同时，在天猫平台上开设七匹狼官方旗舰店。从页面设计和产品配置上看，这家店不仅承担了销售任务，更多承担了品牌宣传的任务。

这样，七匹狼就解决了渠道冲突，搭建起可控的网络金字塔式分销体系，位于塔尖的是旗舰店，中间是“五虎上将”这样的大经销商，塔基由业绩成长性良好的授权店组成。

(资料来源：http://www.chinadmd.com/file/czpeoxozsstpp3c6atucxztx_3.html，经修改)

四、分销渠道的发展趋势

现代商品经济条件下，中间商的经营形式在不断变化、相互渗透，新的经营形式时常被创造出来，任何一家生产企业都不应囿于传统的渠道结构，而应在分销渠道决策上有所创新。在分销渠道方面，主要有如下发展趋势。

(一) 企业对分销渠道更加强调战略性

分销渠道曾经是一个相对被忽视的营销领域，但在 20 世纪 90 年代，因为强调营销的战略性，已引起人们相当的重视。现在越来越多的企业认识到，良好的分销渠道有助于企业获得巨大的且对手不易学会的竞争优势。

(二) 合伙和战略联盟

在过去几年中，营销渠道中的合伙和战略联盟的发展十分迅速。制造商和批发商或零售商联结成相互支持和合作的关系，以获得更有效率的分销。例如，可口可乐和雀巢成立了合资企业，在 40 余个国家营销速溶咖啡、茶和调味乳。可口可乐提供在全球的饮料营销和分销经验，雀巢提供两个成功的品牌名称——雀巢咖啡和雀巢冰爽茶。

(三) 电子渠道的发展

互联网的发展将深刻改变分销策略。由于个人和企业客户越来越习惯于网上购物，以及使用智能手机搜索，传统的实体渠道策略正在改进，甚至被取而代之。在线零售(电商)正以两位数的速度发展，服装与配饰、消费者电子产品以及电脑硬件是 3 个增长最快的类别。例如，网上购买的服装便宜、支付便利、退货容易，还有试穿工具以及买家评论，提供更好的用户体验。

更多企业将采用网店和实体店整合的经营模式，前者给买家提供丰富的产品信息、买家评论和价格优惠；后者提供高度个性化服务，买家可对产品进行精细挑选，享受全方位的购物体验，线上线下实现无缝渠道一体化。例如，沃尔玛巧妙地将移动端、网上和实体商店结合起来，以便让顾客随时随地购物。

(四) 技术作用的加强

近年来，分销渠道中技术的应用得到开发并迅速发展。从以前的销售点终端、可监测并计算机化的库存控制系统、电子数据交换系统，到现在的人工智能和大数据的广泛应用，都使得分销渠道中的信息技术应用得到了进一步的发展。零售商和制造商纷纷开发智能手机支付技术、移动购物应用程序，越来越多地利用移动互联网挖掘大量社交、移动、位置信息了解客户，利用能监视商品以何种价格销往何处的软件来调整供应和价格。

例如，沃尔玛改进了网站上的搜索引擎，将“浏览者到买家”的转化率提升 15%；推出利用社交媒体推荐礼物的 Shopycat 礼物推荐应用程序；引入扫描即得应用程序，从而使顾客在结账时能够自动使用优惠券；还新增通道内移动扫描系统加快结账速度。

传统图书行业的渠道革命

北京开卷信息技术公司发布的《2016 年中国图书零售市场报告》显示，2016 年开卷整体监控图书市场码洋达到 327.50 亿元，同比增长 12.30%，中国图书零售的增速领跑世界。同时，卖场零售出现负增长，网店规模首次超过实体书店。第三方图书业务同比增速达到 60%，出版社、出版公司、新华书店开店和深度运营是第三方平台销售增长的主要推动力。以卓越亚马逊、当当网、京东商城为代表的网上书店，已经成为很多人购书的首选。

销售渠道的变革和阅读方式的多样化势不可挡，适应这种变化是当下实体书店的必然选择。2017 年 7 月 16 日起，安徽新华发行集团旗下合肥三孝口书店以全球首家共享书店的身份正式亮相，对于读者来说，只需用手机下载“智慧书房” App，注册并缴纳 99 元押金后，扫一扫书后面的条形码就可以直接把书带回家阅读，共享书店启动之后，书店服务人员将从过去的销售身份，真正变身为用户的专属阅读顾问，给读者提供个性化、专业化、精准化的阅读服务。

通过共享书店的运作方式，实现人与人之间、书店与读者之间、出版与发行之间的信息共享，用最小的成本最大限度地推进全民阅读。

(资料来源：http://www.chinawriter.com.cn/n1/2017/0117/c403994-29027927.html，经修改)

第三节　批发和零售

中间商是指处于生产者和消费者之间，参与产品交换，促进买卖行为发生和实现的，具有法人资格的经济组织或个人。

中间商是生产厂家的客户和伙伴，与企业营销力量一起构成企业的分销网络。中间商的分类有两种：一种是根据销售对象分为批发商与零售商；另一种是根据商品所有权转移分为经销商与代理商。其中，经销商是从事商品买卖活动的批发商或零售商，商品经过经销商交易一次，产品所有权就转移一次；而代理商不同于经销商，不拥有产品的所有权。

商品分销渠道是由若干不同类型的中间商构成的，其中最重要的就是批发商和零售商，他们各自发挥着特定的功能。

一、批发与批发商

(一) 批发的含义

批发是指所有的出售商品和服务给那些购买用于再出售或者用于商业用途的活动。批发商指从事批发业务的公司，主要从制造商那里购买并且销售给零售商、工业消费者和其他批发商。因此，很多最大和最重要的批发商并不为终端消费者所知。

批发商主要承担销售和促销、分销、仓储、运输、财务、风险承担、市场信息、管理服务和建议等一种或者多种渠道职能。

(二) 批发商的类型

1. 商人批发商

商人批发商是独立企业，对其所经营的商品拥有所有权，可分为完全服务批发商和有限服务批发商。完全服务批发商提供几乎所有的批发服务功能，诸如存货、推销队伍、顾客信贷、送货以及协助管理等服务；有限服务批发商对其供应者和顾客只提供极少的服务。

2. 经纪人和代理商

经纪人和代理商专门从事购买、销售或二者兼备的洽商工作，但不取得所有权。他们区别于商人批发商的主要特点是，对于其经营的商品没有所有权，主要职能是促进买卖，获得销售佣金。代理商类型有制造代理商、销售代理商、采购代理商和佣金商等。

经纪人的主要作用是为买卖双方牵线搭桥，由委托方付给他们佣金。他们不存货，不卷入财务，不承担风险，多见于食品、不动产、保险和证券等行业。

3. 生产企业自设的批发机构

由生产企业独立的部门或办事处从事专门的购买或销售，这种形式在产业用品市场上十分常见。例如，IBM 公司在世界各地都设有销售办事处，不仅向计算机商店推销商品，还直接与政府机构、大学打交道。我国目前不少大企业如海尔、一汽、联想等也都建立了自己的批发销售系统。

从批发商的 3 种类型来看，商业批发商约占整个批发销售额的 50%～60%；其次是生产企业的销售机构，约占 20%～30%；再次是代理商和经纪人，约占 10%。

(三) 批发商的发展趋势

最早，批发商是分销渠道中最有实力的环节。最近几年，批发商正面临着日益增长的竞争压力，为了生存和发展，在经营方式和经营思想上进行了一系列的改革。

(1) 深化各项批发职能。依靠电子计算机系统，提高对需求预测的精确性，更有效地调节供求平衡；对生产发挥组织作用，如季节性、流动性极强的服装生产，通过批发商制订产品规划，组织不同生产企业共同开发新产品；加强对零售商的经营指导。

(2) 经营形态上创新。建立货架批发、货车批发、邮购批发等形式，以满足用户的需求。

(3) 注意自我经营能力的提高。组成各种形式的联合组织，建立各种类型的批发中心和批发市场，发挥批发在物流以及信息交流方面的作用。

(4) 走专业化、一体化的发展道路。实行专业化，有助于提高工作效率；走一体化道路，有助于加强批发商对终端市场和货源的控制。

总之，批发业在发展的过程中将面临更多的挑战。技术的进步、零售结构的改变、社会变革等，都将对批发商提出新的更高的要求，批发商只有不断地变革经营方式，努力降低经营成本，提高为顾客服务的水平，才能在一个迅速变化的环境中立于不败之地。

二、零售与零售商

进入 21 世纪以来，随着消费升级，零售业呈现出前所未有的发展，社会商品零售总额有较大幅度的增长，零售业态异彩纷呈。零售商店、超级市场、便利店、邮购商店和网络商店等不断发展，其旺盛的发展势头和充满活力的零售组织使之成为人们普遍关注的热点行业。

(一) 零售的含义

零售是指向最终消费者或社会集团出售商品及相关服务的活动。零售商是以零售活动为基本职能的独立中间商，是介于生产商、批发商和消费者之间，以盈利为目的从事零售活动的经济组织。

零售活动不仅向最终消费者出售商品，同时也提供服务，如送货、安装、维修；零售对象不仅是指个人或家庭的购买者，也包括非生产性购买的社会集团，如我国社会集团购买的零售额达10%左右；零售活动不仅可以在营业店铺中进行，也可以通过无店铺方式进行，如直邮、目录销售、自动售货机、电话直销、电视购物、个人推销、网上销售等。

(二) 零售商的类型

零售商的类型千变万化，新组织形式层出不穷，创新不断出现。沃尔玛、国美、苏宁是零售商，当当网、京东商城、天猫商城也是零售商，安利、雅芳等直销机构也是零售商。我国国家质检总局、国家标准化委员会于 2005 年 10 月 1 日正式实施的新版《零售业态分类》，将我国零售业态分为两个大类，即有店铺零售业态和无店铺零售业态；将两个大类按零售店铺的结构特点、经营方式、商品结构、服务功能，以及选址、商圈、规模、店堂设施、目标顾客和有无固定营业场所等因素又细分为 12 种。有店铺零售业态分类和基本特点如表 11-2 所示。

表 11-2 有店铺零售业态分类和基本特点

序号	业态	选址	基本特点					
			商圈与目标顾客	规模	商品(经营)结构	商品售卖方式	服务功能	管理信息系统
1	食杂店	位于居民区内或传统商业区内	辐射半径0.3公里，目标顾客以固定的居民为主	营业面积一般在100平方米以内	以香烟、饮料、酒、休闲食品为主	柜台式和自选式相结合	营业时间在12小时以上	初级或不设立
2	便利店	商业中心区、交通要道以及车站、医院、学校、娱乐场所、办公楼、加油站等公共活动区	商圈范围小，顾客步行5分钟内到达，目标顾客主要为单身者、年轻人。顾客多为有目的的购买	营业面积100平方米左右，利用率高	以即食食品、日用小百货为主，有即时消费性、小容量、应急性等特点，商品品种在3 000种左右，售价高于市场平均水平	以开架自选为主，结算在收银处统一进行	营业时间在16小时以上，提供即时性食品的辅助设施，开设多项服务项目	程度较高
3	折扣店	居民区、交通要道等租金相对便宜的地区	辐射半径2公里左右，目标顾客主要为商圈内的居民	营业面积300平方米～500平方米	商品平均价格低于市场平均水平，自有品牌占有较大的比例	开架自选，统一结算	用工精简，为顾客提供有限的服务	一般
4	超市	市、区级商业中心及居住区	辐射半径2公里左右，目标客户主要为商圈内的居民	营业面积在6 000平方米以下	经营包装食品、生鲜食品和日用品。食品超市与综合超市商品结构不同	自选销售，出入口分设，在收银台统一结算	营业时间在12小时以上	程度较高
5	大型超市	市、区级商业中心，城郊结合部，交通要道及大型居住区	辐射半径2公里以上，目标顾客以居民、流动顾客为主	实际营业面积6 000平方米以上	大众化衣、食、日用品齐全，一次性购齐，注重自有品牌开发	自选销售，出入口分设，在收银台统一结算	设不低于营业面积40%的停车场	程度较高
6	仓储式会员店	城乡结合部的交通要道	辐射半径5公里以上，目标客户以中小零售店、餐饮店、集团购买和流动顾客为主	营业面积6 000平方米以上	以大众化衣、食、日用品为主，自有品牌占相当大一部分，商品在4 000种左右，实行低价、批量销售	自选销售，出入口分设，在收银台统一结算	设相当于营业面积的停车场	程度较高并对顾客实行会员制管理

(续表)

序号	业态		选址	基本特点					
				商圈与目标顾客	规模	商品(经营)结构	商品售卖方式	服务功能	管理信息系统
7	百货店		市、区级商业中心、历史形成的商业集聚地	目标顾客以追求时尚和品位的流动顾客为主	营业面积 6 000 平方米～20 000 平方米	综合性、门类齐全，以服饰、鞋类、箱包、化妆品、家庭用品、家用电器为主	采取柜台销售和开架面售相结合的方式	注重服务，设餐饮、娱乐等服务项目和设施	程度较高
8	专业店		市、区级商业中心以及百货店、购物中心内	目标顾客以有目的选购某类商品的流动顾客为主	根据商品特点而定	以销售某类商品为主，体现专业性、深度性、品种丰富，选择余地大	采取柜台销售或开架面售方式	从业人员具有丰富的专业知识	程度较高
9	专卖店		市、区级商业中心、专业街以及百货店、购物中心内	目标顾客以中高档消费者和追求时尚的年轻人为主	根据商品特点而定	以销售某一品牌系列商品为主，销售量少、质优、高毛利	采取柜台销售或开架面售方式，商店陈列、照明、包装、广告讲究	注重品牌声誉，从业人员具备丰富的专业知识，提供专业性服务	一般
10	家居建材商店		城乡结合部、交通要道或消费者自有房产比例高的地区	目标顾客以拥有自有房产的顾客为主	营业面积 6 000 平方米以上	商品以改善、建设家庭居住环境有关的装饰、装修等用品，日用杂品，技术及服务为主	采取开架自选方式	提供一站式购足和一条龙服务，停车位 300 个以上	较高
11	购物中心	(a)社区购物中心	市、区级商业中心	商圈半径为 5 公里～10 公里	建筑面积为 5 万平方米以内	20 个～40 个租赁店，包括大型综合超市、专业店、专卖店、饮食服务及其他店	各个租赁店独立开展经营活动	停车位 300 个～500 个	各个租赁店使用各自的信息系统
		(b)市区购物中心	市级商业中心	商圈半径为 10 公里～20 公里	建筑面积为 10 万平方米以内	40 个～100 个租赁店，包括百货店、大型综合超市、各种专业店、专卖店、饮食店、杂品店以及娱乐服务设施等	各个租赁店独立开展经营活动	停车位500 个以上	各个租赁店使用各自的信息系统

(续表)

序号	业态		选址	基本特点					
				商圈与目标顾客	规模	商品(经营)结构	商品售卖方式	服务功能	管理信息系统
11	购物中心	(c)城郊购物中心	城乡结合部的交通要道	商圈半径为30公里～50公里	建筑面积10万平方米	200个租赁店以上，包括百货店、大型综合超市、各种专业店、专卖店、饮食店、杂品店及娱乐服务设施等	各个租赁店独立开展经营活动	停车位1 000个以上	各个租赁店使用各自的信息系统
12	工厂直销中心		一般远离市区	目标顾客多为重视品牌的有目的的购买	单个建筑面积100平方米～200平方米	为品牌商品生产商直接设立，商品均为本企业的品牌	采用自选式售货方式	多家店共有500个以上停车位	各个租赁店使用各自的信息系统

(资料来源：中华人民共和国商务部网站)

2. 无店铺零售

不通过店铺销售，由厂家或商家直接将商品递送给消费者的零售业态。无店铺零售业态分类和基本特点如表11-3所示。

表11-3　无店铺零售业态分类和基本特点

序号	业态	基本特点			
		目标客户	商品(经营)结构	商品售卖方式	服务功能
1	电视购物	以电视观众为主	商品具有某种特点，与市场上同类商品相比，同质性不强	以电视作为向消费者进行商品宣传展示的渠道	送货到指定地点或自提
2	邮购	以地理上相隔较远的消费者为主	商品包装具有规则性，适宜储存和运输	以邮寄商品目录为主，向消费者进行商品宣传展示，并取得订单	送货到指定地点
3	网上商店	有上网能力、追求快捷性的消费者	与市场上同类商品相比，同质性强	通过互联网进行买卖活动	送货到指定地点
4	自动售货亭	以流动顾客为主	以香烟和碳酸饮料为主，商品品种在30种以上	由自动售货机器完成售卖活动	没有服务
5	电话购物	根据不同的产品特点，目标顾客不同	商品单一，以某类品种为主	主要通过电话完成销售或购买活动	送货到指定地点或自提

(资料来源：中华人民共和国商务部网站)

(三) 连锁经营

1. 连锁商店

连锁商店是指由一家大型商店控制的，许多家经营相同或相似业务的分店共同形成的商业集团，少则两三家连锁，多则百家以上连锁。其主要特征是：总店集中采购，分店联购分销。连锁商店由于规模大，且联合起来统一经营，集中进货，可获得规模经济效益，提高经营管理水平，节省广告等费用开支。连锁商店有标准的商店门面和平面布置，以便于顾客识别和购物，并增加销售量。连锁商店是一种组织形式，而非经营形式。

根据所有权和集中管理程度的不同，连锁商店有 3 种。

(1) 直营连锁。同属于某一个总部或总公司，统一经营，所有权、经营权、监督权三权集中，也称联号商店。直营连锁是大企业扩张的结果，目的是形成垄断。

(2) 自愿连锁。各店铺保留单个资本所有权的联合经营，成员店铺是独立的，成员店经理是该店所有者。自愿连锁是小企业的联合，目的是抵制大企业的垄断。

(3) 零售商合作社。主要是一群独立的零售商组成一个集中采购组织。

2. 特许经营

近年来，在零售业发展较快的一种连锁是特许连锁，这是一种最简单、成功率最高、在世界各地最易通行的商业经营模式。例如，美国快餐业巨头麦当劳采用该模式，如今在世界各地拥有 8 000 多家店铺，成为世界第一大快餐特许经营企业。

特许经营是指特许者将自己所拥有的商标、商号、产品、专利和专有技术、经营模式等以合同的形式授予被特许者使用，被特许者按照合同的规定，在特许者统一的业务模式下从事经营活动，并向特许经营者支付相应的费用。特许经营是以特许经营权的转让为核心的一种经营方式。其本质特征如下。

(1) 特许经营是利用自己的专有技术与他人的资本相结合来扩张经营规模的一种商业发展模式。因此，特许经营是技术和品牌价值的扩张而不是资本的扩张。

(2) 特许经营是以经营管理权控制所有权的一种组织方式，被特许者投资特许加盟店而对店铺拥有所有权，但该店铺的最终管理权仍由特许者掌握。

(3) 成功的特许经营应该是双赢模式，只有让被特许者获得比单体经营更多的利益，特许经营关系才能有效维持。

“如家”酒店集团的特许经营模式

2002 年 6 月，首旅集团和携程旅行网共同投资组建了“如家”酒店品牌，此后“如家”瞄准高星级酒店和低星级酒店间的空隙，大力发展经济型酒店。通过不断地市场细分和调整，作为经济型酒店的领头羊，“如家”酒店始终保持着市场的敏感和创新性，并最终于 2006 年 10 月 26 日在美国纳斯达克成功上市。

在经营方式方面，“如家”选择直营与加盟共存的方式，并且将特许经营逐渐融入自身发展中，以适应全球化的步伐。直营店是如家酒店自己投资、经营管理的酒店，多为租赁经营；特许经营店是获得如家酒店的特许经营权，使用其品牌、商标、经营模式的经济型酒店。在2002年至2003年间，“如家”全部是直营店；2004年以后，特许经营店数目逐年大幅增加。截至2016年年底门店为2 970家，其中945家为直营店，2 025家为特许店，特许比例为68.2%，如家酒店集团逐渐发展成为以特许加盟为主的轻资产商业模式。

(资料来源：http://www.miaogu.com/html/xinwenzixun/20160912/171856.html，经修改)

加盟特许经营体系是需要支付一定费用的。通过付费，加盟者获得特许经营的资格，并获得特许经营总部的指导与支持，特许经营总部则通过收费获得收入。

特许经营是一把双刃剑。特许经营有独特的优势，如能够使没有或很少有商业经验的人购买一些成功的业务经营并得到相应的培训及经营指导。投资损失的风险小，由加盟商提供资金，分担了财政风险，有利于快速扩张业务等。其不足之处，如不容易控制和管理加盟商，公司声誉和形象易受到不胜任加盟商的影响，特许经营合同限制战略调整的灵活性等。

(四) 零售商的发展趋势

互联网时代，大数据、云计算和人工智能的发展带来新的零售技术和零售业态，使消费者特征、生活方式和购物形式都在迅速变化。一般来说，零售商的发展呈现以下趋势。

(1) 新的零售形式和日渐缩短的生命周期。新的零售方式不断演变，以满足新形势下顾客的需要，但是新的零售方式生命周期越来越短。百货商店诞生100年才走向成熟，更多的新的零售形式，比如仓储店铺只用10年时间就已成熟。

(2) 无店铺零售业的发展。邮购、电视购物、电话以及在线零售等无店铺零售为更多人使用，尤其是智能手机的普及，使移动端的网购很活跃，淘宝、京东、亚马逊成为大多数人购物的选择。同时，许多零售商也开始发展线上零售渠道。

(3) 零售集中化。面对更多的竞争，品牌专卖店、百货商店、折扣店、家庭用品改装店、廉价零售商、电子产品超市和线上零售商大都以同样的价格销售相同的产品给相同的消费者。零售集中化意味着更加激烈的竞争和更难以实现差异化服务，如何提供个性化服务和更好的购物体验，是零售商生存和发展的关键。

(4) 超大型零售商的崛起。依托其便捷的信息系统和购买力，可以为顾客提供更多的商品选择、更好的服务和更具竞争力的价格，掌握着渠道终端，与制造商谈判更有话语权，如沃尔玛、家乐福、苏宁和国美等超大型零售商。

(5) 零售技术日渐重要。一些零售商正使用高级的信息技术和软件系统来提供更加准确的生产预测、控制库存成本、从供应商处实现电子订购、在各个商店之间发送信息甚至在店内向顾客销售。采用扫描结账系统、在线交易流程、电子数据交换、店内电视以及改进的货物处理系统。线上开设网店，线下也为店铺引进互联网技术，如触摸屏购物亭、会员卡、电子货架标签和标记、便携式购物助手、智能卡、自我扫描系统以及虚拟实体展示。

(6) 主要零售商的全球扩张。拥有独特销售模式和强势品牌定位的零售商正在开拓国际市场，如美国的麦当劳、肯德基、沃尔玛，法国的家乐福，英国的玛莎百货，意大利的贝纳通，日本的八佰伴超市以及瑞典的宜家家居用品店等。

(7) 绿色零售。如今零售商都积极地采取环境友好型的举措。他们不断绿化店铺和运作流程，促进更环保的产品生产，开发更富有社会责任感的项目，同时积极和渠道商合作以减少环境负担。如麦当劳以全新的生态理论设计新型友好型餐饮；沃尔玛使用强大的购买力驱使供应商改善产品的环境影响，以可持续发展产品的目录来划分供应商等级。

资料链接

无人零售便利店的兴起

自从提出新零售概念以来，伴随着物联网技术、人工智能等新兴技术的渗透，能够提供更高效率和更好服务体验的无人零售便利店进入大众的视野。

2016 年 12 月，亚马逊在西雅图开张第一家无人零售便利店——Amazon Go，是运用目前市场上较为成熟的机械视觉等一系列传感器和深度学习技术，来提升线下购物的新模式。消费者可以不用再排队结账，但成本过高以及技术的缺陷，使其难以实现大规模复制开店。

2017 年 7 月 8 日，阿里在杭州推出它的首家无人零售店“淘咖啡”，用户只需打开手机淘宝扫描二维码，便可进入店内，之后就像平时购物那样，消费者可以随意在店内选货。离店前会经过由两扇门组成的“支付门”，在通过的几秒钟里，用户就会被自动扣款。除了零售功能之外，“淘咖啡”还兼具餐饮功能，用户可以通过语音来下单，并完成支付。

天猫新零售技术事业部负责人赵鹏表示：“无人零售店的背后是一整套的无人店解决方案，具有整体学习和感知能力的体系，通过多路摄像头和传感器融合，加上计算机视觉、机器学习、人工智能等深度学习算法，组成的一套完整自感知和不断优化的智能系统。”

此外，缤果盒子已在中山、上海等地推出无人便利店；家居卖场品牌居然之家也推出无人零售店 EATBOX；更接近自动售卖机形态的 F5 未来商店，也已经在广州运营。

随着一家家的无人零售店的落地，虽然目前在技术方面还有某些不成熟的地方，但这也代表着技术及消费升级的趋势，无疑是零售业探索顾客体验、营运新模式的一个亮点。

(资料来源：阿里云，https://yq.aliyun.com/articles/120587，经修改)

第四节　现代物流管理

为适时、适地、适量地提供商品给消费者或用户，要进行商品的仓储和转移，即物流管理。物流译自英文 Physical Distribution(实体分配)，源于美国，20 世纪 60 年代中期为日本所引用，在我国曾一度叫作“商品储运”。传统物流主要着重物质商品的传递，从而忽视了物流对生产和销售在战略上的能动作用，特别是以日本为主的 Just-in-time 生产管理体系在世界范围内的推广，使得以时间为中心的竞争越来越重要，并且物流上的活动行为直接决定着生产决策。

企业制定正确的物流决策，对于降低成本费用，促进和便利顾客选购，增强竞争实力，提高企业效益具有重要的意义。

一、现代物流管理的内涵

(一) 物流的概念

目前对物流的定义很多，各种定义强调的侧重点不同。综合起来，物流是指通过有效地安排商品的仓储、管理和转移，使商品在需要的时间到达需要的地点的经营活动。物流的基本职能就是将产品由其生产地转移到消费地，从而创造地点效用。

(二) 现代物流管理

现代物流管理是指在社会再生产过程中，根据物资资料实体流动的规律，应用管理的基本原理和科学方法，对物流活动进行计划、组织、指挥、协调、控制和监督，使各项物流活动实现最佳的协调与配合，以降低物流成本，提高物流效率和经济效益。

物流管理作为企业管理的一个组成部分，通过使物流功能达到最佳组合，在保证物流服务水平的前提下，实现物流成本的最低化，这是现代物流管理的根本任务所在。兼顾成本与服务，保证企业物流合理化的实现是现代物流管理追求的总目标。坚持物流合理化和均衡思想的现代物流管理对于企业最大效益的取得才是最有成效的。

物流管理活动涉及多方面的工作，主要包括以下几点。

(1) 运输管理。主要包括：运输方式及服务方式的选择；运输路线的选择；车辆调度与组织等。

(2) 仓储管理。主要包括：决定是否使用仓库或从工厂直运给顾客；决定仓库的类型；决定仓库的特点以及自建、购买或租赁仓库等。

(3) 装卸搬运管理。主要包括：装卸搬运系统的设计；设备规划与配置；作业组织等。

(4) 存货控制管理。主要包括：决定产品的存放地点；决定产品的储存结构和合理储存量等。

(5) 包装管理。主要包括：包装容器和包装材料的选择与设计；包装技术和方法的改进；包装系列化、标准化、自动化等。

(6) 订单管理。主要包括：订单的接受、订单的查核、订单的传递等。

近年来，企业对物流管理日益重视，逐渐把企业的物流管理当作一个战略新视角，制定各种物流战略，以增强企业的竞争力。

二、现代物流管理的特点

(一) 系统观念

物流管理绝不等同于企业的运输管理、储存管理、搬运管理等单项职能管理，也不是它们的简单机械相加。从市场营销学的意义讲，物流管理就是把分散的产品实体活动联系起来视为一个物流大系统，进行整体设计和管理，以最优的结构、最好的组合发挥系统功能的效率，实现整体效果最优。

(二) 营销观念

脱离企业的市场营销战略，孤立地评价一个物流系统的效能(如吞吐能力、订货效率等)是没有意义的。企业的物流决策必须纳入企业的营销战略进行综合管理，即围绕目标市场需要，与企业的产品开发、定价、促销，特别是渠道选择等基本策略结合起来。

(三) 降低成本

据统计，物流成本已占到全部营销成本的 50%，且总额还在迅速增长中。因此，降低物流成本被西方国家企业界视为“最后的黑大陆”“第三利润源”，企业可能通过运用现代技术和决策方法提高物流效率和降低成本，以吸引更多对价格敏感的顾客。

我国物流成本占 GDP 比重约 18%，高于欧美两倍

全球第四大第三方物流公司——基华物流表示，中国将成为全球最大的物流市场。目前，中国的物流成本占 GDP 总量比重约为 18%，几乎相当于欧美水平的两倍之多。

目前，国内物流供应商的高成本、运输质量以及可信度是主要问题。未来中国物流行业将会加速发展，有必要降低非增值部分业务的成本，以进一步拉低物流成本。

近年来，中国加大基础设施投入力度对该行业的发展具有积极意义。另一大利好因素是中国正在采取一系列措施来降低道路通行费用。同时，中国的领先制造业企业包括联想、华为、上汽等，正在物流和供应链运营方面努力提高效率。目前，国内物流行业存在的问题有：一方面是卡车的利用率较低；另一方面是不同类型的交通运输工具之间连接不够紧密，导致存货较多。

近几年，政府已出台一系列的政策来提高物流行业运营效率、降低运营成本。过去数年里，中国在海关方面，包括在保税区建设方面已经取得了长足的进步。希望政府未来能出台新的政策进一步降低物流成本，提高跨省物流的效率。

(资料来源：http://www.chinawuliu.com.cn/zixun/201206/08/183582.shtml，经修改)

(四) 费用权衡

在物流管理中，常常出现物流的各成本项目之间的相互制约的关系。如降低商品储存量可降低存货费，但由此可能发生订货频繁、进货批量小、订货费和送货费上升的问题。因此，物流决策一定要从总体上来把握，即在一定的约束条件下求得目标函数——总费用最低。

(五) 顾客服务观念

在物流管理中，向顾客提供的服务水平是影响顾客购买和连续购买企业产品的关键因素，服务的水平越高，预期的销售量水平也就越高。当然，为顾客提供的服务项目越多，水准越高，产生的费用也越大。这时就需要权衡决策，在成本增加与销售扩大之间，选择最大限度的利润，特别是要考虑到长远的利益。

(六) 使用定量模型

定量模型对物流决策十分有用，特别是在今天物流信息量庞大、计算机得到广泛应用的情况下。当备选方案中存在权衡抉择的问题时，利用定量模型才能得出精确的答案，如运用线性规划决策运输路线和运输计划，用排队论决定仓库接收和提出货物的程序。

(七) 提高物流自动化水平

要积极利用先进的物流技术提高物流自动化水平。先进的物流技术包括由计算机全程控制的配送中心、条形码自动识别系统、公路运输的卫星追踪、利用电子数据交换系统进行订单处理和电子分销等。

三、物流管理的策略

企业在确定了物流服务目标以后，就要对物流系统进行规划与设计，并开展具体的物流活动。关于物流决策主要包括 4 个方面，即订单决策、仓储决策、存货决策和运输决策。

(一) 订单决策

物流始于收到顾客的订单，其关键要做到快速传递、快速处理、快速发货，以便快速收款。为此，许多企业都采用计算机处理系统，从接到顾客订单开始，计算机会依次完成如下工作：销售员转交订单、订单输入和客户信用检查、存货与生产安排、订单和发票传递、收到货款。

(二) 仓储决策

仓储决策包括仓库数目决策、仓储地点决策和仓库类型决策。

(1) 仓库数目决策。仓库数目较多，可较快地将产品送达顾客，并节约运输费用。但同时也会增加储存成本。因此，仓库数目决策必须在顾客服务水平与物流成本之间取得平衡，在既定的顾客服务水平下尽可能使物流成本最低。

(2) 仓储地点决策。要考虑客户的位置，每位客户订单的大小及供货频次，交通是否方便等。此外，还需要考虑仓储地点的多寡。

(3) 仓库类型的选择。即决定是自建仓库还是租用仓库。自建仓库便于加强控制，但需要投入较多资金，且缺乏灵活性；租用仓库的弹性较大，风险较小，因此在多数情况下比较有利。只有在市场规模很大而且市场需求稳定时，自建仓库才有意义。

(三) 存货决策

存货水平构成物流的主要成本。存货水平高，顾客订单能很快得到妥善处理，顾客满意度就高。但是存货水平高就意味着库存大，企业占用的商品资金量就大，还相应地增加商品破损及款式过时等市场风险。存货决策内容包括订货点决策和订货量决策。

(1) 订货点决策。两次进货期间，商品储存量会因销售而减少，为保证商品供应，当商品储存量下降到一定数量时，就需要再进货否则就会脱销。这一水平的存货量就称为订货点。订货点取决于订货到交货时间间隔的长短、商品销售速度等因素，如果面临的不稳定因素较多，还应确定一个安全存货量，以备不测。订货点的计算公式为：

$$订货点=日均销售量\times产品备运天数+安全存货量$$

式中：产品备运天数为提出订货到货物入库的间隔天数。

(2) 订货量决策。订货量和订货次数之间呈反方向变动关系，即订货量越大，则订货的次数越少。企业应该在订货处理成本和存货维持成本之间进行权衡。为了能在订货与存货之间取得平衡，使得总成本达到最低，人们运用最佳订货量方法进行决策。

单位订货处理成本随着存货量的增加而下降，而单位存货维持成本随着存货数量的增加而增加。最佳订货量计算公式为：

$$Q^*=\sqrt{\frac{2DL}{H}}$$

式中：Q^*为最佳订货量；D为年存货需求量或订货总量；L为每次订货费用；H为单位存货平均年度维持成本；I为平均储存费用。

以上介绍的是不允许缺货的瞬时供货模型，即从订货到货物到达的时间间隔为0，每次订货，商品立即一次到达。

【例 11-1】某企业的某产品销售量是10 000件，产品单价为100元，平均储存费用是1%，每次订货费用是80元，请确定最佳进货量。

$$Q^*=\sqrt{\frac{2\times10\,000\times80}{1\%\times100}}\approx1\,265(件)$$

准点生产方法也为降低存货成本提供了改进思路。准点生产要求供应商按照需求量运送物料进厂，如果供应商信誉良好，那么制造商既可保持很低的库存水平，又可完全满足顾客订货的需要。其基本思路是安排适时的流动而非库存。如英国最大的特斯科连锁超市，建立了准点生产的市场物流系统。管理层为减少仓储成本，用一天补两次货的方法达到目的。一般来说，它需要 3 种卡车来分别运送冷冻食品、冰箱食品和一般食品，结果是它设计了一种分割为 3 个空间的新型卡车同时运送这 3 种商品，有效地控制了存货成本。

(四) 运输决策

仓储和运输是对产品的可得性影响最大的两个物流功能环节，是物流管理的核心。据统计，对一般制造业来说，运输成本要占物流总成本的 45%左右，存货维持成本占 37%左右。因此，企业如何节省运输成本是非常重要的。

运输决策主要包括两个方面的内容：一是根据运输商品对于运输时间与运输条件的具体要求，选择适合的运输方式，如铁路、水路、公路、航空、管道等；二是选择运输路线。

1. 运输方式

(1) 铁路运输。铁路运输是最重要的货运方式之一。铁路可以用来整车装运大宗散装产品，铁路运输的收费标准较为复杂。

(2) 水路运输。水运主要包括轮船运输及沿海驳船和内陆水路驳船运输。水运适合运输体积大、价值低、不易腐烂的产品。水运的成本很低，但速度慢，还容易受到气候条件的影响。

(3) 卡车公路运输。卡车在运输业中所占的比重一直在稳步上升。卡车在运输路线和时间安排上有很大的灵活性，在许多情况下，卡车运输与铁路运输相比，具有较强的竞争力，而且卡车所提供的服务一般更为迅速。

(4) 管道运输。管道运输是一种专门由生产地向市场输送石油、煤和化学产品的运输方式。管道运输石油产品比水运费用高，但比铁路运输便宜。大部分管道都是被其所有者用来运输自有产品，如大庆油田的输油管道，从大庆一直可以输送原油到港口。

(5) 空运。空运在运输业中所占的比重较低，但其重要性越来越明显。虽然空运费用比铁路或公路运输高得多，但是如果要求迅速交货，或者要将货物运送到遥远的市场时，空运仍是理想的运输方式。

在选择运输方式时，需要综合考虑速度、频率、可靠性、运载能力、可用性和成本等多项因素。在以上 5 种运输方式中，公路运输在许多方面按标准均可名列榜首，因此其使用率越来越高。在做出运输决策时，必须对各种运输方式之间复杂的利害关系加以权衡，同时还须考虑对其他分销要素(如仓储和库存货)的潜在影响。

2. 运输路线

在选定运输方式后，发货人还应决定运输路线。选择运输路线有以下几条标准。

(1) 所选定的运输路线应保证把货物运输给客户的时间最短，这样就可以做到准时向客户交货，缩短订货周期，减少库存短缺情况的发生，达到较高的服务质量。

(2) 选定的路线应能减少总的运输里程，这意味着可以减少发货人的运输费用。

(3) 选定的运输路线应保证大客户得到较好的服务。

(五) 物流模式决策

随着业务的不断发展和公司壮大，出于对物流成本控制和物流服务升级的需求，许多制造业和贸易公司开始着手考虑自建物流，而技术设备更新、信息平台无法兼备、人才匮乏，使许多企业自建物流难度很大。因此，如何提高企业的物流效率，降低物流成本，选择适合企业实际的物流模式，对企业下一步发展起着举足轻重的作用。

1. 企业自营模式

企业自营物流是指企业自身经营物流业务，组建全资或控股的子公司完成企业物流配送业务。如海尔集团成立自己的物流公司，实现本公司和社会双重服务。对于有自营物流能力的企业来说，企业物流系统自营不仅可以对企业内部一体化物流系统运作的全过程进行有效的控制，还可进一步延伸到供应链物流管理过程中，即通过内部信息系统与 Internet，使企业内部产供销物流协同及其与上下游企业物流协同，以较快的速度解决物流活动管理过程中出现的问题，在完成配送业务的同时降低物流成本。

企业自营物流可以对供应链的各个环节有较强的控制能力；可以合理地规划管理流程，提高物流作业效率，减少流通费用；可以使原材料和零配件采购、配送实现准时，从而实现零库存、零距离和零营运资本。但是，不是每一个工业企业都适合自营物流模式，可能增加企业投资负担，削弱企业抵御市场风险的能力；使企业配送效率低下，管理难于控制。

2. 第三方物流模式

第三方物流(Third-party Logistics，3PL)是指由供方和需方外的物流企业提供的物流服务、承担部分或全部物流运作的业务模式，在特定的时间段内按照特定的价格向使用者提供个性化的系列物流服务，是专业化、社会化和合同化的物流，如 UPS、联邦快递、德邦物流等。

使用第三方物流可以使企业集中精力于核心业务；灵活运用新技术，实现以信息换库存，降低成本；减少固定资产投资，加速资本周转；提供灵活多样的顾客服务，为顾客创造更多的价值。当然，与自营物流相比较，第三方物流也会给企业带来一些不利。企业不能直接控制物流职能；不能保证供货的准确和及时；不能保证顾客服务的质量和维护与顾客的长期关系；企业将放弃对物流专业技术的开发等。

通过对《财富》500 强企业主要物流行政部门的调查发现，82%的公司会使用第三方物流服务。这些物流提供商能更加有效并且以更低成本将产品输送到市场，外包通常会节约 15%～30%的成本，使企业更专注于核心业务。同时，第三方物流公司更加了解日益复杂的物流市场环境。当国外公司进入中国市场时，面对中国通道的复杂性通常选择将物流环节外包，以获得完整的中国分销系统，包括找到最好的陆地运输联盟和包装标准，而不会由于需要自建物流系统而发生相关的成本、延迟和风险。

京东自建物流

截至 2016 年 6 月 30 日，京东在中国范围内拥有 7 大物流中心，234 个大型仓库，

6 780 个配送站和自提点，覆盖中国范围内的 2 646 个区县，仓储设施占地面积约 550 万平方米。

京东物流在成本控制方面领先于竞争对手阿里巴巴的菜鸟网络：一方面，京东仓库圈地成本很低；另一方面，对于大型物流仓库的租售，淘宝和天猫的大量小型商户是完全用不上如此规模的库存空间的，但是京东的自营业务能够直接使用这些空间。自建物流体系能够让京东为用户提供正品保证，并且合理匹配用户的收货时间——考虑到不少用户的工作时间，京东可以做到每天 3 个时间段送货上门，这是第三方物流难以实现的。

如今，京东拥有中国电商领域规模最大的物流基础设施。但是，在三、四线城市的渗透还较低，其中一个非常重要的原因就是自营物流还没有能覆盖到这些区域，而随着物流配送将延展到这些区域，能够帮助京东扩展更大的电商市场。

(资料来源：百度百科，https://baike.baidu.com/item/京东快递/247176?fr=aladdin，经修改)

四、现代物流管理技术手段

物流自动化涵盖物流管理的多个环节，需要多种技术支撑，其中包括条形码技术、电子货币、电子收款机与销售点管理系统、管理信息系统、战略信息系统、电子数据交换和电子订货系统等。

(一) 条形码

条形码是 20 世纪 80 年代以来发达国家普遍使用的一种自动识别技术。有了条形码，商品就有了“身份证”。条形码是商品国际化的标志，也是实现物流自动化与商品管理自动化的基础，如图 11-4 所示

通过扫描条形码将商品信息输入收款机比手工操作快捷、准确，而且条形码作为商品的唯一记号，大大减少了商品间的串号，便于把物流管理纳入规范、有序化和标准化之中。

条形码在物流管理上的作用很大，利用条形码订货，可把订货延伸到货架，提高订货效率和货架利用率；利用条形码掌上盘点器，一小时能盘完约 500 种商品，并将盘点完的数据连接到后台电脑，数分钟内即可完成一份准确完整的盘点报告供决策；在商品外包装箱上印上条形码，可将其存放位置用条形码进行定义，从而提高仓容利用率，加快进出仓速度，便于查阅库存情况，便于抽检验货，并对验货结果进行核对校正，提高验货准确率。

图 11-4　传统条形码

(二) 电子货币

电子货币包括信用卡、储蓄存款卡、扣账卡、现金卡等多种金融交易卡。它不仅

可以减少流动资金积压及大量资金的清点搬运，增加资金周转率，促进销售，而且可以通过第三方支付企业如支付宝、快钱等，实现企业买卖和家庭购物的网上结算。

(三) 电子收款机和销售点管理系统

电子收款机和销售点管理系统(简称 POS)是企业物流自动化的重要组成部分。POS 有两种：一种是商业用 POS；一种是银行用 POS。

电子收款机要求极高的技术性能。在功能上，要求 POS 能够高速实时地进行销售信息事务管理，准确地进行商品管理和库存管理，进行良好的顾客管理与服务、规范化的员工管理、优质的商业外界合作与服务以及各种基本资料和常用参数管理。使用 POS，可显著地提高物流管理水平。

(四) 电子数据交换

电子数据交换(简称 EDI)是按照商定的协议，将商业文件标准化和格式化，并通过计算机网络，在贸易伙伴的计算机网络系统之间进行数据交换和自动处理，因而被称为“无纸贸易” 或“电子契约社会”。例如，沃尔玛一直保持同 9 1000 个供应商直接的 EDI 联系。

(五) 供应商管理库存系统

供应商为了能够根据客户的订单来安排生产和配送，许多大型零售商同其主要的供应商紧密合作，共同建立供应商管理库存(vendor-managed inventory，VMI)系统或者持续存货补充(continuous inventory replenishment)系统。通过 VMI，客户与供应商之间实现了关于销售和存货水平的实时数据分享，加强了双方之间的密切合作。

思 考 题

1. 市场营销渠道与分销渠道有何区别？
2. 分析密集性分销、选择性分销和独家分销的差异和优缺点。
3. 影响分销渠道策略选择的主要因素有哪些？
4. 如何对分销渠道进行设计？中国企业的渠道管理存在哪些主要问题？
5. 如何正确处理渠道成员之间的利益冲突？
6. 试分析中国零售业如何应对国外零售业的挑战。
7. 中国企业推行物流现代化面临哪些挑战和机会？

课 堂 实 训

1. 通过查阅二手资料或走访企业，对比可口可乐、康师傅、娃哈哈等大型饮料企业的分销渠道模式、渠道成员、渠道管理的状况。了解现有渠道运行中存在的问题和矛盾冲突，以及企业是如何解决的。形成 2 000 字以内的报告。

2. 为新饮料的销售设计分销渠道，包括渠道的层次、宽窄、终端铺设以及分销商的选择标准、管理、评价等要素。形成 1 000 字以内的报告。

案例分析

格力的渠道变革

《2016年度中国中央空调市场发展报告》显示，2016年格力以总市场占有率16.2%的优势蝉联中国中央空调第一。作为全球空调行业的知名品牌，格力的家用空调产销量自1995年起连续22年位居中国空调行业前列，自2005年起连续12年领跑全球。格力建立起的渠道优势成为其他竞争对手难以追赶的关键所在。

在渠道为王的时代，格力创造出“格力专卖店”这一独特的渠道模式，通过多年经营，逐渐形成了以城市为中心、以地县为基础、以乡镇为依托的三级营销网络，格力独有的区域代理制加上格力品牌专卖店的渠道模式。

在互联网时代，通过大力推进电商渠道发展，格力形成线上三大电商平台（格力商城、格力京东、格力天猫），结合传统渠道的优势（线下经销商、旗舰店），辅之以合理有效的区域订单分配策略的线上线下联动的渠道模式。

一、通过区域性销售公司形成渠道利益共同体

1997年以来，格力在全国的各大经销商以资产为纽带，形成了格力“股份制区域性销售公司”这一独特的渠道模式。凭借这些区域公司的支撑，格力对零售终端的掌控力度越来越大。2004年3月，格力电器与国美之争导致格力电器脱离国美的销售渠道。不过，格力销售额并没有就此受到太大影响，那时它的专卖店已近万家，遍布全国。

格力渠道体系自上而下分工明确，组织严密。格力空调省级合资经销商由省内最大的几个批发商同格力电器合资组成，负责对当地市场进行监控，规范价格体系和进货渠道，以统一的价格将产品批发给下一级经销商；各地市级批发商也组成相应的合资分公司，负责所在区域内的格力空调销售，但格力在其中没有股份。此外，格力公司负责实施全国范围内的广告和促销活动，而当地广告和促销活动以及店面装修之类的工作则由合资销售公司负责完成。格力专卖店体系是区域渠道联营体直接管理，由区域联营体或下级经销商自建而成。格力先后在32个省市成立了区域性销售公司，这些多分支机构开拓了近万家专卖店。

二、线下渠道共存

在区域销售公司辖区内，格力空调的终端渠道除了有专卖店，还有家电连锁企业、商场超市，以及批发商、零售商等其他形态，形成以专卖店为主的“多元渠道共存”的销售模式。

家电连锁企业覆盖中国一级城市市场的70%左右，二级和三级城市的30%左右，因此，虽然在2004年，格力“忍痛”割舍了国美，但又曲线实现了与家电连锁企业的合作。格力电器通过家电连锁企业继续保持在一级市场的增长，2006年除了继续强化与五星的全面合作外，又与永乐实现了正常合作。同时在区域市场还通过格力电器的代理商进入了苏宁、国美的卖场。2007年，格力在专卖店的基础上成立了“4S+1”专业店，通过“4S”的专业服务打造强有力的零售终端，格力选择的是一条能够适应市场需求的路。

格力空调通过对终端渠道的整合，实现了制造、物流、销售、服务各个环节之间信息的透明共享、风险利益的共担，从而避免了供应商与家电零售企业之间以“价格谈判”为核心的挤压竞争关系，提升了自身对供应链的控制能力。

三、线上渠道的开拓

互联网时代，电商渠道的冲击使格力线下渠道模式优势不再，2015 年格力电器营收同比下降 28.17%，渠道变革迫在眉睫。为此，格力适应环境变化，平衡经销商利益和突破对成功经验自我革新的阻力，逐渐从连锁加卖场转型为线上线下联动的渠道模式。

(一) 格力建立线上渠道

1. 入驻天猫

格力渠道触网的第一步是选择和电商合作，2014 年“双 11”前，格力电器天猫旗舰店上线，为此专门推出网络专供机型 Q 铂变频空调，主打性价比。天猫“双 11”格力从 2014 年的 1.3 亿元，到 2015 年的 2.5 亿元，2016 年的 7 亿元，连续 3 年实现双倍增长。

2. 自建电商

2014 年经销商大会上，董明珠首次提出电商战略，即格力要建立自己的电商平台，具体解决方案是：电商平台的订单转到临近的经销商，当地经销商完成提货、送货、安装和售后。电商定价不会低于格力指导价，高于经销商售价的，双方进行分成，低于经销商售价的，由厂家补足。2015 年年初，格力电器官方电商渠道“格力商城”上线，成为格力的全新销售平台。通过全流程信息化建设，打通格力覆盖全国的销售、物流、售后等各个环节，融合电子商务与实体店的优势，发挥线下线上融合优势，为消费者提供便捷、快速的消费体验，提升公司管理水平。同时，业绩均依区域划归格力各销售公司享有，解决区域公司对电商的抵触心理。

(二) 调整线下渠道

1. 整合区域公司

格力对原有区域销售公司和大型经销商成立的联合股份公司进行改革，实现由一家独立的公司(名为盛世恒兴格力国际贸易有限公司)全资控股，旗下盛世欣兴广泛分布各地执行具体销售工作，格力电器高层兼任管理者。从联合股份公司到全资控股的转变，意味着格力力求打造标准统一的传统渠道，增强区域间的关联性以及对总部战术的响应性，从而为有效实施电商战略提供支持。此外格力大力发展旗舰店和体验店，旨在提升品牌形象，实施终端一体化、体验式消费服务的全新策略，构建 O2O 格局。

2. 联合国美与苏宁

2014 年，格力开始寻求渠道拓展，其中包括和国美重修于好，签订 150 亿元销售规模的战略合作协议，以期借助国美 1 600 多家门店，实现销量二级增速。2015 年初，双方一起开展的促销活动也收到不错的效果。此外，2016 年年初，格力和苏宁也重新建立合作关系。这些“冰释前嫌”的举动可以认为是格力寻求渠道多元化的标识，在行业趋于平缓、单一渠道无法实现销量突破的情况下，尽可能联合多家渠道，是明智的选择。

四、深度互联网化——和阿里与京东战略合作

2015 年年底，京东集团董事长刘强东联手格力电器董事长兼总裁董明珠，以卡通形象做了一条广告，这条广告在央视黄金时段和东方卫视的播出引起高度关注。刘强东说："没有互联网，你会明珠黯淡。"董明珠说："没有先进制造业，你是空中楼阁。"片尾两人共同喊出："那我们携手，让世界爱上中国造。"此外，董明珠还出现在格力天猫旗舰店的地铁广告中，力挺电商平台。如此高调而频繁地和互联网企业互动，宣告着格力未来深度互联网化的渠道策略。

1. 和阿里的战略合作

2016 年 5 月 18 日，阿里智能和格力电器在杭州格力生活体验馆召开发布会，格力的智能空调均可接入阿里 App 实现远程控制，包括远程开关、调节温度风速等。阿里智能事业部总经理浅雪表示：双方将会探索更进一步、更深层次的合作，让格力的产品与阿里智能生态圈发生更多的联系。

2. 和京东的战略合作

格力和京东也建立起战略合作关系，双方在互联网技术、平台和渠道方面展开合作，除了空调，格力有更多品牌入驻京东，包括晶弘冰箱、TOSOT 净化器等。智能家居产业链也是合作的重要部分。2016 年格力"6·18 品质狂欢节"取得一天近 4 亿元的销售额，6 月 1 日、2 日两天，格力在京东平台的销售额达 1 亿元；"6·16 格力京东品牌日"，单日空调销售额高达 1.0163 亿元。

3. 与百度地图的战略合作

格力线上线下联动的渠道模式还有很多实现方式，如和百度地图合作，把全国 3 万多家专卖店与地图的导航功能整合到一起，形成专卖店导航二维码，在杂志、电视、楼宇等媒介发布广告，顾客用手机扫码即可显示附近的专卖店，还有具体产品、价格、促销等信息。如此充分场景化的渠道实现必须基于互联网技术的升级，而此类渠道形式可以形成从产品营销到购买全流程的指导，大大丰富了渠道所能提供的信息，同时节约了大量人工成本。

通过建立更紧密的合作关系，格力不仅可以在更多渠道实现销售，还可以提高品牌影响力，统一战略预期，建立一个能够提供线上线下一体化，便捷、高效、有保障的 O2O 整合渠道模式。

(资料来源：朱国超，刘凤军. 格力 打造互联网渠道新格局. 企业管理，2017.02)

讨论与思考：

1. 在渠道为王时代，格力如何建立渠道优势的？
2. 在互联网时代，格力如何建立线上电商渠道？
3. O2O 整合渠道模式如何进行渠道冲突管理？
4. 格力渠道模式是否能够复制？

第十二章

整合营销传播策略

学习目标

1. 讨论整合营销传播的步骤及影响因素。
2. 了解人员推销的策略和销售人员的管理。
3. 学会运用六大媒体进行有效的广告组合传播。
4. 了解公共关系的活动方式和销售促进的工具。

现代营销不仅仅是指开发一个有创意的产品，给它定一个有竞争力的价格，并且使得目标顾客更方便得到它，还要与现实和潜在的顾客进行有效的沟通，协调一致地传播企业的信息，激发顾客的购买欲望，实现企业的预期目标。本章主要研究各种整合营销传播工具的策略及运用。

第一节　整合营销传播概述

整合营销传播理论的发源地是美国，1993 年美国西北大学唐·舒尔茨教授等人首次提出整合营销传播概念，建立了营销传播中的整合理念，强调将面向消费者的营销传播手段整合。整合就是“完整”“统一”和“协调”，它意味着在实现营销传播的过程中，必须与消费者实现系统地、充分地接触与沟通。

美国科罗拉多大学的汤姆·邓肯进一步发展了这一理论，将侧重点放在营销传播中综合要素的整合，并把有关品牌关系和品牌资产的概念引入整合营销传播体系，也就是说，整合营销传播是一个运用品牌价值管理客户关系的过程，从而把整合营销传播的研究做得更加深入。

整合营销传播在保持各种沟通渠道协调一致的过程中，要选择最佳传播沟通形式，以此为主导并与其他沟通传播形式完美结合，进而实现与消费者稳定的关系，这才是整合营销传播的根本所在。

一、整合营销传播的含义

(一) 整合营销传播的概念

整合营销传播(Integrated Marketing Communications，IMC)，亦称整合营销沟通。美国广告公司协会的定义是：通过评估各种不同的传播技术(广告、直接营销、销售促进和公共关系等)在特定传播计划中所扮演的角色，并经过整合，提供具有良好清晰度、连贯性的信息，以发挥有效的和最大的传播效果。

这一概念着重于从促销组合的角度，强调综合使用各种促销工具并使传播的影响力最大化的过程。公司会整合和协调它的传播渠道来传递一种关于公司及其产品的一致、清晰且引人注目的信息，帮助顾客认识产品及其利益，引导顾客购买，如图 12-1 所示。

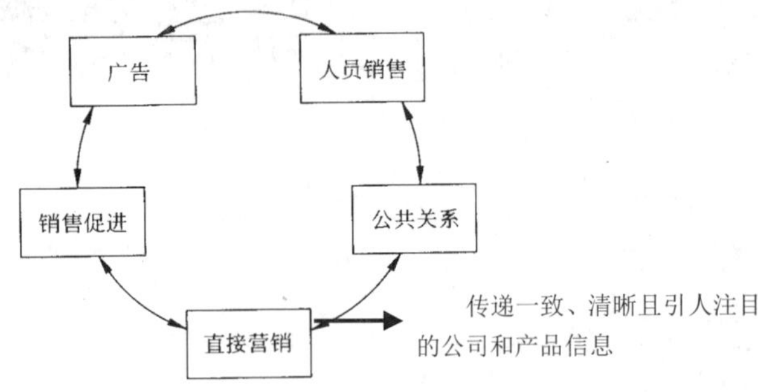

图 12-1　整合营销传播

(二) 整合传播工具

也称为促销组合，主要由以下 5 种工具组成。

(1) 广告(Advertising)：企业通过向媒体付费的方式进行的构思、商品和服务的非人员展示和促销活动。

(2) 公共关系(Public Relation)：通过保持良好的公众形象与公司各方公众维持良好关系，慎重处理不利流言、谣传与事件。

(3) 销售促进(Sales Promotion)：鼓励购买或销售商品和服务的短期刺激。

(4) 人员销售(Personal Selling)：与可能的购买者面对面接触和争取订单。

(5) 直接营销(Direct Marketing)：使用邮寄、电话、电信、因特网和其他非人员接触工具与顾客沟通，或征求特定顾客和预期顾客的回复。

表 12-1 列出了 5 种营销传播工具的一些具体形式。由于技术的重大突破，人们现在不仅可以通过传统媒体(报纸、广播、电话和电视)，而且可以通过新型媒体形式(传真、手机和计算机)进行沟通。同时，产品的设计、价格、包装的形状和颜色、销售的商店，都向顾客传播了某些信息，所有这些都必须协调一致以产生最大的传播影响力。在后面的几节将着重研究广告、销售促进、公共关系、人员销售等大众传播工具。

表 12-1　整合营销传播的主要工具

广　告	公共关系	销售促进	人员销售	直接营销
印刷广告	报刊	竞赛、游戏	推销展示	目录销售
广播广告	演讲	兑奖、彩票	销售会议	邮购服务
电视广告	研讨会	赠品、赠券	奖励节目	电话营销
包装	年度报告	展览、展销会	样品	电子购物

(续表)

广　　告	公 共 关 系	销 售 促 进	人 员 销 售	直 接 营 销
广告牌 售点陈列 招贴和传单 工商名录 宣传小册子	慈善捐款 出版物 商务关系 游说 公司杂志	回扣 招待会 商品搭配 示范表演 低息融资	交易会与展销会展示	电视购物 传真 电子信箱 语音信箱 互联网

二、信息传播的过程

为了有效地进行传播，应了解信息传播过程是如何进行的。信息传播过程一般包括 9 个要素，如图 12-2 所示。以一个关于戴尔笔记本电脑的广告为例，对这些要素进行定义。

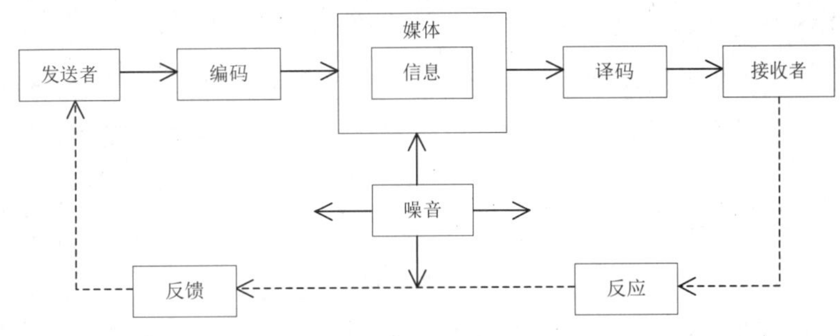

图 12-2　传播过程要素

(1) 发送者(Sender)：发送信息的一方——在此是戴尔公司。

(2) 编码(Encoding)：将思想转化为符号形式的过程——戴尔的广告代理商将文字和图像整合为能传递目标信息的广告。

(3) 信息(Information)：发送者所传送的信息——戴尔笔记本电脑广告。

(4) 媒体(Media)：信息从发送者传到接收者的传播渠道——戴尔选择的是具体的杂志。

(5) 译码(Decoding)：信息接收者对发送者所传信号进行解释——顾客看到戴尔笔记本电脑广告并对它所包含的文字和图像进行理解。

(6) 接收者(Receiver)：接收信息的一方——看到戴尔广告的家庭消费者或商业客户。

(7) 反应(Response)：接收者在接收到信息后的行动——顾客会对戴尔笔记本电脑的特性更加了解，真买了一台戴尔笔记本或者什么也不做。

(8) 反馈(Feedback)：接收者的反应中传回给发送者的那部分——戴尔的研究表明消费者看到且能够记住广告，或者是消费者给戴尔公司打电话或写信表扬/批评戴尔的广告或产品。

(9) 噪音(Noise)：在信息过程中发生的意外干扰和失真，以致接收者收到的信息与发送者发出的信息不一样——消费者在看杂志时注意力分散而没有看到戴尔的广告或是它的关键点。

当发送者的编码过程与接收者的译码过程相吻合，且传递的信息是接收者所熟悉的文字和其他符号时，信息有效性就越强。

三、整合营销传播的步骤

有效的传播及促销计划，要求营销传播人员了解想要争取的目标顾客和想要达到的目标，为此必须善于发掘传播信息，这些传播信息应考虑到目标顾客会对此做出什么反应。他们必须通过能赢得顾客的媒体推出这些传播信息；而且必须搜集反馈，以便评价顾客对广告信息的反应。概括来讲，整合营销传播包括以下几个步骤。

(一) 明确目标顾客

营销传播人员首先要了解目标顾客是谁。他们可能是潜在的购买者，也有可能是目前的用户，或是那些决定购买或影响购买的人。他们可以是个人、群体、特殊公众，或一般大众。

(二) 决定传播目标

传播目标是营销传播想要达到的预期效果，首先要了解顾客在购买准备的 6 个阶段(注意、了解、喜欢、偏好、说服和购买)中目前所处的购买过程的层次，以确定具体的和针对性的传播目标，通过传播信息将购买者推向更高的准备购买阶段。

(三) 设计传播信息

传播人员在明确了传播目标后，就要为传播对象设计有效的信息，理想的传播信息能够引发消费者的兴趣和欲望，使其产生购买行为。要策划出好的传播信息，营销传播者必须决定说什么(信息内容)和如何说(信息结构及格式)。

1. 确定信息内容

企业在设计传播信息时，要找到能达到预期效果的诉求或主题。一般来说，信息主题有 3 种类型，即理性主题、情感主题和道德主题。

(1) 理性主题表明产品将带来的利益，如关于产品的质量、价值或性能的广告信息。例如，“美的浴霸”以“安全，才是我要的”为主题，诉求“美的浴霸”核心的产品优势——安全，并将“美的浴霸”的安全功能浓缩和提炼为“三大安全保障”，以理性征服购买者。

(2) 情感主题试图调动购买者的负面或正面情绪。传播人员可以使用诸如爱、幽默、自豪和快乐等肯定的情感因素，也可以使用恐惧、罪恶和羞耻等否定的情感因素，以激起人们对某种产品的兴趣和购买欲望。例如，吉祥的信息能够引起更多的注意并且让消费者对企业产生更强的信任。金六福酒与其竞争者的蒸馏工艺并无差异，但是因为其品牌名称，金六福能够在市场中一直占据很大份额。鉴于中国人向来都对福气有强烈愿望，金六福成功地激起了消费者去找寻“福气之酒”的情感。

(3) 道德主题引导受众对正义或错误、公益或公害等事物或行为的正确态度。在公益广告或企业希望淡化商业广告气氛的传播活动中被较多采用。如“农夫山泉”公益广告以纪录片的方式呈现，以饮水思源为主题，“一瓶水，一分钱，帮助水源地的贫困孩子”，每喝一瓶农夫山泉，就捐给这些山区的孩子一分钱，一分钱的阳光工程，让人们记住的绝对不仅仅是这一瓶矿泉水。

2. 信息结构和格式

信息结构涉及以下 3 个问题。

(1) 提出结论的方式。可以直接给出结论，让受众选择；也可以提出问题并让受众自己得出结论，后者的效果更好。

(2) 论证方式。提出一个单方面的论点，还是提出一个双方面的论点。采用哪种方式能增加广告的可信度，取决于受众的态度和受教育的程度。

(3) 诉求点提出的方式。最强的信息是先提出还是最后才出现，先提出能引起强烈的注意，但涉及如何处理结尾的问题。

营销传播者需要为信息设计富有吸引力的格式，不同的媒体，信息表达的格式通常不同：如果是报刊广告，传播人员必须确定标题、文字说明、插图和色彩，为了吸引注意力，广告可以使用新颖独特的设计和强烈的对比、醒目的照片和大标题、特别的格式等；如果是广播广告，传播人员必须选择措辞、声调和嗓音；如果是电视广告，那么除了上述因素外，肢体语言需要明确，主持人有意使用某些面部表情、手势、服饰、姿势以及发型；如果信息要置于产品或包装上，传播人员必须选择质地、香味、色彩、尺寸和形状。

(四) 选择媒体

广告信息确定后，传播人员必须选定媒体，即信息传播渠道。传播渠道可分为人员渠道和非人员渠道。

人员渠道指两个或更多的人直接互相交流。他们可以通过面对面、电话、邮件交流。人员渠道是双向沟通，因此效果良好。

非人员渠道是不通过人与人接触来传播信息的媒体。包括主要媒体、氛围和活动。主要媒体包括报刊媒体(报纸、杂志和直接邮件)；广播媒体(广播、电视)以及展示媒体(广告牌、招牌和招贴画)。氛围是特别设计的环境，营造能加强买主购买某一产品的气氛。因此，律师事务所和银行的设计要考虑到传达客户可能看重的信任和其他元素，两者显然不同。活动是安排好的事件，向目标观众传达信息。例如，公共关系部门安排记者招待会、首场演出、表演和展览、公共旅行以及其他活动。

(五) 选择信息来源

无论何种信息传播渠道，广告信息对目标受众的影响还取决于直接或间接传递销售信息的人。通过相当可信的来源传达的信息更有说服力。营销传播人员常常雇用著名的演员、运动员作为形象代言人，甚至选用漫画形象来传达他们的信息。选择名人代言的关键是企业品牌业已形成的气质和内涵，要与选择的代言名人的气质和内涵深层吻合。

(六) 收集反馈

宣传人员在发布广告信息后，必须对其对目标受众的影响进行研究。这种研究包括询问目标受众的成员是否记得这一信息，看到多少次，记住了哪几点，对信息感觉如何，以及他们对该产品和公司以前和现在的态度。宣传人员还需要衡量广告信息引起的行为变化，即多少人买了该产品，或与别人谈过它，或者去过销售商场。

随着外资企业纷纷进入中国市场，国内行业竞争十分激烈，所以收集顾客的反馈必须高效，有的企业为此还成立了焦点小组，以探测传播信息的有效性。

资料链接

蒙牛真果粒《我是歌手》整合营销传播活动解析

乳饮品市场品种繁多，通过活动提升真果粒的产品知名度，让消费者借由热门节目《我是歌手》提升品牌声量，强化消费者对品牌精神的理解。

(1) 策略。借势热门综艺娱乐节目《我是歌手》汇聚消费者，通过创新移动平台与跨屏联动与消费者进行最深度的沟通与最广泛的品牌传播。

(2) 创意。在微信平台上真果粒建立品牌专属的“我是歌手我爱真实”官方服务号，主要功能“全民摇果粒”将真果粒喝前摇一摇的特点与活动相结合，请消费者利用最新的重力感应技术使用手机摇一摇为喜爱的歌手投票，真正做到了产品特性与活动深度结合；配合湖南卫视及多家媒体进行360度传播。

(3) 执行。预热期：2013年12月通过官方微信的内容营销，提高官微的知名度与粉丝量，炒作《我是歌手》网络歌王评选活动的热度，建立品牌与《我是歌手》的关联性。

参与期：网友在官方微信平台通过“全民摇果粒，全民齐分享”活动为自己支持的歌手进行投票，每期挑选出《我是歌手》网络歌王。官方微信订阅号、微博及BBS社交平台配合活动，时事报道网络评选情况，吸引更多粉丝参与。

与湖南卫视唯一官方App“呼啦”全面联手，打造“我爱真果粒，我选真歌王”活动，深度植入《我是歌手》线上平台。消费者在观看节目的同时可以扫描电视上的二维码和《我是歌手》标志与真果粒品牌进行互动，甚至通过最新的图像识别技术扫描真果粒产品，也可以执行真果粒任务，真正做到了台网跨屏，线上线下全方位互动。

借势QQ音乐《我是歌手》专题，植入真果粒品牌元素，巧妙传递品牌与活动信息，提高活动声量，借由其分享功能，让真果粒品牌元素伴随着歌曲的传播无处不在。真果粒品牌软植入《我是歌手》新闻稿，在文章入口、正文中以文字和图片的形式将品牌进行巧妙曝光。

春节期间，导航类、列车航班查询类等移动端App的使用率大大提升，利用这一节假日移动端使用率迅猛增长的时机，使真果粒品牌和活动得以集中曝光；同时吸引用户通过移动端直接参与真果粒“我是歌手我爱真实”微信互动活动。

真果粒植入人人客户端《我是歌手》大吐槽，每周甄选出节目中最具传播力的矛盾点，每周五《我是歌手》播出时间开放入口，为用户提供一个吐槽讨论的聚合平台，找到观看节目的内心共鸣，引发用户热烈讨论，增强品牌曝光。

扩大期：通过口碑传播，吸引更多人关注《我是歌手》真果粒票选歌王演出，扩大品牌认同感。

(资料来源：艾瑞网，http://a.iresearch.cn/case/5038.shtml，经修改)

四、影响整合营销传播的因素

(一) 传播目标

传播目标不同，则传播工具的选择也不同。例如，以告知为目标(新产品上市)，传播工具以广告和销售促进为主；以说服和提示为目标，以广告和人员销售为主；以树立品牌和企业形象为目标，以公共关系和广告为主，适当配合人员销售。

(二) 产品因素

1. 产品的性质

消费品，因市场范围广，以广告和销售促进形式传播为多；工业品，因购买者购买批量较大，市场相对集中，以人员销售为主要形式。

2. 产品的生命周期

对处于生命周期不同阶段的产品，企业的传播目标不同，产品的市场特点不同，所采用的沟通方式也应有所不同，具体如表 12-2 所示。

表 12-2　产品生命周期不同阶段的沟通方式选择

产品生命周期	传 播 目 标	沟通方式(消费品)
投入期	提高产品的知名度	广告为主，人员推销为辅
成长期	形成产品的偏爱度	广告为主，销售促进可相对减少
成熟期	保持并扩大市场占有率	销售促进
衰退期	维持尽可能多的销售量	销售促进为主，提示性广告为辅

3. 市场条件

企业应根据目标市场地理范围的大小、市场的类型、消费者的数量以及集中程度而采用不同的整合传播工具，如消费品市场购买者多而分散，主要用广告、产品包装说明以及销售促进吸引顾客。生产者市场的用户少而销售量大，应以人员销售为主。在规模大、人口多而分散的目标市场上，可以考虑以广告为主进行整合传播。在规模小、人口比较集中的目标市场上，则应以人员销售为主，配合以广告进行信息传播。

4. 沟通预算

企业在制定整合传播策略时会受到财力的限制，因此，企业要从自身的能力出发，量力而行。一方面，企业要结合传播目标、产品特性、企业财力及市场竞争状况等因素，预测企业需要而且能够提供的沟通费用。另一方面，要综合分析比较各种传播工具的费用与效益，以尽可能低的沟通费用取得尽可能高的效益。一般是按沟通费用占营业额的比例来确定，也有的企业是以主要竞争对手的沟通费用为依据。不同行业沟通预算的差异很大。例如，在化妆品行业，沟通费用可能高达销售额的 30%～50%；而在机械行业，其沟通费用只占销售额的 10%～20%。

(三) 推式和拉式策略

推式策略是企业运用人员销售的方式，把产品推向市场，即从生产企业推向中间商，再由中间商推给消费者，如图 12-3 所示。产品顺着分销渠道推向最终顾客，如格力空调，整合渠道资源，只要消费者来到终端，就以显著的终端位置、强有力的人员推介和优秀的产品品质吸引消费者购买。

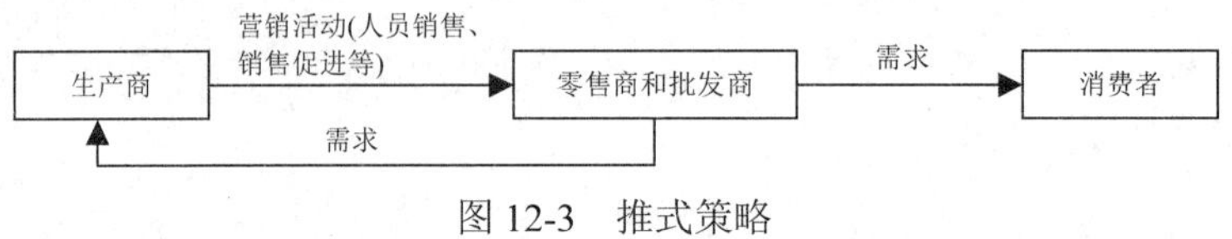

图 12-3　推式策略

拉式策略是企业运用非人员销售方式直接指向最终消费者，使其对本企业的产品产生需求，以扩大销售，比较重视广告宣传，如图 12-4 所示。消费者的需求拉动产品沿着渠道流动，如海尔用大量广告吸引消费者来到商场和终端，指名购买海尔产品。

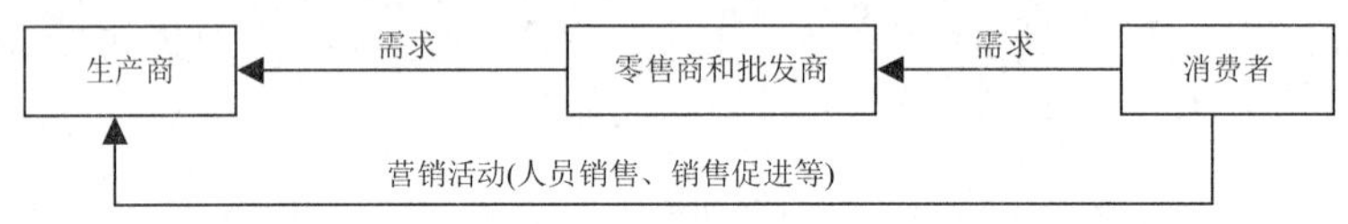

图 12-4　拉式策略

企业采用不同的推拉策略，则用于各种传播工具的预算也不同。同时，任何一个企业都不会单一地采取推式或拉式策略，而是两种策略并用，但要根据具体情况突出重点。

第二节　人员推销策略

一、人员推销的含义及特点

人员推销是企业运用推销人员直接向顾客推销商品和劳务的一种促销活动。这是一种最古老的推销方式，直到目前仍然是大多数企业常采用的促销方式，尤其对工业品的推销更为重要。

实践表明，人员推销与其他整合营销传播工具相比，具有如下特点。

(1) 实现双向沟通。推销人员直接与顾客接触，可有针对性地进行推销宣传，解答顾客提出的意见和质疑，消除顾客的心理障碍，增强顾客的购买信心，促使其发生购买行为。

(2) 建立良好的人际关系。在买卖双方互相沟通的过程中，可以加强双方之间的了解和信任，从而建立良好的人际关系和长期稳定的供需关系。

(3) 反馈市场信息。推销人员经常直接和顾客打交道，他们了解市场状况和顾客的反应，所以，销售人员在向顾客提供服务和信息的同时，也为企业收集到可靠的市场信息。

但是，人员推销费用高，易受时间和人员限制，推销范围不够大，信息传递的速度也较慢。而且，推销效果的好坏又直接取决于推销人员的素质。这使人员推销的运用受到一定的限制。在企业的促销活动中，人员推销必须与其他促销方式配合运用。

美国推销协会曾对销售人员的拜访做过一次长期的调查研究，结果发现：84%的销售人员在第一次拜访遭遇挫折后，退缩了；只有10%的销售人员锲而不舍，毫不气馁，继续拜访下去。结果，80%销售成功的个案都是这10%的销售人员继续拜访5次以上达成的。

推销成绩的好坏与推销员意志的强弱成正比，面对拒绝不能绕过去，更不能认输，坚忍不拔、百折不挠的执着精神是推销员应具有的基本品德。坚强的意志是推销成功的重要保证。

世界十大杰出推销员

(1) 原一平：日本寿险推销冠军，推销员协会会长，美国百万圆桌协会成员，在世界推销界享有极高声誉。

名言：做正确的事，而不是多做事；要做需要做的事，而不是你喜欢做的事。

(2) 汤姆•霍普金思：世界第一推销训练大师，全球接受过其训练的学生超过千万人。

名言：成功者绝不放弃，放弃者绝不会成功。

(3) 博恩•崔西：世界顶级管理与营销培训大师，全球推销员的典范，曾被列入全美十大杰出推销员。

名言：人类因梦想而伟大，因挫折而成长，因实践而成功。

(4) 乔•吉拉德：世界汽车销售第一人，曾连续15年创造了汽车销售最高纪录而被载入吉尼斯大全。

名言：推销活动真正的开始在成交之后，而不是之前。

(5) 克莱门特•斯通：美国联合保险公司董事长，全美乃至世界商业界都闻名的销售、管理大师。

名言：对于强者来说，困难愈多成就愈大，具体到推销这个职业来说，在大的机构推销可以获得更大的成功。

(6) 弗兰克•贝特格：美国著名保险营销顾问，世界最伟大的保险推销员，曾创造过美国保险业多项第一名。

名言：成功不是用你一生所取得的地位来衡量的，而是用你克服的障碍来衡量的。

(7) 马里奥•欧霍文：世界顶尖推销大师，销售咨询培训专家，曾连续3次获得世界冠军推销员的殊荣。

名言：不要为失败寻找理由，而要为成功寻找方法。

(8) 奥里森•马登：世界励志成功学大师，美国著名营销管理大师。

名言：梦想是现实之母。

(9) 雷蒙•A. 施莱辛斯基：美国著名营销大师，曾被列入全美十大杰出推销员，全美公认的最佳保险经纪人。

名言：沟通，首先是面对自己，如果你连自己都沟通不良，那么怎能奢谈和陌生人沟通。

(10) 齐格·齐格勒：美国最杰出推销员，世界首屈一指的销售点子大王。

名言：什么叫成功？无非是你这次没有失败。

(资料来源：劳拉. 销售圣经：世界最杰出的十大推销大师. 北京：中国民航出版社，2004)

二、人员推销的基本策略

(一) 试探性策略

在不了解顾客的情况下，推销人员事先设计好能引起顾客兴趣、刺激顾客购买欲望的推销语言，通过渗透性交谈进行刺激，在交谈中观察顾客的反应；然后根据其反应采取相应的对策，并选用得体的语言，再对顾客进行刺激，进一步观察顾客的反应，以了解顾客的真实需要，诱发其购买动机，引导产生购买行为。

(二) 针对性策略

在基本了解顾客某些情况的前提下，有针对性地对顾客进行宣传、介绍，以引起顾客的兴趣和好感，从而达到成交的目的。

(三) 诱导性策略

诱导性策略是一种创造性推销策略，它对推销人员要求较高，要求推销人员能因势利导，诱发、唤起顾客的需求；并能不失时机地宣传、介绍和推荐所推销的产品，以满足顾客对产品的需求。保险、老年人药品的推销常利用这种策略。

三、人员推销的过程

人员推销过程是由一连串的步骤或程序组成的。具体步骤如下所示。

(一) 成功寻找潜在顾客

运用寻找潜在顾客的方法与途径，能鉴别潜在的新顾客，可采用电话、信件及见面接触等方式。销售人员在真正拜访客户前应收集更多的信息。

(二) 初次会晤

初次会晤是销售中最重要的 30 秒钟，销售人员必须吸引顾客的注意力和兴趣。

(三) 识别购买影响力

销售人员必须了解潜在顾客的购买模式，探测出顾客的购买影响力，寻找关键人物与销售瓶颈。

(四) 双赢的谈判技巧

要以积极的心态去化解销售冲突，并掌握在谈判中倾听、提问与反馈的技巧。

(五) 成交

掌握促成购买决策的不同方式，建立稳定的关系网络，追踪老顾客并保持联系，组成销售网络，使买卖双方成为伙伴关系。

推销的八大要诀

博登和巴斯是两个美国当今著名的推销研究专家，在拜访过数千家企业和推销员后，总结出“推销的八大要诀”。

(1) 不可以自己一个人讲，应让客人多讲。

(2) 顾客在讲话时，千万不要随意打断顾客的话。

(3) 要避免争辩的态度，应用策略来代替强制。

(4) 要培养洗耳恭听的心态。

(5) 应该抓住接洽生意的中心点。

(6) 应该增加拜访的次数。

(7) 在说明商品优点遇到顾客异议时，不要匆忙反驳。

(8) 如果遇到态度冷淡或直接说“不”的顾客，不妨以恭敬的态度讨教他“为什么”。

(资料来源：百度文库，https://wenku.baidu.com/view/947ad0c189eb172ded63b753.html，经修改)

四、人员推销的管理

人员推销是一个综合的复杂的过程。对推销人员的素质要求很高，因此，推销人员的甄选与培训对企业促销活动的成败至关重要。为了加强对推销人员的管理，企业必须对推销人员的工作业绩进行科学而合理的考核与评价，为人事决策和分配报酬提供依据。

(一) 推销人员的选择

销售人员的来源有两个途径：企业内部选拔和外部招聘，无论采用何种方式，对推销人员的基本素质有一个衡量的标准，如个人品质、心理素质和态度。从最基本的角度考虑，一名合格的销售人员至少应具备熟悉产品情况、企业情况、营销知识和同推销活动有关的各种政策法规等条件。

(二) 推销人员的培训

有效的销售人员培训，既是一种感情投资，也是一种效率投资。前者可增强对员工的吸引力、凝聚力；后者可提高销售人员的个人工作效率。

(1) 销售培训时间：产业用品企业平均训练期限一般为14～28周(3～6个月)，服务性企业为12周，消费品企业为4周。

(2) 销售培训内容：入职培训、管理技能和职业知识培训、语言培训、专业技术的在职培训。

(3) 销售培训方法：讲授培训、模拟培训和实践培训。第三种销售培训方法由有丰富经验的销售经理负责对其日常工作加以指导和培训，是企业最容易做到且容易见效的方式。

(三) 推销人员数量确定和合理分配

1. 推销人员数量的确定

推销人员数量的确定，一般可采用以下几种方法。

(1) 工作量法。就是根据企业销售工作量来决定销售人员的数量。其计算公式为：

$$S=\frac{(C_1+C_2)\cdot V\cdot L}{T}$$

式中：S 为推销人员数量；C_1 为现有顾客数量；C_2 为需要访问的潜在顾客数量；V 为每年访问顾客次数；L 为每次访问的平均时间(以小时计)；T 为每个推销人员用于推销的有效工作时间(以小时计，扣除公司内工作时间和用于路途的时间)。

工作量法对于大体估算推销人员的数量是有用的，但是对于顾客分布比较分散的情况，此法计算的结果不够精确。

(2) 销售百分比法。这是根据企业历史资料计算出的销售队伍的各种耗费所占销售额的百分比及推销人员的平均成本，并在销售额预测的基础上确定人员总量的方法。

(3) 销售能力法。根据每位推销人员的销售能力和企业的销售目标确定人员总量的方法。

2. 推销人员的分配

通常有以下 4 种形式。

(1) 按地区分配推销人员。这是企业采用较多的一种分配形式，通过在指定区域内将客户分配给推销人员，可以更好地实现客户需求与推销人力资源的配置，适合于产品或顾客比较单一的情况。

(2) 按产品分配推销人员。当产品技术复杂，各种产品在技术上差别较大时，可以按产品分配人员。

(3) 按用户类型分配推销人员。这种方式可以按行业分配、按新老用户分配、按客户对企业的重要程度分配、按批发商及零售商分配、按用户规模分配等。这样，推销人员对顾客的需求了解清楚，目标明确，容易提高促销效果。

(4) 复合式分配。可以把上述 3 种分配形式有机结合起来使用，如地区和产品的结合，地区和用户的结合，产品和用户的结合及地区、产品和用户的结合等。

(四) 推销人员的奖励

推销人员素质好、能力强，还要有好的激励机制才能促使其创造理想的业绩。推销人员的报酬水平不应低于社会认可的和竞争者为该类人员支付的“市场价格”。

决定报酬水平后，还要决定报酬的给付方式，有下面 3 种基本形式。

(1) 单纯薪金制。在一定时间内，无论推销人员的销售业绩是多少，获得固定数额报酬的形式：职务工资＋岗位工资＋工龄工资。不按业绩获得报酬，容易厚待业绩差者却薄待优秀者。

(2) 单纯佣金制。与一定期间的销售业绩直接相关的报酬形式，即按销售基准的一定比率获得佣金。报酬与销售行为直接挂钩，有激励作用，但推销人员收入不稳定，精神压力大，在企业业务低潮时，优秀销售人员离职率高。

(3) 混合奖励制。采用薪金和佣金混合的制度，实施的难点在于二者结合的方式和比例确定。实践中大约 3/4 采用混合制，并且多数企业把总收入的 70%作为固定薪金，余下 30%由其他变动部分构成，包括奖金、红利或利润分成，费用津贴和福利津贴等。

除此之外，还有特别的奖励，如销售竞赛奖、晋升、表彰、赞赏等。

(五) 推销人员的考核与评价

对推销人员的考核可以从工作投入、工作过程和工作结果 3 个方面进行。其中，工作结果的考核主要包括：销售额、信息量、顾客满意程度和客户关系四大方面。围绕上述内容进行考核时，可以通过一系列指标，如销售量、销售额、销售费用、访问顾客次数、增加顾客数量、销售完成率(实际销售额/计划销售额)、推销费用率(推销费用/企业销售收入)、失去顾客数、每位顾客平均毛利、回款额、客户重复购买次数、客户购买潜力等进行考评。

在管理推销人员的过程中，要建立完善的财务制度与日常考核制度。要制定应收款管理制度，建立客户档案，与客户保持密切的联系，尽可能用转账支票、银行汇票结算，防止回笼货款不能及时上缴，公款私用，甚至携款潜逃。同时，要建立相对稳定与合理流动相结合的销售队伍结构，尽可能了解并设法满足推销人员的各种合理需求，调动其积极性，坚持使用与培养相结合的原则，投资培训推销人员，使他们感受到企业的关心，从而留住优秀推销人员。

第三节　广告策略

一、广告的含义及特点

(一) 广告的含义

广告的含义随着时代的发展而变迁。早期，人们通常把凡是以说服方式进行的广而告之统称为广告，也就是广义的广告。随着时代的发展，人们逐步把广告的概念进一步界定，形成狭义的广告或营销活动中的广告。

广告是广告主以付费的方式，通过特定媒体的艺术表现形式来传达商品信息，以达到促销目的整合企业营销的一种大众传播活动。

在激烈的竞争中广告被企业广泛使用，中国已经成为全球第三大广告消费市场，仅次于美国和日本。从 2005 年 12 月 11 日起，中国开始允许外国广告公司以独资身份进入中国广告市场，这意味着中国广告市场的全面开放，一个全新的广告发展阶段正式到来，对企业制定广告方案和选择广告媒体提出新的机遇与挑战。

中国最有影响力的媒体——中央电视台从 1995 年开始实施电视广告招标的策略，用市场经济的行为来调节广告的价格，也让企业通过公平的方式获取中央电视台的广告时段。许多企业通过 CCTV 的平台实现销售利润的快速增长。如鲁花花生油伴随着“滴滴鲁花，香飘万家”的广告进入了中国千万个家庭，在 5 年的时间里，销售额从 1

亿攀升到42亿，其中的秘籍就在于坚持不懈地在中央电视台的黄金时间段投放广告，如今的“手掰花生”已成为鲁花的电视视觉符号，花生油已成为鲁花的代名词。

资料链接

2016年中国社交媒体广告收入37亿美元

2016年全球社交媒体广告市场达到264亿美元，占全球网络广告市场的13%。美国、中国和欧洲占全球社交媒体广告市场的86%(228亿美元)。其中美国仍然主宰社交媒体广告市场，2016年社交媒体广告收入150亿美元，占美国网络广告市场的19%。2016年欧洲社交媒体广告市场达50亿美元，占欧洲网络广告市场的12%。中国社交媒体广告占网络广告市场份额更低，只有8%，2016年社交媒体广告收入37亿美元。

移动主宰社交媒体广告，美国社交媒体广告收入中110亿美元来自移动渠道；中国和欧洲移动渠道对社交媒体广告收入贡献更小；但是，预计未来移动渠道对社交媒体广告的贡献将更大。

(资料来源：199IT，http://www.199it.com/archives/507182.html，经修改)

(二) 广告的特点

1. 广告应有特定的广告主并为其付费

营销活动中所指的广告需要有特定的广告主，并为其所做的广告付费，这是广告与其他宣传形式的根本区别。企业为了扩大其知名度，推广其产品，都需要利用一定的大众传播媒介，如果由传媒本身组织的宣传报道，则无须付费，而由企业组织的宣传，则要向传媒付费。

2. 广告是属于企业的传播工具

广告是营销活动的组成部分，它的真正目标是为增加销售做有效的传播。因而，广告的最后效果在于修正消费者的态度和行为。

3. 广告是以非人员方式进行

广告活动必须通过一定的媒体，它是一种系统活动，包括计划、准备和通过大众传播媒体传递信息。

二、广告目标

在分析企业整体营销目标和营销组合策略的基础上，依据企业营销活动不同阶段的特点，制定不同的广告目标。归纳起来，企业的广告目标有以下几类。

(一) 通知广告

通知广告适用于新产品刚投入市场时，主要是将产品的基本信息传递给目标顾客，使之知晓并产生兴趣，建立初始需求。如说明产品名称、效用、价格、使用方法、各项附加服务等。

(二) 劝说广告

在产品的成长期使用较多，以便建立选择性需求，此时企业的主要广告目标是劝导顾客购买产品，并与竞争企业的产品对比，突出产品优越的特色，促使顾客形成品牌偏好。

(三) 提示广告

提示广告常出现在产品的成熟期，以便提示顾客购买。例如，可口可乐是众所周知的产品，早已处于成熟期，它的广告目标就不再是介绍和劝说人们购买，而是提示人们购买。

三、广告预算

广告预算是企业为从事广告活动而支出的费用，预算的多少直接决定广告目标实现的程度。

常用的制定广告预算的方法有量力而行法、销售百分比法、目标任务法和竞争平衡法等。量力而行法是将广告预算制定在企业能够负担的水平上；销售百分比法是以目前或预测的销售额的某种百分比来制定广告预算，或以单位销售价的百分比做预算；目标任务法是企业依据整合传播目标任务来制定它的促销预算；竞争平衡法是通过监视竞争者的广告或从刊物和商业协会获得行业促销费用的估计，然后根据行业的平均水平来制定预算。

在企业实际操作时，采用何种方法来确定广告预算额度的大小，要综合考虑产品生命周期、目标市场的市场份额、竞争的激烈程度、广告频率和产品的差异性等因素的影响。

四、广告设计

企业在一定的广告预算条件下，根据设定的广告目标，还要对广告的内容进行设计，明确广告设计的形式和要求，以便形成高质量的广告。好的广告不仅要符合 5 个“性”的原则：真实性、合法性、思想性、艺术性、科学性，还应达到“5P”要求：能解决问题(Problem)，有创新、改进(Progress)，令人愉悦(Pleasure)，重信誉、承诺(Promise)和有潜在推销力(Potential)。

(一) 广告设计的格式

广告作品有 5 个要素，即主题、创意、文案、形象和衬托。其中，主题是核心灵魂，创意是关键，文案是基本内容，形象和衬托则是强化。广告设计就是这五要素的创作和有机组合，才使之成为一则完整的广告作品。

1. 主题

应明确、鲜明、简洁、凝练、单一，重点突出，诉求集中，形成单纯的诉求点、焦点；应新颖、深刻，符合实际，具有针对性和时空适应性(时效性、地域性)，因人、因时、因地制宜，投其所好、避其所忌，追踪“热点”、抓准“卖点”和有利时机。在手表的广告主题中，斯沃琪强调的是款式和时尚，而劳力士强调的是豪华和地位。

2. 创意

创意是为表现广告主题而塑造广告艺术形象的创造性思维过程。要充分运用想象、联想、形象思维，按现实主义与浪漫主义相结合的原则进行艺术创造，做到别具一格，具有典型性、权威性、民俗适应性，富有吸引力、亲和力、感染力和说服力。

3. 文案

包括广告标题和正文。设计标题要求简明扼要、内容具体、个性独特、引人注目；设计正文要求重点突出、清晰准确、简明易懂、生动有趣，节奏明快有力，形象鲜明别致，有感染力；应突出宣传商标，而不应只突出宣传产品名称或企业领导人、获奖证明等。

4. 形象

形象是展示广告主题的有效方式和提高视觉效果的重要手段。主要指广告的画面和实物展示部分，一般以实物、图片、录像等形式表示，能够刺激消费者，强化其感性认识。

5. 衬托

衬托是表现广告主题的一种方法。以衬托来表现广告，以整体形象突出主题，能够收到强化广告感染力，提高广告的注意度、理解度、记忆度的功效。衬托要为广告主题服务，要防止喧宾夺主。

(二) 广告设计的形式

在广告费用攀升和广告干扰多的环境下，一个广告要想成功，就要在1～3秒之内抓住观众的注意力，因此设计一个消费者喜欢的广告创意非常关键。具体有以下几种广告设计的形式。

(1) 生活片断：显示一个或几个“典型”的人们在日常生活中使用产品的情境。

(2) 引人入胜的幻境：针对产品及其用途，设想一种引人入胜的幻境。

(3) 气氛或形象：借助产品营销某种心境或形象，如美丽、爱情或安宁等。广告只是做出建议，并不要求什么。

(4) 音乐：一个或几个人或卡通人物演唱关于产品的歌曲。

(5) 个性特征：创造一个代表产品的人物，这个人物可以是动画的。

(6) 技术特色：表现出产品制造过程中公司的特色。

(7) 科学证据：以调查或科学证据证明该品牌优于其他品牌。

(8) 作证：通过很有威信或很受欢迎的人作证认可本产品，可以是普通人说他如何喜欢特定的产品，也可以使用名人来宣传产品。

五、广告媒体

广告媒体是广告信息的传播途径，正确选择广告媒体及其组合，使广告在目标市场影响范围内达到期望的展露数量，并拥有最佳的成本效益。

(一) 各主要媒体的特点

广告的主要媒体包括传统的4大传媒(即报纸、杂志、广播、电视)，以及互联网、户外媒体、直邮媒体等，如表12-3所示。

表 12-3 广告媒体的种类及特点

广告媒体种类	优 点	缺 点
报纸	弹性大，及时，对当时市场的覆盖率最高，易被接受和信任	印刷质量一般，广告寿命短，传阅者少
杂志	印刷精美，可选择适当的地区和对象，传阅者多，时效长	广告作业前置时间长，出版周期长，无法快速回应市场变化
电视	形、色、听、视结合，感染力强，覆盖面大，播放及时，选择性强，收视率高且能反复播出，加深收视者印象	成本高，展露瞬间即逝，观众选择可能性低
广播	可选择地区和对象，成本低，能快速回应市场变化	仅有声音效果，广告寿命短
互联网	个人化服务，有互动机会，成本低	语言范围较窄，限于上网人口
户外广告	比较灵活，展露重复性强，成本低	受地区限制，不能选择对象，创造力受到局限
直邮媒体	沟通对象准确，有灵活性，无同一媒体的广告竞争	成本比较高，容易造成滥寄现象

1. 报纸

报纸是重要的传播媒介，它的优点是读者稳定，传播覆盖面大，时效性强，特别是日报，可将广告及时登出，并马上送抵读者，可信度高，制作简单、灵活，成本相对低廉。缺点主要是读者很少传阅，表现力差，多数报纸色彩简单，刊登形象化的广告效果差。

2. 杂志

杂志因其针对性强、实效长、传阅读者多、选择性好和印刷精美、图文并茂等优点，较适合香水、唇膏等化妆品以及鞋帽、手表、汽车等需要突出强调表现其外形、款式、色彩等的产品。同时，读者有较高的文化和生活水平，比较容易接受新事物，可刊登开拓性广告。

3. 电视

电视结合动作、声音和特殊视觉效果，运用各种艺术手法，能直观、形象地传递产品信息。它具有丰富的表现力和感染力，覆盖范围广，能塑造产品高格调的形象，因此是近年来增长最快的广告媒体。电视媒体是较为昂贵的一种媒体，制作成本也较昂贵，信息寿命很短，稍纵即逝，不适合传播复杂的广告信息。众多广告一起拥挤在黄金时间，混杂而可能不会引起人们的注意。

中央电视台是中国的强势媒体，是企业的战略资源。从第一个标王孔府宴酒开始，秦池酒、爱多 VCD、步步高、娃哈哈、蒙牛和宝洁，借助中央电视台黄金时段的广告传播，企业迅速提高知名度，占领市场，进而塑造品牌、整合资源、做大做强，产生一种合力，形成一种有利于企业的传播环境，实现甚至连企业自身也难以预料的增长。中央电视台成为企业塑造一个全国性强势品牌的重要媒体。

4. 广播

广播传播信息迅速、及时、范围广，针对性较强，在各种专题广播节目中插播相关的广告，可将广告信息传达给相关的目标群体，是成本较低的一种媒体。但是，广播听众注意力比较低，在电视收看黄金时段，收听率低。

5. 互联网

互联网是一种新兴媒体，也是相当重要的社交媒体。网络结合了文字、图片、声音、动画及影像，将触角伸至全世界。组织可利用建立自己的网页的方式，以很低的代价来提供信息给其目标顾客；也可通过一些相关网站的链接，找到对自己产品和服务感兴趣的顾客；还可通过博客、微博、微信、电子邮件的方式和顾客进行互动。截至 2016 年 12 月底，中国网民总数达到 7.31 亿，互联网普及率 53.2%，网络的影响力加大，交通、网络服务、房地产、IT 以及食品饮料行业占据了网络广告投放的前五位。

6. 直邮信函

指直接邮寄宣传品对消费者进行信息传播的一种方法，媒体是邮政局。其目标对象明确，并且企业能够针对邮寄的对象，制定特定的宣传内容，增强了直邮广告的诉求力。它还能避免其他企业的竞争压力，因为广告信息是单独地被直接送到对象手中，接收者的注意力不会被分散。直邮广告的形式包括：商品目录、通告函、说明书、价格表、企业介绍等。

7. 户外广告

它是一种地区性的广告媒体，可分为交通广告、招贴广告、路牌、壁画广告、霓虹灯广告和活动模型。常设在繁华的商业区，随时引起消费者的注意，促进其形成购买潜意识，能被大多数人接受，能提高企业的知名度，特别是设在宾馆、车站、码头周围的户外广告，效果更好。

8. POP 广告

即售点广告，是一种新兴的广告媒体。售点的建筑物、店名、彩带、锦旗、霓虹灯、招贴、海报、录像、产品陈列、广播、产品宣传小册子和电动广告装置等都可以进行广告宣传。POP 广告能渲染气氛，增强识别性，诱发购买，因此是当今零售业采用最为普遍的广告形式。

成功的网络广告：锤子 ROM

锤子 ROM 是罗永浩社会化营销的代表之作。从宣布做手机到锤子 ROM 正式提供下载，罗永浩的社会化营销烙印始终深刻其中。

老罗是名人，之前在新东方教英语，老罗的这大跨界，配合形象的广告图片，从一开始就吸引了大家的眼球。而老罗也一直持续在网上多次制造话题，吊足了网民的胃口，使得锤子 ROM 发布这一事件在当今这样海量信息的世界里持续发酵，让网民和媒体对于锤子 ROM 始终保持高度的关注，并产生了极大的期许。老罗的自我营销方式，既能向众人展示自己公司产品的良好形象及价值观也能鼓励手下人，还让人觉得他们的团队很和谐、很有实力，自然也能让人觉得这样的团队做出来的产品也不会错。

然后，他不断高调地向 HTC、苹果等品牌进行挑衅，吐槽其他品牌的操作系统；宣称自家的锤子 ROM 将秒杀魅族 Flyme 和小米 MIUI，而且还是毫秒……

消费者可以吐槽，但是不能否认罗永浩在锤子 ROM 营销中取得的巨大成功。他用最低的成本，最大限度地宣传了自己的产品，成功地运用了网络这一广告宣传媒介。

(资料来源：学习啦，http://www.xuexila.com/success/chenggonganli/401634.html，经修改)

(二) 影响广告媒体选择的因素

综上所述，并没有一个完美的广告媒体，企业在选择采用何种媒体时，应考虑到影响广告媒体的各种因素，综合运用各种广告媒体，力求宣传达到最广的范围、最强的感染力、最低廉的费用等。由于消费者单一媒体接触时间减少，多种媒体全面渗透到消费者的生活之中，广告主媒体整合的需求和要求都在提高，中国传媒大学广告主研究所的调研数据显示整合营销传播能力成为 2015 年广告主选择广告公司时看重的第一要素，占比 46.2%。

通常在选择广告媒体时，应考虑的影响因素如下。

1. 产品的性质

对高技术产品进行广告宣传，面向专业人员，多选用专业性杂志；而对一般生活用品，则适合选用能直接传播到大众的广告媒体，如广播、电视。

2. 消费者接触媒体的习惯

对儿童用品的广告宣传，宜选电视做其媒体；对妇女用品进行广告宣传，选用妇女喜欢阅读的妇女杂志或电视，其效果较好，也可在商店布置橱窗。

3. 媒体的传播范围

适合全国各地使用的产品，用全国性的广告媒体；属地方性销售产品，可使用地方性的媒体。

4. 媒体的影响力

以报刊的发行量和电视、广播的视听率高低为标志的，能影响到目标市场的每一个角落的媒体是最佳选择。

5. 媒体的成本

不同媒体，其成本价格自然不同；同一媒体，不同的版面、不同的时间，也有不同的收费标准。为了比较各种媒体，广告商采用千人成本法来评估媒体的成本。千人成本就是特定广告每接触到一千人所投入的成本。

企业要根据广告目标的要求，结合各种广告媒体的优缺点，综合考虑上述影响，尽可能地选择使用效果好、费用低的广告媒体。

资料链接

2016广告主的媒体策略三大变化

(1) 广告主数字媒体广告投放比例持续攀升。2013—2015年被访广告主在传统媒体上的广告投放费用比例下滑，在数字媒体上的广告投放比例上升明显。例如，2015年宝洁、联合利华和欧莱雅等传统广告金主纷纷缩减电视广告的投放，加大数字媒体广告的投放，联合利华80亿美元的广告支出中，未来将有24%用在数字媒体广告上，比去年增加4%。

(2) 移动端成为广告主数字媒体花费的最强增长点。其一，消费者移动生存特征显著，中国商户在PC端的时间分配比例持续下降，移动占据其大部分的媒介接触时间，2015年达到32.9%，移动互联网渗透率进一步加深。其二，移动支付快速发展促进传播和销售渠道一体化融合，与广告主营销传播实效需求对接。2015年移动支付市场规模达到16.4万亿，同比增长率为104.2%。新闻资讯、搜索引擎和社交媒体成为企业主要运用的移动互联网媒体类型。

(3) 实现多种媒体通路的整合发力，广告主在两个维度进行尝试。其一，借助移动互联进行媒介融合运作，形式主要表现在3个方面：户外媒体与移动端的融合、电视媒体与移动端的融合、PC端与移动端的融合。其二，内容与广告深度关联，传播与营销同时实现。即将消费者喜爱的话题或内容转化成品牌广告内容，好的传播内容能够打动消费者，进而引发消费者的主动关注和分享。

(资料来源：陈怡，李月月. 2016年广告主媒体策略三大变化. 青年记者，2016)

六、广告效果

广告效果的评估是整个广告活动中重要的部分，通过测定广告效果，营销人员可以调整其广告活动。依据广告目标来衡量广告的效果，可采用访问法、观察法、实验法和统计法等。对广告效果的测定主要有以下两种方法。

(一) 广告促销效果测定

也称广告的直接经济效果，反映广告费用与商品销售量之间的比例关系。广告促销效果的测定是以商品销售量增减幅度作为衡量标准的，但由于影响产品销售的因素很多，广告只是其中之一，因而单纯以销售量的增减来衡量广告效果是不全面的，只能作为衡量广告效果的参考。

可以运用统计分析法，将过去的销售与广告支出及其滞后效应和当前的情况联系起来，以测定广告对销售量变化的影响作用，如广告费用占销率法、弹性系数测定法。也可用实验法测定不同销售方案的广告实际销售效果。

(二) 广告本身效果的测定

广告本身效果不是以销售数量的大小为衡量标准，而主要是以广告对目标市场消费者所引起心理效应的大小为标准，包括对商品信息的注意、兴趣、情绪、记忆、理解、动机等。因此，对广告本身效果的测定，应主要测定知名度、注意度、理解度、记忆度、视听率、购买动机等项目，可以采用问卷调查或直接评分法，如表 12-4 所示。

表 12-4　广告效果打分表

评价项目	评价依据			满　分	打　分
吸引力	吸引注意力程度(视觉形象和听觉形象)			20	
认知性	对广告销售重点的认识程度			20	
易读性	能否了解广告的全部内容			10	
说服力	广告引起的兴趣如何，对广告商品的好感程度			10 10	
行动率	有广告引起的立即购买行为，有广告唤起的潜在购买准备			20 10	
优劣分数线	最佳广告 80～100	优等广告 60～80	中等广告 40～60	下等广告 20～40	最差广告 0～20

广告效果一直是困扰企业经营的一个重要问题，但是广告效果的研究状况并不尽如人意。美国百货业创始人约翰·华纳梅克曾说过："我只知道一半的广告费用被浪费了，问题在于我并不知道是哪一半。"信息资源公司的研究也表明，有高达 80%的广告费用并不知道其效果如何。我国目前正处于广告投入的高速增长期，广告的效果正成为企业越来越关心的问题，对这一领域的研究也显得越来越迫切。

第四节　公共关系策略

企业的公共关系与其他的整合传播工具不同，它并不是直接地进行产品的促销，而是通过宣传强化企业在社会公众中的形象，处理或消除不利的传言、事件等，为企业发展创造最佳的社会关系环境，从而在潜移默化中使企业长期受益。

一、公共关系的概念和特点

(一) 公共关系的概念

公共关系，源自英文 Public Relation，简称公关，是企业在从事市场营销活动中正确处理企业与社会公众的关系，以便树立企业的良好形象，从而间接促进产品销售的一种活动。

公共关系在现代企业的营销传播活动中，已经成为一个重要的策略。市场经济的充分发展以及现代化的交通工具和大众传播媒介的广泛应用，为公共关系的应用提供了前提条件和物质技术基础。企业在获得利润的同时，还要承担一定的社会责任，企业的营销活动必须争取社会公众和舆论的支持和理解，争取良好的协作关系和营销环境，如强生公司对公共关系的巧妙运用，在挽救濒临危机的泰诺时起到了重要的作用。

(二) 公共关系的特点

公共关系是一个公司或机构为了与它的各类公众包括消费者、政府、社会团体、新闻媒介、企业内部公众以及其他企业建立有利的关系，而采取的有计划、有组织的活动。公共关系作为整合传播的一个重要组成部分，具有如下特点。

1. 注重长期效应

公共关系是为了树立企业良好的社会形象，创造良好的社会关系环境。实现这一目标并不强调即刻见效，而是一个长期的过程。企业通过各种公共关系的运用，能树立良好的产品形象和企业形象，从而能长时间地促进销售和占领市场。

2. 注重双向沟通

公共关系处理各种社会关系，包括企业内部和外部公众两大方面，强调企业与公众之间的真情传播与沟通。如果各种关系处理得当，企业就会左右逢源，获得良好的发展环境，企业通过公共关系听取公众意见，接受监督，也有利于企业全面考虑问题，追求更高的社会形象目标。

3. 注重间接促销

公共关系传播信息，并不是直接介绍和推销商品，而是通过积极参与各种社会活动，宣传企业营销宗旨，联络感情、扩大知名度，从而加深社会各界对企业的了解和信任，达到间接促进销售的目的。

二、公共关系的总体架构

每当企业同时涉足多种业务领域，经营多种品牌，经销多种产品，或者面对多种“公众”时，就应考虑编制企业公关宣传总体架构。

(一) 公共关系的主题

企业公关宣传的主题有企业自身、企业的不同品牌和产品。考虑到公共关系成本，一个企业很少能够同时开展所有的主题宣传活动，因此需要做出选择。

(二) 公共关系的目标对象

公共关系的目标对象是各种公众，不同组织有不同的公众，甚至同一组织的不同公共关系活动，其公众也大不相同。以工业为例，其公众有员工、社区、股东、顾客、政府、媒介、竞争者、供应商、经销商等。

(三) 公共关系的力度

当一个企业决定对几个主题同时开展公关宣传行动时，它就应该在对每个行动计划负责人提出的要求进行权衡的基础上，确定这些不同的行动计划之间的相对比重，并依此对公关宣传总预算进行分配。

三、公共关系的活动方式

企业要实现公关目标，就必须善于运用各种公共关系活动方式，常用的营销公关活动方式有以下几种。

(一) 宣传报道

公共关系的一个主要任务是发现或创造对企业和产品有利的“热点新闻”，以吸引新闻媒介和社会公众的注意和兴趣，增加新闻报道的频率，扩大影响，提高知名度。如，邀请某些新闻界人士参加企业的活动；以某些新奇的方式开展企业的活动；在社会公众普遍关心的问题上采取某些姿态或行为等，这一做法不仅可以节约广告费用，而且由于新闻媒介的权威性和广泛性，使得它比广告更为有效。

(二) 赞助社会活动

赞助公益和社会活动，以提高企业声誉与形象。如著名大公司赞助奥运会，中国企业为抗洪救灾、希望工程、保护大熊猫等捐款。

(三) 组织宣传展览

企业可通过组织编印宣传性的文字、图像材料，拍摄宣传录像带以及组织展览等方式开展公共关系活动。通过一系列形式多样、活泼生动的宣传，让社会各界认识企业、理解企业，从而达到树立企业形象的目的。

(四) 借助公关广告

通过公关广告介绍宣传企业，树立企业形象。常用的公关广告有 3 种类型：致意性广告，即向公众表示节日祝贺、感谢或道歉等；倡导性广告，即企业率先发起某种社会活动或提倡某种新观念；解释广告，即就某方面情况向公众介绍、宣传或解释。

(五) 开展主题活动

主题活动是企业与公众直接面对面接触的沟通形式，是公共关系活动传播信息的有效媒介。主题活动包括各种场合的开幕式、庆典、仪式、比赛、论证会、招待会、研讨会等。主题活动是使社会各界和公众了解企业，树立企业形象的绝好机会。由于公众能够亲身感受到企业的真实形象，所以对其影响很大。

苹果公关经验

史蒂夫·乔布斯创立的苹果公司前所未有的创新、极致的营销策略和逆势而上的态势让全世界都为之惊叹。而在这一过程中，公关起到了巨大作用。

(1) 化繁为简。新闻稿在编辑过程中，任何一点行业术语、陈词滥调或是技术类的复杂词汇都会被删除。史蒂夫·乔布斯会亲自阅读并批准每一篇新闻稿的发布。

(2) 珍惜记者的时间。只有在发布最重要的产品或是公司发展进入里程碑的时候，才会举行产品发布会。只有能提供足够吸引力的信息时才联系记者，对其报道领域精准沟通。

(3) 少说多做。在对高层采访或产品评估前，确保每位记者、意见领袖或分析师都有第一手的产品介绍以及精选案例和行业参考。向他们展示一切细节，例如为何将按钮设计成这种形式，为何移除产品背面的那个部分，以及所有我们不指出他们就不会发现的细微特征。

(4) 保持专注。一旦确定想要传达的核心信息，就要坚持下去。另外，你要向所处领域的记者和行业分析师提供帮助。

(5) 优先考虑意见领袖。只专注于一部分记者，他们是真正的意见领袖。为他们提供独家采访、跟踪报道或是优先给新产品拍照的机会。通过控制媒体数量，工作内容变得更加可控。往往都是在这些记者发布了报道后，才会联系地方记者和商业合作方。

总之，一定要竭力与行业内排名前五或前十的媒体意见领袖建立起紧密联系。还要将同事或是行业伙伴对于稿件的评价，反馈给记者。当有重大信息需要宣布的时候，也要考虑给这些记者一个独家角度。

(资料来源：钟育赣. 公共关系学. 北京：高等教育出版社，2016)

第五节　销售促进策略

销售促进，也称为营销推广，是指企业运用各种短期性的刺激工具，鼓励购买或销售企业产品或服务的一种促销方式。它的目的是通过各种刺激顾客的活动，扩大销售和形成人气。

营业推广近年来发展很快，大有赶超广告之势，原因在于：市场竞争加剧，竞争对手频繁地使用促销手段；品牌数目的增加；许多产品处在相似状态；消费者更看重交易中的实惠；广告媒体拥挤、费用日益上涨；广告的吸引力和效果在下降；企业经常处于要在短期内迅速增加销售的压力之下，它需要刺激市场消费。

一、销售促进的特点

(1) 营业推广促销效果显著。当消费者对市场上的产品没有足够的了解和做出积极的反应时，通过营业推广的一些促销措施，如赠送或发优惠券等，能够引起消费者的兴趣，刺激他们的购买行为，在短期内促成交易。

(2) 营业推广是一种辅助性促销方式。营业推广方式是非正规性和非经常性的，虽能在短期内取得明显的效果，但它一般不能单独使用，常常配合其他促销方式使用。

(3) 营业推广有贬低产品之意。营业推广的一些做法常使顾客认为卖者有急于抛售的意图。若频繁使用或使用不当，往往会引起顾客对产品质量、价格产生怀疑。要注意选择恰当的方式和时机。

二、销售促进的目标

根据市场和产品等的不同特点，销售促进的目标有 3 个。

(1) 针对消费者：通过对消费者的强烈刺激，以求其迅速采取购买行为。

(2) 针对中间商：通过刺激中间商，促使中间商迅速采取购买行为。

(3) 针对推销人员：针对本企业推销人员展开的推广，目的是鼓励推销人员积极开展推销活动，从而获得更大的销售量。

销售促进的具体目标一定要根据目标市场类型的变化而变化。就消费者而言，其目标包括鼓励消费者更多地使用商品和促使其大批量购买；争取未使用者试用；吸引竞争者品牌的使用者。就零售商而言，其目标包括吸引零售商经营新的商品品目和维持较高水平的存货；鼓励他们购买过季商品，贮存相关品目；抵消各种竞争性的促销影响；建立零售商的品牌忠诚度和获得进入新的零售网点的机会。就销售队伍而言，其目标包括鼓励他们支持一种新产品或新型号，激励他们寻找更多的潜在顾客和刺激他们推销更多的商品。

三、销售促进的工具

销售促进的目标不同，则适用的销售促进工具也各异，具体如表 12-5 所示。

表 12-5　销售促进工具

消　费　者	中　间　商	推 销 人 员
免费样品	推广津贴	销售红利
赠品	折扣鼓励	推销竞赛
优惠券	现金折扣	特殊推销奖金
有奖销售	免费赠品	职位提拔
POP 陈列	合作广告	销售会议
特价包装	经销商销售竞赛	推广资料袋
现金折扣	培训中间商的销售团队	销售培训手册
广告礼品	业务会议或展销会	
贸易展览和展示会		

(一) 对消费者的销售促进工具

对消费者的促销大多是由零售商进行的，但是，批发商与生产商也应该作为营业推广的分担者，甚至在有些场合，批发商或生产商还要作为主要承担者去努力实施营业推广活动。

1. 免费样品

向消费者赠送免费的样品或让消费者试用样品，以此介绍产品的性能、特点、功效等。挨家挨户地送上门，或邮寄发送，或在商店内提供，或附在其他产品上赠送。赠送免费样品是最有效，也是最昂贵的介绍新产品的方式。80%左右的包装消费品营销者会采用派送样品的方式，如宝洁公司曾在青岛花费 30 多万元请 1 000 名大学生将 44 万袋“飘柔”二合一洗发液分送到青岛 44 万户居民家中，引起很大的轰动效应，使该产品在青岛销量大增。

2. 优惠券

企业或产品推销者事先通过多种方式将优惠券发到消费者手中，使消费者在购买某种商品时，可凭券免付一定的费用。优惠券可以邮寄或附在其他商品、广告中赠送。一般来说，优惠券的持有者通常是对企业有直接或间接贡献的消费者，或是社会影响力较大且与企业业务关系密切的长期顾客，也有一部分是企业要争取的新顾客。

3. 赠品

赠品是免费或以较低的成本向消费者提供的某一商品，目的是刺激其购买。赠品可以放在包装的里面(内包装)，也可以放在包装的外面(附属包装)，或者直接邮寄给购买者。如肯德基的儿童套餐就附在孩子所喜欢的玩具上作为赠品，以至于许多孩子吃套餐就是为了获得玩具。

4. 有奖销售

顾客在购买产品或享受服务后，按一定金额领取一定数量的兑奖券，参加企业举办的抽奖活动，若中奖则可领取奖金、实物或其他奖励。

5. 特价包装

这是指以低于正常价格向消费者提供产品。这种价格通常在标签或包装上标明。它有多种形式，如减价包装，即减价供应的单个包装(如买一送一)，或组合包装，把两件相关的产品全包装在一起(比如牙刷和牙膏)。特价包装对刺激短期销售效果较好，甚至超过了折扣优惠。

6. 广告礼品

广告礼品是印有广告商的名字的有用物品，通常被当作礼物送给消费者。典型的物品包括钢笔、日历、钥匙扣、火柴、购物袋、衬衫、帽子、指甲刀和咖啡杯，这些物品非常有效，使消费者更易于记住广告商的名字信息。

除上述这些方式外，还有 POP 陈列、现金折扣、贸易展览和展示会等，其作用也是很明显的。

TCL 联手麦当劳

2006 年 5 月下旬开始，国内著名家电厂商 TCL 的 500 多台大屏幕彩电，陆续进驻世界快餐连锁企业麦当劳的店铺内。这种完全不同领域间大企业的合作，将“世界杯”前最后一周的体育营销热浪掀起了一个新的高潮。

TCL 和麦当劳同时宣布，在 5 月 22 日至 6 月 30 日近 40 天时间里，TCL 与麦当劳将共同演绎意欲双赢的促销战略：TCL 提供 29 寸、34 寸彩电及背投等最新大屏幕彩电 500 台，摆放在中国内地 500 家麦当劳餐厅内，用于为消费者转播世界杯精彩赛事。中国内地境内所有麦当劳餐厅均同时开辟 TCL 麦当劳“世界杯看球俱乐部”专区。在世界杯期间，麦当劳餐厅内还将举办大型“世界杯竞猜有奖游戏”，实力雄厚的 TCL 将提供包括 TCL 王牌 29 寸彩电、TCL“HID——键飞”、TCL DVD 机、TCL 复读机等在内的奖品。另外，在全国范围内的 TCL 产品销售点，TCL 同时派发麦当劳 10 元(原价 15 元)的优惠券。凭此优惠券，消费者可以到麦当劳餐厅进行消费。据了解，TCL 此次与麦当劳签署的合作时效长达 3 年。即世界杯后，TCL 的产品仍将摆放在麦当劳店内，直到 3 年后期满才撤出。

(资料来源：李穗豫，陈玮. 中国本土市场营销精选案例与分析. 广州：广东经济出版社，2006)

(二) 对中间商的销售促进工具

对中间商销售促进是为了说服中间商支持一个品牌，留出货架空间，在广告中促销该品牌，说服消费者去购买。随着零售商在渠道中的地位日益提高，制造商不得不经常向零售商和批发商提供折扣、折让、售后保证和免费样品，使得产品能摆在位置最有利的货架上。面向中间商的营业推广的工具有如下几种。

1. 推广津贴

推广津贴是一种报酬，是为了鼓励中间商积极推销本企业的产品，主要包括广告津贴、展销津贴、陈列津贴、宣传物津贴等。

2. 折扣鼓励

主要是生产企业对第一次进货或大量进货的中间商给予购货折扣。另外，若中间商刊登广告，可以给予广告折扣；若中间商为产品举办展销会，可以给予陈列折扣等。这些都是对中间商的合作表示鼓励。

3. 现金折扣

现金折扣是指在商业信用和消费信贷普遍使用的市场上，企业为鼓励顾客用现金购货，对现金购货顾客给予一定的折扣。在正常情况下，企业应该预测折扣率与资金周转速度、折扣率与利息支出变动的比例关系，寻找盈亏均衡点，在此基础上确定现金折扣率。

4. 推销竞赛

推销竞赛是指企业对业绩优秀的中间商进行特殊鼓励，奖励可以是现金，也可以是物品，或提供旅游机会。推销竞赛可以极大地提高中间商的推销热情。当比赛目标与可衡量和可达到的销售目标联系在一起时(如发现新客户、恢复老客户或者提高客户的营利性)，效果尤为显著。

5. 免费赠品

免费赠品是指企业为了加强与中间商的感情，免费赠送附有厂名的各种礼品。礼品一般为挂历、钢笔、拎包、晴雨伞、烟灰缸等日用小物品。

6. 业务会议或展销会

邀请中间商参加，在展销会上展示企业的产品，有利于找出新的销售线索，与顾客接触，推出新产品，结识新顾客，向现有顾客推销更多的产品，用印刷品、电影及视听资料说服教育顾客。许多公司每年花费35%的促销预算在业务会议或展销会方面。

(三) 对推销人员的销售促进工具

可以采用以下促销工具以激励推销人员积极为企业推销商品，寻找潜在客户。

1. 销售红利

为了鼓励推销人员积极推销，企业规定按销售额提成，或按所获利润提成，以鼓励推销员多推销商品。

2. 推销竞赛

为了刺激和鼓励推销员努力推销商品，企业确定一些推销奖励的办法，对成绩优良者给予奖励。奖励可以是现金，也可以是物品或旅游等。

3. 特殊推销金

企业给予推销人员一定的金钱、礼品或本企业的产品，以鼓励其努力推销本企业的产品。

4. 职位提拔

对业务做得出色的推销员进行职务提拔，鼓励其将好的经验传授给一般推销员，有利于培养更多的优秀推销员。

四、销售促进的评估

在制定销售促进方案时，营销者必须做出如下决策：决定奖励的规模；设定参与的条件；并考虑促销方案如何去促销和分销，是附在包装里或广告中，还是在商店里分发，或者是通过邮寄分发；控制促销的持续时间，如果促销期限太短，很多预期顾客会错过，如果促销期限太长，促销就失去了一些刺激“现在行动”的功能。

企业在实施促销方案后，应及时对其效果进行评估分析，以发现经营中存在的问题，及时进行策略调整。这部分工作是十分重要的，但往往被企业忽视。销售促进评估的方法，概括起来主要有以下两种。

(一) 对销售促进前后的销售额进行比较

将销售促进以前、期间和之后的销售额进行对比，如果销售促进的销售额增长不大，说明这次活动效果收效甚微，应从选择的销售促进工具上找原因；如果销售促进期间销售额猛增，之后又恢复原状，说明这次活动做得比较成功，但须进一步改进产品策略和价格策略。

(二) 对销售促进前后跟踪调查

营销者可分析各种类型的消费者对促销的态度，即消费者促销前后的行为及购买促销产品后对该品牌或其他品牌的行为。一般而言，当销售促进活动能将竞争对手的顾客拉过来试一下较优的产品并使这些顾客永久地转换过来，那么这项促销是十分有效的。

同时，也可以对销售促进的作用进行调查，通过了解消费者对这种促销活动的看法，以及对于他们选择品牌的影响，以期找到目前的市场营销策略中存在的问题，进行相应的调整，这种方法能更直观地从消费者身上了解销售促进的效果。销售促进也可以通过实验加以评估，在实验中可以设计不同的变量，如奖励价值、促销持续时间和分销方式。

销售促进在整个整合营销传播中占有重要的地位，为了很好地运用销售促进，营销者必须制定销售促进的目标，选择最好的工具，设计销售促进方案，执行方案，评估结果。而且，销售促进必须与其他整合传播工具协调使用，才能取得更好的效果。

思 考 题

1. 企业如何实施整合营销传播？
2. 举例说明如何运用推式和拉式战略。
3. 人员推销的策略有哪些？人员推销的关键是什么？
4. 广告媒体主要有哪些？如何进行各种媒体的有效组合？
5. 公共关系有哪些特点？其活动方式是什么？
6. 销售促进有哪些主要工具？结合实际谈谈如何把握销售促进的时机。

课 堂 实 训

实战操作：销售瓶装水

在校内，一个半天时间内，自选场地(各办公楼除外)，用每瓶 2 元(以上)的价格向在校学生销售瓶装水，自由选择所售瓶装水品牌，规格要统一，600 毫升以内。

开展团队间销售竞赛，根据人均销售额和团队总体利润两项指标评出冠军团队。形成销售方案策划书、财务报表(总收入、支出详单和总利润)和团队销售总结。

要求：

1. 严禁采用欺骗手法、不实宣传进行销售；
2. 严禁采用各种违法手段进行销售；
3. 禁止舞弊行为，如找熟人购买等；
4. 如实上报团队销售量与利润。

案 例 分 析

加多宝“愤怒的小鸟”整合营销传播策略

2015 年，加多宝开启战略升级推出金罐，不到一年时间，品牌力、销量、口碑再次夺金，推出金罐战略宣告胜利；2016 年，加多宝继续实施年轻化、国际化和移动互联网+战略，通过整合资源、高效运营，不断强化年轻消费人群对金罐加多宝“预防上火的饮料”的认知，开创凉茶黄金时代，夯实金罐加多宝凉茶领导者地位。

一、营销目标

(1) 借助《愤怒的小鸟》大电影，强化“预防上火”产品定位再教育，引发消费者的关注和讨论。

(2) 以“大战无名火”场景式营销，持续深化移动互联网+和品牌年轻化战略，夯实金罐加多宝凉茶领导者地位。

二、营销策略

(1) 产品即营销：推出小鸟定制罐，将“预防上火”直接在罐体上体现出来，在产品源头进行营销落地。通过选取4个形态各异的愤怒的小鸟，配上“堵车火”“加班火”“熬夜火”“无名火”，为消费者打造一款有特殊记忆点的产品，让消费者从看见、购买产品的那一刻就想到“预防上火”。

(2) 深挖痛点：生活压力大、节奏快、上火的场景，每个人都有很多。深度挖掘有大众共鸣感的“上火场景”和话题，通过传播引发目标消费者尤其是年轻群体的关注和讨论。

(3) 解构愤怒：一笑解千愁。电影释放“心火”，凉茶解决“身火”，二者都属于克制“上火”的“秘方”，是年轻人的菜。结合“预防上火”的产品定位，传递“怕上火，喝金罐加多宝”的信息。

三、整合营销传播创意亮点

(1) “定制罐”吸睛造爆点：加多宝首次推出“定制罐”——愤怒的小鸟限量装，从源头上打造有特殊记忆点的产品，让消费者看到产品即能想到“预防上火”，形象也更年轻。

(2) “直击痛点”做透场景营销：通过选取具有普遍共性的“上火场景”上罐，并结合具体的场景进行“大战无名火”社会化病毒话题演绎，引发消费者的高度共鸣和讨论、分享。

(3) “整合资源”强效曝光引流：全面整合影院贴片、广告、机场候车厅等户外广告、电波、平面、网络及电商平台，联合包含京东、百度外卖等在内的10多家合作品牌，持续为“大战无名火，扫码赢金罐”进行曝光和导流。

(4) “终端落地”为销售助力：聚焦电影院、餐饮等线下渠道，以接地气的“不怕上火公馆”等场景营销方式对消费者进行“预防上火”教育强化，直接促进销售。

四、执行过程/媒体表现

(1) 首例二次元“代言人”加冕：4月20日，在金罐加多宝上市一周年庆典上，金罐加多宝授予《愤怒的小鸟》大电影主角“胖红”为“大战无名火全球大使”，开创凉茶业首位二次元“代言人”先例，并正式拉开《愤怒的小鸟》大电影营销序幕，为小鸟限量装上市做铺垫。

(2) 一次疯狂预售：5月6日，金罐加多宝“愤怒的小鸟限量装”在京东开启全球预售，48小时接受预订人数超过13万，成功预售出百万罐，预售数量可以铺满一个“鸟巢”。

(3) 全民大战无名火：从5月9日开始，陆续推出“大战无名火”的社会化病毒海报+话题，并联合二次元星座大号“同道大叔”进行话题原创。同步，超过300位媒体记者和 KOL(关键意见领袖)通过个人社交媒体晒罐、晒“大战无名火大使”聘书，不断扩展传播话题的广度和深度。此外，从影视、娱乐、文艺、美食、营销等多个维度创作年轻人喜欢的内容，并面向精准自媒体进行定向投放，将“预防上火”做深做透。相关话题阅读量达3 000万+。

(4) 一场大使级微信发布会：5 月 9 日，由“大战无名火全球大使”、二次元界大IP“胖红”作为发布会主持人，联合十多家合作品牌打造共享型罐体经济生态圈，开启“扫码赢金罐”主题互动微站平台，推进加多宝移动互联网+战略再升级。项目执行期内，“扫码赢金罐”微站互动平台总浏览量达 2 066 万人次，总参与人数达 630 万人次。

(5) 线上线下合力一处：5 月 17 日，借势大电影首映礼金罐加多宝“占领”鸟巢，并通过在央视 6 套采访、自媒体发布等持续释放“正宗凉茶大战无名火”话题，引发热议；5 月 21 日，全球首个“不怕上火公馆”惊现北京 CBD 万达影城，大战无名火大使“胖红”到场与消费者热烈互动，并在全国各地影院掀起“集产品展示、终端售卖、大使互动以及观影于一体，最大化实现产品曝光、助力销售”的占领影院行动，金罐加多宝愤怒的小鸟限量装火爆大街小巷。

五、整合营销传播效果与市场反馈

(1) 在项目执行期内，加多宝《愤怒的小鸟》传播共获得今日头条、新华社客户端、网易等主流媒体高达 367 频次的报道，并引发媒体主动转发达 241 频次。

(2) 微信自媒体大号发布高达 126 频次的相关内容，其中，阅读量超过 10 万+的自媒体近 20 个，引发自媒体转发超过 118 频次。

(3) 在微博上，“大战无名火，扫码赢金罐”话题阅读量达到 3 884.7 万，讨论 21.5 万；“正宗凉茶大战无名火”话题阅读量达到 3 312.4 万，讨论 21.2 万。

(4) 《愤怒的小鸟》版“扫码赢金罐”微站互动平台，自 5 月 9 日正式上线截至 6 月 20 日总计运营 43 天：总浏览量达 2 066 万人次，总参与人数达 630 万人次；日平均浏览量达 48 万，日平均参与人数达 14.6 万；人均用户停留时间长达 1 分 19 秒；共计发放超 29 万份奖品，发放奖品总价值约 670 万元。

(资料来源：金鼠标数字营销大赛，http://www.sohu.com/a/141110150_771087，经修改)

讨论与思考：

1. 什么是整合营销策略？加多宝“愤怒的小鸟”整合营销有什么特点？
2. 加多宝“愤怒的小鸟”采用了哪些整合营销策略？其中最有效的是什么？

第十三章

直销与在线营销策略

学习目标

1. 定义直接营销，并讨论直销对顾客和企业的好处。
2. 掌握直接营销的主要形式。
3. 讨论企业如何进行在线营销。
4. 了解直销面临的公共政策和道德问题。

直接营销是整合营销传播的工具之一，在线营销是增长最快的直接营销形式。随着互联网技术的成熟，网民数量与日俱增，网络购物正在改变人们的生活和消费模式，越来越多的企业开始把直接营销作为重要的营销手段来更好地满足消费者的需求，提高顾客的满意度。

第一节　直接营销概述

随着新的数字技术的高速发展，大多数企业不仅仅将直接营销作为销售其产品的辅助渠道或媒介，直接营销已经构成了一个新型的完整的商务模式，改变着企业建立客户关系的思维方式。

一、直接营销的定义

直接营销是指同精确细分的个体消费者进行直接联系以获得他们的迅速响应，并培养持久的客户关系的营销活动。

直接营销人员经常在一对一、互动的基础上同客户进行直接沟通。除了建立品牌和形象之外，直接营销人员通常还寻求一种直接、快速和可测量的顾客响应。例如，戴尔公司通过电话和互联网直接同客户进行互动，以设计和制造更加满足客户个人需要的定制化计算机系统。客户直接从戴尔公司进行采购，戴尔则迅速、高效地将新的计算机送到客户家中或者办公室。

早期的直接营销包括目录公司、直邮企业以及电话营销者，主要是通过邮件和电话来收集客户的姓名并销售产品。随着大数据技术和新的营销媒介的出现，直接营销正经历着一次剧烈的变革，一些企业已经使直接营销模式成为其唯一的经营模式。例如，京东商城、亚马逊和 eBay 都是围绕直接营销模式建立了通向市场的完整通路。

二、直接营销的优势

随着直接营销的网络化发展，在线营销在直接营销支出中和销售额中所占的份额迅速增长。目前，互联网在直接营销驱动的销售额中仅占 16%。但是，美国直销协会预测：在未来 5 年，在线营销销售额的年增长率将高达 18%，成为大众营销的重要补充。从总体来看，直接营销为买卖双方都带来许多好处，显示出发展的优势。

(一) 对买方的好处

直接营销具有互动性和即时性。消费者可以通过 PC 或移动客户端与卖方进行互动，提出他们想要的信息、产品或者服务的确切配置，然后当场订购。此外，直接营销使消费者有更多的控制权，消费者可以自行决定自己想要浏览的网站和产品目录。

直接营销不受物理边界的约束，向世界任何地方的消费者提供几乎无限的选择。例如，通过订单定制和直接销售，戴尔公司可以向消费者提供数千种其自行设计的个人电脑配置。

直接营销还为购买者提供丰富的关于公司、产品和竞争者的比较信息。例如，淘宝网站可以提供海量的信息，包括：排名前十的产品清单、丰富的产品说明、专家和用户的产品评论，以及客户根据之前的购买经历提出的建议。

(二) 对卖方的好处

对于卖方来说，直接营销是建立客户关系的有力工具。应用大数据挖掘技术，营销人员可以将目标确定在极小的细分市场或者个人消费者上，然后通过定制化的沟通方式进行促销活动。由于其一对一的特征，公司可以通过电话或者网络与顾客互动，并按照特定顾客的需求来定制产品和服务。

直接营销可以降低企业接触目标市场的成本，如通过电话营销、直邮以及公司网站等单次接触成本低的媒介。在线营销也可以降低成本、提高效率并加快订单处理、加强存货管理和配送等渠道方面的管理，如亚马逊和戴尔公司就免去了开办店面的费用以及相关的租赁、保险和辅助设施的成本。

直接营销能让卖方接触到那些通过其他渠道接触不到的购买者。网络营销是一个真正全球性的媒介，能让买方和卖方在几秒钟内从一个国家点击到另一个国家。在中国的网民可以同住在美国的人一样，轻松地访问任何一个国际网站的在线产品目录。

三、直接营销的形式

直接营销的主要形式包括人员推销、直接邮寄营销、目录营销、电话营销、电视营销、购物亭营销、新数字直接营销技术以及在线营销。

(一) 直接邮寄营销

直接邮寄营销(DM)指向特定地址的人们发送产品、通知、提示或者其他东西，如信件、产品目录、宣传册、样品等，从而获得对方直接反应的营销活动。

直接邮寄可以实现对目标市场更有效的选择，更加个人化、非常灵活，并且结果也易于测量。直邮在产品的促销上都是比较成功的，无论是书籍、音乐、杂志，还是保险、礼品、服装、精选食品和工业产品。

为了进行有效的直邮活动，营销人员必须确定他们的目标、目标市场和潜在顾客、促销要素、检验活动的方法以及测量活动效果的指标。为避免发送“垃圾邮件”和受到“拒绝接收”的限制，营销人员必须仔细挑选合适的目标，企业可以设计“基于许可”的项目，只向那些需要的顾客发送电子邮件广告。

(二) 目录营销

目录营销是指运用目录作为传播信息载体，并通过直邮渠道向目标市场成员发布，从而获得对方直接反应的营销活动，是直邮营销的一种特有形式。

根据目录营销的对象，目录营销可以分为以下两种类型。

(1) 针对消费者的目录。B2C 目录可以根据所登载的商品类型、目标市场、目录形象和质量等方面进行分类。在当今的目录营销市场中专卖品目录处于主导地位，通过专卖品目录销售的商品范围涵盖服装到食品等产品种类。这类目录可以针对不同生活方式的偏好，例如兴趣、活动、态度和价值观等方面的差异，以及由此而产生的不同偏好进行精心的设计。

(2) 针对企业组织的目录。B2B 目录所销售的产品包括办公用品和设备、计算机辅件等。目录中通常登载某一具体品目，如纸张、电子产品等。用户可以通过电话订购，也可以通过信函或传真订购。这类目录通常寄发给经过挑选的准顾客，或者是在一定时间内向本公司下过订单的顾客。

资料链接

宜家的目录营销

为了与竞争者争夺对价格敏感的中国消费者，家居巨头宜家努力降低成本并不断扩展在华业务，每年 9 月，宜家都会推出一本新品目录手册，宜家的目录手册制作精美，融家居时尚、家居艺术为一体，向锁定的消费群散发，受到很多新中产阶层的喜爱。宜家不仅通过目录营销促进销售，还巩固品牌形象，提升品牌美誉度和顾客忠诚度。

贝恩管理顾问公司预测，中国不断增长的个人家装市场目前规模已达 150 亿美元，宜家在这一市场的占有率为 43%。随着宜家在中国的业务进一步向内陆城市渗透，该公司承受的降低成本压力预计会进一步加大。但目前的宜家目录手册已经成为时尚生活价值观念的演绎者和记录者，其只能在当前的目录上创新，继续“发扬光大”。

(资料来源：慧聪网，http://info.textile.hc360.com/2009/08/07094479265.shtml，经修改)

(三) 电话营销

电话营销是使用电话和呼叫中心来吸引潜在顾客，向现有顾客销售产品，以及提供订单和答疑等服务。这种营销方式能够帮助公司增加收入、降低销售成本并提高顾客满意度。呼出式电话营销，通过打电话对消费者和企业进行直接销售；呼入式电话营销，使用免费电话接收来自于电视、广告、直接邮寄以及目录营销的订单。

要进行电话营销，必须具备呼叫中心。呼叫中心的建设方式有企业内部型、业务委托型和混合型 3 种。

(1) 企业内部型是自筹资金，建立专用的呼叫中心，如海尔集团。呼叫中心的投资分为三大块：硬件(计算机、程控交换机、终端等)、软件(数据库、CTI 软件、业务应用程序)和人员(业务代表、系统管理员、电话营销专家)。

(2) 业务委托型是企业自身不建立呼叫中心，而委托给专门的代理，如上海强生就将自己的业务委托给上海 ITS。专门代理商一般都拥有电话营销方面的专家，电话营销的成功率比较高。缺点是企业机密可能泄漏，业务代表不了解企业文化，可能影响服务水平。

(3) 混合型是在企业正常营业时间使用内部的呼叫中心，以外的时间及休息日等将业务委托给代理商。另外，很多企业将临时性业务，如市场调查、处理不过来的业务转给委托代理商。

目前，电话直接营销的挑战是未经许可的呼出式电话营销。一些企业正在开发“选择性加入”呼叫系统，该系统提供有用的信息，并只给那些邀请公司运用电话进行联系的客户打电话，以免未经许可的“骚扰电话”令许多消费者不堪其扰。

(四) 电视直销

电视直销是指由厂家或者代理商直接操作，以电视节目形式出现的销售方式。有情节、有故事，经过精心设计和包装；既含有信息又有广告，欣赏性、娱乐性较强，一般选在收视率较高的频道和时段插播。

电视直销主要有两种形式。

(1) 直接响应广告。直销商买下电视时段，通常是 60～120 秒，然后在这段时间里播放电视广告对其产品进行有说服力的描述，同时提供免费电话或网站接受消费者的订购；也可以是 30 分钟或更长的专门宣传某种单一产品的广告类节目或者商业信息片。

(2) 家庭购物频道。可以是一个电视节目或者整个频道都用于销售产品和服务。以湖南卫视快乐购、上海东方购物频道为代表的新兴家庭购物频道采取了“自有媒体自己开发”的模式，依托当地广播影视集团和电视台，专门开辟购物频道，把线下的诸多知名品牌搬到电视上，增加了家庭购物的诚信度、可靠性。电视台全程参与电视购物节目，有强有力的质量保证体系支撑，对销售出去的产品完全负责，将受众对媒体的信任转移到产品上来，消费者的认可度就得到了提高。

(五) 购物亭营销

购物亭是指在商店、机场、商业展览和其他地方安置信息和取得这些信息的机器。购物亭到处都是，从自助旅馆、航空登记设备到仓库内，让你可以订购没有在商店出售的商品。

在富士、惠普的商店内装设的购物亭，能让客户把图片从记忆棒、手机和其他数字存储设备中转移出来，并对图片进行编辑，最终进行高品质的彩色打印。设在希尔顿酒店大堂的购物亭，可以让客人查看预订的房间，领取房间钥匙，查看抵达前的信息，登记入住和退房，甚至更改分配好的航班座位和打印任意 18 家航空公司的登记牌。

(六) 新数字直销技术

随着大量的新数字技术的出现，直销人员可以随时随地与消费者接触和互动。运用新数字直销技术的营销形式主要有以下几种。

1. 手机营销

手机营销，是以手机为视听终端、以上网为个性化信息获取平台、以分众和互动为传播目标、以大众传播媒介手机为基础的营销模式。现在越来越多的企业增加手机营销的预算。

随着移动互联网的发展，越来越多的消费者特别是年轻人，开始把手机看成“第三屏幕”来接收信息、浏览网页、观看下载的视频、收发邮件、在线聊天、手机购物等。到2017年，全球手机用户预计达到 26 亿，如此迅猛的智能手机普及速度让移动购物成为零售商关注的首要重点，手机营销成为发展的必然趋势。2016年“双十一”，这一天“天猫商城”和“淘宝”的总销售额就达到1 207亿元，其中无线成交占比就高达82%，以女性和年龄在20至39岁之间的用户群为主体，网络购物日渐成熟。

手机网购的兴起

随着手机上网的普及和4G时代的来临，尤其是以支付宝为首的网上支付工具的成熟，使手机购物迅速发展，淘宝、京东商城、苏宁易购、唯品会等手机电商 App 相继上线。网上的商品相对实体店来说，便宜而且不用出门就能买到你想要的任何东西，方便又实惠，手机网购日趋大众化，覆盖各年龄段、各阶层。

2016 年 12 月中国手机网民规模为 6.95 亿，中国手机网上支付用户规模增长迅速，达到 4.69 亿，年增长率为 31.2%，网民手机网上支付的使用比例由 57.7%提升至 67.5%。手机支付向线下支付领域的快速渗透，极大丰富了支付场景，有 50.3%的网民在线下实体店购物时使用手机支付结算。

淘宝手机客户端是淘宝官方推出的提供给用户使用的手机购物软件，整合旗下团购产品聚划算、淘宝商城为一体，提供给用户每日最新的购物信息；支持文本搜索、语音搜索、条码搜索多种搜索方式。手机购物，轻松搞定，查看收藏、旺旺咨询、下单、付款轻触即可实现。随时随地查询物流状态，为用户带来方便快捷的手机购物新体验。

(资料来源：http://www.199it.com/archives/594533.html，经修改)

2. 音频播客和视频播客

音频播客和视频播客是最新的在线点播技术。播客的名称来自于苹果公司的畅销产品——iPod。有了播客，消费者可以通过互联网将音频文件(音频播客)或视频文件(视频播客)下载到 iPod 或其他手持设备上，然后可以随时随地收听或观看。消费者可以通过像 iTunes 这样的网站或播客网络，如喜马拉雅 FM、酷我音乐、优酷等搜索播客节目。

如今，消费者可以下载大量不同主题的音频或视频播客节目，从自己最喜爱的广播节目、体育赛事到最新的音乐视频。

音频播客的听众往往来自高收入阶层。为了进入这个细分市场，营销人员可以通过支持广告的播客、可下载的广告、信息功能以及其他促销活动，将音频播客和视频播客纳入企业的直接营销计划。如中国财经作家吴晓波推出的自媒体——吴晓波频道，其视频播客节目受到极大的关注，总播放量已接近 1 亿；70%以上受众为男性用户，且超过 50%的用户集中在北上广和江浙地区，以经济发达地区的成熟男性用户为主体，与视频网站娱乐内容和年轻用户形成较强互补性的同时，也体现出极高的商业价值和营销价值，同时也吸引了包括高端汽车品牌在内的优质广告主。

中国视频网站的发展

从 2004 年，我国第一家专业视频网站——乐视网上线，经过 13 年的发展网络视频用户数量达到 5.04 亿，手机网络视频用户数量达到 4.4 亿，网络视频已经拥有良好的用户基础。

三大视频平台爱奇艺、优酷、腾讯合计关注度超过 90%，是一线梯队；乐视视频、芒果 TV 等是准一线梯队。付费会员关注度，爱奇艺一家独大，占比超过 3/4，腾讯视频和芒果 TV 会员关注度涨幅较大。优酷在一、二线城市关注度较高，暴风影音在三、四线城市关注度高。

2016 年我国视频用户付费市场规模 96.2 亿元，国内视频付费用户已经达到 7 000 万人，视频付费用户的年龄主要集中在 20～30 岁之间，其中 20～24 岁的付费用户占比为 47%，25～30 岁的付费用户占比为 39%，是绝对的付费主力。从各大视频平台付费情况来看，广告收入仍是在线视频网站的主要收入来源，以 2016 年一季度为例，广告收入占比达到 58.5%，付费用户收入占比仅为 14.1%。

(资料来源：百家号，https://baijiahao.baidu.com/s?id=1567699155025939&wfr=spider&for，经修改)

3. 互动电视

互动电视让观众利用遥控器与电视节目和广告进行互动。互动电视让营销人员有机会以一种互动、参与度更高的方式与目标顾客接触。比如，宝马公司最新推出互动广告，让观众使用遥控器来请求获得产品目录和其他有价值的信息。请求数超过了宝马公司预期数量的 10 倍。同样，一些中国企业利用电视节目通过微信的“摇一摇”和抢红包活动与收看用户进行互动。

第二节 在线营销

在线营销是发展最快的直接营销方式。在新兴的数字时代，互联网和其他强大新技术的广泛应用对企业和消费者都产生了巨大的影响。

一、在线营销模式

互联网的使用量持续稳步增长，为企业提供了一种为顾客创造价值和建立客户关系的全新模式，并且从根本上改变了消费者对便利、速度、价格、产品信息和服务的认识。目前，几乎所有的传统型企业都建立了自己的在线销售和沟通渠道，成为“O2O”型企业。在线营销模式主要有以下 4 种。

(一) B2C

B2C 是指公司对顾客的在线营销(Business-To-Consumer Online Marketing)，通过互联网为最终消费者提供产品和服务，如天猫、京东商城、苏宁易购都是 B2C 模式。现在的消费者几乎可以在网上购买任何东西——从衣服、厨房用具、机票到电脑和汽车。

但是，网上消费者在购买方式和对营销活动的反应方面，与传统的离线消费者不同。在互联网交易的过程中，消费者发起并控制交易活动。传统的营销活动瞄准的是消极、被动的受众，而在线营销针对的是那些积极、主动选择浏览页面的人们。他们自己决定在什么条件下接收有关什么产品和服务的何种营销信息。因此，在线营销需要营销手段的创新。

B2C 企业——天猫商城

淘宝网是国内甚至亚太地区最大的网购零售平台，占中国网购市场 80%的份额。淘宝网和天猫是阿里巴巴旗下“C2C”和“B2C”两大主流业务板块。现有 5 亿注册用户数，每天有超过 6 000 万的固定访客，每天的在线商品数已经超过 8 亿件，平均每分钟售出 4.8 万件商品。淘宝网拥有安全的支付系统——支付宝、网银支付等，天猫商城整合数千家品牌商和生产商，为商家和消费者提供一站式的解决方案；提供 100%品质保证的商品，7 天无理由退货的售后服务，以及购物积分返现等优质服务。这些使网购消费者得到快捷、安全、方便的购物体验。

阿里巴巴集团旗下的淘宝公司分为 3 个独立的公司，即 C2C 业务的淘宝网、平台型 B2C 电子商务服务商天猫商城和一站式购物搜索引擎一淘网。天猫商城的出现为整个网络购物市场打造一个透明、诚信、公正、公开的交易平台，进而影响人们的购物消费习惯。

(资料来源：百度百科，http://baike.baidu.com/view/1590.htm，经修改)

(二) B2B

B2B 是指公司对公司的在线营销(Business-To-Business Online Marketing)，营销人员采用 B2B 交易网络、拍卖地点、网上商品目录和其他网络资源来开发新的顾客，或为现有顾客更有效地服务，以获得更高的购买效率和更有竞争力的价格。例如阿里巴巴、聪慧网都属于 B2B 模式。

一些主要的 B2B 营销者都在网上提供产品信息、客户采购以及客户支持服务。例如，企业购买者可以访问太阳微系统公司的网站，获取对该公司的产品和解决方案的详细介绍，索要销售和服务信息，并且与公司员工互动交流。一些大公司几乎在网上处理所有的业务。网络设备和软件制造商思科公司有80%的订单来自网上。

除了在网上销售产品和服务，公司还可以运用互联网与重要的企业客户建立更牢固的关系。例如，戴尔公司已经为全球超过11.3万企业和机构客户建立了定制网站。这些个性化的Premier Dell.com网站帮助企业客户更有效地管理其购买和拥有戴尔电脑的所有阶段。每个客户的Premier Dell.com网站可以包括一个定制的在线电脑商店、采购和资产管理的报告及工具、特定系统的技术信息，还能与戴尔公司所有网站上的有用信息连接。该网站有客户与戴尔公司进行交易时所需要的所有信息，客户随时随地都可以获得这些信息。

(三) C2C

C2C即顾客对顾客的在线营销(Consumer-To-Consumer Online Marketing)，沟通发生在对同类产品以及主题感兴趣的在线群体之间。在某些情况下，互联网为消费者提供很多便利，帮助他们之间直接购买或是交换产品和信息。例如，通过eBay、淘宝、亚马逊以及其他的拍卖网站可以展示和销售从艺术品和古董、硬币和邮票、珠宝一直到计算机和消费电子产品。

随着中国网民的迅速增加，C2C在线营销蓬勃发展。由于衣服、包、IT产品和数字产品成为热销的在线购物商品，从而带来了像淘宝网和拍拍网等网站的发展。

营销人员将微博作为接近目标消费者的途径。一种方式是在现有微博上做广告或者影响博客的内容；另一种是开设自己的微博加入公关内容，例如，鼓励有影响力的博主炒作一个话题。作为一个营销工具，微博有很多优点，它能提供一种新颖、有独创性、个性化且低成本的方式，以触及分散的受众。如星巴克开设了自己的博客，并时刻关注超过30多个第三方网站上关于星巴克的讨论话题，然后星巴克通过从这些在网络上评论的顾客来得到有用的信息，从而调整市场计划。

总之，C2C意味着网络访问者并不仅仅是消费产品信息，他们也创造产品信息。他们在网上分享信息，最终结果是网络在影响消费者购买决策方面就如同口碑一样。

(四) C2B

C2B指顾客对公司的在线营销(Consumer-To-Business Online Marketing)。有了互联网，消费者与企业在沟通上就更加顺畅和便捷。许多企业邀请消费者通过公司网站提供建议。并且，消费者也主动在网上搜索产品卖家，了解企业提供的产品，购买并给予反馈意见。利用网络，消费者甚至可以驱动与企业的交易，主导整个交易过程，如Priceline.com、葫芦网。

C2B企业——Priceline公司

Priceline是美国人Jay Walker在1998年创立的一家基于C2B商业模式的旅游服务网站，是目前美国最大的在线旅游公司。在Priceline网站，最直观的可选项目就是机票、酒店、租车、旅游保险。Priceline属于典型的网络经济，它为买卖双方提供一个信息平台，以便交易，同时提取一定佣金。

在Priceline.com上，消费者可以讨论为不同产品和服务支付的价格。在亚洲，Priceline公司有航班和酒店预订服务。首先，客户提供自己的详细资料(如行程)和偏好(如星级酒店的评级)。然后，Priceline公司将客户的订单与其签署的25家航空公司和8 000家酒店进行匹配，以寻找那些愿意接受客户所出的价格的航班或酒店。公司会在1小时内回复客户，这为客户节省的费用高达30%。在中国香港地区，Priceline公司也在百佳百货店、屈臣氏和丰泽电器店经营柜台交易，客户可以在其柜台购买和领取机票。

(资料来源：菲利普·科特勒. 市场营销原理. 北京：机械工业出版社，2013)

二、在线营销者的类型

目前，许多企业在不同程度上都在从事在线营销活动。在线营销者分为纯粹点击型营销者与“O2O”型营销者。

(一) 纯粹点击型公司

互联网使用者创造了一种新的在线营销者——纯粹点击型网络公司。它们只在网上工作，没有任何的有形展示。纯粹点击型公司主要包括电子零售商(如京东、当当)、搜索引擎和门户网站(如谷歌、百度、搜狐)、购物或价格比较网站(如一淘网、Bizrate.com)、互联网服务提供商(如腾讯、迅雷)、交易网站(如eBay、淘宝)、内容网站(如亚洲新闻网、人民网)。

在中国，新浪、搜狐和网易是三大门户网站，也是纯粹点击型公司，网络广告是这些公司收入的重要来源。新浪通过新浪网、微博等构成数字媒体网络，提供网络媒体及娱乐、在线用户付费增值服务和电子政务解决方案，帮助用户获得专业媒体和用户自生成的多媒体内容(UGC)并与友人进行兴趣分享，并在广告和移动增值业务市场上稳占龙头地位。网易凭借庞大的邮箱用户资源，在在线游戏服务市场处于领先地位，自主研发的《大话西游 OnlineⅡ》和《梦幻西游》创造了网络游戏的神话，网游收入占总收入的80%以上。搜狐的盈利模式与新浪相似，收入的主要来源是品牌广告和付费搜索，发展搜狐视频，推出搜狐娱乐播报和搜狐体育播报，在广告和游戏市场都处于一个追赶的角色定位上。

(二) “O2O”型公司

随着互联网的发展，许多传统企业也增加了在线营销部分，正在逐步把自己变为“O2O”型公司，如海尔集团在网上创立海尔商城。

O2O是Online To Offline，2010年由美国人Allex Rampell最早提出，是把以前线下进行信息搜集和决策的过程放到网络平台，下单并预先支付，再到线下消费体验后再到线上评价，商家提供售后，形成闭环商业服务和体验的过程。通过将在线营销与传统线下业务加以整合，它们能够为顾客提供更多的选择。例如，顾客可以选择24小时在线购物的便利，也可以选择店面交易的人性化和安全。顾客可以在线购买商品，而退货时可以就近退给企业在当地的商店。例如，苏宁是中国商业企业的领先者，经营商品涵盖传统家电、消费电子、百货、日用品、图书、虚拟产品等综合品类，线下实体门店 1 700 多家，线上有苏宁易购，线下线上的整合发展引领零售发展的新趋势。

O2O 营销模式的特征体现在线上线下双平台：线上提供信息流、资金流；线下提供商业流、服务流。基于位置服务(LBS)：推广效果可查，每笔交易可跟踪。以用户为中心，注重用户体验。实现精准营销：通过支付数据，可以精准挖掘用户交易信息，分析消费者行为，进行营销效果预测，有针对性开展个性化营销。

目前，O2O 分类信息网站、点评类网站、团购类网站、订餐类网站等都采用 O2O，互联网巨头 BAT(腾讯、百度、阿里)通过投资企业、推出相关产品、利用打车团购等软件扩大涉及领域，一步步布局移动端市场，积极打造 O2O 线上线下结合模式，促进了服务型企业在“互联网+”转型中的迅速发展。

O2O 第三方平台的发展

成功的 O2O 营销模式首先通过入口聚拢潜在消费群，然后通过丰富的支付场景，通过线上展示刺激消费者的欲望，最后通过移动支付锁定这个消费行为，从而形成一个完美的闭环，三者缺一不可。目前，阿里、腾讯和百度通过战略布局已搭建了强大的 O2O 第三方平台。

阿里巴巴的优势是电商，在淘宝网构建移动生活消费类入口，收购高德地图为 O2O 布局购买入口和流量，投资新浪微博，在移动端推出支付宝钱包，然后搭建各种本地生活的支付场景，一方面投资口碑网、美团网、丁丁网、滴滴打车补齐短板，另一方面成立淘点点事业部，在投资并购和自有产品研发两大领域加速拓展 O2O 领域。

百度有流量优势，占搜索市场 70%的市场份额，总用户超过 20 亿，形成手机移动端导流资本。将百度地图打造成覆盖各种应用场景的生活服务一大入口，推出支付手段百度钱包，收购糯米网利用其商户资源进行布局，这些团购网站最核心的竞争力就是它们的递推能力，也就是与每一个单独商家进行谈判沟通，百度地图+团购进一步推动百度线上线下融合。

腾讯的优势是社交优势，微信的社交圈黏性很大，依托微信、QQ 社交链实现快速渗透，发展腾讯地图占领线上互联网入口，再借助微信支付，入股京东电商，投资滴滴打车，20%入股大众点评，加强移动支付场景，完善 O2O 布局。

(资料来源：解码财商，O2O 互联网大战开辟新战场，2014.3.7，经整理)

三、在线营销的方法

在线营销的方法很多，常见的有建立网站、网络广告、搜索引擎优化、病毒式营销等，多数情况下，实施在线营销需要多种有效手段的组合。

(一) 建立网站

大多数公司进行在线营销的第一步就是建立自己的网站。一方面，可以设计公司主页，提供丰富的信息和材料以回答顾客的问题、建立紧密的顾客关系、培养顾客对公司的热情；另一方面，还可以建立营销网站，提供与顾客互动的机会，使得用户的体验和直接营销或是其他的营销方式更加接近。例如，在索尼的网站上，顾客可以浏览几十种产品的信息，了解产品的更多特征，并可以阅读到专业的产品评价，还可以查阅最新的热卖产品、在网上下订单、通过信用卡付款，这些只需轻轻点击几下鼠标就可以实现。

有效的网站应包含实用的信息，提供必要的交互工具方便顾客寻找和比较喜欢的商品、其他网站的链接、实时的打折信息、娱乐项目等。通过网站为客户创造足够的价值和娱乐去吸引顾客访问并留住他们。

(二) 网络广告

网络广告的主要形式包括展示型广告、搜索广告和在线分类广告。最常见的形式是横幅广告，它出现在网页的顶部、底部、左右两边或中间；富媒体展示型广告因融入动画、视频、声音或互动性而大受欢迎。另一个热门增长点是搜索广告或文本关联广告，它是指文字广告和链接出现在网站搜索引擎的搜索结果中。例如，用谷歌搜索“高清电视”，你将看到10条或更多不显眼的广告，谷歌的收入几乎都来自广告销售的收入，目前搜索广告约占所有在线广告量的48%。

(三) 搜索引擎优化(SEO)

搜索引擎优化是目前使用最为广泛的线上营销手段之一，也是效果最好的手段之一。通过搜索引擎优化，能使网站的目标关键词以及重要的长尾词排名搜索引擎的前列，给网站带来可观的效益。

全球最大的中文搜索引擎网站——百度

2000年1月1日，李彦宏在中关村创建了百度公司。从最初的不足10人发展至今，员工人数超过17 000人。如今的百度，已成为中国最受欢迎、影响力最大的中文网站。

从创立之初，百度便将“让人们最便捷地获取信息，找到所求”作为自己的使命。自成立以来，公司秉承“以用户为导向”的理念，不断坚持技术创新，致力于为用户提供“简单、可依赖”的互联网搜索产品及服务，其中包括：以网络搜索为主的功能性搜索，以贴吧为主的社区搜索，针对各区域、行业所需的垂直搜索，MP3 搜索以及门户频道、IM等，全面覆盖了中文网络世界所有的搜索需求。根据第三方权威数据，百度在中国的搜索份额超过80%。

在面对用户的搜索产品不断丰富的同时，百度还创新性地推出了基于搜索的营销推广服务，并成为最受企业青睐的互联网营销推广平台。目前，中国已有数十万家企业使用了百度的搜索推广服务，不断提升企业自身的品牌及运营效率。通过持续的商业模式创新，百度正进一步带动整个互联网行业和中小企业的经济增长，推动社会经济的发展和转型。

(资料来源：百度，http://home.baidu.com/about/about.html，经修改)

例如，国内某大型B2C网站，以百度为其主要投放渠道。在采用优化服务之前，客户的主要问题在于关键词覆盖面相对竞争对手少、搜索引擎营销订单成本过高。为此，AdSage团队采取两步策略。一是帮助企业扩词。使用关键词扩展工具Ad Intelligence，扩展有点击的优质关键词，从而增大网民覆盖率；同时针对用户购买行为不同阶段特点扩词，从而更全面地覆盖潜在购买者，以求带来点击数和转化数的提升。二是持续优化。对排名、登录页面、标题、描述、匹配方式等多方面进行调整和优化。

(四) 病毒式营销

病毒式营销，即互联网上的口头传播营销，要创建一个非常具有感染性的电子邮件信息或是其他营销事件，顾客接收到这个信息后传递给自己的朋友，其更可能被阅读，成本很低。

最为典型的例子就是邮件营销。这种营销方式能将信息快速传递到数万个潜在用户的邮箱中，当然，现在的邮箱都有垃圾过滤机制，方法不当，效果会很差。营销人员必须设计丰富的电子邮件信息——有互动性、个性化并且穿插视频和音频，然后，瞄准那些希望获得邮件并会采取行动的消费者，从而给网站带来效益，比较经典的当属微软的hotmail推广。

在线推广方式还有内容赞助。通过赞助各类网站的特定内容，如新闻、金融信息或特别感兴趣的话题，以提高在互联网上的曝光率。最好是对精心选择的网站进行赞助，这样才能为受众提供相关的信息或服务。

(五) 微博营销

微博是一种高链式的传播，用户的黏性高，用户自创内容，互相转发形成群体。同时，微博用户群是中国互联网的高端人群，占中国互联网用户群的10%，是城市中对新鲜事物最敏感的人群，也是网上购买力最强的人群。根据微博发布的2016年财报统计数据，到2016年年底，新浪微博的活跃用户总数突破3亿，移动端占比首次超90%；全年营收6.558亿美元，增长37%；视频播放量同比增长713%，和超过200家视频机构合作；20个领域月阅读量超百亿。

微博营销是指通过微博平台为商家、个人等创造价值而执行的一种营销方式。该营销方式注重价值的传递、内容的互动、系统的布局、准确的定位，微博的火热发展也使其营销效果尤为显著。微博营销涉及的范围包括认证、有效粉丝、话题、名博、开放平台、整体运营等，当然，微博营销也有其缺点，如有效粉丝数不足、微博内容更新过快等。新浪微博推出的企业服务商平台，为企业在微博上进行营销提供一定帮助。

资料链接

网红经济：具有电商基因的营销模式

“网红”即指“网络红人”，指被网民追捧而走红的人。网红通常是各类垂直领域的意见领袖或者行业达人，以自己的品位、知识和眼光为主导，通过社交媒体聚集人气形成一定量的社交资产，再依托粉丝群体定向营销，将粉丝关注转化为购买力。

网红的粉丝使得产品传播更精准，转化率更高。同时，品牌主动介入产品传播中，甚至制造者本身成为品牌传播的主角并为产品做背书，从而使产品更具人格化。最有代表性的莫过于格力的董明珠，作为另一种意义上的网红，董明珠自己代言格力品牌，将人的个性注入品牌个性中，使品牌更具人格化，也为用户购买提供了新的理由。

网络红人从最初的芙蓉姐姐到最近的 papi 酱，从最初纯粹利用眼球吸引关注到现在具有一定影响力，且形成独立 IP 的内容制作商，并有着超强的变现能力，得益于其从诞生之初就是一种具有电商基因的新型营销模式。网红在微博等社交平台与粉丝互动并形成亲密关系，打造自身影响力的同时塑造并传播自有品牌，并最终在电商平台将粉丝关注转化成购买力，整个过程的核心环节都是利用社交媒体和电商平台完成。

(资料来源：黄维，夏雨. 网红经济：具有电商基因的营销模式. 销售与市场，2016.5)

值得一提的是，品牌选择的网红都出自微博平台。在微博上创造热点事件、粉丝的互相推荐和推广、微博的曝光，使品牌和网红的合作拥有更强辨识度和更好的传播效果。目前，微博已经成为社交品牌营销的最重要的平台。

同时，微博在品牌运营方面越来越成熟和专业，巨大的商机带来了更多机构和个人的参与。随着内容质量的不断攀升，为内容创业者提供服务的 MCN(Multi-Channel Network)机构也越来越多，让平台和广告主之间开始建立越来越成熟的商业模式体系。未来网红和品牌之间的合作会更加正规和多样性，网红将成为品牌的平民代言人。随着越来越多的人在微博平台上建设自己的业务和品牌，必将形成一个新的社交电商生态。

(六) 建立网络社区

近年来，给顾客创造聚集、社交、交流观点和信息的社交媒体和网络社区兴起，很多人建立 Facebook、QQ、微信等账号，在 YouTube、优酷等上观看最新的视频，并在 Twitter、微信朋友圈、QQ 好友动态上分享自己的生活。

全球最受欢迎的社交网站 Facebook，拥有超过 13 亿的活跃用户。页面提供了一种与消费者进行个性化互动和交流的途径，甚至政治家也可以利用这个网站推动活动，并与当地支持者进行私人交流；营销者可以发布视频和广告片、推出促销活动、举办竞赛、上传图片以及张贴新闻。Facebook 根据人口统计信息或个人简介的信息关键词来确定广告目标受众，许多广告都包含了互动要素，比如民间调查、评论的机会或邀请朋友参与一个事件等。Facebook 还可以为广告商的营销信息添加“社交情境”，即突出显示某个朋友与一个特定品牌的联系。

腾讯的网络社区

2016 年底，QQ 月活跃用户群 8.685 亿，QQ 是腾讯公司打造的中国最大的网络社区，满足互联网用户沟通、资讯、娱乐和电子商务等方面的需求。QQ 群营销能够给网站带来大量的流量，也能够实时与关注网站的用户互动交流。很多网上社区或者论坛都有相应的 QQ 群列表，很多个人博客的博主也建了很多个 QQ 群以方便与用户实时互动交流。

2016 年底，微信月活跃用户群 8.893 亿，微信是腾讯公司针对智能终端的移动网络社区，提供公众平台、朋友圈、消息推送等功能。用户通过“摇一摇”“搜索号码”“附近的人”、扫二维码方式添加好友和关注公众平台，同时微信用户将内容分享给好友以及将用户看到的精彩内容分享到微信朋友圈。商家通过微信公众平台，展示商家微官网、微会员、微推送、微支付、微活动，形成一种主流的线上线下微信互动的营销方式。

(资料来源：中商情报网，http://www.askci.com/news/dxf/20170323/11004594038.shtml，经修改)

第三节　直销的公共政策问题

一些企业在进行直接营销时，可能会涉及不道德的行为，从惹恼客户到对客户的不平等对待，以至于欺诈。直接营销行业还面临着越来越多的关于侵犯隐私的担忧。另外，在线营销人员必须处理好互联网安全问题。

一、直接营销的不道德行为

很多人不喜欢电视直销，因为它太吵、太长或者没完没了。人们的电子邮箱塞满了垃圾邮件以及不需要的邮寄宣传品，电脑屏幕填满了不需要的弹出式广告。

除了惹恼客户，还有一些直接营销人员被指控不公平地利用购买者的冲动，主要指电视购物节目和商业宣传片。典型的模式：花言巧语的主持人、多方位的精美的产品展示、宣称的巨额价格优惠、“售完为止”的时间限制以及购买的轻而易举。

“热心商人”故意设计出可能会导致购买的宣传材料，欺骗消费者。一些欺诈活动，比如一些引诱投资的骗术或假冒募集慈善基金等，近年来成倍增加。互联网欺诈包括身份盗窃和金融诈骗，这已经成为一个严重的问题。如 e 租宝打着“网络金融”的旗号上线运营，在一年半的时间里，利用广告炒作、广撒推销网等方式铺开业务，吸引了 90 多万实际投资人，非法吸收资金 500 亿，受害者遍布全国 31 个省市区，e 租宝就是一个彻头彻尾的庞氏骗局。

互联网欺诈的一种常见形式是网络钓鱼，它是一种身份盗窃，使用欺骗性的电子邮件和欺诈性网站，以欺骗用户泄露个人资料。据一项调查显示，有一半的互联网用户都收到过钓鱼邮件。虽然很多消费者已经意识到了这种阴谋，但一旦遇上网络钓鱼，代价可能会非常高。它也损害了合法的在线营销商所拥有的品牌形象，损害了这些合法的在线营销商努力通过网络和电子邮件交易建立起来的用户信心。

很多消费者还会涉及在线安全问题。网络安全的破坏分子或者黑客可能会破解他们的网上交易程序并且盗取其信用卡卡号和密码，进而开展非法交易。在最近的一项调查中，60%的网上购物者都担忧在线安全问题，以至于他们考虑减少网上购物金额和选择安全的支付方式。

另一个网络营销问题是易受诱惑或未经授权的访问群体。例如，一个销售人员发现自己在 eBay 上被一个 14 岁的孩子开了玩笑，这个孩子在网上竞价购买了价值 300 万美元的高价古董和稀有艺术品。eBay 有严格的限制政策，禁止 18 岁以下的青少年进行竞标购买。可遗憾的是，这并不能成功地阻止未成年人在网站上的不当行为。

二、侵犯隐私

侵犯隐私可能是摆在直接营销行业面前的最严肃的公共政策问题。消费者通常会从应用的数据库中受益——接触到更加符合他们兴趣的产品。如果公司在销售其产品或与其他公司交换数据库时未经授权使用这些信息，可能导致这些现成可用的信息被滥用，进而构成对客户个人隐私的侵犯。

目前，几乎每次消费者参加抽奖、申请信用卡、访问一个网站或通过邮件、电话或互联网订购产品时，他们的姓名就会进入一些公司的数据库。利用先进的计算机技术，直销商可以使用这些数据库从“微观上瞄准”对象来进行销售活动。在线隐私引起了人们的特别关注。大多数在线营销商开始变得善于收集和分析详细的消费者信息。

就企业建立数据库的动机而言，有时候会不由自主地偏离方向。比如，微软公司推出其 Windows 95 的时候，引发了不小的隐私问题。Windows 95 设置了“注册精灵”，以便用户在网上注册使用其新软件。但是，当用户到网上注册的时候，微软公司在他们不知情的情况下利用这个机会“读取”了其计算机的配置。所以，微软公司马上就可以了解在每一位顾客的计算机上运行的主要软件产品的情况。当用户了解到这种侵犯行为时，他们强烈抗议，微软公司也停止了这类行为。

思 考 题

1. 什么是直销？直销的优势有哪些？
2. 在线营销的模式包括哪几种？
3. 如何看待营销与直销的关系？
4. 在线营销的方法有哪些？

课 堂 实 训

体验在线营销，感受电子商务网站的内容、了解网站的运作方式。

1. 实训准备：

学生需要掌握网络营销相关的基础知识，有连接网络的电脑。

2. 实训内容：

(1) 登录阿里巴巴网站(china.alibaba.com)，了解 B2B 业务的内容、运作方式，了解阿里巴巴网站“全球领先的网上贸易市场和商人社区”的定位策略。

(2) 登录淘宝网(www.taobao.com)，了解 B2C、C2C 业务的内容、流程，了解个人消费者网络购物的环境和流程。

(3) 登录支付宝网站(www.alipay.com)，了解在线支付服务的内容和运作方式。

(4) 登录新浪微博（www.weibo.com)，了解其服务内容、短视频制作、品牌运作模式。

(5) 登录阿里妈妈(www.alimama.com)，了解网上广告交易平台的内容和运作方式，初步了解网络广告、网络促销的概念和特点。

(6) 完成实训报告。

案例分析

星巴克打造移动营销国王

星巴克LOGO中的海妖塞壬，不仅是一个标志，还描述咖啡巨头星巴克想要征服全世界的渴望，正如海妖塞壬是一种危险却诱惑的生物。我们已经习惯并且不自觉地每天花上5美元去买上一杯咖啡，尽管它曾经只需要不到1美元。

一、移动在线广告

星巴克选择利用移动多媒体自定义接口(MRAID)的手机广告。这些广告不仅能够覆盖整个手机屏幕，而且将移动支付、标签、摇一摇这些功能结合起来，让用户参与到与品牌的互动，鼓励分享到他们的社交圈。营销人员需要建立起与市场在同一复杂性水平的移动创新思维，充分利用全屏和用户参与度。

星巴克除了在全屏移动广告上大展拳脚，也提高了SMS活动的推广力度，消费者能够收到各种动物们拿着星冰乐的图片。对于营销人员来说，在品牌营销计划中考虑特别的移动广告单元，利用移动平台的优势刺激消费者选择是非常重要的。

二、移动支付与交易

星巴克发布了最新的移动支付软件，消费者只需要摇晃手机就可以显示支付条码，同时消费者可以通过手机选择自己喜欢的咖啡师。似乎所有在移动支付上的创新都奏效了：根据市场调查机构BI Intelligence公布的数据显示，在2013年，星巴克通过移动支付获得的收入超过1亿美元。

亚洲是最大的移动通信市场和重要的移动交易市场，仅仅在中国，根据央行数据统计，消费者在2013年通过移动支付花掉了近1.6万亿美元。虽然美国在这方面稍微落后，但BI Intelligence估计，2013年其信用卡和借记卡交易相比过去5年平均每年增长118%。

三、会员奖励和忠诚度培养

你如何促使你的用户提供个人信息，比如使用信用卡登录App，会员制度对于零售商的成功起着至关重要的作用。星巴克App可以根据你所买的东西回馈相应的积分，推送星巴克最新促销活动信息并最终吸引你到最近的星巴克门店消费。通过将会员体系与移动交易结合，星巴克能够获得更多的销售额，同时也改善了消费者的购物体验。2013年5月，星巴克更是允许你不用在门店就可以购买他们的咖啡，这在零售界是一个前所未有的创举。

在中国，星巴克在2014年更新了自己的品牌App，并在星巴克门店进行宣传。手机用户只需要在App上绑定会员卡并注册便可开始星巴克星之旅。安装后用户可管理个人的星享卡账户，并通过App查询店铺位置，获得最新活动资讯并分享心得，以至于提升用户忠诚度与增加来店次数。

四、最新移动技术的应用

相比起跟随潮流，星巴克创造潮流。公司利用最新的技术，例如QR码、优惠券下载和虚拟礼品卡提升自己行业领导者的地位。在App中，星巴克利用了传统商店的地理位置和即时呼叫功能。所有这些数字化成分，让许多人都开始觉得星巴克是一个技术公司而不仅仅只是一家咖啡店。

移动是星巴克的前瞻运营策略，并不是一个附加的想法。它能够真正在移动领域进行创新，所有这些数字化进步使本已积极的客户体验更加完善。星巴克在这个领域绝对是一个王者。其他品牌应该把它作为模范，提高自身移动广告的建设以达到新的高度。

(资料来源：中国经营报. 看星巴克如何成功打造移动营销国王，2016.5.25)

讨论与思考：

1．阐述星巴克开展移动电子商务的战略布局。
2．星巴克的移动营销策略是什么？
3．描述一下星巴克的O2O模式。
4．什么技术对移动营销起很重要的作用？

第五部分　实施与管理营销活动

第十四章

市场营销计划、组织与控制

学习目标

1. 掌握市场营销计划、组织与控制的全过程。
2. 了解市场营销组织的不同形式。
3. 学会为企业制作一份市场营销计划书。

企业营销目标的实现，离不开对营销活动的有效管理。目标和任务必须分解和落实到各职能部门和执行人员上，使其在不同空间、时间和利益上行动协调一致，共同完成营销计划。实施过程包括建立营销组织、调动人力资源和制定激励制度；对计划执行中可能出现的意外情况，营销部门必须行使控制职能加以调整和修正，营销控制是企业进行有效经营的基本保证。

第一节　市场营销计划

市场营销计划是企业指导、协调市场营销活动的主要依据。企业要为每一次的市场营销活动精心计划，并分析、预见实施中可能遇到的各种问题，思考防范措施。作为一个营销者，需要一个优秀的营销计划来为品牌、产品或者企业发展提供方向和工作重点指导。依靠详细的营销计划，企业可以更有把握地向市场投放新产品或者提高现有产品的销售量。非营利组织也采用营销计划来指导筹款和宣传工作，而政府机构利用其建立公众的信任，刺激公共事业发展。

一、企业营销计划的制订

制订企业营销计划是企业组织进行营销活动的正式起点，也是营销管理的最重要任务之一，营销计划的科学性、完整性和可行性直接影响营销活动的效果。

营销计划书的撰写要以顾客为出发点，通过具体的营销战略和策略实现其战略目标，同时，它也与其他部门的计划产生关联。假设一个营销计划要求每年销售 20 万单位的产品，这时生产部门必须按此计划准备足量的产品，财务部门必须安排资金来支付期间所发生的费用，人力资源部门必须聘请和培训员工等。如果没有相应的其他组织部门支持，计划就不能成功。

大多数营销计划书覆盖一年，篇幅一般从 5 页到 50 页不等。小企业可能创建篇幅较短或者不是特别正规的营销计划书，而大企业通常需要构建高度结构化的文件。一般来讲，大企业营销计划书的每一部分都必须相当详细地予以描述。一些公司在内部官方网站上发布它们的营销计划，每个员工都可以进行参考和共同完善。

一般来说，市场营销计划书应包括以下 8 个方面的内容，如图 14-1 所示。

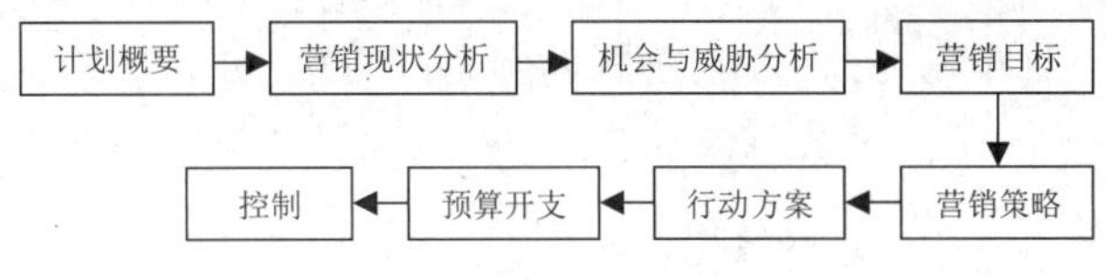

图 14-1　企业营销计划书的内容

(一) 计划概要

计划概要是向管理者对主要营销目标和措施进行简要概述，目的是使高层管理者迅速了解计划的主要内容和要点。如，某零售商店年度营销计划的内容是“本年度计划销售额为 5 000 万元，利润目标为 500 万元，比上年增加 10%。为了达到这个目标，今年的营销费用要达到 100 万元，占计划销售额的 2%，比上年提高 12%”。

(二) 营销现状分析

为了制定一系列成功的战略和行动方案，营销人员需要最新的关于环境、竞争和市场细分的信息。营销计划是提供有关市场、产品、竞争、分销以及宏观环境等多方面的背景资料和数据，然后针对总体市场、竞争、关键问题，以及外部环境中蕴含的威胁和机遇等进行调查的营销情报和研究。

(1) 市场状况。主要提供目标市场的具体数据，如市场的规模及其成长的有关数据，顾客的需求、消费观念以及购买行为的变化和趋势等。

(2) 产品状况。主要描述企业的每一个品种近年来的销售价格、市场占有率、成本、费用、利润率等。

(3) 竞争状况。首先识别主要竞争对手，并列举其规模、目标、市场份额、产品质量等以了解竞争者的意图、行为及其变化趋势。

(4) 分销状况。主要提供有关各个分销渠道的规模与重要数据。

(5) 宏观环境状况。一般包括人口、经济、技术、政治、社会文化等基本宏观因素的描述与分析。

(三) 机会和威胁分析

评估企业产品可能面对的主要威胁和机会，帮助管理层预期对企业或战略可能产生影响的正面或负面的发展动态。这一部分主要包括 3 个方面的内容：分析产品面临的主要机会和威胁、优势和劣势、产品面临的所有问题。

(四) 营销目标

拟定营销目标是市场营销计划的核心内容，目标分为财务目标和营销目标两种类型，两类目标都必须明确量化。财务目标指确定每一战略业务单位的财务报酬目标，包括投资报酬率、利润率等，而营销目标主要指确定产品的销售量、销售额、市场占有率、品牌知名度、广告效应、分销范围等。

(五) 营销策略

营销策略包括目标市场选择和市场定位、营销组合策略等。明确企业营销的目标市场，即企业准备服务于哪个或哪几个细分市场，如何进行市场定位，确定何种市场形象；企业在其目标市场上拟采用什么样的产品、渠道、定价和整合营销传播策略。

(六) 行动方案

行动方案是开展营销行动的具体手段与途径，是实现营销战略与目标的根本保证。简单来说，营销计划中的行动方案就是解决以下问题：将要做什么？什么时候去做？由谁去做？将会有多少成本产生？行动方案的具体内容是什么？

(七) 预算开支

营销预算，即开列一张实质性的损益表，陈述计划的损益状况的收入方列出预计的销售量和平均单价，支出方列出生产、分销及营销的预算成本，收支差即为计划的利润。

(八) 控制

规定监控进展的控制措施。基本做法是将计划规定的目标和预算按季、月甚至更小的时间单位进行分解，以便主管部门能够评估实施结果并发现问题。

市场营销计划的控制部分还应包括处理意外的应急方案。应急方案通常扼要地列举了可能发生的各种不利情况、这些情况的发生概率和危害程度、应采取的预防措施和必须准备的善后措施。目的在于事先考虑可能出现的危机和可能遇到的困难。

营销计划的标准

为避免营销计划缺乏现实指导性、竞争力分析不充分、过于聚焦于短期效果，在评估一个营销计划的有效性时，可以询问以下问题。

(1) 这项计划在表述方面是否简单和精炼？它容易理解、容易执行吗？它传递的内容是否清楚，是否可以落地？有必要这么长吗？

(2) 这项计划完备吗？它是否包含所有必要的因素？它有正确的广度和深度吗？有效的营销计划要在完备性及大量细节与简洁性及清晰的聚焦之间达成恰当的平衡。

(3) 这项计划具体吗？它的目标是否具体、是否可以衡量？它是否提供了一个清晰的行动步骤？它是否包含特定的行动，每个活动都有具体的完成日期、具体的负责人和预算吗？

(4) 这项计划是否具有现实指导性？销售目标、费用预算和里程碑式的日期是否具有现实性？为了查找出可能的问题，是否进行了一次坦率诚实的自我评判？

(资料来源：菲利普·科特勒. 营销管理. 上海：格致出版社，2016)

二、制订营销计划的模型与方法

现代企业的营销规划工作可利用特别设计的程序，通过计算机进行，为此需要研究各种利润最优化模型。

(一) 利润方程

我们可用下述方程估算利润：

$$Z=R-C \tag{1}$$

式中：Z 表示总利润；R 表示总收入；C 表示总成本。

而总收入 R 等于产品单价 P 乘以销量 Q：

$$R=PQ \tag{2}$$

总成本又可分为

$$C=cQ+F+M \tag{3}$$

式中：c 表示单位可变非市场营销成本；F 表示固定成本；M 表示市场营销成本。

把方程(2)、(3)代入方程(1)并化简，可得

$$Z=(P-c)Q-F-M \tag{4}$$

式中：$(P-c)$是单位产品毛利，即减去单位生产和实体分销的可变成本后在每单位产品上所实现的收入；$(P-c)Q$ 则是总毛利，用于补偿固定成本和市场营销费用后的剩余部分是利润。

(二) 销售反应函数

我们用销售反应函数描述销售量与营销组合各因素之间的关系。准确来说，销售反应函数是在假定其他营销组合因素不变的情况下，测定某一种或几种营销因素的变化对销售量变化的影响。其中最为人们熟知的一种即需求函数。它表明，在其他因素不变的情况下，价格越低，销售量越高。图 14-2 表明了销售量与营销支出之间 4 种可能的函数关系。

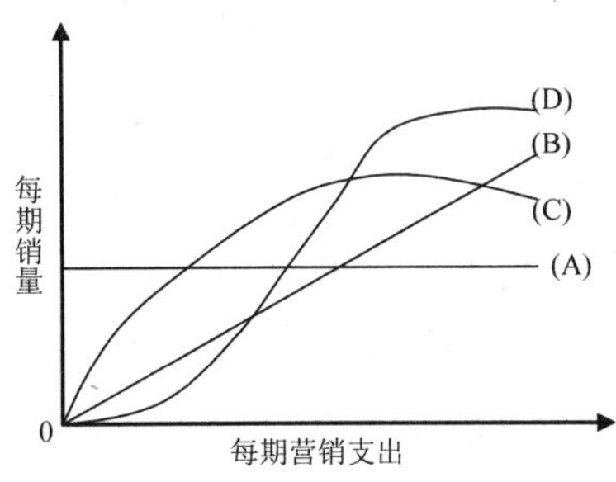

图 14-2　销售反应函数

图中函数(A)的情况最不可能发生，它表明销售量丝毫不受营销支出水平的影响。

函数(B)表示销售量随市场营销支出的增长呈线性上升，这种情况也很少见。

函数(C)是一凹形函数，表明销售量随市场营销支出的增长递减的速率增加，这适合人员推销的情况。如企业在某一地区只派驻一位推销员，他肯定会访问那些最有可能购买的目标顾客，此时的边际效率将最高。而企业向该地区派出的第二位推销员只能访问那些稍有可能购买的目标顾客，边际效率也将稍低。以此类推，继续增派推销员的结果是销售增长速度递减。

函数(D)为S型，它表示销售量随营销支出增长，先以递增比率上升，然后以递减比率上升，最后达到一个极限不再上升。广告支出对销售的影响大体如此。但广告预算很低时，难以刊登足量的广告，无法达到足够的知名度，销售增长速度较慢；广告预算达到一定水平时，将大大提高品牌知名度并引起消费者的购买兴趣，销售量迅速增长；但广告预算很高也未必就能产生更大的购买反应，因为此时目标顾客都早已熟知该产品了。

营销管理者如何确定这些反应函数呢？有3种办法：

(1) 统计法，即在收集销售量和营销支出历史数据的基础上，运用统计方法得出未来的销售反应函数；

(2) 实验法，即通过在不同地区分配不同的营销预算进行对比实验得出反应函数；

(3) 判断法，请专家对企业销售量与营销预算之间的关系进行判断。统计法对数据的质量要求严格，并受时间外推预测法所需各种条件的限制。实验法的要求亦过于复杂，且成本过高，也不宜广泛采用，因而判断法是唯一可行的。判断法看上去显得粗糙、不科学，但实践证明非常有用。

(三) 利润最大化

对销售反应函数做出估计后，下一步是将其用于制订使利润达到最大的计划。本书用图14-3说明如何制订利润最大化计划。

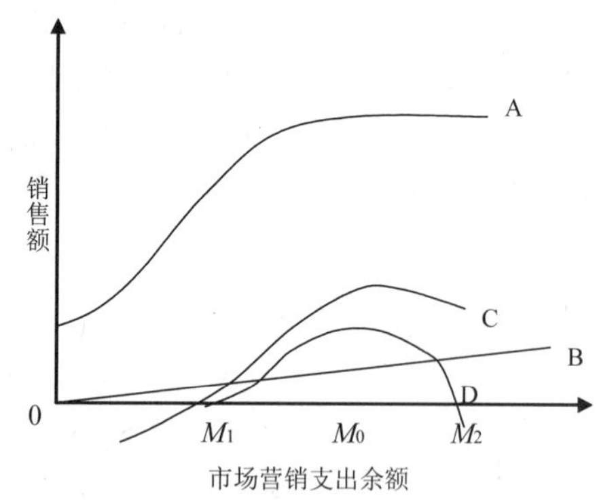

图14-3　销售额、市场营销支出与利润间的关系

图中的销售反应函数A是一条曲线，但与图14-2有两点不同：一是销售反应用货币额而不是实物量表示；二是销售反应函数的起点高于原点，表明在没有任何营销支出的情况下仍有一定的销售额。

图中的B为营销费用函数，是一条从原点开始的直线。

曲线 C 是支付了非市场营销开支后的毛利。

从毛利曲线中减去营销费用函数后得到的曲线 D 即净利润曲线。

曲线 D 表明市场营销支出处于 M1 和 M2 之间时，净利润为正值，而净利润达到最大值(即净利润曲线的顶点)时的营销支出水平为 M0。

上述图解法也可用数值法或代数法代替，特别是在同时考虑一个以上营销组合因素对销售量的影响时，更不能不采用数值法或代数方法。进一步，企业还可设计开发制订长期规划和合理分配营销预算的计算机程序，以便有效地制订出最好的营销计划。

第二节　市场营销组织

市场营销计划靠组织去贯彻和实施。市场营销组织是企业为了实现经营目标、发挥市场营销职能，由有关人员协作配合而形成的有机的科学系统，它是企业实现经营目标的核心职能部门。

一、市场营销部门组织结构的演变

20 世纪 30 年代以前，营销部门在企业中处于无足轻重的地位。随着市场经济的发展和营销观念的演进，以及企业所处的发展阶段、经营范围、业务特点等内外因素的影响，西方企业营销部门的组织结构经历了一系列的发展变化，有 5 个比较显著的发展阶段，如图 14-4 所示。

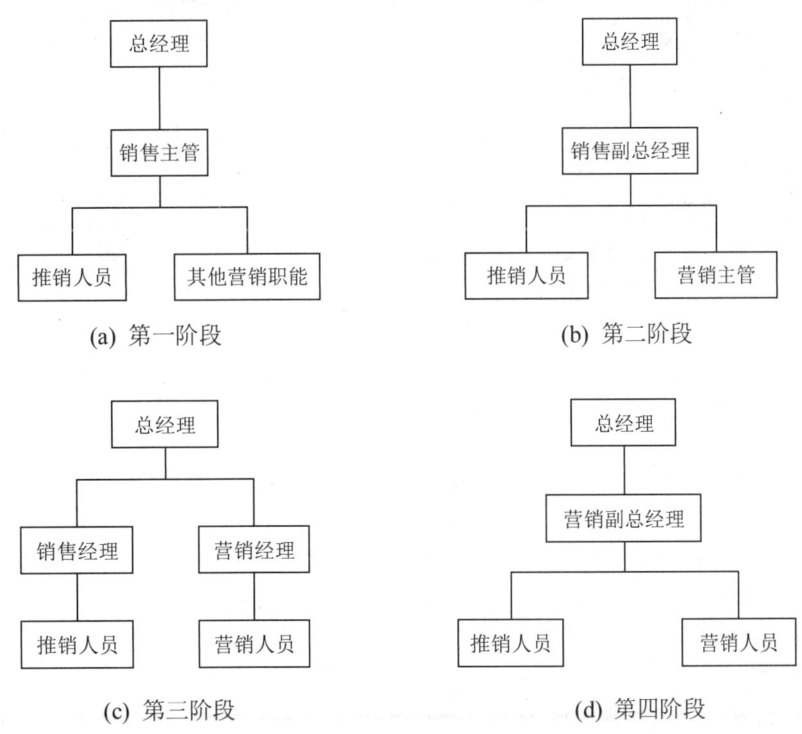

图 14-4　市场营销部门组织的演变

(一) 简单的销售部门

20 世纪 30 年代以前，西方企业以生产观念为指导思想，生产是经营管理的重点。大部分企业都采用这种形式。企业生产经营的组织结构由财务、生产、推销、人事和会计 5 个职能部门构成。

在这一阶段，企业生产什么、生产多少及产品价格等由生产和财务部门制定。销售部门通常由一位销售主管负责。他们的任务是将生产出来的产品推销出去。对产品的种类、规格、数量等问题，几乎没有任何发言权。这一阶段组织结构如图 14-4(a)所示。

(二) 兼管其他职能的销售部门

20 世纪 30 年代的经济大萧条以后，市场竞争日趋激烈，大多数的企业以推销观念作为指导思想，需要进行经常性的营销调研、广告宣传以及其他促销活动。在这种情况下，特别是工作量很大时，销售主管就需要雇用有经验的营销主管来承担这些新职能，营销组织结构也调整为如图 14-4(b)所示。

(三) 独立的市场营销部门

随着竞争的加剧、企业规模和业务范围的进一步扩大，原来作为辅助性工作的营销调研、广告促销、新产品开发及售后服务等营销职能的重要性日益增强，业务量加大，销售副总经理的精力仍集中于推销工作，无暇顾及营销工作，使企业的各项活动陷于被动。于是，许多企业将营销部门作为一个独立的职能部门划分出来，成为与推销部门平行的职能部门，作为营销部门负责人的营销经理一样受总经理的直接领导。其组织结构图如图 14-4(c)所示。

(四) 现代市场营销部门

从理论上说，推销部门和营销部门在目标上是一致的，需要配合和相互协调。但由于两部门平行和独立，业务上的冲突常使它们之间充满矛盾和不协调，形成了一种彼此敌对、互相猜疑的关系。

例如，推销部门注重眼前销售额和短期目标，而营销部门多注重长期效果，侧重于制订适当的产品计划和营销战略，以满足市场的长期需求。解决上述两部门之间矛盾的过程，奠定了现代市场营销部门的形成基础。由营销副总经理全面负责，下辖所有营销职能部门和推销部门，如图 14-4(d)所示。这种选择符合现代市场营销观念的经营指导思想，是企业组织结构发展的必然选择。

(五) 现代营销企业

企业建立了营销部门以后，虽然使整个内部营销系统协调起来，表面上形成了有利于系统功能发挥和市场营销观念贯彻的统一整体。但并不意味着它就是以市场营销原理指导运行的企业。由于企业内部各部门之间的工作重点有所不同，营销部门与其他部门之间的矛盾经常发生，甚至难以调和。只有当企业的每名成员认识到了企业所有部门的工作都是“为顾客服务”，“市场营销”不仅是一个部门的名称，还是一个企业的经营哲学，企业真正以市场为导向，一切从顾客出发，各职能部门均在市场营销原理指导下工作时，这个企业才算是一个现代的营销企业。

二、市场营销部门的组织形式

市场营销部门的组织形式随着情况的变化而变化。但无论怎样变化，无论采取怎样的组织形式，都应体现以顾客为中心的经营指导思想。现代营销部门的组织形式是多种多样的，概括起来有以下几种基本类型。

(一) 职能型组织

职能型组织是一种最为常见的组织形式，这种模式是按不同的营销职能分别设定部门，如图 14-5 所示。由市场营销副总经理负责协调各专业职能部门的活动。职能部门的数量可根据需要随时增减。

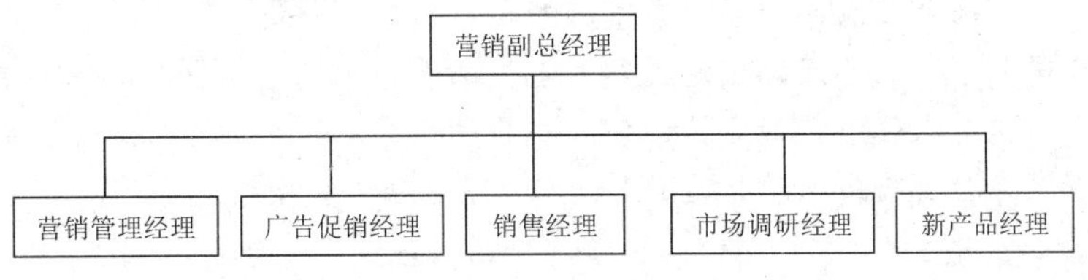

图 14-5　职能型组织

这种组织形式的主要优点是简便易行。但是随着产品的增多和市场的扩大，这种组织形式可能失去其有效性。原因是，在这种组织形式下，没有一个职能部门对某一具体产品或市场负责，因而也没有按每项产品或每个市场制订的完整计划，有的产品市场会因此而丢掉。同时，各职能部门为获得比其他部门更多的预算或更有利的地位而竞争，使得营销副总经理经常陷于难以调节的纠纷之中。

(二) 地区型组织

在全国范围内销售产品的企业，通常按地理区域组织其推销人员，如图14-6 所示。销售部门由一个销售经理负责全国的或更大区域面积上的销售工作。

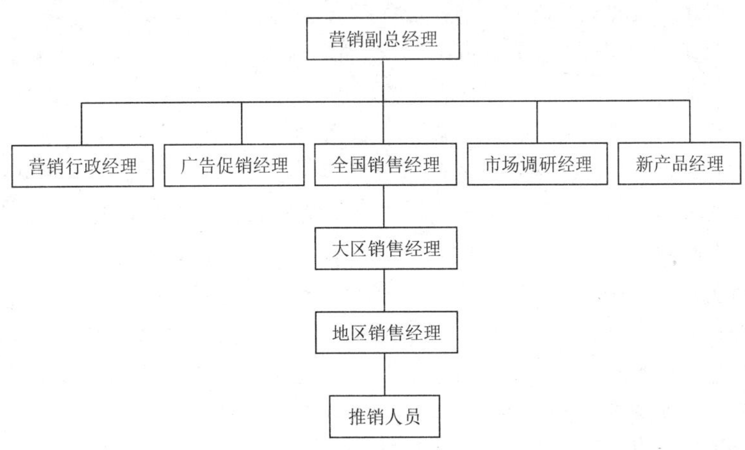

图 14-6　地区型组织

所有营销职能由营销副总经理统一领导，设置一名负责全国销售业务的销售经理，若干名大区销售经理(华东、华南、华北、西北、西南、东北)、地区销售经理(省、市、自治区)和推销人员。

优点是构成一个分布全国的销售网络，自上而下的控制幅度逐步扩大，较高层次的主管人员有更多的时间管理直接下属，形成的网络在管理上较为严密和有效，常与其他类型组合使用。

资料链接

科诺公司的营销组织结构

在中国，农药企业已有 7 000 多家，外国竞争对手占领中国农药市场的 20%。为此，科诺公司创新营销思想，确定了建立较大的营销队伍，以各级经销商会议推动经销商进货和直接对农民消费者宣传促销，从终端培育市场的“推拉结合”的低重心营销策略，以及在全国全面推开和抓重点、以点带面的营销模式。

贯彻上述营销思想的营销组织结构由 4 个层次组成：公司总部营销中心—战区指挥部—省级办事处—区域市场部。营销中心由市场综合部、储运部、企划部、销售管理部、技术服务部、督办部等部门组成。战区指挥部配备财务、企划、人事督办人员，另外各配备分管副总两人，作为传帮带培养对象。成立战区指挥部的目的是，对各省级办事处进行管理。公司在 1 年以内成立了 28 个省级办事处，分别归属于 5 个战区指挥部。省级办事处设财务主管(兼办公室、仓储等)、企划主管、技术主管、人事主管(兼督办、法务等)。区域市场部，由市场经理主持工作，区域市场部所辖市场负责人为业务主办。

公司共有人员 1 033 名，其中 70%分布在营销中心，其中，市场综合部 4 人，销售管理部 15 人，企划部 10 人，技术服务部 5 人，督办部 5 人，各战区共 651 人，林业市场部 15 人。而在销售旺季，公司在市场第一线的销售人员达到 1 600 人。由于农药销售具有季节性很强的特点，在销售旺季的 6、7、8、9 月 4 个月份，公司在全国大范围开展了低重心营销，需要大量人员，为此公司储备了一支预备军队伍。这支预备军队伍是指具有一定农药、植保及相关知识和经验的季节性市场人员，他们通常来源于两个途径：一是就地取“才”，即主要是利用当地农药、植保或相关专业的在校大学生；或在当地招聘兼职人员，特别是农药、植保及相关专业系统的兼职人员。二是总部输送，即总部借助有利条件联系周围大专院校的在校学生到公司实习；或抽调总部相关部门的员工，生产线员工在淡季作为预备军扩充到各个战区，预备军的招聘由区域市场或者办事处或战区或总部来操作。

在营销运作思路的实施上，公司通过在中国革命圣地(长沙、井冈山、遵义等)召开营销工作会议，借鉴中国革命精神，来引导公司员工接受和贯彻“敢闯新路，敢为人先”的创新思想和科诺公司不同于其他公司的营销策略。这给众多被分配到各地市县从事市场推广和市场开拓的业务人员以精神动力和支柱。

(资料来源：菲利普·科特勒. 市场营销原理与实践. 北京：中国人民大学出版社，2015)

(三) 产品管理式组织

如果一个企业生产多种或多个品牌的产品，各种产品之间差别比较大时，往往按产品系列或品牌设置营销组织，如图 14-7 所示。

产品管理式组织诞生于 1927 年美国的宝洁公司(P&G)之后，许多食品、肥皂、化妆品及化学工业的厂商纷纷效仿。在这种组织形式下，产品经理负责制订产品计划，监督产品计划的执行，检查执行结果，并采取必要的调整措施。

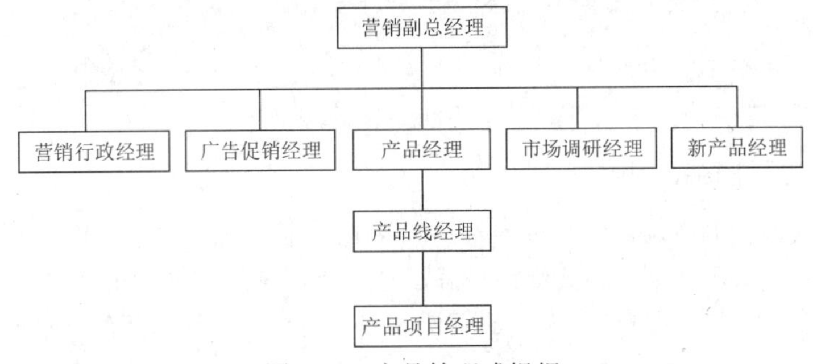

图 14-7 产品管理式组织

这种组织形式有其自身的优点，具体如下。

(1) 产品经理可协调所负责产品的营销组合策略。

(2) 产品经理能对产品在市场上出现的问题迅速做出反应。

(3) 较小的品种或品牌市场由于有产品经理负责而不至于被忽视。

(4) 由于产品经理需要与各方人员打交道，产品管理涉及业务经营的所有方面。因此，产品经理成为锻炼年轻管理人员的较好位置。

不过，产品管理式组织形式也存在着一些不足，主要包括以下几个方面。

(1) 易使产品经理成为低级的协调者。产品经理虽然被称为“最小的总裁”，但并无履行其职责的充分权力，他不得不依赖广告、推销、制造部门之间的合作，而各部门往往将其看作低层协调者而不予重视。

(2) 产品经理通常比较容易成为他所负责的产品方面的专家，却不容易熟悉其他业务而成为职能专家。

(3) 成本提高。建立产品管理系统，常使实际所需费用高于预期费用。原因是产品经理负担过重，需要增派和雇佣各类人员协助其工作，从而增加了费用。

(4) 易使企业得市场营销近视症。原因有两个：一是产品经理负责某一项产品的时间往往不够长，为产品制订的营销计划实际上是短期计划，不足以开发预期的产品市场，从而影响产品长期力量的增长；二是产品经理迫于近期利润压力，不愿承担风险和创新，使产品的更新改造跟不上消费需求的变化而最终损害了企业的利益。

(四) 市场管理式组织

当客户可按其特有的购买习惯和产品偏好细分和区别对待时，就需要建立市场管理式组织，如图 14-8 所示。它与产品式组织相似，通常由一名市场经理管辖若干细分市场经理，各细分市场经理的职责是为自己负责的市场制订长期或年度计划，分析市场趋势及新市场需要的产品。他们比较注重长远的市场占有率而不是眼前的获利能力。

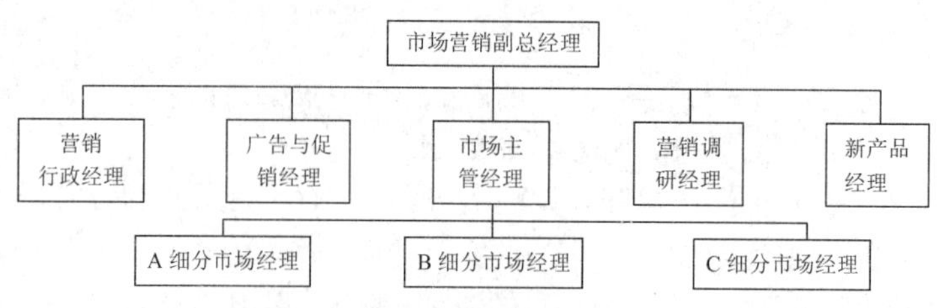

图 14-8　市场管理式组织

市场管理式组织的优点是，各种市场营销活动通过市场经理被组织起来满足不同顾客群的需要，有利于贯彻市场导向的现代市场营销观念。

(五) 产品—市场式组织

对于面向不同的市场，生产多种不同产品的企业，在确定营销组织结构时，面临着两难抉择：是采用产品管理式组织形式，还是采用市场管理式组织形式。为解决这个难题，企业可建立一种既有产品经理又有市场经理的二维矩阵组织，如图 14-9 所示。

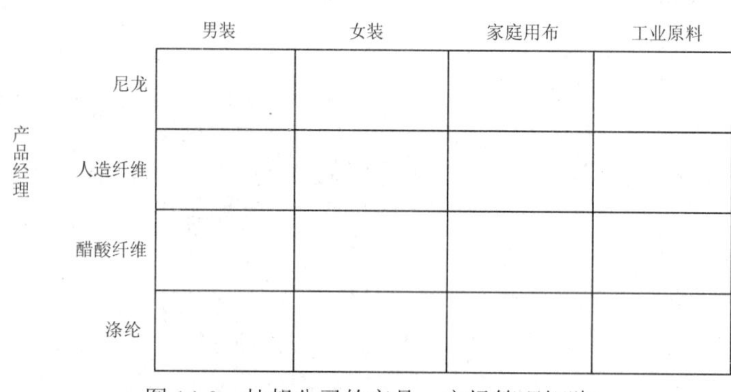

图 14-9　杜邦公司的产品—市场管理矩阵

产品经理负责产品的销售利润计划，为产品寻找更广泛的用途，市场经理则负责开发现有的潜在市场，着眼市场的长期需要，而不只是推销眼前的某种产品。这种组织形式适用于多角化经营的公司，缺陷是冲突多、费用大，时有权利和责任界限不清的问题。同时，矩阵组织又面临新的两难选择：一是如何组织推销人员，在图 14-10 中究竟是按每一类化纤产品组织推销队伍，还是按各个市场组织推销队伍，或者推销队伍实行专业化；二是在各个产品市场上由谁定价，对此有不同的观点，可根据产品、市场和企业实际酌情考虑。

多角化经营的公司，经营规模进一步扩大，公司就会将主要产品分为独立的事业部，每个事业部都有自己的职能部门，包括市场营销部门。此时，总公司的市场营销活动就面临着以下 3 种模式可供选择。

(1) 总公司不设营销部门，在各事业部设立营销机构。

(2) 总公司设置精干营销部门。由精干人员负责部分的营销职能，如进行市场机会总体评价、提供咨询服务、推广营销观念等。

(3) 总公司设置强大的营销部门。除从事各种服务外，直接参与事业部的营销规划工作，并控制事业部的营销活动。

以上介绍了 5 种基本的市场营销组织形式，应该看到市场营销组织没有尽善尽美的，即使现在的组织结构较为理想，但随着企业的发展和环境的变化，市场营销经理仍然要以市场和顾客为导向，对组织进行相应的调整以适应市场的需要。

数字经济时代的到来，要求企业以互联网思维观念为指导进行网络化的组织结构再造，以便更好地支撑企业营销模式的创新。例如，海尔集团通过网络化组织结构变革，转型为平台型的互联网企业。

海尔集团的第五次组织结构变革

多年来，海尔一直靠打破传统体制和行业认知不断向前，网络化战略阶段是海尔的第五次组织变革，见图 14-10。这次组织变革使海尔从传统制造家电产品的企业转型为面向全社会孵化创客的平台，致力于成为互联网企业，颠覆传统企业自成体系的封闭系统，变成网络互联中的节点，互联互通各种资源，打造共创共赢新平台，实现各方的共赢增值。

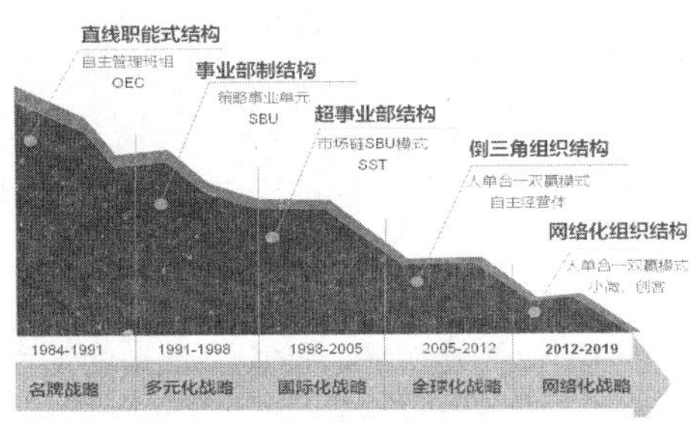

图 14-10　海尔的五次组织变革图

海尔在战略、组织、员工、用户、薪酬和管理 6 个方面进行了颠覆性探索，打造出一个动态循环体系，加速推进互联网转型。在战略上，建立以用户为中心的共创共赢生态圈，实现生态圈中各有关方的共赢增值；在组织上，变传统的自我封闭到开放的互联网节点，颠覆科层制为网状组织。在这一过程中，员工从雇佣者、执行者转变为创业者、动态合伙人，目的是要构建社群最佳体验生态圈，满足用户的个性化需求。在薪酬机制上，将“企业付薪”变为“用户付薪”，驱动员工转型为真正的创业者，在为用户创造价值的同时实现自身价值；在管理创新上，通过对非线性管理的探索，最终实现引领目标的自演进。

海尔步入了“砸组织”阶段：先是“企业无边界、管理无领导、供应链无尺度”，后是“企业平台化、员工创客化、用户个性化”，由此在企业内部构筑出激烈的竞争氛围。

(资料来源：百度文库，https://wenku.baidu.com/view/6763443608a1284ac95043a0.html，经修改)

第三节　市场营销实施

从管理的角度看，企业营销活动同样是一个计划、组织与控制的过程。营销整体战略规定了企业的目标和任务，这些目标和任务需要被分解为各部门的具体计划，并且还要由有效的组织加以贯彻实施。

一、市场营销实施的含义

市场营销实施是把营销策略和计划落实为具体的营销行动，实现营销计划的既定目标。营销实施包括动员公司全部的人力和资源，实施每日或每月的例行营销活动，并通过这些活动来有效地实现营销计划。

二、市场营销实施的过程

市场营销实施的过程具体包括相互联系的 5 项内容。

(一) 制定行动方案

为了有效地实施市场营销计划，市场营销部门以及有关人员需要制定详细的行动方案。方案应该明确营销战略实施的关键性决策和任务，并将执行这些决策和任务的责任落实到个人或小组。另外，还应包括具体的时间表。

(二) 调整组织结构

在计划实施过程中，组织结构起着决定性作用。组织将战略实施的任务分配给具体的部门和人员，规定明确的职权界限和信息沟通渠道，协调企业内部的各项决策和行动。组织结构具有下面两大职能。

(1) 提供明确的分工，将全部的工作分解成便于管理的几大部分，再分配给各有关部门和人员。

(2) 发挥协调的作用，通过正式的组织联系和信息沟通网络，协调各部门和人员的行动。

(三) 健全绩效考评制度

绩效考评制度直接关系到战略实施的成败。企业对管理者的考评，如果以短期经营利润为标准，则各部门管理人员和公司员工的行为必定趋于短期化，他们就不会为公司的长期目标而努力。

(四) 开发人力资源

人力资源涉及人员的考核、选拔、培训和激励等问题。在考核、选拔管理人员时，要注意将适当的工作分配给适当的人，做到人尽其才；同时，为了激励员工的积极性，必须建立完善的工资、福利和奖惩制度。

(五) 建设企业文化

企业文化是指一个企业内部全体人员共同持有和遵守的价值标准、基本信念和行为准则。企业文化对企业的经营思想和领导风格、对职工的工作态度和作风，均起着决定性的作用。企业文化和企业管理风格一旦形成，就具有相对稳定性和连续性，不易改变。因此，企业战略通常是适应企业文化和管理风格的要求来制定的，而不宜轻易改变企业原有的文化和风格。

上述几个方面必须协调一致、相互配合，企业营销目标才可能实现。

三、影响市场营销实施的因素

(一) 营销战略和计划脱离实际

企业的营销战略和营销计划通常是由上层的专业人员制订的，而实施则要依靠营销管理人员。由于这两类人员之间往往缺少必要的沟通和协调，容易导致下列问题的出现。

(1) 企业的高管只考虑总体战略而忽视实施中的细节，结果使计划过于笼统和流于形式。

(2) 专业计划人员往往不了解计划实施过程中的具体问题，所制订的计划脱离实际。

(3) 专业计划人员和营销管理人员之间没有充分交流与沟通，致使营销管理人员在实施过程中经常遇到困难，因为他们并不完全理解需要去实施的战略。

(4) 脱离实际的战略导致计划人员和营销管理人员的相互对立和不信任。

(二) 长期目标和短期目标之间不协调

营销战略通常着眼于企业的长期目标，涉及今后3～5年的经营活动。但具体实施这些战略的营销人员，通常是根据他们的短期工作绩效(如销售量、市场占有率或利润率等指标)来评估和奖励的。因此，营销管理人员往往会倾向短期效益。所以，企业必须采取适当的措施，解决长期目标和短期目标之间的冲突，协调两者之间的关系。

(三) 怠于创新，抵制变革

企业目前的经营活动往往是为了实现既定的战略目标，但“计划不如变化快”，新的战略目标如果不符合企业的传统和习惯往往会遭到抵制。新旧战略的差异越大，实施新战略可能遇到的阻力也就越大。要想实施与旧战略截然不同的新战略，常常需要打破或调整企业传统的组织结构和供销关系。

(四) 缺乏具体明确的实施方案

许多企业面临困境，只是因为缺乏一个能够使企业内部各有关部门协调一致作战的具体实施方案。管理当局应当制定详尽的实施方案，规定和协调各部门的活动，编制详细周密的项目时间表，明确责权利原则，也就是要遵循所谓的“麻雀”原则——应具体明确“麻雀”落在谁的肩膀上，避免职能部门之间互相推诿。

第四节　市场营销控制

市场营销组织的任务是计划、实施、评价和控制市场营销活动。由于营销战略是根据不太确定的预测因素制定的，在实施过程中随时可能出现意外情况，这就要求企业在计划的实施过程中，对市场营销活动进行必要的控制，及时发现问题并对计划或计划实施方式做出必要调整。

市场营销控制就是检查企业市场营销活动进行的实际情况，并将考察结果与原定计划进行比较，分析它们之间差异出现的原因并采取相应策略，保证市场营销战略目标的实现。营销控制是企业营销管理的一个重要职能，也是实施企业营销计划的一项必要措施，主要包括年度计划控制、营利性控制和市场营销审计 3 种不同的控制过程。

一、年度计划控制

年度计划控制主要是检查营销活动的结果是否达到了年度计划的要求，并在必要时采取调整和纠正措施。年度计划控制的目的是确保企业达到年度计划规定的销售额、利润额及其他指标，是一种短期的即时控制。其控制过程如图 14-11 所示。

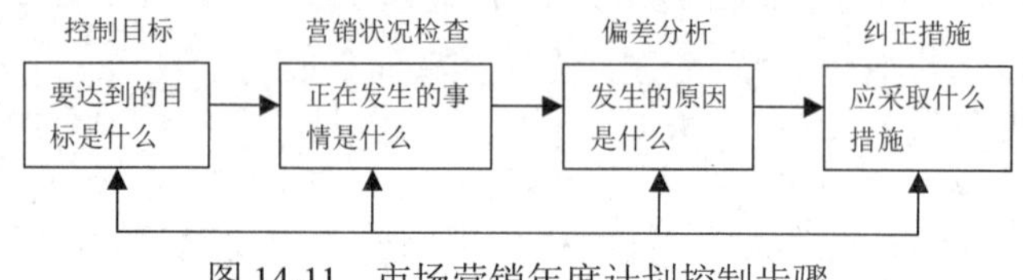

图 14-11　市场营销年度计划控制步骤

年度计划控制主要从以下几个方面进行。

(一) 销售分析

销售分析就是衡量并估计实际销售额与计划销售额之间的差距。具体有两种方法。

1. 总量差额分析

这种方法用来衡量不同因素对造成销售差距的影响程度。

【例 14-1】某公司年度计划要求中规定，某种产品第一季度出售 80 000 件，单价每件 10 元。季度末，实际售出 75 000 件，且售价降为 8 元，总销售额为 600 000 元，比计划销售额减少 200 000 元。

其中，价格下降对销售额的影响为

$$\frac{(10-8)\times 75\ 000}{200\ 000}\times 100\%=75\%$$

销售量减少对销售额的影响为

$$\frac{(80\ 000-75\ 000)\times 10}{200\ 000}\times 100\%=25\%$$

由此可见，价格下降和销售量下滑对销售额的影响程度是不同的，75%的差距是由于价格下降造成的。因此，企业应进一步深入分析价格下降的主要原因，并有针对性地采取措施。

2. 个别销售分析

这种方法是用来衡量导致销售差距的个别产品或地区的。

【例 14-2】某企业在 A、B、C 3 个地区出售某种产品，期望的销售目标分别为 2 000 单位、3 000 单位和 4 000 单位，实际销量分别为 2 400 单位、2 900 单位和 3 000 单位。与计划的差距分别是+20%、－3.3%和－25%。可见，造成麻烦的主要是 C 地区销售量的大幅减少。因此，企业应进一步查明 C 地区销售量大幅减少的原因，加强对该地区的营销管理。

(二) 市场占有率分析

销售额的绝对值并不能说明企业与竞争对手相比的市场地位如何，只有市场占有率分析才能揭示出企业同竞争者在市场竞争中的相互关系。例如，某企业的销售额上升，可能是由于整个宏观经济环境的改善使市场上的所有企业受益，而本企业与竞争对手之间的相对关系并无变化或市场占有份额在绝对下降。市场营销管理者只有注意企业市场占有率的变化情况，才能准确判断本企业的竞争地位有无变化。如市场占有率上升，表明企业营销绩效在提高。反之则说明企业在竞争中是失利的。市场占有率分析有总体市场占有率、有限地区市场占有率和相对市场占有率 3 种指标。

在使用这种分析方法时，还应考虑其他条件是否发生了变化，如外界环境因素对所有参与竞争的企业的影响程度是否始终一样；是否有新的企业加入本行业竞争；企业是否为提高利润而采取的某种措施不当等导致市场占有率下降。

(三) 营销费用率分析

营销费用率是营销费用与销售额的比。年度计划控制要确保企业在实现销售计划目标时营销费用无超支。在销售额一定的情况下，营销费用越低，企业的效益就越好。营销费用率分析的目的是监督营销费用的支出情况，确保其不超出年度计划的指标。

营销费用率反映取得一定的销售收入所需付出的营销成本，其高低可作为反映企业营销效率的重要指标。该比率受各种随机因素的影响而上下波动，一般允许有适当偏差，但如果波动超出正常范围，就应引起注意。如果及早发现苗头，采取措施，便可控制住费用的上升趋势。

对营销费用率的分析，还可采用费用率偏差图对不同地区或不同产品进行销售额目标与费用目标的对比分析。在此不做详细介绍了。

此外，还要对顾客的态度进行跟踪、调查和分析，纠正发生的问题，使企业保持良好的形象。

二、营利性控制

除年度营销计划控制外，企业还需要测算它的各类产品在不同地区、不同市场，通过不同分销渠道出售的实际获利能力，即营利性控制。营利性控制主要是帮助主管人员决策哪些产品或哪些市场应予以扩大，哪些应该缩减甚至放弃。

其分析步骤如下所示。

(1) 将各项费用开支分摊或归纳到各市场营销职能上去。如人员推销、广告和包装运输等。

(2) 依据标准将市场营销职能费用按不同商品、不同地区、不同渠道或不同市场进行分配。

(3) 编制商品损益表、地区损益表和渠道损益表。如表 14-1 所示为某企业的地区损益表。

表 14-1　地区损益表

科　目	东 北 地 区	华 北 地 区	西 北 地 区
销售额:	4 000	1 500	500
销售成本	2 667	1 000	333
销售毛利	1 333	500	167
费用:			
推销费用	200	300	400
广告费	80	80	40
包装运输	200	100	100
总费用	480	480	540
净利润(或损失)	853	20	-373

从上述损益表中可看出，似乎应该放弃西北地区，甚至还有华北地区，而集中力量发展东北地区的市场营销。但仅仅根据这张损益表就做出这样的决策未免过于匆忙草率。应进一步分析上述结果出现的原因，综合考虑有关的因素，如上述 3 个地区的市场潜力，本企业的市场占有率及竞争对手的情况，3 个地区在全国市场中的影响，企业对上述 3 个地区的市场营销策略是否适宜等，然后再采取调整措施。可供采取的措施很多，例如，假定企业的市场营销策略十分适宜，东北地区虽纯利较高，但市场占有率继续提高的可能性已不大，则可按兵不动，观察西北和华北市场的变化；暂时放弃或缩减在西北地区的营销努力，集中力量在华北地区取得大进展；鼓励较大额度的订单，尤其对西北、华北地区可给予优惠的数量折扣等。只有对上述方案根据实际情况进行仔细研究、筛选、评估后，才能保证采取的调整措施是最优的。

三、市场营销审计

市场营销审计，是定期对企业营销环境、目标、战略、组织和计划实施情况进行全面、系统、独立的审查评价过程，是最高等级的控制。通过市场营销审计，企业可以发现市场营销中存在的问题和机会，并提出改进企业营销活动的对策。

市场营销审计一般由市场营销环境审计、市场营销战略计划审计、市场营销组织审计、市场营销系统审计、市场营销效率审计和市场营销职能审计 6 部分组成。

根据审计范围的不同，可分为横向审计和纵向审计两种。横向审计是对营销活动的全部内容进行审计，覆盖整个营销环境、内部营销系统甚至具体营销活动的所有方面。纵向审计是对营销活动的某一方面进行的深层分析，如对产品计划的审计等。

市场营销审计具有相对的独立性，一般是由企业外部富有经验的咨询部门、营销审计机构及专家顾问组织进行，或主要由他们进行审计。这有助于借助他们对大量同类型企业咨询指导的经验，而且能保证审计的客观性和独立性。营销审计一般是定期进行的，一年内至少要有一次，有条件的企业可以间隔更短些，不是出现问题时才采取的临时行动。

总之，营销审计是必要的，能为陷入困境的企业带来效益，也能为那些经营有成效的企业增加效益。

思 考 题

1. 市场营销计划的作用有哪些？
2. 衡量一个有效的营销组织有哪些标准？
3. 企业营销计划的实施包括哪几个步骤？
4. 市场营销控制对象包括哪些内容？
5. 营销审计包括哪几个步骤？

课 堂 实 训

请选择一家你熟悉的企业，为其做一份营销计划书。

案 例 分 析

冰莹饮料公司的营销计划书

冰莹饮料公司（Chill Beverage Company）计划推出一种名叫NutriWater的新型维生素饮用水。虽然瓶装水市场步入成熟期，维生素饮用水的需求仍有上涨空间。NutriWater用口号“期待更多”来传达定位，暗示该品牌可以提供更多的特性和优势。公司充分利用其现有的经验和在忠诚客户群中的品牌权益，这些忠诚顾客是饮用冰莹碳酸饮料(Chill Soda)的千禧一代。NutriWater的目标市场也是千禧一代——偏爱软饮料或高热量含糖饮料的消费群体。

初步的营销目标是第一年在美国市场实现3 500万美元的销售额，争取瓶装水市场2%的份额。根据这一市场份额目标，公司预计第一年销售量可突破2 000万瓶，并在最后一个季度达到盈亏平衡。

一、市场概述

瓶装水市场产品种类繁多，仅纯净水就分为泉水、净化水、矿物质水和蒸馏水。尽管这些不同种类的水都作为消费者产品销售，但也可以作为其他类型瓶装水的核心部分，包括增强水、调味水、苏打水或这些类别的随意组合。

有些消费者认为不同品牌之间没什么差异，而另一些消费者却为不同品牌产品的特征和优点所吸引。比如，有的消费者可能认为泉水比其他种类的水更健康，有的消费者喜欢水合作用优化过的水，有的消费者则偏爱含有维生素、矿物质、草药或添加其他成分的水，还有的消费者根据口味做出选择。行业内对瓶装水的定位无外乎低热量、软饮料健康的替代品、运动饮料、功能饮料和其他类型饮料。

瓶装水品牌还根据规格、包装和是否冷藏而彼此区分。冰莹饮料公司NutriWater品牌的目标市场是偏爱健康可口的单人份瓶装饮料市场的消费者。这里的“健康”意味着低热量和添加营养成分。该市场包括希望增强健康的传统饮料消费者，以及不喜欢普通瓶装水的非饮料消费者。冰莹饮料公司第一年关注的细分市场包括运动员、具有健康意识和社会责任感的人、偏爱独立公司的千禧一代。

Chill Soda 品牌已经在千禧一代中建立忠诚顾客的稳定基础。随着这一代人的逐渐成熟，他们在寻找替代高热量软饮料的理想产品，冰莹饮料公司将他们作为首要的目标市场。

二、竞争分析

瓶装水市场在 20 世纪 90 年代进入了一个强劲增长的阶段，产品种类也迅速增加，除了各种纯净水之外，新种类不断涌现，包括加味水，例如纯水乐和强化水。强化水结合了软饮料和纯净水的特点，吸引了虽然知道自己应该少喝软饮料多喝水，但又喜欢软饮料味道的消费者。强化水品牌的发展开始于精品饮料公司。21 世纪初，大部分成功的小品牌纷纷被主要的饮料公司并购，为更大规模的公司在该类别和瓶装水的多样化上提供了坚实的市场优势。目前，强化水约占瓶装水市场 18%的市场份额。

种类繁多，加上市场领导者主导，导致强化水市场竞争异常激烈。尽管存在各类纯净水和其他饮料的间接竞争，这里只考虑强化水不同品牌的直接竞争市场。将强化水定义为含有营养添加物的瓶装水，常见的添加物有维生素、矿物质和中草药。强化水偏甜、有色有味。这一定义将强化水与运动饮料区别开来，后者的主要功能是通过添加电解质快速补充水分。

强化水品牌通常添加糖和零卡路里的甜味剂，因此虽然有甜味，但糖分、碳水化合物和卡路里的含量只有普通饮料和甜味饮料的一半。使用的甜味剂种类往往成为品牌的有效差异点。包括市场领导者在内的许多品牌都出售普通的和零卡路里的两类产品。

不同品牌的强化水在价格上一般没有显著差异，但根据零售店的类型而有所不同，比如便利店的价格要比杂货店高。冰莹饮料公司推出的新产品 NutriWater 将面临的主要竞争者包括以下几个。

(1) Vitaminwater：被称为能量品牌的 Glaceau 公司于 2000 年推出 Vitaminwater 品牌，2007 年可口可乐以 41 亿美元收购该公司进军非碳酸饮料市场。Vitaminwater 共有 15 个品种，采用瓶装和盒装两种形式，与市场上其他品牌相比为消费者提供了更多选择。Vitaminwater 有各种不同口味，但根据功能不同命名，例如，Stur-D(强健骨骼)、Defense(加强免疫系统)、Focus(精神疾病)等。该品牌的口号是“随时随地补充水分——早晨、中午和夜晚”。Vitaminwater 经过蒸馏、去离子和过滤，并添加结晶果糖(玉米浆)和纯天然赤藓糖醇甜味剂。它采用瓶装和盒装两种形式。年销售额超过 11 亿美元，占据 61%的强化水市场，超过其他瓶装水品牌。

(2) SoBe Lifewater：2000 年，百事可乐收购 SoBe 公司。为了应对可口可乐公司的 Vitaminwater，SoBe 于 2008 年通过超级碗广告成功推出 Lifewater。Lifewater 包括 15 种常规和零卡路里品种。根据口味和 6 种不同的功能设计：电解质、塑身、能量、加强、抗氧化和纯净水。每个品种都包含维生素、矿物质和草本植物的独特配方，提供不同利益。Lifewater 不含人工香料或颜色，使用糖和赤藓糖醇作为甜味剂，口味是“纯天然”，尽管赤藓糖醇是否为纯天然的问题还有争议。Lifewater 采用 20 盎司和 1 升的 PET 瓶包装，以超过 2 亿美元的年收入成为第二大强化水品牌。

(3) Propel Zero：佳得乐在 2000 年推出 Propel，一年后百事可乐收购了这个领先的运动饮料生产者。最初以健康水为标志，现在只作为 Propel Zero。尽管健康水的概念不再有新意，Propel Zero 仍然定位于“补充+激发+保护”。Propel Zero 有 7 种不同口味，每一种都含有维生素 B、维生素 C、维生素 E 和抗氧化剂、电解质，使用三氯蔗糖作为甜味剂，有 3 种规格的瓶装和盒装形式。该品牌以 1.81 亿美元的年收入和 10%的市场份额成为第三大强化水品牌。

(4) RESCUE Water：亚利桑那饮料公司是最大的瓶装茶饮料生产商。还生产瓶装奶昔、果汁、运动饮料、功能饮料等其他饮料。亚利桑那饮料公司的最新产品 RESCUE Water 于 2000 年在美国上市。除了维生素和矿物质，还添加了绿茶成分，使它在喜欢喝茶的消费者眼中非常独特，但也拒绝了大部分不喜欢喝茶的顾客。RESCUE Water 有 5 种口味，每一种都有独特的功能。它还有其他的差异点，包括包含 Twinlab 维生素、全天然成分，采用具有极佳保鲜效果的高科技塑料瓶。作为一种新款产品，RESCUE Water 的销售额和市场份额还不太清楚，但亚利桑那饮料公司是一家资产达数十亿美元、历史悠久的企业，擅长开发新产品。

(5) 利基品牌：至少有 4 家企业在强化水市场上，通过独立零售商在小范围内销售商品，这些品牌含有独特的添加剂或采用富有艺术感的特色瓶子。

三、SWOT 分析

NutriWater 虽然具有强大的优势，但其最主要的劣势是缺乏品牌知名度和品牌形象，不断增长的市场和消费趋势给它带来了巨大机会，但来自零售市场的进入壁垒和瓶装水的形象问题也对它形成了威胁。具体 NutriWater 的 SWOT 分析见表 14-2。

表 14-2　NutriWater 的 SWOT 分析

优势	劣势
高品质 多种饮料营销专长 社会责任 非主流形象	缺少品牌知名度 预算有限
机会	**威胁**
不断增长的市场 分销网络的缺口 追求健康的潮流 非主流形象	有限的货架空间 强化水的形象问题 环境问题

四、目标和问题

冰莹饮料公司为 NutriWater 进入市场的前两年制定了宏伟的目标。

(一) 第一年的目标

冰莹饮料公司计划在 NutriWater 进入市场的第一年，实现占领强化水市场 2%的份额，或销售额达到约 3 500 万美元的目标，并且在第一年末实现盈亏平衡。以 1.69 美元的零售价计算，要实现该目标，销量需要达到 20 710 059 瓶。

(二) 第二年的目标

冰莹饮料公司计划在第二年推出新口味，包括零卡路里品种，并实现销售额翻番，达到 7 000 万美元。

(三) 问题

在新品牌推广过程中，最主要的问题是基于对目标顾客非常重要的定位建立品牌知名度和有意义的品牌形象。为实现这一目标，冰莹饮料公司将采取非传统的促销手段和激发口碑营销。而为了保证产品销售和沟通的顺利开展，建立完善的分销商和零售商关系也至关重要。需要测量品牌知名度和认知率，以便在必要时适当调整营销策略。

五、营销策略

NutriWater 的营销战略涉及建立一个“价格相同但获益更多”的定位，采用市场流行价格，但提供更多利益。该品牌将采用差异化渠道，覆盖主要竞争对手没有开发的市场。其主要的目标市场是千禧一代，而这一市场中包含运动员、有健康意识和社会责任的人。

(一) 产品策略

随着品牌知名度的提高和零售渠道的顺畅，NutriWater 将推出更多的品种，例如，针对追求健康的消费者推出零卡路里产品。冰莹饮料公司在品牌建设方面的经验将成为 NutriWater 产品策略不可或缺的部分。营销组合的每个方面都必须与品牌相一致。

(二) 定价策略

各种类型的强化水在价格上差异不大，领导性品牌尤其如此。因此 NutriWater 采取竞争导向的定价策略。考虑到 NutriWater 希望建立优质形象，一定要避免低成本定位。制造商并没有为这类产品制定统一的零售价，而是随着不同的零售类型以及产品是否需要冷藏等条件而不同。每瓶 NutriWater 在食品杂货店的售价约为 1.49 美元，而在健康食品店和健身中心的售价为 1.89 美元。

(三) 分销策略

根据渠道和物流分析部分所得的信息，NutriWater 将采取选择性分销策略，采用知名的区域性零售商、健康和天然食品商店和健身中心。这种分销策略通过独立饮料经销商网络来执行，目前还没有其他重要的强化水品牌采用这种策略。冰莹饮料公司的核心品牌 Chill Soda 就是通过这种策略获得了成功。此外，它还在一些特殊场所，比如溜冰、冲浪和滑雪用品商店，时装店和音乐商店等目标顾客可能出现的地方放置带有品牌标识的冷柜。同时，该品牌还通过与 Panera、巴诺、塔吉特和星巴克等零售商签约合作来实现品牌扩展。NutriWater 也可以像 Chill Soda 一样，先从小商店做起，然后逐步扩展到较大的连锁店。但它并没有瞄准 Chill Soda 最初选用的小商店，因为这些网点更适合 Chill Soda 的软饮料品牌定位和目标顾客。

(四) 整合营销传播策略

与核心品牌 Chill Soda 一样，NutriWater 的营销沟通策略将不会采用以传统大众传播广告为基础的沟通策略，不用广播或平面广告。NutriWater 的促销资源集中在 3 个部分。

(1) 网络和移动营销：NutriWater 典型的目标顾客在网络上花费的时间远远多于用于传统媒体的时间。因此，该策略的核心是建立官网和移动品牌网站，通过在脸书、Google 和推特等社交网站上发送信息吸引消费者访问这些网站。另外，手机广告也对网络营销活动起到支持和促进作用。

(2) 商业促销：与 Chill Soda 品牌一样，NutriWater 的成功也需要依赖与零售商建立的亲密关系来保证产品的供应。对零售商的激励将包括售点陈列、提供带有品牌标识的冷藏柜、批量折扣和销售竞赛。这些推动型营销策略将与其他拉进型营销策略相结合。

(3) 事件营销：在滑雪和滑板比赛、高尔夫球赛以及音乐会等活动的现场，安排团队派发 NutriWater 的样品。

六、行动方案

NutriWater 将于 2 月在市场销售。下面简要罗列为实现既定目标，上半年的行动计划。

1 月，冰莹饮料公司的销售代表将与独立经销商和零售商一起工作，指导它们开展促销活动，并对积极销售 NutriWater 给予激励和奖励。销售代表要确保经销商和零售商已经充分了解产品的特征和优点，以及指导他们如何展示售点促销材料和使用冷藏柜。在品牌网站和其他社交媒体网站上发布产品的上市日期和销售地点等预告信息。为了营造更大的声势，向著名产品评论员、意见领袖、有影响力的博主和名人提供试用产品。

2 月，在产品上市当天，必须在零售点放置冷藏柜，进行售点展示。品牌网站和其他社交网站会进行促销活动。该活动的口号是“期待更多”，表明 NutriWater 除优质的产品、理想的利益之外，还有其为“维生素天使”组织捐赠帮助营养不良儿童的巨大价值。

3 月，为了加强网络营销和社交营销，利用 Foursquare 和脸书 Places 应用程序所提供的基于地点的服务，引导消费者找到并惠顾附近的零售网点，及时更新售点陈列和指示。促销活动的信息必须高度聚焦于“期待更多”的各个方面。

4 月，开展手机广告推广活动，吸引消费者访问品牌官网及社交网站，提升商店客流。

5 月，举办销售竞赛，为 4 周内卖出最多 NutriWater 的经销商和零售商提供额外的激励和奖金。

6 月，开展事件营销活动，组织 NutriWater 的销售代表在诸如音乐会和体育赛事等的现场进行宣传，这将进一步增强品牌的影响力。

七、预算

冰莹饮料公司为 NutriWater 设定的第一年的销售目标是 3 500 万美元，也就是说按平均售价 1.69 美元计，需要销售 20 710 059 瓶。如果平均批发价每瓶 85 美分，利润可达 1 760 万美元。冰莹饮料公司期望在第一年的年末实现盈亏平衡。我们假设每瓶批发价 85 美分，可变成本 14 美分，预计第一年固定成本是 1 250 万美元。基于这些假设，盈亏平衡的计算如下：

12 500 000 / (0.85-0.14)=17 605 634

八、控制

冰莹饮料公司计划对产品质量、品牌意识、品牌形象以及消费者满意度实施严格的监控。这有利于公司及时改正错误，防止可能发生的问题。避免偏离既定计划，还需要监控其他早期预警指标，例如月销售额和月支出等。考虑到市场波动，还需要准备权变计划来应对环境的突然变化，比如消费者偏好转移、新产品的出现，以及新竞争者的加入等。

(资料来源：菲利普·科特勒. 市场营销原理与实践. 北京：中国人民大学出版社，2015)

讨论与思考：

1. 结合案例分析制订市场营销计划的过程和内容。
2. 试分析什么样的市场营销组织结构能够保证该市场营销计划的有效实施。

第十五章

营销道德规范与社会责任

学习目标

1. 理解企业的营销道德规范。
2. 讨论企业应该承担的社会责任。
3. 解释道德在营销中的角色。

市场营销道德是市场经济的伴生物。在市场经济条件下，企业营销活动必须遵循市场营销道德及有关法律，履行一定的社会责任。为此，本章从社会职能的角度审视营销，探讨市场营销道德如何体现于营销过程中，有哪些因素影响市场营销道德以及企业应当履行的社会责任。

第一节　市场营销道德

一、市场营销道德的含义

(一) 市场营销道德的概念

市场营销中的道德是用来判断企业营销行为正确与否、企业营销活动是否符合消费者及社会利益、能否给广大消费者带来最大利益的行为规范，涉及企业市场营销的决策和行为的价值取向，要求企业以道德标准来规范其市场营销活动、行为及履行社会责任，维护和增进全社会和人们的长远利益。凡有悖于此，皆属非道德行为。

(二) 市场营销道德的标准

最基本的道德标准已被规定为法律和法规，并成为社会遵循的规范，企业必须遵守这些法律和法规。营销道德不仅指法律范畴，还包括未纳入法律范畴而作为判断营销活动正确与否的道德标准。企业经营者在经营活动中应当遵循这两种类型的营销道德。

判断市场营销道德的标准是什么?在很多情况下并不像人们想的那么容易。固然有些违背营销道德的行为，诸如虚假广告，合谋定价，贩卖假酒、假药、假种子等普遍为社会所痛恨的行为，其违背道德是一目了然的。然而，对某些营销行为，囿于个人价值观及生活经历的不同，每个人对某行为是否道德存在不同的见解。比如，什么是欺骗性广告？在人员推销中哪些行为构成行贿？以顾客身份从竞争对手处获取营销情报是否道德？对儿童做广告是否道德？等等。

西方伦理学家提出判断营销道德的两大理论，即功利论及道义论。功利论以行为后果来判断行为的道德合理性。如果某一行为给大多数人带来幸福，该行为就是道德的，否则就是不道德的。道义论从处理事物的动机来审查道德，并且从直觉和经验中归纳出应遵守的道德责任和义务，以履行与否判断行为的道德性。现实中将功利论与道义论相结合判断营销行为的道德性。

二、市场营销活动中的道德问题

企业营销活动中道德问题的产生，或是由于经营者个人道德哲学观同企业营销战略、策略、组织环境的矛盾引起；或是由于经营者为实现盈利目标同消费者要求获取安全可靠的产品、合理价格、真实广告信息之间的矛盾引起；或是由于企业领导者错误的价值取向迫使经营者违背道德经营，诸如为增加利润及提高产品市场占有率迫使经营者去窃取竞争对手的商业秘密，或有意将伪劣产品推向市场等。

(一) 产品策略的道德问题

为广大消费者提供货真价实的产品和服务是企业最基本的社会责任，如果违背这一原则就会违背营销道德。然而，在现实中，某些企业的产品策略往往同道德标准背道而驰。其主要表现为：从设计产品的动机看，是否存心欺骗顾客，将假冒伪劣产品充当真货好货出售给消费者；与动机相联系，在手段上是否操纵消费者的需要，过度刺激消费者的欲望，并使社会经济成本增加。如 2012 年年底，苏州质监局披露的“美素丽儿”洋奶粉存在擦改营养标志、用欧标替换国标、私印外包装盒等偷梁换柱的违法行为就是企业的不道德做法。

如果从企业应承担的社会责任来考察，则有：企业在产品的生产过程中，对广大职工的工作条件及工作时间能否做出恰当及合理安排，能否保证职工的人身安全及身心健康；企业在生产产品的过程中，是否造成环境污染及危及附近居民的正常生活；产品的包装及标签是否提供真实的商品信息，产品包装是否过多而造成社会资源的浪费及环境的污染等。

南京“冠生园”：中国失信破产第一案

2001 年 9 月 3 日，中央电视台《新闻 30 分》曝光南京冠生园食品有限公司做月饼用陈馅这一事件。该片播出后，在全国掀起了轩然大波，更让这个有 80 年历史的“老字号”倒闭、关门、职工下岗。对于南京冠生园倒闭、职工下岗、失业，不少人认为是央视曝光惹的祸，这种观点甚至连南京有关部门的个别领导也有同感，但让人意外的是，受连累最大的冠生园厂的大多数职工却不这么认为。冠生园公司原来做月饼绝对不会用陈馅，进馅时箱箱看，有一点问题都退货。月饼供不应求，即使有节后退下来的，也及时发给职工吃掉，如果坏了就喂猪。但在搞合资后就变了，不仅用“陈馅”还用“假馅”，凤梨月饼竟然用冬瓜做馅，制作过程中还加入香精，正是因为这种违背营销道德的做法使得企业失信破产。

(资料来源：搜狐，http://business.sohu.com/41/37/article200993741.shtml，经修改)

(二) 价格策略的道德问题

为顾客提供真实及合理的价格，以及提供真实的价格信息，是企业履行社会责任的重要组成部分。然而，在现实中，某些企业严重地违背了价格道德，主要反映在：从动机看，企业为牟取暴利而欺骗顾客，提供虚假的“特价”“减价”“打折”，哄抬物价掠夺消费者的利益；为了压垮竞争对手而实行差异性歧视价格或实行垄断价格。与动机相联系，在手段上采取欺骗、诱惑及强制方法迫使顾客购买产品。

如果从企业应承担的社会责任看，企业未能为顾客提供真实价格信息不利于消费者的购买抉择，未按照价值规律进行公平交易，损害了顾客及其他利益相关者的合法权益。

定价的霸道：一纸杯矿泉水 10 元钱

在国家体育馆“鸟巢”看了场演唱会。名角大腕引来 6 万观众济济一堂，精彩的演出堪称国内文化界盛事一桩。然而，发生了一件不愉快的小事：按规定，进“鸟巢”须安检，观众们随身携带的瓶装矿泉水皆被没收。时值盛夏，演出 3 个多小时，人们口渴难耐，却只能去“鸟巢”内的商店买水喝，一纸杯矿泉水 10 元钱。舞台上的美，刹那间模糊。商家的水虽贵，消费者却别无选择。水在“鸟巢”实际上被垄断经营，商家坐享价格暴利。

同样的情况有：进了景点的山门，为环保必须换乘旅游管理者提供的高价车；过了机场安检，为填饱肚子不得不去吃百元一碗的面条；在一些火车站、地铁站，想如厕也得先交钱，尽管卫生条件十分不堪……用这样那样的条件限制消费者的选择，或利用人的生理需求大发横财，与“要想从此过，留下买路财”的逻辑如出一辙。

(资料来源：人民网，http://society.people.com.cn/GB/97734/9695208.html，经修改)

(三) 分销策略的道德问题

当产品由生产者直接销售给消费者时，这时主要涉及生产者与消费者的购销关系。当产品由生产者通过中间商销售给消费者时，这时涉及生产者、中间商和消费者之间的购销关系。各渠道成员根据各自的利益和条件相互选择，并以合约形式规定双方的权利和义务。如果违背合约有关规定，损害任一方的利益，都会产生道德问题。如当合约规定，零售商只能销售某一企业的产品，而不准销售其他企业的产品，但零售商为了自身利益，不顾合约规定，销售其他企业好销的产品，这显然是违背了道德。同样，当生产者凭借自身的经营优势，为了自身利益，控制供货，采用威逼手段对中间商减少或停止供货，或者是生产者依凭自己的经营性垄断地位，迫使中间商屈服自己的指挥，限制中间商只能从事某种特别的经营活动等，均会引起道德性问题。

(四) 促销策略的道德问题

(1) 在促销策略中，企业的责任在于将产品及企业自身的真实信息传递给广大用户。但在信息沟通过程中经常产生道德问题，诸如虚假和误导性广告，操纵或欺骗性销售促进、战术或宣传报道。这里主要阐述在广告及人员推销中的道德性问题。

广告中的不道德行为。广告是促销组合中最重要的因素。广告中不道德行为主要表现为：播送欺骗性广告推销产品，使消费者做出错误的购买决策；为了搞垮竞争对手以提高自己产品或企业的身份地位，而播送攻击竞争者的广告。

"假药宣传专家"成了网络红人

2017年6月，一位被称为"假药宣传专家"的老太太火了。这位名叫刘洪斌的"老专家"先后出现在西藏卫视、青海卫视、甘肃卫视、东南卫视、辽宁卫视、吉林卫视和黑龙江电视台等多家省市级电视台的"健康节目"中，因每次出现时的身份不同，所推销的药品名称、功效也不同，而被网友称为"虚假药品广告表演艺术家"。

早在2016年2月5日，"刘洪斌"站台的"唐通5.0"在新晃被查。当时，新晃健康大药房解放路店通过新晃电视台多个频道发布"唐通5.0"的广告，"刘洪斌"出镜解说。由于存在虚假宣传、使用广告禁用语等违规行为，药店负责人受到行政处罚。新广告法出台后，"大多依照'哪个平台播出，哪个平台审查'的原则，工商部门没有前期审查的责任。如果市民看到违规广告，可以立刻打电话向我们举报，并举证，工商部门将立即进行查处。"

根据这次刘洪斌宣传的药品"蒙药心脑方"的销售人员说，视频是广告公司做的，"蒙药心脑方"是他家祖传的药方，授权给阜新蒙药有限公司生产，是经电视台和监管部门同意播放的。从舆论反应来看，包括刘洪斌、电视台、监管部门，以及经销商、厂家在内的整个产业链，都成为舆论谴责的目标，尤其是电视台和监管部门，被网民"痛打落水狗"，民众迫切要求对事件进行追责处理。

因此，有关部门应当对该领域的乱象进行彻底整治，处罚相关的单位和责任人，并完善相应的制度法规，以避免类似事件发生。

(资料来源：搜狐，http://www.sohu.com/a/151217939_769269，经修改)

(2) 人员推销中的不道德行为。在人员推销中亦暴露出许多违背道德的行为。销售人员使用各种诱惑方式促使消费者购买那些既不需要也不想购买的产品；销售人员通过操纵或强迫手段向顾客推销其伪劣产品或滞销积压的产品；销售人员为了获得个人回扣而向其他企业购买假冒伪劣产品等。企业对推销人员违反有关道德问题的态度及处理，对个人及公司的形象将会产生深刻的影响。

(3) 销售中的贿赂行为。当某人或组织为了获取一笔销售额或其他原因而采用付酬金、送礼或提供其他好处时，便产生贿赂问题，从而违背了道德标准。从表面看，贿赂似乎给个人或企业带来好处，但它会损害个人或组织的长远利益。因此，西方国家某些著名公司为自律其员工的经营行为，制定了营销道德标准，其中也包括对贿赂行为的界定及限制。如帝国石油公司(Imperial Oil)在其营销道德标准中规定，“任何员工在没有经理允许的情况下不能送给或接收价值超过25美元的礼品”。

明星代言虚假广告

一则反复在电视上播出的商业广告中，某相声明星在推荐一种特效藏药减肥茶，广告中对苗条身材的许诺(产品的口号是“三盒就能弄平你的大肚子”)和明星代言效应使得这款减肥茶热销。数千盒零售价人民币29元的产品被抢购一空，2006年的销售额超过1 300万美元，作为代言人的该明星也入账26.5万美元。

但是，2007年的“3.15晚会”却把这种减肥茶列为不合格的产品和服务之一。这种茶从超市下架，该明星也因其“不负责任的行为”而受到网络攻击，网民把他列为在广告中误导消费者的名人之一。

据国家工商行政管理总局统计，每年有250万中国人由于广告的欺骗而服用了不合适的药物。有关部门已经加强防止虚假广告出现在广播、电视、报纸和杂志上的监管力度。消费者仍然在呼吁广告明星代言要对问题产品负责的法律的出台。一位受害者说：“明星不能滥用自己的形象，他们应当了解产品的背景，而不能代言他们不曾使用过的或者不确信的产品。”

(资料来源：菲利普·科特勒. 市场营销原理. 北京：机械工业出版社，2013)

(五) 营销调研的道德问题

市场营销调研往往涉及3个方面的关系，即调研人员同委托者、调研人员同受访者以及委托者同调研人员之间的关系。各方均承担一定的权利与义务，只有履行彼此间的道德责任，方能保证营销调研任务的顺利完成及保证调研资料的真实性和可靠性。

首先，从调研人员对委托者的道德责任看，委托者有权要求调研人员保守业务秘密，未经委托者许可不能泄密，否则是不道德行为；调研人员必须根据委托者的要求，保证调研工作质量，如问卷设计要认真，访问次数不要偷工减料，调研人员要严格培训，否则不仅浪费了委托者支付的调研费，而且往往使所收集的资料失真而误导委托者的决策；调研人员要向委托者真实反映其调研所采用的方法，调研的时间、对象和地点，访问方式及问卷反馈率等，使委托者据此推断所调研的资料是否可靠。如果调研人员违背与委托者签订的合约，必然会引起道德问题。

其次，从调研人员对受访者的道德责任看，调研人员要尊重受访者的权利，如受访者可拒绝接受调研人员的访问；调研人员要尊重受访者的尊严和隐私权；访问者不要在受访者繁忙或不便时去访问，并对受访者身份进行保密；未经受访者许可，不能随意公布受访者提供的资料。

最后，从委托者对调研人员的道德责任看，委托者必须依约支付调研费；委托者要公正、全面地发表调研成果，不能断章取义而对读者产生误导。

资料链接

安卓系统手机窃取用户信息的道德质问

复旦大学移动互联网数据安全技术研究中心，对当前比较热门的330多款安卓系统下的手机软件进行了为期半年的监测。结果发现，58%以上都有隐私信息泄密的问题。大部分是把信息送回了软件开发商、广告商，我们还测到一部分是送到不知名的第三方网站去了。

1. 软件开发企业收集用户信息

重庆小面是重庆蓝盒子科技有限公司开发的一款手机应用软件。通过App手机应用软件，只要用户手机能正常通话，就能随时随地被蓝盒子跟踪到，并能在地图上把你的位置标出来。有了定位技术的支持，再配合手机里的应用软件，蓝盒子就找到了推送广告的生财之道。可以在不打开App的情况下，手机响一个铃声，你就会收到某个商家的优惠券。通过安卓系统，可以不受限制调用用户SD卡里的任何东西，获取手机里的通讯录，这实际上是在互联网上默认的一个潜规则。

2. 互联网广告公司大量获取用户个人信息

除了软件开发企业，一些移动互联网广告公司也加入了获取用户个人信息的行列，通过在手机应用软件内植入一个SDK包，这些公司就能轻易获取用户的个人信息，如手机的型号和MAC地址，包括用户日常的消费习惯。

一些安卓版手机软件开发者称，他们调取用户的个人信息，是为了给用户提供更好的服务，而且在安装前，都会提示用户，该软件具有哪些涉及个人信息的权限。然而，一旦用户安装了这样的软件，个人信息就可能偷偷流向软件开发者的服务器。80%以上的人可能都不知道手机上会有这么一个软件出现，但是实际上很多都有。

3. 高德地图等预装软件窃取个人信息没商量

一款预装在摩托罗拉XT928手机内，名为公信卫士的安卓版软件。监测人员发现这款软件在第一次应用时，竟然偷偷向他们的服务器发送一条短信。这条短信直接包含了用户的手机设备号等一些私密信息，当然也会直接带来用户手机号码的泄露，甚至还产生了一角钱的短信费用，而在手机里居然没有这条短信的发送记录。

一款预装在摩托罗拉XT685手机内名为高德地图的安卓版软件，其有一个位置共享服务，用户可以通过它直接将自己当前的位置信息链接到新浪微博等第三方网站。然而监测人员发现，当用户通过高德导航软件输入微博的账号和密码时，这些账号和密码竟然被以明文的方式，传给了高德的服务器。这是一种比较明显的泄露用户账号的行为。

用户哪里知道，一些安卓版手机软件，给他们带来方便的同时，也在肆无忌惮地窃取着他们的隐私。随着智能手机的广泛应用，这些企业的不道德行为，应该受到追究和处罚，也期待我国在这方面的法律法规尽早实施，以保护消费者的权益。

(资料来源：央视网——3.15晚会，2013年3月15日，经修改)

三、市场营销道德决策

(一) 影响企业营销道德决策的因素

为了弄清道德在企业营销决策中的重要性，必须了解哪些因素影响企业做出道德性决策。影响企业做出道德性决策的因素，主要包括职工个人的道德哲学、组织关系、企业价值观及机遇 4 个因素。

1. 个人道德哲学观

指用来指导个人行为的原则或规则。个人道德哲学观，尤其是高层管理者的个人道德哲学观必然会渗入企业营销决策中。个人道德哲学观正确与否及其水平的高低，必然会影响企业营销决策是否符合道德标准及营销决策道德水准的高低。个人道德哲学观是由人们家庭教育、社会组织等教育影响而形成的。因而，应当重视家庭对子女的正确教育，以及社会对广大公民的教育内容。

2. 企业价值观

指企业职工拥有共同的价值观念。它是在企业经营哲学指导下构成企业文化的基础与核心，决定了企业的经营目标、管理风格及行为规范。因而，它是决定营销决策是否符合道德规范的关键。例如，当企业的价值观是“实现利润最大化”时，企业的营销决策往往会忽略甚至无视消费者及社会的利益。反之，如果企业的价值观是“为用户提供最优质的产品和服务”时，企业的营销决策就会以消费者利益为立足点。

3. 组织关系

指在企业中，领导与广大员工、上级与下级、同事之间的关系，在这诸多关系中要保持相互信任、履行相互的责任及义务等。一般来说，最高层管理者设计整个营销管理决策中的道德性基调，中下层领导干部则根据高层管理者的决策指示，结合自己的个人道德哲学观去影响道德性营销决策的实施。广大职工在道德性决策中发生相互影响，而职工们在营销道德性决策中的作用程度取决于个人受道德行为与不道德行为影响相比的程度。如果职工面临越多的不道德经营行为，他就越可能做出不道德的营销行为；反之，如果职工面临越多的道德经营行为，他就越可能效仿做出道德的营销行为。

4. 机遇

它是影响企业营销道德性决策的另一个因素，是指对经营者有利的一些条件，它减少障碍或提供报酬，从而影响营销决策的道德性。报酬包括来自内部的或外部的。内部报酬是指为他人做某事后的良好感觉；外部报酬是指在等价交换基础上，从他人那里获得自己想得到的有价值的东西，如获得领导者的提升和加薪、同事的赞扬等。但如果当某一经营者采用欺骗手段为增加销售额而增加个人提成，获得领导的奖励，这就表明，领导者肯定了其非道德行为，从而为经营者指明了未来努力方向。可见，领导者为经营者提供的报酬或机遇，对企业职工的营销道德从而对企业营销道德性决策起着多么重要的作用。

(二) 改善企业营销道德决策

企业营销决策违背道德，既有客观原因，也有主观原因。就客观原因看，一是缺乏企业实行“文明”经营的高度发展的物质基础；二是政府立法不健全，执法不严，对违背法律及道德的行为无严格的约束力；三是某些地方政府搞地方保护主义，往往掩饰或支持本地企业违法及违反道德的行为。从主观原因看，一是企业经营哲学不端正，片面追逐利润最大化；二是某些企业利用转轨时期国家政策的漏洞，进行违背法律及道德的经营行为；三是企业内尚缺乏严格的约束机制，包括缺乏道德自律机制。

违背道德的营销决策产生严重的危害性。首先，对广大消费者造成严重的危害。轻者造成消费者的经济损失，重者影响消费者的身心健康，甚至危及消费者的生命安全。其次，严重地损害社会的利益。因为，违背道德的决策不仅危及广大消费者的社会福利，还造成国家严重的经济损失，并从政治思想上腐蚀经营者及严重败坏社会风气。此外，违背道德的营销决策亦严重地损害企业自身的利益，因为违反道德的行为一旦被消费者识破，必然导致企业声誉扫地，从而造成企业长远利益的损失。

对于改善企业的营销道德决策，主要有以下几个方面的建议。

(1) 创造客观条件，即迅速发展社会生产力，为企业实行“文明”经营奠定物质基础；转换政府职能，通过宏观间接调控模式引导企业沿着法律及道德的轨迹运行；不断完善立法及强化执法力度，既要打击非法的营销行为，又要保护和鼓励合法的营销行为。同时，在企业内部要实行自律控制。

(2) 塑造优秀的公司文化。在企业经营活动中，渗透着大量文化因素，它融于企业的经营哲学思想、价值观念、群体意识、管理方式、道德规范及行为标准中。随着企业的发展，逐步形成了企业的经营管理哲学及精神文化即公司文化。如果每个企业都重视塑造具有创造力、影响力、凝聚力、显示出鲜明个性的高水平的企业文化，将有利于企业领导者及广大职工树立正确的价值观，从而有利于企业做出道德性的营销决策。

(3) 企业自觉地建立营销道德标准，并将道德标准实施融入控制系统中。西方国家的企业对道德标准的创建及实施，为我国企业营销道德的建设提供了有益的借鉴。自 20 世纪 80 年代以来，西方国家许多大型公司创立起道德决策及执行机构，并制定了用来约束职工经营行为的道德标准，诸如美国营销协会(AMA)制定出协会成员必须遵守的职业道德条例，并规定了相应的惩处办法。又如 IBM 公司、GE 公司及 McDonald 公司等均制定出各具特色的营销道德标准，有力地规范了企业的营销行为。

近年来，我国不仅学术界开展了对商业伦理及企业伦理的研究，而且在某些企业中亦开始提出自律经营道德行为的守则纲要，诸如在全国提出“百城万店无假货”，并开展了讲诚信、反欺诈活动。要使企业遵循道德标准，更为重要的是将道德标准的实施纳入控制系统之中，即对营销道德标准的实施进行监督、检查及调控。否则，再多再好的道德标准也只不过是一种摆设而已。

(4) 要求企业自觉树立社会市场营销观念，只有这一经营哲学才能真正地将企业的利益、消费者的利益及社会的利益结合起来，并成为企业制定道德性营销策略的保证。

普华永道的道德计划

普华永道公司于 2002 年建立了全球道德办公室及全方位的道德计划，由一位全球高级伦理官员领导。这项道德计划始于被称为“我们的经商之道”的行为守则。普华永道的雇员通过在全方位道德计划培训中学习这些行为准则，了解如何处理棘手的道德问题，这个学习过程从雇员进入公司的那天起一直持续贯穿其整个职业生涯。这项计划还包含各级帮助热线和定期沟通。普华永道公司 CEO 认为：“我个人把道德视为一个深深植根于我们做人和处事方式之中的关键使命问题。它与我们的产品开发周期和分销系统同等重要，它是在创造一种基于勤奋和尊敬的文化。我们每天都在问自己，‘我们是否在做正确的事情？’”

(资料来源：菲利普·科特勒. 市场营销原理. 北京：机械工业出版社，2013)

第二节 企业的社会责任

企业既是一个经济组织，以追求经济利益为主要目标，同时又是一个社会组织，有责任来履行自己的社会责任。无论从企业追求经营的良好环境的愿望出发，还是从企业追求长期利益的动机出发，企业都应尽力为社会做出贡献。当今，市场营销环境的一个重要特征，就是要求企业应对其活动所造成的社会和环境冲击负责的呼声越来越高。

一、社会责任的概念

社会责任即企业的社会责任(Corporate Social Responsibility，CSR)，这一概念产生于 19 世纪末，目前虽没有一个被广泛接受的定义，但从国内外学者的众多定义中，不难发现其内涵及本质。

斯蒂芬·P. 罗宾斯认为：“企业的社会责任是指超过法律和经济要求的企业为谋求对社会有利的长远目标所承担的责任”。哈罗德·孔茨等人认为：“企业的社会责任就是认真地考虑公司的一举一动对社会的影响”。彼得·德鲁克认为：“无论是一个企业、一家医院或一所大学，它对社会所要承担的责任可能在两个领域中产生：一个领域是机构对社会的影响，即一个机构对社会做了些什么；另一个领域是社会本身的问题，即机构能够为社会做些什么事。”

可见，企业社会责任是指企业在创造利润、对股东承担法律责任的同时，还要对企业利益相关者负责任。利益相关者是指企业产品的消费者、员工、供应商、社区、民间社团及政府等。企业的社会责任要求企业必须超越把利润作为唯一目标的传统理念，强调要在生产过程中对人的价值的关注，强调对消费者、对环境、对社会的贡献。企业社会责任就是企业为所处社会的全面和长远利益而必须关心、全面履行的责任和义务，表现为企业对社会的适应和发展的参与。

二、社会责任的特点

奥地利经济学家伊斯雷尔·柯兹纳(Israel Kirzner)在《企业家在经济体系中的作用》中指出，企业家之渴望利润就相当于风力之驱动帆船，的确是风力驱动了帆船，但却不能指望它必然把船吹向正确的方向。风有可能把船带到安全的港湾，但也完全有可能把船吹向礁石。换句话说，利润是驱动个人行动的强大动力，利润驱动着企业家，使事情得以进行，但它却不能保证追逐利润不会导致大量的浪费、不公正和不幸。因此，企业不能没有社会责任，否则会迷失方向。企业的社会责任有以下几个特点。

(一) 社会责任是多重责任的复合体

社会责任包括经济、法律、道德和慈善几个部分。经济责任是一个企业对社会的责任之一，是指生产社会需要的商品或服务，并以社会可接受的公平价格销售；法律责任要求企业遵守法律，按照规定的游戏规则运行；道德责任包括那些顾客、员工、股东、社区认为是公平、公正的东西，或者符合尊重或保护利益相关者道德权益的规范、标准、期望等；慈善责任是纯粹自愿的，通常受企业人的个人价值观引导。

卡罗(Carroll)提出了企业社会责任的金字塔模型，认为，企业的基本经济责任是“获得利润”，这是其存在的最根本的理由。“遵守法律”是企业的第二个社会责任。经济和法律责任都是基本的社会责任或者说是必须履行的责任。“企业道德责任，成为良好的企业公民”和“慈善责任”则是高层次的责任。

(二) 社会责任不同于企业法律责任

企业法律责任是法律规定的、企业必须遵守和实现的责任，比如依法纳税、设置相应的排污设施、遵守相关法律法规关于工人最低工资标准的规定等。企业法律责任其实是对企业的一种义务性要求，具有强制性。而企业社会责任的范围则不限于此，还包括诸如企业向社会捐赠等带有自愿性的行为活动。

(三) 社会责任不仅仅是一种道德责任

企业道德责任，不像企业法律责任那样具有法制性和强制性，而是企业的自愿行为，是意愿性责任。企业的道德责任最主要的表现形式就是社会捐赠，也就是人们所说的慈善事业和公益事业。虽然社会希望企业更多地将自己的财富贡献于慈善事业和公益事业，但不能像要求企业完成自己应有的法律责任那样去强制履行，而是要立足于自愿。正因为企业社会责任中的法律责任具有法制性和强制性，而其中的道德责任则具有自愿性，因而企业首先必须完成基本的法律责任，在此基础上再去考虑道德责任的问题。如果企业不认真完成自己应有的法定义务，而去通过慈善事业沽名钓誉，这是不积极承担社会责任的表现。

(四) 社会责任是企业法律责任和道德责任的有机统一

企业社会责任是在企业承担基本的法律责任的基础上对社会其他利益相关者的责任。当然，这种责任并不是一般意义上的道德责任。企业法律责任是企业应当承担的法律义务。法律义务是法定化的且以国家强制力作为其履行现实和潜在保证的义务。这种义务在法律中不仅有具体的内容和履行上的要求，而且对于企业如果怠于履行或拒不履行也有否定性的法律评价和相应的法律补救，因此它实际上是对义务人的“硬约束”，是维护基本社会秩序所必需的、最低限度的、道德的法律化。

企业的道德责任是社会对企业的一种期待实现的义务。这种义务是未经法定化的、由义务人自愿履行且以国家强制力以外的其他手段作为其履行保障的义务。其内容存在于一定社会的道德意识之中，通过人们的言行和道德评价表现出来，通过责任人的自我责任感的激发以及外部教育、规劝、鼓励、舆论评判等非法律手段的促使来确保其承担，因而它实际上是对企业这一责任人的“软约束”，是在法律义务之外对企业或企业管理者提出的更高的道德要求。

皮莱尔：召回 1.6 亿瓶矿泉水

法国皮莱尔矿泉水公司生产的皮莱尔(Perrier)牌瓶装水是来自法国南部的优质矿泉水，畅销欧美市场。1990 年，该公司在跟踪其产品质量时，发现有 13 瓶含有有毒化学物质的矿泉水出了厂，于是便从 120 个国家召回 1.6 亿瓶该牌矿泉水，公司为此付出了 3 500 万美元的召回费用，并遭受 4 000 多万美元的销售损失。事实上，这 13 瓶矿泉水所含化学物质的水平还没有达到有损人体健康的程度。但该公司的总裁认为，他这样做完全是从公司的消费者、分销商和员工的最大利益出发，因为这样可使他们彻底解除疑虑。此次事件增强了该公司产品的质量形象。

(资料来源：何永祺等. 市场营销学(第 4 版). 大连：东北财经大学出版社，2011)

三、市场营销中的社会责任

社会责任要求企业在营销活动中不仅考虑对买方所履行的法律责任和道德义务，而且还要考虑整个社会的其他利益相关者，这与当今提倡的社会性营销观念相一致，即不仅要满足消费者需要，还要担负为社会提供福利的社会责任。市场营销活动的社会责任体现在 3 个方面，如图 15-1 所示。

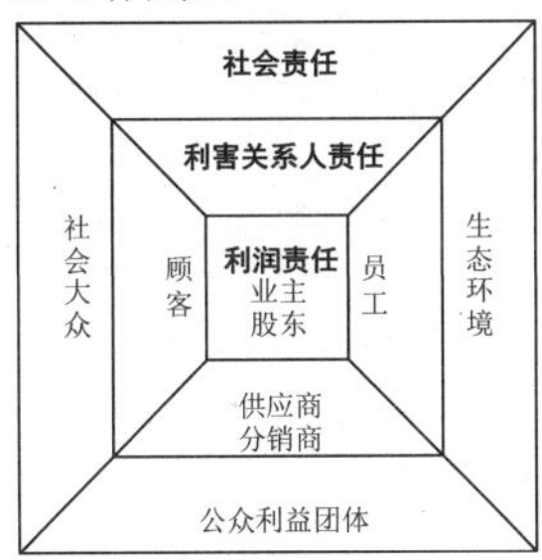

图 15-1　企业的社会责任体现

(一) 利润责任

除少数涉及国家安全和与民生关系极大的国有企业，对多数企业而言，它们的基本经济责任是“获得利润”，因为，获得利润是其存在的最根本理由。

诺贝尔奖获得者、经济学家米尔顿·弗里德曼在《弗里德曼定律：企业的社会责任就是增加利润》中提出，“企业的一项、也是唯一的社会责任是用自身的资源从事旨在增加自身利润的活动，只要这种活动不超出游戏规则所允许的范围，即这些活动只要是在没有瞒骗和欺诈的公开、自由竞争中进行”。利润责任要求企业必须负责一项简单的任务——为它的业主或股东赚取最大限度的利润，但不能超出道德底线。

(二) 利害关系人责任

这种责任的中心是企业必须对那些能影响其达成目标的各种相关者所应担负的责任，包括顾客、员工、供应商和分销商。对这些利害关系人负责，往往会使企业付出更多的代价，但这样做也会获得更好的口碑，获得更多、更好的合作，得到更大的支持。因为，顾客是企业的利润之源；员工是企业获取利润的内在驱动力量；与供应商、分销商建立良好的合作关系是企业运用广泛资源，应对动态复杂环境的挑战，把握稍纵即逝的机会的基础。

(三) 社会责任

社会责任是指企业必须对保护生态环境和社会大众负责。随着人类文明以前所未有的速度向着更高层次发展，追求无毒、无害、无污染的商品与生存环境，已成为当今时代生活与生产消费的主流趋势。为社会大众的利益而努力，也成为当今杰出企业的共同特征。这种努力首先表现在这些企业在进行市场营销决策时必须最大限度地考虑社会的利益；其次，这种为社会大众利益的努力还大量表现在直接捐献、赞助社会文化、公益事业上；再次，与一般的慈善捐款不同，这种努力直接与推销其某一产品所产生的顾客收入挂钩。例如，宝洁公司给专项奥林匹克运动会捐献基金就是由消费者购买其专项产品的多少而定，万事达卡国际公司向防癌、防心脏病、防乱用药物、防肌肉萎缩症等机构捐献的基金则与该卡的使用率挂钩。这种形式通过引导关心公众利益、满足消费者需要和提高企业的销售及利润，而将3种社会责任结合起来。

上海通用：中国最佳企业公民

2009年8月，上海通用得以连续7年被“中国最受尊敬企业”的追光灯所聚焦，连续两年赢得“中国最佳企业公民”的鲜花与掌声。上海通用汽车的成功，不仅是因为在市场上的丰硕收获，更来自它秉持“实现社会责任最大化”的理念，多年来以不胜枚举的公益实践积极、主动地贡献社会。

上海通用汽车一向本着“以顾客服务为中心”的宗旨，从最方便顾客的角度出发，对消费者负责。上海通用汽车成立了国内汽车行业中最早的顾客支持中心(CAC)，提供一年365天24小时服务，与顾客保持及时良好的沟通。上海通用充分考虑和维护员工物质利益和对公司企业管理的知情权、参与权；在生产制造领域和汽车产品上继续追求“节能、环保”；在自身获得发展的过程中不忘回馈社会、支持祖国的体育、教育等各项事业。2006年上海通用汽车推动的“雪佛兰红粉笔乡村教育计划”，组织和资助志愿者队伍下乡支教，带动社会各界力量切实关注并支持乡村素质教育改善；2008年，汶川地震，上海通用捐赠450万元；2009年9月9日，上海通用汽车成为第十一届中国上海国际艺术节独家全程赞助商。

(资料来源：何永祺等. 市场营销学(第4版). 大连：东北财经大学出版社，2011)

四、社会责任的营销效应

从长期来看，企业积极承担社会责任可以提升企业的核心竞争力。下面仅从市场营销的角度，分析承担社会责任给企业带来的效应。

(一) 履行社会责任有助于企业良好形象的建立

企业营销活动的主要目的之一就是要在消费者心中建立良好的企业形象。然而，当企业投入巨额费用在不同的媒介上进行企业形象的展示和宣传时，效果却不尽如人意。因为，消费者对于传统媒介单向、强迫式的宣传具有天然的抵触情绪。2003 年，美国人通过调查了解到一个企业在社会责任方面有消极举动时，80%的人会拒绝在该公司工作，85%的人会把这方面的信息告诉他的家人、朋友，而且有高达 91%的人会考虑购买另一家公司的产品和服务，83%的人拒绝投资该企业。可见，社会责任承担与否对企业良好形象的建立有重大影响。企业积极承担社会责任，建立企业与消费者、企业与社区、企业与国家的和谐关系，用社会营销观念来指导企业的经营活动将有助于在消费者心中建立良好的形象。相反，不注重履行社会责任的企业将严重损害企业形象的建立，终将在市场竞争中自食恶果。

三鹿事件：折射企业社会责任与营销道德问题

2008 年 3 月，在三鹿奶粉中查出含有三聚氰胺物质，随着社会舆论压力的增加，三鹿集团终于宣布产品召回声明，称经公司自检发现 2008 年 8 月 6 日前出厂的部分批次三鹿婴幼儿奶粉受到三聚氰胺的污染，市场上大约有 700 吨。从三鹿公布的信息来看，这家企业对于奶粉有问题早已知情，却采取了隐瞒行为。

随着政府部门的介入，三鹿奶粉事件的原因也受到大众的关注。于是，三鹿集团在 9 月 12 日发布消息，此事件是由于不法奶农为获取更多的利润向鲜牛奶中掺入三聚氰胺。在关键时刻将责任推向奶农，却只字不提自己在采购工作环节中的责任和疏漏，为自己找替罪羊，把责任推向奶农。

三鹿作为一个拥有 50 年历史的知名大型企业，具有较高的社会影响力。在社会公益化事业方面也做出了不少努力，却在遭遇最基本的产品质量问题时不能正视，置人民的身体健康和生命安全而不顾，企图掩人耳目、蒙混过关，未能承担其最起码的产品责任。700 吨毒奶粉，像一座山一样，压向中国老百姓，在神州大地上制造出了让 1 000 多个家庭流泪的悲剧，折射出我国在食品生产方面存在的危机，暴露了我国企业在社会、安全、法律等各方面所存在的严重的责任问题，也反映出我国食品安全监管的漏洞。

(资料来源：赵文英. 从三鹿事件看企业社会责任问题. 合作经济与科技，2009.8)

(二) 履行社会责任可以为企业提供和谐的营销环境

随着社会文明的进步和发展，消费者对企业承担社会责任的呼声越来越高，他们已经不再单纯地追求物质满足，更加关注环境、资源、人权、伦理、能源等社会问题。

如果企业能够承担相应的社会责任，必然能够获得公众好感，为企业营造融洽的营销环境。而企业如果不重视承担社会责任，其经营活动有悖于世界各国普遍的伦理价值观，企业将处于相对不利的经营境况，企业的生产经营、产品销售和品牌推广等一系列经营活动都要受到抵制。

(三) 履行社会责任可以使企业扩展市场空间

随着全球经济一体化，企业之间的竞争十分激烈，对企业社会责任的关注和实践成为现代企业竞争的新趋势。尤其，在强调贸易自由化的今天，传统的贸易壁垒渐渐失效，发达国家为了保护自己的市场利益，制定一系列的企业社会责任国际标准作为市场进入门槛，使得企业社会责任标准成为新的非关税壁垒。跨国企业如沃尔玛、耐克等或出于自身的需要，或迫于本国消费者的压力，对于其供应商也制定了包括提高劳动报酬、改善用工环境等诸多企业社会责任标准，对于达不到要求的制造商一律踢出供应商名录。对很多企业而言，是否通过了 SA 8000(Social Accountability 8000)企业社会责任的认证，将是决定企业能否进入国际市场的前提条件。因此，企业积极承担社会责任，通过相关的企业社会责任国际标准认证，将有效扩展企业的市场空间，减少企业可能遭遇的贸易壁垒。

企业社会责任的国际标准(SA 8000)

1997 年，总部设在美国的社会责任国际组织发起并联合欧美部分跨国公司和其他一些国际组织，制定了企业社会责任的国际标准，即 SA 8000。

SA 8000 被称为企业的道德标准。其宗旨是确保生产商及供应商所提供的产品符合社会责任的要求。SA 8000 中所规定的企业社会责任指的是：企业在赚取利润的同时，必须主动承担对环境、社会和利益相关者的责任。SA 8000 的内容包括人权、劳工权益和环境 3 方面。其中，劳工权益是核心，其主要内容涉及：童工、强迫性劳动、健康与安全、结社自由及集体谈判权利、歧视、惩戒性措施、劳动时间、工资和管理体系等。它从劳动保障、人权保障和管理系统 3 方面对企业应该履行的社会责任提出了一系列最低要求。SA 8000 强调的是企业的社会责任、社会效益，追求企业的平衡发展和经济及社会的协调发展。SA 8000 是在经济全球化背景下对企业自身经济行为的道德约束，又是企业相互遵从并约束对方行为的管理和评估体系。它使人本管理、人文关怀和人性化告别了抽象和模糊，变成在实践中可操作、可衡量、可对照的具体量化标准。

(资料来源：杨建华. 基于企业社会责任的企业竞争力. 生产力研究，2008.13)

思 考 题

1. 企业社会责任包括哪些方面的责任？
2. 市场营销活动的社会责任体现在哪些方面？你认为有无履行的先后层次和次序？

3. 承担社会责任的市场营销效应是什么？
4. 在市场营销活动中涉及的营销道德问题有哪些？分析其产生的根源。
5. 结合我国食品行业的现状，从营销道德的角度谈谈如何加强食品安全。

课 堂 实 训

每个小组选择一家企业，针对其营销道德和社会责任方面进行调研，做出相应评价，形成2 000～3 000字的报告。

案 例 分 析

三星的企业社会责任

作为一个主营电子产品的企业，三星(中国)投资有限公司成立至今的18年间，一直进行着教育、残疾人支援等公益活动，履行自己的社会责任。例如，曾为发展中国的文化教育事业，对中国的贫困地区及其他教育部门捐款60余万美金；在大学设立奖学金等7个项目上也投入了280余万美金。另外，还举办了两次中韩国际交流活动，先后组织中国政府5个主要部委的26名公务员访韩参观、考察，增进了与中国政府各部委之间的友谊。

2013年被三星(中国)定位为自己的企业社会责任(Corporate Social Responsibility，CSR) 经营元年。这一年里，三星(中国)按照计划从共享企业社会责任资源和力量、摸索投资与社会责任并重的崭新的产业投资模式、全方位扩大社会公益事业以及用开放的心态积极与社会沟通等4方面全面开展了一系列工作。

一、分享式公益

2013年9月，三星(中国)与陕西省政府合作“社会责任示范区”项目，使作为三星尖端的半导体工厂和研究所等重点投资区域的陕西省在 CSR 领域也能成为一个模范典型。三星(中国)承诺在未来 5 年之内，通过多种多样的社会公益活动，促进陕西省的经济与社会公益事业的共同发展。在原有的CSR活动基础上，在陕西省内推行教育、社会福利、环境保护、灾害救助、农村支援、人才培训等新型公益项目，使陕西省成为CSR活动最活跃的省份。

三星(中国)秉承“分享经营”哲学，将三星集团的经营成果与身边困难的人们分享，为他们带去梦想和希望。认为企业应该在创造价值的同时，与社会各界分享价值。从努力履行好一个企业的社会责任到带动其他中小企业一起履行社会责任的转变，是其在2013年社会公益中的一项创新。3月，三星(中国)与中国社会科学院合作，成立中国第一个外资企业社会责任研究基地——“中国企业社会责任研究基地”，向中小企业开展“企业社会责任公益培训”，以让更多的企业投身到履行社会责任的行列中。

二、青少年公益项目

2013年三星(中国)对青少年的新公益项目，给予了重点扶植和培育。如12月成功承办“探知未来”全国青年科普创新实验大赛，该大赛以“节能、环保和健康”为主题，旨在激励全国高中生和大学生积极参与科普实践活动，提高广大青年学生的动手能力，并向全社会普及科学知识，倡导科学方法，传播科学思想，弘扬科学精神。比赛历时两个多月。比赛吸引了来自全国数百所学校、2 700 多支队伍共万余名学生参加。三星(中国)全程参与大赛的组织并为获胜的 4 支队伍提供了奖励基金和科研设备，获奖选手前往美国名校进行科技交流的经费也由三星电子出资。

三星希望通过该项目为中国青少年搭建一个平台，鼓励他们提高科普创新意识和实践动手能力。通过参加项目，三星更加了解了青少年群体的需求，这些经验和认知为以后继续开展同类项目提供了非常有价值的指导。更重要的是，CSR 经营元年实施的各项活动对三星融入中国的社会环境起着非常积极的作用。

在 CSR 经营元年实施各项活动的过程中，三星(中国)与社会各界进行了非常深入的沟通，展示了三星(中国)在 CSR 方面的策略和措施，使三星(中国)获得了社会的认可。

中国社会科学院发布的 2013 年《企业社会责任蓝皮书》，评价了国企 100 强、民企 100 强和外企 100 强共 300 家企业的社会责任管理现状和社会责任信息披露水平。三星(中国)凭借在 CSR 元年进行的各项工作，登上外资企业榜首，总排名升至第 21 位。

(资料来源：赵梓亦. CSR 也需要经营. 南都周刊，2013.12.25)

讨论与思考：

1. 三星(中国)的社会责任观是什么？
2. 三星(中国)都承担了哪些社会责任？
3. 承担社会责任为三星(中国)带来哪些营销效应？

参考文献

[1] 吴健安. 市场营销学(精编版). 北京：高等教育出版社，2012

[2] 甘碧群. 国际市场营销学(第 2 版). 北京：高等教育出版社，2006

[3] 菲利普·科特勒，等. 市场营销原理(亚洲版，第 3 版). 北京：机械工业出版社，2013

[4] 宋彧. 市场营销教程. 北京：中国矿业大学出版社，2007

[5] 菲利普·科特勒，凯文·莱恩·凯勒. 营销管理(第 15 版). 上海：格致出版社，2016

[6] 盛敏，元明顺，刘艳玲. 市场营销学案例. 北京：清华大学出版社，2005

[7] 侯丽敏. 中国市场营销经理助理资格证书考试教材. 北京：电子工业出版社，2005

[8] 张科平. 营销策划. 北京：清华大学出版社，2007

[9] 李穗豫，陈玮. 中国本土市场营销精选案例与分析. 广州：广东经济出版社，2006

[10] 李建锋. 市场营销实务. 北京：北京师范大学出版社，2011

[11] 李弘. MBA 市场营销学. 大连：大连理工大学出版社，2010

[12] 宿春礼. 世界上最伟大的推销员全集. 北京：中国和平出版社，2006

[13] 胡德华. 市场营销实务. 北京：人民邮电出版社，2012

[14] 雷鹏，杨顺勇. 市场营销案例与实务. 上海：复旦大学出版社，2011

[15] 干冀春，和东芹. 市场营销实务. 北京：北京理工大学出版社，2011

[16] 毕起，郑鹏. 市场营销实务. 北京：中国人民大学出版社，2011

[17] [法]拉尔松，[中]赵纯均. 中国跨国企业研究. 北京：机械工业出版社，2009

[18] 中国广告杂志社. 中国广告案例年鉴 2006. 北京：中国出版集团，2007

[19] 金占明. 战略管理：超竞争环境下的选择. 北京：清华大学出版社，2002

[20] 朱立. 市场营销经典案例(第 2 版). 北京：高等教育出版社，2012

[21] 许以洪，刘玉芳. 市场营销学. 北京：机械工业出版社，2011

[22] 陈培爱. 现代广告学概论. 北京：首都经济贸易大学出版社，2007

[23] 熊钟琪. 中外企业管理案例选. 长沙：国防科技大学出版社，2005

[24] 雷万里. 策划. 北京：中华工商联合出版社，2004

[25] 祁明. 企业创新标杆. 北京：科学出版社，2009

[26] 吴洪刚. 职业销售经理培训. 广州：广东经济出版社，2005
[27] 吕一林，杨立宇. 市场营销学(第 3 版). 北京：中国人民大学出版社，2008
[28] 李怀斌，等. 市场营销学(第 2 版). 大连：东北财经大学出版社，2011
[29] 卢泰宏. 消费者行为学——中国消费者透视. 北京：高等教育出版社，2005
[30] 符国群. 消费者行为学. 北京：高等教育出版社，2009
[31] 郝黎明. 市场营销实训教程. 北京：机械工业出版社，2010
[32] 钱旭潮. 市场营销管理需求的创造和传递. 北京：机械工业出版社，2005
[33] 刘厚钧. 市场营销学. 北京：北京理工大学出版社，2006
[34] 王方华. 市场营销学. 上海：上海人民出版社，2007
[35] 黄沛，张喆. 市场营销学. 北京：北京师范大学出版社，2007
[36] 涟漪. 市场营销学理论与实务. 北京：北京理工大学出版社，2007
[37] 郭国庆. 市场营销学通论. 北京：中国人民大学出版社，2011
[38] 车礼，胡玉立. 市场调查与预测. 武汉：武汉大学出版社，2000
[39] 何永祺，等. 市场营销学(第 4 版). 大连：东北财经大学出版社，2011
[40] 范晓屏. 市场营销学. 杭州：浙江大学出版社，2004
[41] 肖怡. 零售学(第 2 版). 北京：高等教育出版社，2007
[42] 王槐林，刘明菲. 物流管理学. 武汉：武汉大学出版社，2005
[43] 胡旺盛. 顾客价值与营销创新. 合肥：合肥工业大学出版社，2006
[44] 李颖生，刘春雄，金焕民. 营销创新. 北京：企业管理出版社，2005
[45] 彭石普. 市场营销原理与实训教程. 北京：高等教育出版社，2006
[46] 王永贵. 营销管理. 大连：东北财经大学出版社，2011
[47] 张俊. 市场营销——原理、方法与案例. 北京：人民邮电出版社，2016
[48] 陈培爱. 现代广告学概论. 北京：首都经济贸易大学出版社，2007
[49] 菲利普·科特勒. 市场营销理论与实践. 北京：中国人民大学出版社，2015
[50] 阳翼. 数字营销. 北京：中国人民大学出版社，2015
[51] 谭文曦. 市场营销学. 北京：人民邮电出版社，2015
[52] 郭国庆，陈凯. 市场营销学. 北京：中国人民大学出版社，2015
[53] 钟育赣. 公共关系学. 北京：高等教育出版社，2016